… 文化新知
爱文化 学新知

媒体的良心

克利福德·G·克里斯琴斯（Clifford G. Christians）
马克·法克勒（Mark Fackler）
[美] 凯西·布里坦·理查森（Kathy Brittain Richardson） 著
佩吉·J·克里谢尔（Peggy J. Kreshel）
小罗伯特·H·伍兹（Robert H. Woods, Jr.）

孙有中 郭石磊 范雪竹 译

翟江虹 改编

Media Ethics
Cases and Moral Reasoning, 9e

中国人民大学出版社
·北京·

前　言

媒介伦理始终在理论联系实践的道路上艰难行进。现实情况总是让人匆忙急切，我们只能通过反应而不是反思作出伦理决定，好像司机必须小心躲闪路面的坑洞，否则不是收到法院传票，就是面对乘客的指责。

媒介伦理中存在两种倾向，它们既不相同且不易融合。一方面，伦理学的学习要求是深思熟虑、仔细辨别和充分讨论；另一方面，新闻媒体强调的是坚强意志和在危机中迅速作出决定的能力。广告和公关行业的从业者要有竞争意识和进取精神，娱乐板块的文案制作者则要有怀疑精神、独立自信和满腔热血。真正的伦理学必须培养以推理为基础的批判能力，而媒体公司的经理则欣赏有执行力（能够在高压环境中完成大量工作）的雇员。如果媒介伦理想得到认可，就必须创造性地将日常的媒体实践和严肃的伦理考量结合起来。

本书努力通过案例分析和评论将伦理学和媒体的实际情况相结合。传播是一个偏重实践的领域：记者追逐新闻事件的脚步，广告人为商品和客户进行宣传设计，公关人员为某项事业辩护和鼓吹，演员和作家马不停蹄地制作娱乐节目。传播就是一个个真实的案例，如果媒介伦理不能处理实际问题，就会变得抽象无味。然而，媒介伦理也不应该止步于对实际问题的描述。本书不仅分析了实际案例，还将案例分析与导论中的伦理原则结合起来，引导读者进行伦理思考。通过一个系统的框架去思考实际发生的事情，能够提高我们解决问题的能力，帮助我们使用同样的原则分析不同的案例。本书选择关键问题进行评论，为解决问题提供充分明晰的材料。

因希望体现从业者面临的真实道德压力，本书所有案例均来自于真实事件。但为了保护当事人，同时提高准确性，我们对这些真实案例进行了改编，不少姓名和地名已被更换。我们试图寻找的是媒体日常操作中的常见案例，而非那些外来的、百年不遇的特殊情况。此外，在有庭审记录或有一定历史意义的事件中，真名的出现可以帮助我们更好地分析案例，对这些名字我们并未修改。

在伦理道德领域，理论与实践的结合非常重要，新闻与信息系统中其他方面的融合也十分关键。本书的四个部分体现了媒体的四重功能：报道、劝服、呈现和娱乐。因为我们想让读者进行道德分析，而不是苦苦思考自己的直接经验，所以我们的选题范围非常广泛。很多时候，我们处在传播的不同阶段中，在遇到类似情况时，可以得到新的洞见、更尖锐的立场。欺骗、经济利益的诱惑和耸人听闻的新闻在报道、广告、公关和娱乐中都十分常见，如何掌握分寸，在新闻报道和娱乐节目中都需要探讨。在各种形式的公共传播中，刻板印象根深蒂固，是进行劝服的利器；与此有关的事件在本书四部分中均有涉及。不仅如此，本书覆盖面非常广泛，各种媒介形式如电视、报纸或者杂志的专家可以深入探讨该媒介的所有用途。通常，新闻、广告、公关和娱乐节目的从业者同属于一个集团旗下，在工作中会间接接触到其他媒体领域。随着媒介融合技术的进步和行业的加速发展，各个行业之间的界线将进一步模糊。

在导论部分出现的波特图式理论，是了解伦理分析步骤的重要技巧。它是一套社会伦理范式，符合我们对社会责任的总体期许。波特图式可以用于分析各个案例，并得出公允的结论。在通常情况下，我们推荐学习者先从波特图式入手，在充分理解简介部分讲述的理论基础之后，再分析后续的案例。当然，读者也可以任意选择其中的一章开始阅读，然后再回看导论部分，寻找理论依据，同样会收获颇丰。

本书有两个初衷。

第一，提高分析技巧。道德评价总是充满了争议，而进一步的训练和学习，有助于提高辩论的质量，抑制将一切看作合理的心理趋势。想在媒体伦理道德方面取得进步，需要更加关注证据、提高有效论证的技巧，并且在面对复杂问题时更有耐心。若没有详尽的步骤，就会像爱德华·R·默罗所抱怨的那样，"我们所谓的思考，常常不过是把自己的偏见重新组合一番"。

第二，增强道德意识。道德伦理的维度通常不被注意。我们并不仅仅满足于使用智力；我们相信，道德想象必须被激发，直到人类和人类福利实现真正的集中。尽管看起来令人惊讶，但提升道德意识比磨炼分析技巧更加困难。一个明显的案例就是珍妮特·库克案，我们马上就感觉到其中的蒙蔽和欺骗——巧妙编织出8岁男孩沦为瘾君子的故事，不仅为《华盛顿邮报》所不容，每个普通人也无法接受。但是道德问题常常逃出我们的视线。比如案例《失窃的语音邮件》，关于录音的法律问题是相对清楚的，但是用这样的方法揭露不道德行为，其道德失当又在何处？或者是直接点出商店扒手的姓名，把刚在火灾中失去孩子的父母悲痛欲绝的照片公开发布，描写参议院的出轨韵事，披露著名反堕胎者隐瞒的流产经历，泄露与公开声明相悖的政府政策的秘密文件？这些道德问题可不是不证自明的；所以，真实和假设的案例成为激发道德想象的重要工具。

提升分析能力和伦理道德敏感度是人类毕生的追求，涉及人类行为的众多方面。怀着良知去学习本书中介绍的术语、论点和原则，可以帮助你在应用伦理学的更大空间里提升话语的质量。我们相信，使用波特图式来分析本书中的案例，可以帮助你构建起概念工具，逐渐提升媒体道德。

当今盛行的相对主义思潮，是对伦理道德的巨大挑战。道德承诺被我们的双脚碾得粉碎。文化多样性欺骗着我们，让我们相信道德的相对性。在与达尔文、弗洛伊德和爱因斯坦对立的世俗时代里，神圣命令理论和形而上学的基础是有问题的。很多学者相信，在雅克·德里达和米歇尔·福柯出现后，真理是不可能存在的。在一个充斥着"游离的能指"和无规范感的世界里，伦理道德规范似乎无法引起任何共鸣。尽管本书并非要与相对主义的复杂性一较高下，但是我们相信规范性原则在当代语境中仍然能被捍卫。戴尼·艾略特用实证方法分析，如果没有共同的价值观，日常的新闻实践便无从谈起。换句话说，尽管记者和编辑都是多元论者，但绝对不是相对主义者。

本书保留了伦理和道德的传统区别。从人文科学的传统出发，我们所理解的伦理是评价人类的自愿行为，根据决定性的原则评判对错。*ethos* 在希腊语中的原本含义是"送"、"常出没的地方"、"住所"、"习惯居住的地方"，即我们出发的地方，"大本营"。从 *ethos* 引申而来的是 *ethikos*，意思是"道德或为了道德"。在古希腊的哲学传统中，这个词代表系统地学习那些必须遵守的行为的基础。

而 *morality* 却是源自拉丁语。拉丁语名词 *mos*（复数形式 *mores*）和形容词形式 *moralis* 表示的是一种方式、方法，或者习惯行为。古罗马并没有一个和 *ethos* 意思完全一致的词语。与古希腊人不同，古罗马人更看重内在的性情、行为背后隐藏的根基和行为的基本原则，而非外在的表现形式。这一点与古罗马人重视秩序、安排和组织的基因相契合，也符合其非哲学地改变心性的特点。然而，相比内部世界，古罗马人更关注外部世界。拉丁语中的 *mores* 直接进入了英语，意思也没有发生变化（意为风俗、人们的行为）。不过，在使用英语时，人的伦理与道德并不相同。道德指向实践，而伦理是一套基本的评判原则。

克利福德·G·克里斯琴斯

马克·法克勒

凯西·布里坦·理查森

佩吉·J·克里谢尔

小罗伯特·H·伍兹

目录 contents

导　论　伦理学基础与伦理学视角 / 1

新 闻

第一章　社会正义 / 25

第二章　讲明真相 / 41

第三章　记者和新闻来源 / 53

第四章　侵犯隐私权 / 71

　　　　新闻伦理问题的核心 / 89

广告说服力

第五章　日常生活的商业化 / 97

第六章　形象文化中的广告 / 113

第七章　媒体是商业性的 / 129

第八章　广告业的职业文化 / 149

　　　　广告伦理问题的核心 / 168

公共关系与劝服

第九章　公共传播 / 173

第十章　在公司说出实情 / 185

第十一章　忠诚冲突 / 199

第十二章　社会责任的要求 / 213

　　　　公共关系道德问题的核心 / 222

娱 乐

第十三章　暴力 / 227

第十四章　利润、财富和公信力 / 241

第十五章　媒介视野与深度 / 253

第十六章　审查 / 267

　　　　娱乐产品道德问题的核心 / 277

导　论

伦理学基础与伦理学视角

2008年11月22日，印度孟买泰姬陵酒店发生了恐怖袭击。有关媒体报道是以康德的"绝对命令"理论为指导吗？

波特推理图式

使用中的伦理准则

五种伦理原则

谁的道德义务？

谁应做决定？

这个骇人听闻的故事发生在英格兰的利物浦。2月12日，两个十岁男孩没去上学，而是在商场里偷了糖果和饮料，然后又到音像店里闲逛，偷走了几幅名人海报。在这个秋季学期，罗伯特·汤普森逃学49天，乔恩·维纳布尔斯逃学40天。对于两个男孩来说，2月12日这一天如同往常一样，可是他们想出的一个残忍计划改变了一切。他们从一位母亲那里诱骗走了一个两岁的孩子詹姆斯·巴尔杰，把他拖在地上走了1.5英里，用脚踢，用砖砸，最后用22磅重的铁棍打碎了他的头盖骨。两天后，警方找到了巴尔杰半裸的尸体。罗伯特和乔恩把击打过的尸体绑在铁轨上，路过的火车将其碾压为两截。经证实，受害者身上共有42处伤痕，面部留有犯罪嫌疑人的一个鞋印。

在英国，十岁的儿童已经可以面临刑事指控。但是根据英国的法律，在结案之前，不允许媒体报道涉案儿童的家庭背景和姓名。在乔恩和罗伯特11岁的时候，他们的案件开庭了。庭审在普雷斯顿进行，有一个12名成员组成的陪审团。

可以设想一下，一家英国电视台，遵守英国的法律，用儿童甲和儿童乙来报道案件的进程，而一家美国报纸却透露了被告的姓名及其详细的人生经历。随着案件的进一步审理，最令人不解的问题是作案的动机。是什么驱使十岁的男孩犯下如此恶劣的罪行？其他孩子的家长能否在他们自己孩子身上发现类似的苗头？事实证明，两个涉案男孩均来自残缺的家庭，生活贫困，有偷盗和暴躁的倾向。乔恩容易听从别人引导，他的一位邻居提供证言说，任何人叫他去朝别人扔石头，他都会照做。罗伯特六岁的时候，父亲和另外一个女人跑了，留下29岁的母亲独自抚养七个儿子。

英国和美国的新闻媒体都有各自的决策依据。英国媒体觉得应接受法律的约束，而美国媒体要满足读者的兴趣。法律在这里是唯一的标准吗？如果是的话，那么英国国内的法律具备国际约束力吗？如果新闻主管们按合理的道德规范行事，那么情形又会如何呢？

2001年6月，两个男孩已经18岁了，假释委员会允许他们被保释，同样的问题又出现了。由于害怕遭到报复，两个杀人犯都换了新的名字和护照。英国政府禁止媒体公布他们的新名字、住址或照片。但是人们普遍认为隐瞒他们的身份是不可能的，因为境外的媒体并不受英国法律的约束。

这个案件也没有终结。2010年4月，乔恩·维纳布尔斯已经27岁了，他因为违反假释规定而被警方拘押。对此事的第一反应来自詹姆斯·巴尔杰的母亲丹尼丝·弗格斯，她在微博上发布消息说："想让大家知道乔恩·维纳布尔斯今晚在他应该待的监狱里，这样对我的儿子才是公平的。"英国政府拒绝透露乔恩重新入狱的原因，公共舆论的怒火即刻重新燃起。在CNN的"评论"栏目和BBC的在线评论上，报复的言论随处可见，对杀人犯过早释放的不解依然存在，对是否"曾经杀过人则是终身杀人犯"的争议没有停息，还有一些评论主张只有宽恕才是合理的。案件的审理法官曾经称这个罪行是"史无前例的邪恶与野蛮"，考虑到两个男孩的行为，没有人对此说法有异议，但很多人努力通过这个案件剖析整个英国社会的教育制度、宗教组织、社区及大众文化出了什么问题。

这个案例可以告诉我们如何进行好的伦理论证。道德思考是一个系统过程：先作出判断，再采取行动。英国电视台决定应该保护未成年被告，不应该公布其姓名。而美国报纸认为，对读者隐瞒信息是不对的，所以决定公布被告的姓名。作出这个决定的推理步骤是怎样的？一家报纸如何决定对或错，从而做或不做一件事情？

任何一个决定都会受到很多价值观的影响，我们需要找到并区分这些价值观，因为它们反映了对社会生活和人性的预设。我们在评价某一事物的时候，会考虑它的美学价值（如和谐、愉悦）、职业价值（如创新、守时）、逻辑价值（如连贯、适当）、社会文化价值（如节俭、勤奋）和道德价值（如诚信、非暴力）。我们通常会发现，我们选择的背后既有正面的也有负面的价值观，它们渗透到我们行为所及的方方面面，促使我们做出具有倾向性的反应。

关于专业报道，新闻界就有很多价值标准，比如，迅速、质疑、独立。在利物浦谋杀案中，对于未成年人的权利，公众、涉案家庭成员和新闻记者的价值标准是不一样的。这些价值标准和伦理准则一起为（英国的）电视新闻部门提供行为准则：不惜一切代价保护青少年的隐私。在这个例子中，目的是确保审判的公平，为达到这个目的，英国电视新闻部门选择隐瞒被告的信息。

同样，美国报纸的结论建立在牢固的价值观基础上，也就是公众有权知道公共新闻的全貌，因此报纸的结论是：我们要把凶手的姓名和详细的背景公之于众。这个结论的价值观基础是什么？这份报纸强烈认同这样的职业价值：应该毫不犹豫地传播重要的信息，每个人都应该被告知真相。但是职业价值的表述既可以是正面的也可以是负面的。事实上，在对价值观的辩论中，为了决定哪些价值观更可取，必须找到一个伦理准则。在上述例子里，这样一个伦理准则可以是："任何情况下都要讲真话。"

我们如果在做这样的分析的话，那么意味着已经开始考虑道德推理是如何进行的了。在这个案例中，对于应不应该公布凶手详细的个人信息存在争议，争议的原因我们很容易理解，可是我们还是会问自己：讲明真相重要还是保护隐私重要呢？有没有一些我们都会尊重的普世价值呢？比如讲明真相，我们应不应该为了保护一些人而不讲明真相呢？我们可以通过找到准则来进行伦理分析，这样很快就能创建一个相互关联的模型：我们首先评估总体情况，然后探寻促成决定的价值观，然后诉诸伦理准则，最后选择忠诚于哪个社会集团。通过这样的分析，我们把精力放在辨别道德推理过程中的核心争议上，而不是放在某一决定实际有何优点的个人分歧上。

在这个案例中，争议似乎源于讲明真相和保护未成年人隐私两个准则之间的冲突，但是从中也能辨别出不同的价值观念和忠诚归属。

波特推理图式

创造性伦理分析包括几个清晰的步骤。哈佛大学神学院的拉尔夫·B·波特教授创建了一个道德推理模型，我们把它引入对利物浦谋杀案的分析中。利用一个改编自波特教授的图式即波特图式（见图1—1），我们可以进一步详细地分析这个案例。波特图式提出的四个道德分析维度，可以帮助我们弄清楚大部分争议是在哪里产生的。通过这四个步骤，我们可以建立相应的行为准则。

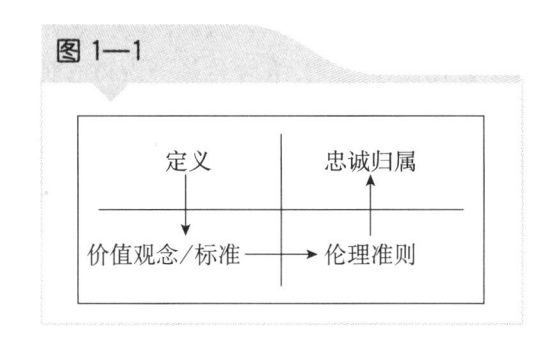

图 1—1

```
    定义              忠诚归属
     │
     ↓
价值观念/标准  ──→   伦理准则
```

接下来我们看一看在分析中如何使用波特图式。（1）首先，我们通过分析法律限制条款、绑架和谋杀的细节以及审判的情况，定义目前案例所处的情境。一家新闻机构（电视台）等到审判结束才播出被告的姓名和个人经历；与之相反的是，另外一家报纸在开庭后就决定尽其所能地为读者提供有关该案件的详细信息。这两家新闻机构作出了截然不同的选择。（2）接下来我们要做的是问为什么。最重要的原因可能是价值观的不同。英国媒体注重法律秩序，而美国报纸的职业标准是不要隐瞒新闻。这家美国报纸驻伦敦的通讯员在詹姆斯·巴尔杰遇害后不久就从匿名来源掌握了凶手的个人信息。

可想而知，受害者的家人及其支持者想让公众知道，罗伯特和乔恩纵容自己犯罪，品质恶劣，残忍至极，但他们精神正常。在审判开始之前，这家报纸就已经完成调查，并且遵循了马上出版、绝不拖延的新闻编辑标准。然而，职业标准占据首要地位时，并不意味着能够排除其他价值标准存在的可能性。例如，在新闻传播中，对于公众人物——本案中未成年被告——的报道必须前后一致，否则读者和观众就不会再相信媒体的诚信。美国报纸的读者可能并不把公平审判当作至高的价值标准，或者把凶手仅仅十岁看作无关紧要的事实。而有关新闻传播的职业价值标准可能被认为是不人道的。每种价值标准都会影响到道德问题的话语和推理。（3）我们至少提到了两个伦理准则，本来还可以列出更多。电视台认为，利他原则意味着要保护受害人的隐私权；而报纸则认为，讲明真相才是第一位的伦理准则。我们还会想起其他的伦理准则来，比如大多数受益原则，即便无辜的人（例如凶手的家人）遭受伤害，电视台仍不公布姓名。那么，渴望了解新闻的人们可能会觉得电视台太无能，所以得不到这些详细信息。（4）忠诚于谁的冲突显然是从一开始就存在的。电视台声称要同情未成年罪犯，而报纸则声称不必同情罪犯，只需对广大读者负责。

从（波特图式）一个象限到另一个象限，我们最终建立行动准则。但是我们还可以更深入地对问题进行分析：把图1—1中的方框看作一个圆圈，再往前走一步。这一次集中分析伦理原则，下一次则着重分析圆圈中忠诚的定义。比如说，如果争论主要源自职业价值标准的不同，则在下一轮分析中，重点讨论价值标准那个象限的问题。我们常常不假思索地认为某些东西是有价值的；当与不易说服的人讨论我们未曾思考的问题时，可以让我们从更积极的方面批判自身。那家美国报纸真正把信息公开视为价值标准，可这是不是一个优先的、绝对的标准呢？我们经常真诚地恪守职业标准，但时常让这些标准接受质疑有利于其自身的成熟。在这样一个澄清与重新定义的过程中，每个元素都可得到更详细的思考，由此更深刻的见解得以与其他象限相关联。

选择忠诚于谁的问题通常需要最仔细、最彻底的审视。波特图式是一个社会伦理的模型，因此在我们作出最终判断或采取某一政策时，必须清楚准确地宣示我们忠诚的对象是谁。而在这个问题上，我们动辄就把自己给欺骗了。

我们再来分析一下电视台的决定——保护法庭上的未成年人，不公开姓名或背景信息。做决定的人考虑的是谁？也许他们只是考虑自己。他们声称不希望增加被告的痛苦，也不希望增加被告家人的悲伤。他们说不愿造成伤痛，他们还说不愿引导人们去给被告贴上标签，或者过于纠缠被告的行为动机。他们似乎在表达这样的信息，即如果播出了含有被告信息的新闻，他们将受到自己良心的谴责。然而，我们再多反思一下，就会发现他们事实上可能并非忠于良心。新闻从业者究竟是在保护未成年人还是在保护他们自己？不报道姓名肯定是达到目的的手段，可是这个目的可能仅仅是新闻从业者让自己心安。他们貌似对整个社会的利益感兴趣，貌似努力保护司法程序，最大限度地保护被告隐私，减少流言蜚语。然而，我们必须重新面对那个关键的问题：他们所做的一切是为了谁？假如我们没有回到波特图式中的右上象限，没有更深入地质问他们对谁效忠，为谁服务，那么我们并没有充分地利用波特图式。

用同样的方式来考虑报纸的决定——讲明真相，公布姓名。如果报纸在报道本国案件时不隐瞒未成年人姓名，那么它有什么理由对国外案件例外呢？难道要因为一次次的例外让报纸信誉扫地吗？报纸的读者对报纸有某些期望，编辑和记者似乎要问一问读者的期望是否应该得到满足。但是为了满足短期的期望，报纸的决定会不会毁掉长期的信誉？报纸贡献社会的长远能力会不会遭到损害？读者的利益与涉案人的利益哪个更重要？

按照我们一开始的分析，报纸似乎并不关心未成年罪犯，它的首要任务是讲明真相，否则将失去广告商、读者和报社员工的信任。但是，报纸对读者的忠诚实际上可能同时惠及受害者和罪犯的家人。如果报纸准确地报道细节，这个悲剧的直接关联者就不再只是公众好奇的对象。这一悲剧事件的真相，也许最终让人们停止对罗伯特和乔恩的无聊猜测，终止对不细心的母亲和商场保安的闲言碎语。如果对波特图式中的忠诚象限进行充分考虑，或者对决策的过程以及决策后进行更深入的分析，我们就会遭遇并澄清类似的重要问题。

在作出道德决定的过程中，至关重要的一步是选择忠诚的对象。正如上面几段的分析所表明的，认真考虑这一象限本身并不能消除分歧。真正的分歧可能在于谁会从决定中受益。真心服务社会的媒体人必须在不同的社会集团中作出选择：订户与观众，信息来源，政客，少数族裔，儿童，执法人员，法官与律师，等等。在他们的考量中，要考虑有血有肉、有名有姓的人，不是为了委婉和抽象而把他们称作公众、客户、观众或市场。在任何情况下，波特图式都是一种社会伦理的训练，而不是不带感情的智力游戏。任何结论必须经过社会现实的验证。当然，在作出合理结论的整个过程中，伦理准则是很重要的。然而，对于承担社会责任的媒体而言，明确根本的忠诚对象才是最为关键的。

除了仔细考虑波特图式中的每一步骤，我们还必须把方框看作圆圈，看作有机整体（见图1—2）。它不是一些随机的相互独立的问题，而是一个相互关联的体系。

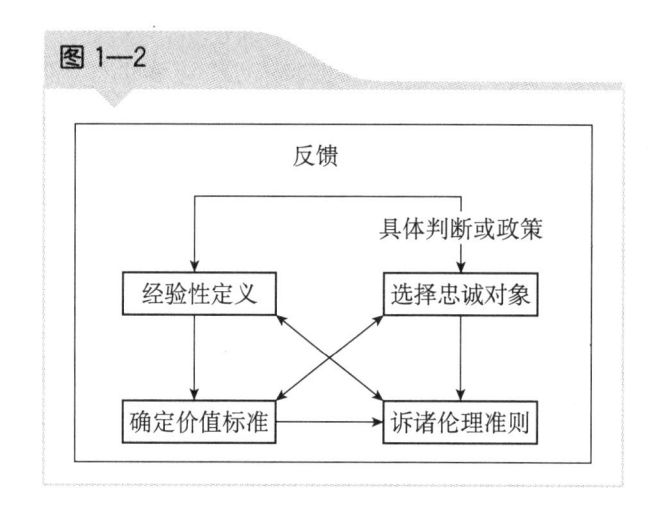

图 1—2

```
                        反馈
                              具体判断或政策
        经验性定义        选择忠诚对象

        确定价值标准      诉诸伦理准则
```

现在，我们已经从第一印象转到解释案例中的各个方面。每个新闻单位都会在忠诚于谁的问题上表态。波特图式为我们进一步评测案例中的价值观和准则提供了一套程序。而且，它还可以用来选择方针政策，从而处理未来的类似事件。在此基础上，电视台或报纸可能会决定改变有关报道姓名和背景信息的政策。至少也能让编辑意识到，有一个体系可以为处理类似事件提供一种方针路线。通过波特图式的四个步骤，媒体机构在面对诸如匿名消息、自杀报道、保密、庭审报道、广告欺诈之类的问题时，就能够确定或加强它们的指导原则。

可是我们仍然要面对最初的问题：哪家新闻机构的决定是正确的？由此引出应用这套方法时提出的中心问题：在作伦理决定时，有没有一个普遍适用的道理或理论，以便我们可以从势均力敌的选项中作出选择？还是说伦理决策要与某个特定群体的道德与义务相一致？波特的循环模型因具有不断拓展的潜力，因此可以对这两个问题进行认真的分析（见图1—3）。我们在详细讨论人们的价值标准和决策前需要确定忠诚的对象时，应考虑群体的道德标准。但是这些社会学的问题在波特图式中变得不是那么尖锐，因为波特图式将此诉诸明晰的伦理准则，认为不考虑伦理准则而作出的结论不具备道德合理性。令人遗憾的是，迫于现实的压力，媒体往往从第二象限（价值标准）直接行动，而忽略了第三象限和第四象限（伦理准则和忠诚归属）。

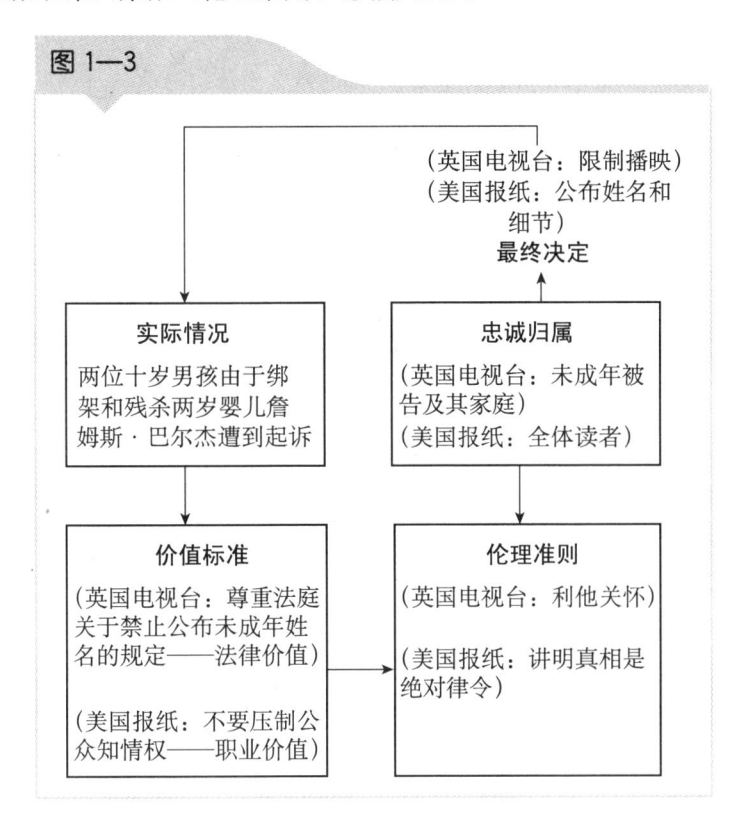

图 1—3

```
                                    (英国电视台：限制播映)
                                    (美国报纸：公布姓名和
                                              细节)
                                         最终决定
    ┌─────────────────┐          ┌─────────────────┐
    │    实际情况      │          │    忠诚归属      │
    │                 │          │                 │
    │ 两位十岁男孩由于绑 │          │(英国电视台：未成年被│
    │ 架和残杀两岁婴儿詹 │          │ 告及其家庭)      │
    │ 姆斯·巴尔杰遭到起诉│          │(美国报纸：全体读者)│
    └─────────────────┘          └─────────────────┘
             │                            ▲
             ▼                            │
    ┌─────────────────┐          ┌─────────────────┐
    │    价值标准      │          │    伦理准则      │
    │                 │          │                 │
    │(英国电视台：尊重法庭│─────────▶│(英国电视台：利他关怀)│
    │ 关于禁止公布未成年姓│          │                 │
    │ 名的规定——法律价值)│          │(美国报纸：讲明真相是│
    │                 │          │ 绝对律令)        │
    │(美国报纸：不要压制公│          │                 │
    │ 众知情权——职业价值)│          │                 │
    └─────────────────┘          └─────────────────┘
```

在这个案例中，从新闻编辑的标准看，无论电视台还是报纸，其决定都是正当合理的。两种价值标准都能站得住脚，都不过分。两家媒体所追求的社会价值在西方社会都是被广泛接受的。通常，一家媒体公司采取一项道德开明的政策，而另一家却不守承诺、误导欺骗。不道德的行为在波特图式中不能证明其合理性。不过，在实际情况中，不同的价值标准本身都具备可信性。在这种情况下，利用波特图式，某个职业标准就可以合理地与另一个职业标准相较高下。

当第二象限中不同的价值标准都貌似合理时，通常在论证伦理学说的第三步就可以解决问题。最常见的是，某家媒体的新闻业务遵循明确的伦理准则，而另一家则根据第二步中的职业价值标准作出决策。但是这个案例涉及两个相关的伦理学说。利他的博爱原则主张在陪审团宣布未成年人有罪之前，不要公布个人信息以保护未成年人。而对于哲学家康德而言，讲明真相是绝对律令，根据这一原则，报纸应在合理的范围内尽其所能地调查事实的真相。在这种情况下，两种不同的伦理学说似乎都与本案例相关，那么，解决该矛盾的方法可以是比较伦理学说本身哪个更恰当，或者借助形而上学与神学。

在剖析这个案例时，只有到第四步时才会出现适当的伦理选择。想要作出在伦理上完美决定的新闻机构，不能仅仅诉诸职业价值标准，也不能仅仅为相关的伦理学说进行辩解。尽管大多数案例最要紧的问题出现在第三象限的伦理准则上，但忠诚问题才是关键因素。在这个案例中，最重要的是要忠诚于悲剧的无辜受害者。那么，新闻机构怎样体现对巴尔杰家人的忠诚？报纸似乎是在利用巴尔杰家人的不幸，获取自己的利益——它忙于报道血腥的细节。是不是应该忠于自己？换句话说，报纸是不是可以忠于报纸的信誉，或能力，或好奇的读者而以少数人的痛苦为代价？在实行无罪推定原则的民主社会，遭受痛苦的家庭难道不能通过公众确立的法定程序控制与自己有关的信息吗？难道应该把这一特权交给由自身议程控制的他者吗？

对于我们的目的而言，作出选择的过程是最重要的。社会对媒体行业的要求常常是苛刻的，满是模糊不清社会的处境和相互冲突的忠诚。从业者必须迅速作出决定，没有太多时间反思。明白道德分析中的这些要素，能够提高我们的表达能力，从而提高我们对媒介伦理的思辨能力。通过了解社会伦理的逻辑，我们能够提高概念化的水平，从而增强在媒体实践中所选择的长期合理性。波特图式提出的四个维度，可以指导媒体从业者和媒体专业学生形成规范的伦理，让他们避免陷入理念危机或混乱。

使用中的伦理准则

波特图式能够为我们分析这本书中的不同案例提供帮助。在利物浦谋杀案中，相关的实证问题很复杂，但是并非无法解决。关于商场的环境以及两个十岁的孩子中哪个更可恶，大家可能会有些争论，但是关于一些基本的细节，大家的观点是一致的：尸体在两天后被发现，以及嫌疑人在之后的 24 小时内被逮捕。因此，波特图式强调，我们必须永远认真地对待细节。

从不同角度理解现实事件往往会产生分歧。比如一家报纸秘密购买一栋建筑，开设一家酒吧，但真实目的是监视市政府官员的一举一动。对此，我们必须弄清很多细节问题，才能判定这家报纸是否涉嫌诱捕、侵犯隐私或欺诈。再比如，当讨论电视台对儿童的责任时，很多分歧涉及电视台的盈利问题，涉及在不破产的前提下，电视台能够提供多少高质量的免费电视节目。关于控制广告的讨论，往往在广告影响受众行为这个问题上产生分歧。为此我们常常争论，是否应该抛弃现有的传媒体制——以上这些争论通常都不是单纯的道德分歧。比如某个例子中，争论的双方可能都诉诸同一个功利原则——媒体机构应该尽可能提供最大的福利，而分歧可能仅仅是关于事实和细节，关于哪个方案更有效，等等。

另外，我们的价值观念需要区分开来并加以解释。通常情况下，多个价值观念会介入并影响决策过程，而我们不可能详尽地列出所有参与者所持有的不同价值观念。不过，对价值观念的关注可以使我们的决策免受个人偏见和一些未知偏见的影响。

价值观念构成了我们的参考框架，在框架内我们得以理解理论、决策和状况。有时候，我们的道德观相当于详细阐述过的伦理理论。比如，我们可能非常重视温和与怜悯，以达致态度和语言保持一致并有着严谨系统性的和平主义伦理原则。然而，当我们进入第三象限来检验这些原则的时候，那些可能影响我们判断的价值观念很可能会受到批判。比如，记者有时会为"公之于世"这个过程辩护——一旦公众完全了解整个事件，嫌疑人有罪无罪就昭然若揭。基于这一假设，记者将把对一个政治家的指控公之于众。这个职业价值观通常与真实、保护隐私等伦理原则相矛盾。

在将道德观念与媒体职业相结合方面，帕特里克·普莱桑斯做出了很大贡献。他认为，美国公共关系协会所采用的道德准则最实用。这个准则涵盖了对职业价值观的陈述。美国公共关系协会将道德观念定义为："指导我们的行为和决策过程的基本信仰。""宣传、诚信、专业、独立、忠诚、公平"是美国公共关系协会所确认的在公共关系实践中非常重要的职业价值观。

价值观念激励人们的行动。价值观念是人类所特有的标志。然而，我们的价值观念并不纯粹。我们倾向于自我保护，当违背道德原则的时候，我们常常为自己的行为找借口。职业价值观寓于权力之中。新闻、法律、工程之类的职业有很大的社会影响力。一般情况下，这些职业服务于自身的利益，而职业价值观通常都是高尚的。比如，电影制片人坚定地致力于呈现美学价值，而广告商致力于努力吸引观众。这里没有一种价值观念是纯粹的。在制度中，价值观是一些观念的混合体。这些观念经常需要被检验、质疑或纠正。波特图式中的第三和第四阶段（即"伦理准则"和"忠诚归属"）帮助我们批判性地思考从第二阶段所得到的冲突和不当的信号。

本书所采用的方法为先描述案例，后给予评价。这种方法试图阐明波特图式中的前两个象限。本书设计的案例分析将提供相关的细节信息，以及每种情境中可以考虑的其他建议。案例本身，特别是评价，阐明了在决策过程中主要人物所持有的价值观。

有时，评论会进一步延伸，并提供能够捍卫所作决定的伦理准则。然而，总的说来，这些准则或规范必须由读者自己提出来。为了协助读者完成这一过程，下一节将总结五种主要方案（参见"五种伦理原则"）。如波特图式所示，求助于能解决问题的伦理原则是道德推理过程中的重要阶段。人们常常看到报纸和广播在波特图式中走捷径，认为它们总是依据职业道德行事，实际上，它们在第二象限就决定了它们将要采取的行动。例如在五角大楼文件案中，《纽约时报》之所以决定刊登这一报道，是因为《纽约时报》视美国宪法第一修正案赋予的权利高于一切。在这个经典案例中，1971年年初，丹尼尔·埃尔斯伯格窃取了一些秘密文件，其中包含五角大楼对越南政策的评估报告，并向《纽约时报》披露了这些文件。虽然这些文件受国家安全保护，但由于看到美国政府对宪法的阳奉阴违与滥用，《纽约时报》认定美国人民拥有对这些文件的知情权。根据波特图式，我们认为，如果没有清楚地显示伦理准则影响了最终决定，那么任何结论在道德上都说不通。左边的两个象限（包括价值标准/观念）说明了实际发生了什么，右边的两个象限（包括伦理准则）说明了本应发生什么。左半部分是描述性的，而右半部分是规范性的。

我们所遵循的标准定义将确立价值标准这一行为深置于人类的意愿和情感之中。相反，伦理学则包括对道德问题的批判性推理。正如弗洛伊德在《图腾与禁忌》中所说，就我们所知，所有的社会都会提出理想的典范供人模仿，但是它们也会通过建立边界或禁忌将自己与其他文化分离开。图腾杆可能暗示这个部落相信狮子的力量或鼬鼠的狡猾是至高无上的。类似的是，诅咒不可接受的行为也作为仪式保留了下来。换句话说，确立价值标准成为我们人类作为道德存在之境况的一个方面，在日常情境中自动地表现出来。价值观念遍及人类经验的所有维度，甚至科学实验都充满了价值元素。与此同时，伦理涉及对神学和哲学的理解，以及思想史上对正义、美德、善等概念的讨论。伦理也强调推理能力和充分论证。

完善的道德推理，其目的是得出负责任的结论，从而指导有理可依的行动。下一部分将介绍几种伦理原则。在分析书中的案例时，如果对所给情境有益，这些原则在适当的地方就可以互相融合。理论来自于特定的历史情况，用于解决特定问题。没有一个理论可以为媒介伦理中的所有问题和窘境找到令人满意的答案，我们要做的是指出哪种理论在哪种情况下最为有力。例如，在处理隐私时，博爱和关怀要比效用更有力。

历史上，伦理研究者确立了很多伦理原则。伦理研究者路易斯·霍奇斯将所有方案分为五项——以美德、责任、效用、权利和爱为基础的伦理理论。我们在传统中找出了其中四项最具影响力且经过时间验证的代表。例如，在契约传统中，约翰·洛克强调权利，约翰·罗尔斯是当代公认的主要理论家。犹太教和基督教所共有的博爱原则是一种普遍存在且具有历史性的伦理理论，这种理论以爱为基础。内尔·诺丁思的关怀伦理学是这一传统伦理理论的现代案例。本书也将儒家和伊斯兰教伦理学囊括在内，以鼓励其他传统中的研究。

这些经典理论不能当作标准，也并非不言自明、不含矛盾的真理——后面这种赞扬过于圆滑，忽略了主流理论所代表的文化力量。在本书中，理论家都是使用通俗的语言，而不是充当抽象的权威，这让我们能够独立地思考——依情况不同，采取批判或友好的态度。

五种伦理原则

1. 中间之道 & 中庸之道

1A. 亚里士多德的中间之道："道德上的美德是由实用智慧决定的中间状态。"

希腊人从亚里士多德的老师柏拉图那里继承了四种基本美德：节制、公正、勇气和智慧。其中，节制是渊源，其他三种

1B. 孔子的中庸之道："中庸之为德也，其至矣乎。"

以节制为基础的美德伦理学出现于公元前4世纪的希腊，也即是西方哲学开始的时候。但是中庸理论，准确的表述为

美德从中延伸而出。亚里士多德在写作伦理学时，强调适度（即节制）并且明晰了这一概念。正如知性是出色的推理，适度就是美好的生活。在亚里士多德的哲学中，公正是冷漠与自私地沉浸于自我利益之间的中间状态，勇气是懦弱与蛮勇之间的中间状态，智慧是徒劳的谨慎与鲁莽的冲动之间的中间状态。

亚里士多德主张在两种恶（过与不及）中找到中间状态。中间状态的基本原则适用于多个领域。在新闻界，耸人听闻常受到嘲笑，而平衡、公正、（正反方报道）篇幅相等则被普遍认可。在禁止一切烟草种植和允许不受节制的烟草制品促销之间，联邦贸易委员会选择了中道，即禁止电视台播放烟草广告，在香烟包装上印制警告标识。关于酒精饮料广告的建议也介于禁止广告和自由广告两个极端之间。另一个经典的政治案例是在奥巴马任内的削减核武器问题。无论是赞成无限制的核装备的一方，还是赞成彻底销毁核武器的一方，都使国际谈判陷入僵局。亚里士多德可能会对此建议：两个合法的实体必须就合法的诉求进行磋商。无论是劳资之间，校方和罢课教师之间，还是巴勒斯坦与以色列的政治家之间，中间之道是体面处理纠纷的最公平、最合理的选择。一般来讲，在具有多层不明确和不确定因素的极端复杂情况下，亚里士多德的原则是最具吸引力的明智选择。

然而，对于有些问题，中间之道却不适用。并不是所有的行为和情感都容许中间状态的存在。其中一些行为和情感仅凭名称就暗示着邪恶，比如，恶意、无耻、妒忌，还有通奸、盗窃、谋杀等行为。所有这些以及类似的情感和行为，都因本质恶劣而受谴责，并非由于做得过或不及。

"平衡与和谐"，早在亚里士多德之前，公元前5世纪的中国，就由孔子的后代子思提出来了。

孔子（公元前551—公元前479年）是一位儒家学者。他50岁的时候，先是当了地方官，后来当了周朝的司法官。56岁时，孔子不受任用，遂开始历时13年的游历与执教。他发现其他国家的统治者对他的思想不感兴趣，便在68岁的时候回到了鲁国（他出生的小国），在那里执教8年后去世。据说，孔子的学生超过3 000名。

早于亚里士多德一个半世纪的时候，孔子以美德为基础建立伦理学说。孔子颠覆了高尚之人生于富贵之家的传统观念。他认为，人的高尚取决于品格而非社会地位。"孔子认为，品德高尚的人仁慈、友善、慷慨，最重要的是和谐，并事事秉持中庸……孔子认为美德就是两端之间的中庸之道。"

孔子后代子思所著《中庸》描述了孔子关于美德的思想：

> 中也者，天下之大本也；和也者，天下之达道也。致中和，天地位焉，万物育焉。
>
> 君子中庸，小人反中庸。君子之中庸也，君子而时中……
>
> 子曰："中庸其至矣乎！"
>
> 故君子和而不流，强哉矫；中立而不倚，强哉矫……

运用这个原则，首先要确定两个极端，比如在如何报道某个事件这个问题上，两端即无所作为和曝光一切。在某些案例中，如果两种义务相冲突，可以通过中庸之道解决。比如，新闻记者是否应该记住一点，亚里士多德不是在鼓吹苍白怯懦的共识或者谚语式的妥协中庸。尽管中道这个词有一种数学的意味和平均数的意思，却并非指离两个极端距离均等。像亚里士多德说的，"中间之道在于正确的时间、正确的人、正确的动机和正确的方式"。这是最好的做法，是善的标志。分寸的把握取决于行动者的性质，也取决于道德案例的分量。想一想希腊人对雕塑中美学比例的喜爱，以及他们投掷标枪的中道在离终点五分之四的地方，钉钉子的中道在钉锤离其十分之九的地方。

积极参与社区事务？记者的职业角色时常与其公民角色相冲突，那么依据孔子的中庸之道，新闻人应该拒绝两个极端：事事亲为和作壁上观。在这种情况下，运用孔子的原则，建议报纸公布出版人的财产，公布所有雇员联系方式，远离潜在的冲突源头如地方利益集团等，但是要允许其他的公民参与。

2. 绝对律令 & 神圣戒律

2A. 康德的绝对律令："只依据那些你愿意其成为普遍法则的准则行动。"

伊曼努尔·康德，1724年出生于德国的柯尼斯堡，他对18世纪哲学的影响超过其他任何一个西方思想家。他的著作对认识论和伦理学作出了永久的贡献。康德的《道德形而上学的基础》与《实践理性批判》，对于任何一个认真学习伦理学的学生都是十分重要的著作。

康德用绝对律令赋予黄金法则以知识内涵，绝对律令意味着，对一人是对的，则对所有人都是对的。康德说："只依据那些你可以同时愿意其成为普遍法则的准则行动。"这可以用来衡量我们行为的道德性。换句话说，检视你的决定背后的原则，看看你是否愿意普遍地运用它。检验道德义务的真伪，要看它能否普遍化。实施某一行为的决定，必须以道德律为基础，而道德律的约束力并不弱于诸如万有引力定律的自然律。"绝对"在这里指没有条件、无情可原、绝无例外。对的就是

2B. 伊斯兰教的神圣戒律："（维护）正义、人类尊严和真理是无条件的义务。"

在伊斯兰教伦理学中，正义、人类尊严和真理是神圣命令。这是一个建立在无条件命令基础上的义务伦理学。与康德伦理学中的形式法令体系不同，伦理原则出自真主的命令。伊斯兰教的基础是一神论（信仰唯一真神）。任何有违于对真主信仰的，都是不可接受的。除了真主，别无他神存在。

最主要的行善避恶的义务就出自唯一真主。所有穆斯林都有责任遵守伊斯兰教的原则并鼓励他人接受它们，"你们中当有一部分人，导人于至善，并劝善戒恶"（《古兰经》3：104）。"做对事，不做错事"——这是伊斯兰教最著名的戒律之一。

这个伦理体系，由真主命令，体现在《古兰经》中，涵盖整个人生和人类生活的方方面面。伊斯兰教美德包括耐心、克制、信任和爱等，但其中谨慎是核心。显

对的，在最极端的条件下也要做。只要是道德上正确的，即便天塌了，我们也应该去做，不管发生什么后果。

康德相信，在我们有限的理性之上，有形的宇宙之外，有更高的真理存在（康德称之为"本体"）。每个人天生具有良心，良心必不可违。绝对律令是人类固有的，要通过良心而非理性去理解它。通过良心，人有了道德义务；通过良心，人才清楚如何择善弃恶。违背良心，无论多么轻微或无知，都会带来罪恶感。通过良心，道德律深植人性之中。

道德律无条件地约束一切理性存在。例如，某人因为自身利益而违背诺言，但是，如果所有人都因自身利益而不守诺言，诺言就会失去意义，社会也将堕入恐慌。因此，某些行为始终是错的，比如欺骗、偷盗、不诚实。施善行、讲真话则永远且普遍是正确的。这些道德义务不因时间流逝而废止，不因诸如权利法案的成就而被取代。即便谎言能够救人一命，说谎仍然是错的。在康德看来，媒体通过欺骗获取一个好的新闻故事，广告商通过欺骗销售一种产品，这些行为都是不可饶恕、不能放过的。在公共关系中，不诚实是不能接受的。娱乐产品中的暴力色情并非仅是众多变体之一，这是一个根本性的问题，不能用宪法第一修正案为其辩解。

康德的贡献叫作义务伦理学。康德认为，善良意志就像珠宝一样闪耀光芒，良心的义务就是为了义务而履行义务。对康德而言，伦理学大可简化为对义务的尊重，这显然是在他的著作中备受赞美的。如果善良意志本身就是目的的话，意志——义务的关系就可以这样来表述：我们有义务"与他人交往以使他们践行自由意志或

然，无论政治上怎样保障言论自由，媒体所描述的道德堕落在伊斯世界中都是不可接受的。但有三项原则对传播是基本且重要的，即正义、人类尊严和真理。

伊斯兰教强调正义，实际上将正义视为伊斯兰教本身。伊斯兰教优先把正义视为"最高价值，其他价值如自由和公平，皆以此为基础"。

尊重人类尊严，是《古兰经》中真主命令的第二个主要原则。真主在其所有的创造物中最尊重人类，因此人类之间也要尽可能互相尊重。在世俗伦理学中，尊严的概念是个人主义的、横向的，但在伊斯兰教伦理学中，尊严根源于人性的神圣："人类不仅仅是真主所创造的万物之一，还是万物存在的理由。"

为了保护个人尊严，《古兰经》警告诽谤、中伤、嘲笑等行为。尊重他人是一个宽泛的主题，包括最小的细节："你们中的男子，不要互相嘲笑；被嘲笑者，或许胜于嘲笑者。你们中的女子，也不要互相嘲笑；被嘲笑者，或许胜于嘲笑者。你们不要互相诽谤，不要以诨名相称"（《古兰经》49：11）。伊斯兰教详尽的名单上所列的很多美德，都源于人类所享有的尊严。康德使用了不同的表述，但是对他而言，人类尊严也是无条件律令。用康德的话说，"把你自己和他人一样的人性永远同时当作目的而不仅仅是手段，并以此为目的去行动"。

真理也是伊斯兰教伦理的根基。先知讲真理，《古兰经》中真主的话就是真理。因此，真理也同样在人类事务中处于中心位置，是伊斯兰教交际中的根本。"说谎如同膜拜偶像一样罪恶，是穆斯林最严重的罪。"如《古兰经》中所言，"你们应当

理性的能力有最大的提高，做不到这一点，就等于承认我们不是理性存在；由于理性意愿的存在，我们有义务以道德的行为对待他人"。在康德看来，即便牺牲一切天生的意愿和社会认可的标准，也必须遵守绝对律令。康德的伦理学具有严苛的特点，但是研究者一般认为，其原则比主观方法拥有更强的驱动力，后者的合理性更容易以暂时情绪为基础。他的绝对律令鼓励服从和忠诚于实践。

20世纪英国哲学家大卫·罗斯爵士在他的《正当与善》和《伦理学基础》两部书中，提出了一种不一样的义务伦理学。像信守承诺这样的道德义务，对他和对康德同样具有约束力，但是他却不是通过理性建立这些原则，而是提出"客观的道德真理是通过直觉得到的，是不证自明的关于世界的事实"。不说谎的义务，正义、感恩、不伤害的义务，天然具有价值，罗斯把它们称为"显见义务"——"显见"的意思是基于主观印象或不证自明。既然不杀戮对人类是显而易见的，那么康德的普适架构就是多余的，接受一个形式法令意义的宇宙就不是必要的。在罗斯看来，讲真话对于媒体人士而言是不证自明的义务，试图进一步证明它只会分化和迷惑潜在的支持者，使他们产生怀疑。虽然本书倚重康德的经典义务伦理学，但是罗斯的显见义务学说在某些地方作为另一种观点也对我们有所帮助。

避开污秽即偶像，应当永离妄语"（22：30）。通往天堂除了讲真话别无他路，如先知所说，"真实通往正义，正义通往天堂"。穆斯林遵循伊斯兰教的生活方式："他们是坚忍的，是诚实的，是顺从的，是好施的，是在黎明时求饶的。"（《古兰经》3：17）他们能够坚定地秉持真理。

穆罕默德重视真理的宣传和人类整体的共同利益。他坚持要在信息传播前核实其真伪。因此，他憎恨谣言，憎恨诽谤性地描述个人或集体。他最著名的话是："行为以意图为基础。"他要求人们进行公开真诚的对话。

在伊斯兰教中，《古兰经》和先知的榜样提供的三项原则——正义、人类尊严和真理——是信众的支撑。1981年第一次穆斯林记者国际会议在雅加达召开，会议建议所有从事媒体工作的穆斯林应当遵守伊斯兰教的行为规则，穆斯林记者联合会此后即以此建议行事。伊斯兰教伦理学向全人类证明，遵守这些原则，将给任何地方、任何社会带来满足和幸福。这三个原则也与媒介伦理直接相关。在那些无条件律令最适用的场合中，正义、人类尊严和真理应成为永恒标准。

3. 效用原则

密尔的效用原则："追求整个群体的最大幸福。"

功利主义是在北美地区传播最广的伦理观，是一个成熟的哲学概念。功利主义有很多流派，但无论如何这些流派都主张同一点：我们判断孰是孰非，要看哪一方能够为人类幸福带来利好的结果。道德上正确的,能创造善超过恶的最大值。判断选择的对错,最重要的考量是其扬善抑恶的程度。

现代功利主义源于英国哲学家杰里米·边沁（1748—1832）和约翰·斯图尔特·密尔（1806—1873）。传统功利主义是快乐主义的,主张好的目的是幸福或快乐,快乐的数量则取决于不同的情境。在边沁看来,在儿童足球和诗歌写作中,快乐就是平等。密尔主张,幸福是人类行为的唯一目的,是评判所有行为的标准。对于边沁和密尔来说,避免痛苦、增加快乐是唯一有价值的目的。

后世的功利主义者扩大了幸福的概念。他们提出：假如快乐是人想要得到的东西（如酒、女人、歌曲一样）,那么并不是所有人都想得到它（清教徒不想）；所以,快乐并不是唯一有价值的目标。这些功利主义者认为,除了纯粹幸福之外,其他的价值观也有其固有的价值,比如友谊、知识、健康和对称。在多元功利主义者看来,对与错要用最终创造的价值总量来衡量。比如,1972年间谍闯入水门饭店的民主党全国委员会总部办公室,除了理查德·尼克松的政敌,媒体咄咄逼人的报道并没有给所有人带来很多快乐。但是在本书第三章的案例《水门事件与大陪审团信息》中,对于功利主义者来说,揭露"水门事件"的报道整体而言有足够的价值,因此即便对于少数人来说是痛苦,大多数人还是认为媒体的行为是正当的。

按照这样的思路,功利主义者为我们提供了作出伦理选择的确定方针。其建议是,我们首先要以最认真负责的方式考量我们所面临的各种选择的可能效果。我们要问：(选择)会给有关各方的生活（包括我们自己的生活）带来多少好处和多少坏处？当我们完成了对所有相关做法的考量时,就应本着道德义务去选择那些能够使价值最大化,使损失最小化的做法。效用原则要求我们创造善超过恶的最大值。行动者必须密切关注"幸福的最大总量"。若是有意作出除此之外的选择,那将会使我们的做法不合伦理。

典型的效用分为两种：行为功利主义和规则功利主义。行为功利主义的基本问题总是涉及具体事例中最大的善。我们必须问：某一具体行为在某一具体情况下是否会创造善超过恶的最大值。规则功利主义者也自称继承了密尔的学说,他们在促进整体最大福利的基础上制定道德规则。他们的问题是哪种规则而不是哪种行为产生最大效用。效用原则仍然是标准,但必须是在规则层面而不是在具体的判断上。行为功利主义者会断定,不合作主义能在某个具体情况下创造善超过恶的最大值,而规则功利主义者会致力于寻找广泛适用的道德规则,比如"不合作主义在不产生肢体暴力的情况下是被允许的"。

幸福是目的,尽管很少有人会质疑这一点,但功利主义者还是带来了许多难题。功利主义的前提是对效果作出精确的评估,而在日常生活事务中,选择带来的结果（至少在长期看来）常常是模糊的。比如,谁能够计算出媒介融合在未来几十年给我们带来的社会变革？此外,最大公共利益原则只适用于流行非功利行为标准的社会。还有,功利主义者将社会视为个体的集合,每个个体有其自身的特殊欲望和目标；而公共利益却又被错误地认为是个人利益的总和。

尽管这些（概念）的模糊令人烦恼和不快,但并不足以颠覆功利主义的观点,最起码对思维老成的人来说是这样的。对我们研究媒介伦理的目的而言，没有一种道德规范是完全明确的。功利主义的浅层次问题通常可以在使用波特图式进行具体且明晰的第二轮或第三轮尝试中加以解决。有些时候，在解决本书提供的案例中，效用原则是最富成效的原则。在罗宾汉劫富济贫的经典案例中，行为功利主义者恰当地宽恕了他的行为，并认为其具有道德正当性。

4. 无知之幕

罗尔斯的无知之幕："在没有社会差别的背景下协商时，正义自然呈现。"

约翰·罗尔斯的《正义论》在当代伦理学著作中被广泛引用。他认为正义概念中最根本的是公平。罗尔斯代表了向更古老的实质道德哲学传统的回归，并由此建立了与功利主义相抗衡的理论。他表达了平等主义的观点，从而将霍布斯、洛克和卢梭等人的众所周知的社会契约论推向更重要的高度。

在简单的情况下，公平意味着数量（平等）：隶属同一工会的每个工人做同样的工作，公平地获得10%的加薪；教师给每个在某项考试中有三个错误的考生同样的分数；每个孩子在生日聚会上得到两块饼干——消除任意性差别即表示最基本意义的公平。不过，罗尔斯更加致力于（研究）固有的不平等。比如，棒球运动员并不反对投球手比外场手更多的控球次数。再比如，我们都认定累进所得税是公正的，尽管教师仅缴22%的税，而编辑、广告商、公关人员和电影制片人也许要缴50%的税。

在一些天然不平等、需要社会契约的情况下，盲目平均是不公平的，整齐划一的评判也是不正确的。因此，罗尔斯提出现已成为经典的"无知之幕"，要求所有人均从真实情况退回到幕后没有角色之分、没有社会分层的"原初状态"。该状态下的参与者被抽象成没有个体特征（如种族、阶级、性别、群体利益）、没有其他真实身份的平等社会成员。他们都是具有普通品位和志向的男人和女人（不过，每个人都只是暂时中止这些个人特征，并在达成契约后重新获得这些特征）。在幕后，没有人知道对方回到现实生活之后会是什么身份。参与者可以是男性或女性，10岁或是90岁，俄国人或波兰人，新手或老手，黑人或白人，广告副总裁或某周刊的销售代表。罗尔斯认为，当我们在无知之幕背后假想的平等条件下，共同协商订立社会契约的时候，肯定要选择保护弱者，将风险降到最低。在从幕后出来是新手记者而不是资深记者的情况下，我会选择对前者公平对待。在这些情况下，最容易受伤害的获得优先考虑。罗尔斯认为这样的结果是公正的。

因为有谈判和讨论，无知之幕并不仅依赖于直觉，凭直觉作出的决定太容易造成自私自利和道德盲目。无知之幕也不是功利的改名更姓，以功利为基础的决定最有利于大多数。此外，这是道德上正当的行为，而不仅是有利于大多数的行为。事实上，罗尔斯的策略有利于抑制民主社会中口头维护少数利益但实际维护多数利益的趋势。

在无知之幕背后假设缔结的社会契约中，我们可以看到两个原则。罗尔斯宣称，对于为自身利益行动的理性成员，这是必然的、精明的选择。第一个原则需要一个保障个人基本自由平等的最佳制度。每个人必须拥有最大的政治自由，且这个自由须与所有人享有最大政治自由相融洽。自由之所以优先，在于它不能用经济和社会利益交换。因此，第一个原则永远是第二个原则的基础。第二个原则涉及除自由之外的所有社会产品，并在有利于最弱势群体的情况下，允许产品分配的不平等。我们达成的协议在权利、财富、收入上的不平等，必须向弱势社会成员倾斜。

想想这个例子，1991年围绕发生在肯尼迪棕榈滩别墅的威廉·肯尼迪·史密斯被控强暴案中的媒体报道。此案自发生后一直被当作经典教学案例，尽管马萨诸塞州参议员爱德华·肯尼迪已经过世。因为肯尼迪参议员当天在酒吧里的举动和公众对肯尼迪家族的兴趣，当时的媒体报道普遍被认为是正当的。鉴于传统新闻价值观，公众知情权已侵犯了肯尼迪家族的隐私权。但是，如果我们越过价值观到伦理学，会是怎么样呢？如果肯尼迪参议员和记者置身于无知之幕后，不知道从幕后出来的会是谁，那么他们会是怎么样呢？毫无疑问，他们会一致认为，报道公共官员的公共行为是被允许的。但是，在没有新信息的情况下，公开证据不足的强暴案本身，即便在很多年后的今天，仍只是界定为不当的性骚扰。罗尔斯的原则，不允许记者利用他们的权力无休无止地纠缠新闻故事中的人物。

在更广的层面上，将政客和记者置于幕后，然后尝试在揭幕后，时空恢复，建立所有人都认同的工作关系，由此一切相互敌视的观念消失。再也没有人会一致认为，民选官员作为一个阶层应被叫作敌人或骗子，因为那些从幕后出来即为政客的人会痛恨这样的标签。对职业媒体人来说，独立、一些强硬和坚持是合情合理的，但是在无知之幕下，对所有人的尊重就会取代对那些掌权者彻头彻尾的、玩世不恭的刻薄。

5. 爱的伦理 & 关怀伦理学

5A. 犹太—基督教的作为目的的人："爱你的邻居如同爱你自己。"

几乎所有的伦理规范都来源于各种各样的宗教教义。比如，在《薄伽梵歌》中，最高的善是启蒙。然而在所有的宗教中，犹太—基督教教义在最大限度上影响了美国文化，其神学伦理也最具影响力。

爱的伦理并非独属于犹太—基督教的概念。在公元前4世纪，中国思想家墨子就说过类似的话："曰：顺天之意何若？曰：兼爱天下之人。"也并非所有犹太—基督教伦理都是纯粹的爱的道德，这个大

5B. 诺丁思的关怀伦理学："'关怀者'从思想和行动上关怀'被关怀者'。"

在过去的十年中，学术上的女权主义更加准确地发展了爱的伦理学中的核心词汇（如照料、关怀、慈爱、移情、包容），并给予这些词汇更高的地位。卡罗尔·吉利根认为，女性的道德声音使伦理学深植于居于首位的关系中。她不仅坚持避免伤害别人的基本标准，还坚持用同情和关怀来解决人们之间的冲突。内尔·诺丁思的"关怀"完全否认（这是）"模糊的、不稳定的伦理原则"，她坚称人类的关怀应该

传统中的一些伦理家把顺从或正义或和平当作至高无上的（伦理）。但是在传统形式上看，这一宗教视角的经典贡献在于认为最终人类只接受一个道德命令或美德：爱上帝，爱人类。所有其他义务，尽管与这个核心美德相连，但都被认为是派生的。

《旧约》讲的是怜爱，但是基督教义提出一个更生动的术语"博爱"——无私的、利他的、为他人着想的爱，不同于友谊、慈善、仁慈及其他更弱的词。在博爱的教义中，爱人就是接受人的存在，如上帝所馈；爱他或她就是爱这个人。因此，尽管世事无常，人的价值是绝对的。承诺是纯粹的，对人的忠诚是永恒不朽的，无论疾病还是健康。如此看来，只从工具价值视人，利用他人为工具达到自己的目的，便是非爱。尤其是在与自己的愿望相悖时，爱始终成立。如此看来，我们要像爱自己那样热情且一贯地爱我们的邻居。

然而，所有人都认同，爱你的邻居并非浪漫的乌托邦。其实，博爱足够强大，它可以在本书的多个案例中成为最合适的伦理准则。此外，博爱是完全实用的，能够为需要的人提供具体帮助（邻居一词在《旧约》中指的是弱者、穷人、孤儿、鳏寡、外乡人和平头百姓，甚至还包括敌人）。这个爱是无差别的：不论肤色黑白，不论知识多寡，不论敌人朋友。虽然博爱并没有否认人与人之间的差别，但是却唯独对其视而不见。爱并不是首先估量权利和诉求，然后才决定一个人是否需要关心。爱的准则是不加思考地、自发地给予和宽恕，是牺牲自己以成全邻居的幸福。由于长期关注对人性的理解，博爱原则在处理社会不公、侵犯隐私、暴力和色情方面尤为强大。

在道德决策中占有核心地位。茱莉亚·伍德认为，"相互依赖的自我意识"是关怀伦理学的坚实基础，由此我们独立、舒服地行动，"在与别人的关系中……合作地行动"。在琳达·斯坦纳的著作中，女权主义者的伦理自我意识，也存在细微形式的压迫和失衡，因此她教导我们要"解决谁的利益被认为有讨论价值"的问题。

对诺丁思而言，伦理学从具体的关系开始，在任何关系中都有两个参与者。她称第一个为"关怀者"，第二个则是"被关怀者"。关怀者"主动关怀被关怀者"，从行为和思想上，关心被关怀者。"关怀不仅仅是对整个人类的情感倾向……真正的关怀需要真实地遭遇具体的人，仅通过善良意愿是无法实现的。"并且，"顺利的情况下，被关怀者会主动接受关怀者的关怀行为"。

诺丁思没有明确定义关怀伦理学，但是她强调了三个维度：关注、动机移位和回报。关怀者关注他人的需求，"关怀者完全被动员，并关心被关怀者，关怀他，想让他幸福，支持他，接纳他"。通过动机移位，关怀本身未发生改变，却超越了"他们的个人利益，达到移情或者说从被关怀者的经验和视角感同身受"。被关怀者必须进行回报以完成关怀关系。"回报也许是直接回应，或者仅仅是让关怀者看到被关怀者的喜悦或个人成长。"

谁的道德义务？

波特图式要求我们获取经验数据，明确我们的价值标准，表明恰当的伦理准则。完成这几个步骤后，我们面临最终忠诚归属的问题。在考虑伦理问题时，某个人或某个集团的权利和他人的权利不止一次地发生直接冲突。政策和行动不可避免地要支持一方而排斥另一方。通常我们最恼人的困境在于，我们首先要忠诚于某个人还是某个集团。我们要问自己这样的问题：我首先要忠诚于我的公司还是某个客户？

为了作出负责任的决定，我们必须明确，我们的决定会影响到哪些人，哪些人是我们感到特别需要支持的。在本书的案例分析中，我们经常要明确五个范畴的义务：

（1）对自己的义务。很多情况下，保持正直和良心是最好的选择。然而，事业至上的观念往往成为一个严重的职业问题，因为它经常诱惑我们根据个人利益行动，尽管我们声称自己是按良心行事。

（2）对客户/订户/支持者的义务。如果他们付了钱，如果我们签了劳动合同，我们就不应该对他们负有特别的义务吗？即便有观众没有缴纳电视信号费，但我们在决定哪些行为合适时，还是要考虑对他们的义务。帕特里克·普莱桑斯说得对，媒体和股东之间要建立信任关系，透明原则是十分重要的。

（3）对组织或公司的义务。公司的政策常常被盲目执行；但是，对雇主忠诚可以算作道德上的善。告密揭发，即揭露损害公司名誉的做法或个人，在这儿也与道德相关。记者甚至会藐视法庭命令或者拒绝放弃告密案的诉讼，这样做的理由是使媒体公司所依赖的资源不至于枯竭。所以可想而知，对公司的义务超越对个人或法庭的义务。

（4）对同事的义务。媒体人最大的义务往往是对做类似工作的同事的义务。可以理解，记者往往最重视对同行的义务和优秀报道的共同标准。只要不违反成规，有些记者甚至采取敌视编辑和出版人的态度。电影艺术家假定对同行的义务是首要的，而把经理看作外人。然而，这些职业忠诚几乎都是靠直觉为之，在我们决定什么行为合适时，必须对自己的理由加以分析。

（5）对社会的义务。这是应用伦理学越来越重要的一个方面，是媒体所强调的社会责任。比如，关于隐私和保密的问题，几乎总是遭遇要社会繁荣不要个人幸福的情况。"公众知情权"成了记者的宣传口号。如果不把公共利益纳入考量，广告代理商就不能解决烟草广告、政治广告和无营养产品的问题。当泰诺胶囊瓶子掺进氰化物后，强生公司的公关人员为公众尽了最大的义务。❶媒体娱乐产品中暴力和色情显然也是社会问题。在这样的案例中，

❶1982年有人往泰诺胶囊瓶子里掺入氰化物，致7人死亡。泰诺胶囊是强生旗下产品，强生公司随即展开一系列公关行动渡过危机，这一事件后成为危机公关经典案例。——译者注

只考虑个人或公司的利益，在道德上是站不住脚的。在这种情况下，应当优先确保对社会的忠诚。

我们对社会履行责任时需要一个世界视野。国际贸易和全球通信从根本上改变了我们生活的边界。很多社会问题是世界范围的，如全球变暖、粮食供应与分配、核战与生化战的风险、卫生与传染病、世界旅行网络。不管来自哪个国家，我们都是世界公民。史蒂芬·沃德建立了一个全球新闻伦理学，其基础是世界价值观，比如人权、自由和正义。"我们同时生活在两个社区里：出生的本地社区和人类共同渴望的社区……我们不允许因对本地的依附而践踏基本的人权和义务。"世界公民不是要以割裂的"本地行动，全球思考"为准则，而是要同时从本地和全球的角度思考和行动。

这本书从头至尾地强调，媒体人对社会的责任是至关重要的。必须承认，责任一词缺少一个好的定义，仍需要讨论。比如，在证明某一决定的正当性时，必须明确其对具体社会阶层的影响，如儿童福利、少数族裔的权利或者老年人的需求。我们强调的是，尽管有困难，在考虑波特图式第四象限中的忠诚归属问题时，也要把这样的讨论放在重要位置。媒体奉行"公众该死"哲学的时代一去不返了。顾客越来越成为上帝，维护所有者特权的激烈呼声越来越弱。然而，这些进步仅仅是开始，仍需要继续前进，才能使真诚的社会责任感和对平民的关心成为所有当代媒体运营在新闻、广告、公关和娱乐中的显著特征。

本章中描述的波特图式，使社会责任成为整本书的主要关怀。波特图式的上半部分（经验定义和忠诚归属）强调的是社会背景。如前所述，作为一个图形设计，波特图式并不仅是折中地、任意地集合各种因素，以便证明一项决定或政策的正当性。虽然下半部分（价值观念/标准和伦理准则）更多地涉及分析性问题，而不是日常经验中的社会学问题，但是下半部分也是通向上半部分的。另外，两个层次在某个关键点结合，以便由社会情境启动程序，经由文化忠诚的选择达到最终的决定。因此，忠诚元素特别提供了一个道德话语中的重要连接点，它表明在没有看到对制度安排和相关集团的意义之前，概念分析便不能得到评价。按照这些思路，内尔·诺丁思强烈要求关怀——人与人之间关联的概念——在决策中占据主要地位。从她的角度看，只是赞同原则而不关注有关的人，已经造成了很多不必要的错误。

我们遵循的决策路径对于社会秩序有着终极意义。当然，当我们运用伦理准则时，必须准确，伦理准则也必须与价值观念/标准和经验定义相关联。但是，当针对一个具体的社会情境或一个具体的制度安排作出决定时，意义变得明朗。经过深思熟虑的判断，并非直接由规范原则推导而出，而是与个人承担的对某个社会阶层的义务密切相关。在这个图式中，关于制度问题的争论是根本的，伦理思考要等到指明社会应用和社会意义后才得以完成。在这样的社会伦理中，任务不单是定义，而是要详细阐述有关社会正义、官僚体制和文化形式的复杂问题。对于这个任务而言，社会问题是核心的而非边缘的。

谁应做决定？

在道德推理的每个阶段，某些人或某个集团直接参与价值标准的确立，以及伦理准则的选择和忠诚对象的选择。只有始终关注谁做决定这个问题，阅读和讨论本书的案例才有成效。在每个步骤中，应用伦理学总是认真考虑谁负责任的问题。

通常会有很多人参与做决定。在简单的情况下，由编辑或经理而不是记者或销售代表做决定，这是一个组织问题。在复杂的情况下，娱乐制作部门能否忽略对质检部门的责任，而只强调给予公众想要的东西呢？给孩子看的电视节目，只是要家长负责，还是广告商和电视台也负有责任？如果广告商和电视台负有责任，那么责任的比例是多大？具备最好技术的人是否具备最高道德？我们必须警惕将消费者和非正式社交网络排除在决策外的家长制。时刻牢记，国家在什么时候通过法院成为最终决策者的。赋予任何人或集团绝对的权力或责任，都可能成为道德灾难。平摊责任有利于遏制人类逃避自身责任的倾向。

本书一直强调社会伦理，但个人一定不能袖手旁观。个人是真正的道德行动者。公司或机构，经过融合，受某一精神鼓舞，团结凝聚成为一个整体后，就不仅仅是分散实体的集合——它也有了自己的生命。在某种意义上，这样的机构可以对自己的行为负责，成为道德评判的客体，这也没错。但这是有限度的。这样的机构足够真实，但是不够具体。我们所认为的负责任的行动者，是进行道德推理的个人。只有这些个人才能够成为承担赞扬或责备的客体。

当然，公司责任是一个有意义的概念。公司责任也可以被认真对待，英国的《卫报》为我们提供了一个很好的例子。50多年前，曼彻斯特《卫报》采纳了一套延续至今的具体公司价值标准。个人加入一个组织后，在离开之前，他们一直对组织的行为负责。然而最重要的是，最终的责任将由个人承担。这不是极端的个人主义，极端个人主义与波特图式的社会伦理相冲突。重点是，如果要有意义地明确和承担责任，就必须把责任分配到组成公司的个人身上。个人不是完全独立、分散、原子式的实体，他们总是存在于与道德相关的社会语境中。但是个人始终是个人。从根本上讲，伦理涉及每个人。对整个媒体体制的泛泛攻击和笼统概括，给我们带来更多的是蒙蔽而非启迪。大多数情况下，这样的评判不是规范的伦理，而是暴躁的道德说教。下面的案例和评论，均将经由波特图式，引导媒体人作出有社会责任的、有伦理正当性的决定。

媒体的良心

新　　闻

第一章　社会正义

第二章　讲明真相

第三章　记者和新闻来源

第四章　侵犯隐私权

民主理论赋予新闻界极其显要的地位。在传统的民主社会，教育和信息是自由社会赖以存在的基石。人们相信，知情的民意是具有庞大力量的武器——事实上，它是法治政府的基础。因此，在托马斯·杰斐逊对政治的理解中，新闻自由占有核心地位；杰斐逊与众不同地把独立信息体制称为"保护我们其他自由的自由"。

由于新闻界的特殊地位（通常称为启蒙功能），圈外的批评者和业内的领导者都始终强调负责任的行为。托马斯·杰斐逊也曾悲痛，如此高贵的事业何以因刊登诽谤和谬误而自甘堕落。约瑟夫·普利策的担忧是，如果没有高尚的道德目标，报纸就不能为公众服务，甚至变得危险。17世纪初期，法国伦理学者拉布吕耶尔谴责报道无价值新闻、降低高尚责任的记者："他们夜晚十分平静地躺着一则新闻入睡……早上醒来就必须把它扔掉。"更早些时候，约翰·克利夫兰警告人们不要轻易对那些回忆录作品表示尊敬，"因为那就如同封曼德拉草❶为骑士……给制造捕鼠器的人以工程师的荣誉一样"。

对新闻业的现代批评似乎不过是在重复几百年来的控诉。然而，今天批评者的数量和批评的力度不同以往。在一个复杂的世界里，我们对新闻行为的期望高过以往任何时候，新闻自由仍然是一种荣耀。其实，猛烈、广泛的批评或许带来了意外收获：媒体从未像现在这样意识到自己对负责任行为的需要。

有一种声音从杰斐逊时就存在了——他呼吁建立一个"新闻自由"的国家。其他的声音有"你不能给看门狗戴上锁链"，"第一修正案确保了新闻媒体的独立"，"允许他人控制会使我们遭他人嘲笑"。那些自由高于一切的国家，经常不能清楚地理解责任是什么。责任，恰当地要求和坦诚地承担，是一个陌生的领域。本书第一部分赞同新闻自由，但也希望推动一个负责任的新闻体制的建立，并试图为这个想法提供内容。

涉及利益冲突、真实、隐私、社会正义、保密的问题和我们在这里讨论的其他问题，其伦理问题必须在存在压力的环境中考虑。最新的盖洛普测验表明，美国媒体的可信度为16%，这是几十年来的最低水平，对于任何人来说都是值得警惕的。而对于一些人来说，这就像是椅子碰疼了脚趾，却怒气冲冲地把椅子踢开。当一个国家不确定自己的世界领导位置时，怨气就会被撒在带来这个消息的人身上。然而，即便是在艰难时世，我们也必须继续媒介伦理的工作。虽然种种限制让记者窒息，但是当前的文化氛围要求新闻界保持克制和清醒。虽然这一部分不可能解决所有的问题，但是它解决的是记者议程上高度优先的涉及道德困境的问题。

---

❶ 一种产于欧洲南部的植物，它的根与人体形似。——译者注

第一章

社会正义

无论世界什么地方发生灾难,先进的传媒技术都能够迅速让几乎每个人实时了解这一事件。这张摄于2010年海地大地震震后的照片促使多个国家向海地提供人道主义援助。

历史学家查尔斯·比尔德曾经写道，媒体的自由意味着"有权利选择正义或非正义，党派或非党派，正确或谬误，新闻专栏或社论专栏"。当前众多的疑虑在于，在一个充满谬误的市场中，真理能否出现。当前媒体人士和传播学者倾向于一个更有反思能力的媒体，一个意识到重要社会责任的媒体。但是，充分服务公众是一个很难达到的目标，其中最复杂的是社会正义问题。20世纪哈钦斯委员会要求媒体展现"一个社会组成群体的真实画面"。这个委员会坚持认为少数群体应该得到尽可能多的认真对待，它还斥责那个时候的媒体在这方面的软弱令人沮丧。

媒体对社会正义的责任具体有多大？虽然在这个问题上仍存有争议，但是已经取得的共识也是显而易见的。19世纪的废奴主义编辑为了正义而战，尽管他们的个人安危受到了威胁，印刷机被扔到河里，印刷厂被愤怒的读者付之一炬。20世纪60年代，电视和黑人运动合作，为民权斗争提供了帮助。

本章介绍了四个有关社会正义的问题，它们的规模等级不同，却都是涉及社会正义的典型问题。在所有的案例中，迅速反应的媒体所起的作用被视为关键性因素。四种情况都假定社会真正关切的问题十分危险，不仅仅是权高势重的特殊利益集团和追求个人目的的威权政府。每一个案例都是关于弱势群体的：第一个案例中是大屠杀受害者，第二个案例中是穷人，第三个案例中是女性，第四个案例中是无路可走的美国原住民。在所有案例中，记者都感受到一定程度的责任。尽管媒体的反应有时候十分微弱，但是在这些情况下记者没有轻易放弃任何一个值得奋斗的目标。

案例

达尔富尔危机

20世纪90年代卢旺达种族大屠杀发生后，很多人发誓永远不会再眼睁睁地看着这样的残忍事件发生。但是，种族清洗蹂躏了苏丹的达尔富尔地区，国际社会再一次行动迟缓。从更大视野来看，1983年到2005年的第二次苏丹内战中有200多万人丧生。这是该国史上最大的内战之一，几百万人流离失所，很多人逃往相邻的乍得和中非共和国。

达尔富尔作为一个独立的伊斯兰教君主领地已经有几百年的时间了，人口包括阿拉伯人和非洲黑人部落——二者都是穆斯林。达尔富尔在1916年由英国划给苏丹，但是它被殖民国遗忘了。1956年苏丹独立时，新政府继续忽视达尔富尔地区。河岸阿拉伯人居住的首都喀土穆及周边的核心地区，基本对全国的农村地区不闻不问，尽管该国农村地区地理面积最大，人口最多。

苏丹对冲突并不陌生。1962年，独立后仅6年，住在北面的阿拉伯人和住在南面的非洲黑人爆发了持续10年之久的内战。11年的和平过后，又一场内战爆发了，这一次持续了20年，事态随后似乎又平静下来了。2003年2月苏丹的达尔富尔地区发生叛乱——这是一个苦难的地区，苦难不仅来自于干旱和沙漠化，还来自于农民和居住在该地区的牧民之间的持续紧张。叛乱分子开始攻击政府目标，声称苏丹政府因为他们的黑人身份而对他们区别对待。为了报复，苏丹政府雇用当地阿拉伯民兵镇压叛乱——代号"金戈威德"（意为邪恶的骑手）。由于叛乱分子大多是黑人，选择达尔富尔的阿拉伯部落为镇压主力，是一个恐吓他们的"明智"策略。

尽管苏丹政府不愿承认它是这个悲剧的共谋者，但达尔富尔发生的事件是十足的种族大屠杀。（1948年12月的《防止及惩治灭绝种族罪公约》将"种族屠杀"定义为"故意造成群体生命的全部或部分生理毁灭"。）政府空袭了目标村落，金戈威德进入该地区，谋杀、强奸任何一个幸存者。为了确保没有人再回到这里，民兵烧掉了所有幸存的建筑并在水中下毒。通过支持民兵，苏丹政府既能参与种族清洗，同时也撇清负有侵犯人权的责任。苏丹政府声称暴力是由"部落冲突"引起的。

国际社会终止这场危机的努力是迟缓和无效的。美国和欧盟参与了人道主义活动，但是没有表现出任何政策意义上的决心去做一些有意义的事情。而且，当谈判走向停火或签署和平协议时，苏丹不愿信守承诺。2007年7月，联合国安全理事会通过一项决议，授权组建一支完全由非洲军队组成的维和部队，但是没有授权其展开行动。西方国家轻易脱身，喀土穆对此没有作为甚至保持缄默，没有下达任何明确的命令进行干涉。

2008年7月，国际刑事法庭发布对苏丹总统奥马尔·哈森·阿尔巴希尔的10项有关战争罪和种族屠杀罪的指控。2010年4月26日，他在一个公然操纵的选举中连任总统。由于苏丹继续向邻国输出难民，该地区已经日益不稳定。不稳定已经对该地区的人道主义活动产生不利影响，已经导致很多人减少或者完全放弃（人道主义的）努力。定于2011年的全民公决极有可能导致信奉基督教和万有灵论的南方与阿拉伯穆斯林的北方分裂。❶重新爆发内战的危险始终存在。◆

❶南苏丹已经于2011年7月9日宣布独立。——译者注

人们所知道的"21世纪最大的人道主义危机"需要最客观详尽的国际报道。伦理原则是正义。世界应该从正义的角度而不是血腥暴力的轰动角度去看待达尔富尔。作为唯一的全球传播形式，新闻媒体有很大的责任选择正义的视角。

新闻没有充分的标准定义。公平和平衡是重要的但不是充分的。在细节上要求准确，但情况本身是极其复杂的，即便准确也不够强大。以危机为导向的重大新闻报道模式显然是不充分的。

在这个案例中，要满足社会正义的原则，意味着要全面。"解释充分"，是一个定义式名词。一个充分的解释要展现公共生活一切有活力的方面。一个有新闻价值、清晰表达正义的描述要充分反映复杂的文化和宗教。所有层面涉及的人都要得到真实的描述，要消除成见或避免脸谱化的判断。

如果在更深层面上理解国际新闻报道，那么新闻意味着真实揭露。记者揭露事件的本质，或者换句话说，深入揭示事件的本质。从这个层面上看，尽管这次危机从2003年年初就开始被揭露出来，但达尔富尔的真相却一直

停留在讨论当中。杰勒德·布鲁尼耶是法国埃塞俄比亚研究中心的主任和《达尔富尔——模棱两可的种族屠杀》的作者。按照他的说法，今天关于这次危机有四种不同解释正在争论：（1）苏丹政府声称这是一起部落冲突，干旱加剧了冲突；（2）一些主要的专家和国家将它看成是由于金戈威德民兵的野蛮而失控的平叛行动；（3）少部分人称它为"种族清洗"，是喀土穆阿拉伯政权的阿拉伯人要取代非洲部落；（4）第三个解释的更强版本是种族屠杀，指的是一个种族残暴地消灭另一个种族。

由于消息来源方面的持续困难，要达到"真实揭露"的报道标准变得更加复杂。记者很难拿到去苏丹的签证，通常要等上几个月。在达尔富尔报道本身也很昂贵和危险。新闻媒体认为它们的观众对非洲缺乏兴趣，很多新闻媒体已经在伊拉克和阿富汗用光了资金和人员。苏丹政府配备"助手"来陪伴记者，而对媒体讲真话的当地消息来源义因为自身安全原因需要保护。公众的热情减退通常也很明显：编辑和公众厌倦了复杂的冲突，看不到尽头，同时也很难理出头绪。除了了解表面上的事件——轮奸、轰炸、烧毁村庄、光天化日下屠杀儿童，记者还需要访谈政府管理人员和叛军指挥官。救助工作人员和联合国工作人员可以接触到，但是领导们通常含糊其辞或有意欺骗。外交官海达尔·巴达维·萨迪格教授描述了奥马尔·哈森·阿尔巴希尔总统在卡塔尔的一次讲话，以此为例说明"粉饰修辞"很难用社会正义的原则进行报道：

> 苏丹总统列举了他对西方（笼统的）和美国（具体的）的不满。他谴责美国对原住民的种族屠杀。他谈起美国在伊拉克的暴行，"根基就是一个谎言"。然后他接着说，苏丹政府要求英国大使离开苏丹……阿尔巴希尔谈话时充满激情，且声音非常大，群众在他讲话的间歇高呼"Alahu Akbar（真主至大）"。他自己也总是习惯性地用高呼"Alahu Akbar"来结束他充满感情的讲话。

同时，阿尔巴希尔的全国大会党几乎完全控制了苏丹的广播，并对平面媒体实行严厉的审查。

不过，一些严肃的媒体的确克服了障碍，秉持了正义原则。《纽约时报》的尼古拉斯·克里斯托夫和《华盛顿邮报》的埃米莉·瓦克斯都作出了卓越的贡献，BBC对达尔富尔进行详细的、定期的报道。然而，根据廷德尔报告，美国电视的失败不可原谅。整个2004年，ABC对达尔富尔的报道只有18分钟，NBC为5分钟，CBS为3分钟。相比之下，三大新闻网对玛莎·斯图尔特的报道合计有130分钟。CNN、福克斯新闻、NBC、MSNBC、ABC、CBS合计对迈克尔·杰克逊的报道是对达尔富尔报道的55倍。

海达尔·巴达维·萨迪格和哈拉·阿斯米娜·古塔呼吁在苏丹和有关苏丹的报道中实行以伊斯兰教视角为基础的"和平传播"。在他们看来，如果没有"真诚和善意的传播"，就没有可持续的政治解决方案。萨迪格和古塔反映了C. F. 阿尔杰的思想，他们认为和平传播的目的不在于促进暴力的消失，而在于社会正义："解决结构性不平等，解决（苏丹）对世界结构和自然环境的文化和安全的威胁。"他们通过联合国教科文组织章程看大众传播与和平间的关系："由于战争始于人们的思想（原文如此），因此要在人们的思想中捍卫和平。"按照C. F. 阿尔杰的观点，萨迪格和古塔认为，来自压迫者的暴力和来自被压迫者的反暴力会持续增强，除非能够战胜驱动暴力的非人性化。在这一文化变迁中，不同的种族和宗教应该受到尊重而不是截然对立，传播十分重要。政策和制度方面的变革需要语言和态度上的变化。他们赞成并引用 S. 基恩的话说："我们首先用思想杀人，然后才用武器杀人。"要超越成见、狂热，以及我们与他们的二元性，不以对方为邪恶敌人，新闻媒体和学校具有同等的重要性。

在这个有关达尔富尔地区的案例中，关于哪个伦理原则最相关有一个一般共识。通过揭露真相的新闻达到正义，我们很容易理解这个原则。挑战来自于不能按原则行动。在这方面通过全面报道解决这些问题并不乏实例。不过，新闻教育工作者和职业人士如何有效利用和传播这些报道呢？

案例

一个隐藏的美国：山里的孩子们

2009年2月一个星期五的晚上，ABC的《20/20》节目播出了《一个隐藏的美国：山里的孩子们》，超过1 000万观众收看了这个节目。这是该节目播出5年来最高的收视率。节目开始是多个阿巴拉契亚画面的蒙太奇——很让人担忧。主持人黛安·索耶的声音随即出现在视频中，描述了该地区的人民和历史，她用一个问题作为节目的开端：

> 那么，为什么如此多的人们落在了后面？今晚我们带你去美国最穷的地区之一。那里男人和女人死亡的年龄低于别处的，那里的人们长期受吸毒、癌症、掉牙、酗酒、抑郁的困扰。但是，山里每个地方都有很多充满勇气和希望的人们。

更多的图像、剪辑跨越时间和地点。一个不同的声音说："我们需要对这些人重新投资。责备人们贫穷很容易，难的是找到下一步做什么。"小屏幕出现了，然后索耶出现在这个地区的地图前。在接下来的一小时中，她通过年轻人的故事勾勒了一幅阿巴拉契亚中部的特写。

肖恩是一位具有"狮子意志"的高中橄榄球明星，他睡在卡车里，在朋友家洗澡，梦想通过体育奖学金"走出去"，把愤怒攒下来发泄在周五晚上的球场上。他大多数时间不在城外山里的家中。他的家人一度因为乱伦和虐待而痛苦。

12岁的考特妮和11位家人住在一个很小的房子里，她的家人每个月靠食品券支撑度日。她的母亲30岁了，是一个康复中的瘾君子，每天步行8英里去进修她的高中同等学力课程。49岁的奶奶为她们两个祈祷。观众看到考特妮的叔叔将百事可乐倒进考特妮妹妹的吸管杯中，她的妹妹只有两岁大。

一句旁白后，观众的视野回到大图像中。我们可以看到，索耶得知在东肯塔基州的奥斯康定药卖到120美元一片时，显得很震惊。在这个甲基苯丙胺和止痛片成瘾的地区，奥斯康定药片成为人们的首选。一个药商在被戴上手铐带走时说，这件事关乎"生存"，而不是在伤害购买者。

埃丽卡现在11岁了，她在5年前曾出现在当地新闻节目里。她的母亲也在与止痛药上瘾作斗争。在清醒的时候，妈妈说："我很抱歉，你要承受这一切。"埃丽卡回答说：

"没事的，妈咪。"但是在那一刻她仿佛已经活过了好几辈子。她的母亲从法庭强制治疗回来后，再一次嗑药。黛安·索耶追上在当地街道上闲逛的埃丽卡，委婉地问她："为什么妈妈要这样做？""疼痛。"埃丽卡答道。

接着是一些令人振奋的内容。索耶去了玛德·克里克诊所，这是一个由尤拉·霍尔开办的诊所，每年接诊19 000人。人们根据自己的能力付钱。霍尔还准备了一支枪来保护药店。另一个"英雄"埃德温·史密斯是一位牙医，他开着一辆自己出资的移动诊所在这个地区巡诊。"成见深植于事实中"——他的大部分工作是治疗所谓的"百事激浪嘴"[1]。

19岁的杰里米是一个矿工学徒。由于有一个孩子要出生了，而且要照顾家庭，他放弃了成为一名军队工程师的想法。在这个地区，只有十分之一的人拥有大学学位，但是矿工一入行就能挣到6万美元的年薪。这很危险，但是美国所用的能源几乎有一半来自煤炭——西弗吉尼亚州供给其中的16%。索耶进入一个煤矿，并和矿工们交谈。矿工在说话时扫了一眼站在旁边的煤矿管理人员，他们的回答很谨慎。

同一时间，肖恩离开那里去了大学，获得一项橄榄球奖学金。但是两个月后，他显然没有足够的钱留下。他很孤独，决定回家。杰里米由于有稳定的薪水，得到了一笔贷款，为家人买了一套房子。在结尾处，《一个隐藏的美国》提出一些在教育方面的想法和在这个地区使用联邦（经济）刺激资金的可能性。索耶的结束语是让观众到ABC的网站去寻找可以帮助阿巴拉契亚儿童的组织。

观众蜂拥而至。到第二个星期一，ABC的网站上有来自全美的1 600条评论。一周后，《20/20》有一个简短的更新。它主要是更新了纪录片中的故事，深入分析了人们的反应。肖恩得到了另一个机会，得到另一所学校提供的全额资助，并获得了更多的支持。热心的公民寄去了衣服、食品，还为杰里米的新生儿寄去了婴儿车。埃丽卡得到了一项教育信托基金的支持。州长表示，肯塔基州将会从联邦政府的经济复苏计划中得到一笔30亿美元的资金。配备更多的计算机，帮助阿巴拉契亚的孩子有能力与其他国家和地区的孩子竞争。起初，百事公司在片中宣称"这是一条不负责任的老掉牙的新闻"，后来也决定捐赠一辆移动牙医诊所给史密斯医生，并表示将在动员志愿者、技术人员和牙医方面提供帮助。

辩论迅速爆发了。就在《一个隐藏的美国》播出当晚，《奥赖利实情》播出了对黛安·索耶的访谈，主持人比尔·奥赖利表示悲观："我们真的做不了什么，他们的父母是酗酒者。"全美的报纸、电视台、电台和其他媒体从不同的角度讨论了这个问题。一个当地人在YouTube上上传了一则来自肯塔基州佩恩茨维尔WSAZ电视台的新闻，把约翰逊中心高中，也即肖恩的母校描述成本周"酷学校"。它详细介绍了约翰逊中心高中几百万美元的发展计划、新的计算机实验室和世界一流的工作团队。获奖记者和WYMT电视台（肯塔基州哈泽德市）的新闻主任尼尔·米德尔顿权衡了两个方面，经过一番思考，他认为ABC原本可以用一些当地已取得的成就平衡它的报道。

---

[1] 这是一种由于饮用苏打饮料造成的牙齿疾病，阿巴拉契亚的牙医创造了这个词，Mountain Dew是百事公司的一种饮料名。——译者注

但是，如果我们诚实的话，就必须承认纪录片中的事实是真实的，有时候真实会让人不舒服……我们真的因为黛安·索耶报道了一个严重的问题而生气？还是因为有人提醒了我们宁愿忽视的图像真实存在？

仅仅一年之后，2010年3月，ABC因《一个隐藏的美国》而获得皮博迪奖，这被认为是电子媒体行业中的最高荣誉。◆

《20/20》特别节目结束后，尼尔·米德尔顿和其他很多媒体内外的人们一起表示，在《一个隐藏的美国》中，不仅仅是准确和成见的问题，还有更多紧要的东西。米德尔顿承袭哈里·戈尔登，在他的反思中加入了对正义的呼吁：在这个具体案例中，记者的责任超越了仅仅对事实的报道（尽管，如他写道，正确地做到这一点仍然重要），要达到道德高度。阿巴拉契亚居民的刻板印象问题肯定是具有价值的，对黛安·索耶的更深批评表明，尽管已获得皮博迪奖，但《一个隐藏的美国》并没有达到米德尔顿的标准。

索耶辩护说，在介绍中，她的确在努力明确一点，即她谈到的是阿巴拉契亚中部220万居民中生活在贫困中的50万人。她的语气和做法大多被看作是充满激情的。毕竟，像她在前面提到的："我们要带你去美国一个我喜爱的地方：我的家乡肯塔基州。"这是一个历经两年的项目，工作团队在该地区的行程超过1 400英里；但是整体的感觉是节目没有立足于那些社区，跟那些社区没有建立多层次的联系，没有理解那些社区。正如在西弗吉尼亚州土生土长的阿巴拉契亚作家贝蒂·多森-刘易斯所说的：

> 当索耶的纪录片结束时，我想，或许一个小时对于探索这样一个复杂的问题来说是不够的。但是我很好奇，为什么索耶没有探究贫困的原因和使这些地方陷入贫困循环的原因。

为什么，她问道，没有给想要提供帮助的人们提供指导？为什么没有更好地报道煤矿的场景，比如山巅移除采矿？为什么煤炭经营者对他们的社区毫无贡献？

尽管纪录片简要地提到了一些历史上的先例，比如林登·约翰逊总统40多年前在东肯塔基州向贫困宣战，还有鲍勃·肯尼迪随后的激进主义政策，《一个隐藏的美国》没有回答它自己预设的问题：阿巴拉契亚人是如何落后的？农村新闻与社区问题中心主任阿尔·克罗斯在一个专栏中参考了尼尔·米德尔顿的观点，清楚地解释了这个挑战："当新闻解释问题遭遇公共政策问题时，它必须为解决问题提出建议。这是很多记者找到的该纪录片的缺点，长于感情，短于背景。"

一位对阿巴拉契亚有着深层了解且具有那里生活经验的文化史学家杰夫·比格斯更加直白地说道："索耶在《一个隐藏的美国》中隐藏了很多重要的问题。"对比格斯来说，这些问题深深隐藏在这个地区的历史、文化、民众、社会结构、传统、宗教信仰和经济中。背景中的首位是煤炭："谈到东肯塔基州的极端贫困，充满了没用的激情，索耶没有注意到房间里那头800磅的大猩猩：山巅移除采矿，它消灭了东肯塔基州的社区和经济。"尽管《一个隐藏的美国》提到了煤炭的重要性，讲到该片工作人员无法得到和健康问题有关的数据，比如黑肺病，但是索耶与矿工唯一的现场互动是在公司老板在场时进行的。这怎么能期望矿工坦率发言，详细讲述他们面临的艰辛、问题和危险呢？社会正义的方法亟须更深层次的分析。

由于我们考虑的是一个批判性的、以正义为基础的视角，另一事件可能帮助我们的理解。在ABC宣布《一个隐藏的美国》获得皮博迪奖过后仅仅5天，2010年4月5日，西弗吉尼亚州蒙卡尔姆的Upper Big Branch煤矿发生巨大爆炸。接下来，发现25名遇难矿工，救援人员努力寻找剩余4名被困于西弗吉尼亚南部煤矿中的矿工，全美国连续数日观看了救援行动。粗略地说，这也是一个真正的故事——那种能够增加发行量、建立声誉的独家新闻。英勇的救援者，没有同情心的老板（民意广泛认为他们是冷酷的恶棍），违反安全条例的典型，在一个继续满足美国几乎一半能源需求的产业中，运行着生命和几百万美元的资金。

很多全国性新闻媒体对类似的基本问题轻描淡写，但是一些报道却努力提供对蒙卡尔姆矿难的多方面、多层次处理方式。在悲剧过后一阵紧张的报道中，官方观点在政府官员、政客、企业发言人、矿工、老板和投资人之间摇摆不定，《查尔斯顿邮报》由于其不屈不挠的调查性报道，对事实的执着投入和对阿巴拉契亚人的生活和煤炭行业的丰富了解，发出了独特的声音。小肯·沃德是该报环境问题和煤炭行业方面的荣誉和资深记者，灾难过后一个月，他和同事从一切可能的角度报道了Upper Big Branch的几十个故事。很多记者至多回溯过去10年的历史背景，而该报的报道可能上溯到50年甚至100年前。在尊重失去29位至亲的家庭的前提下，记者使用了法律处分文件、政府档案、访谈纪要和多种信息来源。或许，在小肯·沃德2007年接受访谈所表达的两个观点中，我们可以找到这个视角的重点：

> 除了少数例外，记者大都忘记专家在一个问题上的价值和记者能够专门从事某些事情的价值。事实上，我花了好多时间研究这些问题，我知道它的背景，要打电话给谁，文件在哪里。我们能做出比别人更多更好的新闻报道。

接下来，"这是和全国性新闻的记者不同的地方，他们是空降到西弗吉尼亚的。人们信任他们与否并不重要，因为他们做完一个报道就离开了。但是我们还要生活和工作在这里"。

值得一提的是，《一个隐藏的美国》播出后，很多记者和思想家开始回应米德尔顿的呼吁和他对黛安·索耶及其同事提出的问题，并进行了更有深度、更有创造力的思考，即使还不够全面。在特别节目的结尾，迪·戴维斯问道，我们为什么把银行的失败或其他大的社会问题看成系统性的问题，而把阿巴拉契亚的穷人看作"需要自力更生"的人？戴维斯开办了乡村战略中心，这是一个设在肯塔基州的非营利机构，致力于为乡村生活和文化创造经济进步和更好的全国性讨论。其他一些编辑在回应《20/20》时参考了埃德·罗勒的观点，罗勒是肯塔基大学的教授和阿巴拉契亚专家，他在《20/20》后续节目的结束部分提醒观众："有很多方式去考虑山区的未来，与过去不同的方式，只要我们愿意去想象。"罗勒自己也在这样做。他进行了广泛的研究，最近出版了一本调查阿巴拉契亚与美国其他地方不平等根源的书，在此基础上，他赞成首先通过教育和医疗的分权来解决阿巴拉契亚的长期问题，另外他还提出了其他建议。对罗勒来说，"如果我们止步于慈善，就永远无法找到产生这些问题的深层原因。我们永远无法达到社会结构的'正义'"。

案例

性别歧视和足球世界杯

1999年7月10日，美国女足在世界杯打败了中国女足。在精疲力竭的零比零平局后，美国在最激烈的体育项目中以5∶4的比分击败中国——点球决战。美国队教练托尼·迪西科说："今天这里有两个冠军，但只有一个能把奖杯带回家。"

帕萨迪纳市玫瑰碗体育场的门票售罄，有90 185位球迷观看了比赛，这是观看女子比赛的最多人数。32场足球比赛卖出650 000张票。ABC估计全美有4 300万观众收看了比赛，这几乎是上一年男足世界杯巴西对阵法国比赛的两倍。看台上的比尔·克林顿总统称之为"在某种程度上，过去10年中最大的体育赛事"。

《新闻周刊》认为，世界杯的狂热似乎表明，在《教育法修正案》第九条规定对女子体育的平等资助27年后，女子团体体育真正到来。从女子网球、高尔夫、体操的优雅世界到个人金牌得主，比如1988年首尔奥运会的杰基·乔伊纳克西，20世纪90年代见证了女子体育的快速发展，这包括现在比1989年多出10万名女子足球运动员。《新闻周刊》评论说，这次世界杯中"充满魅力的女运动员们——年轻健壮、具备过人技术——已经成为新的国家英雄……（她们）也给我上了一课……女足世界杯用专业体育标准来看不值一提，但是却提醒全国民众，体育明星也可以优雅可爱。在赛场上，球队向我们展现了领导力和合作精神——并且她们棒极了"。

中国队和美国队进入了决赛，显然她们是两支最好的球队。中国队曾以19∶2的悬殊比分击败对手；美国队赢了18场比赛，仅仅输了3场。实际上，自美国在1991年中国女足世界杯上首次赢得冠军后，这两支球队已经成为劲敌。1996年，美国2∶1击败中国赢得奥运金牌，又以2∶0赢得1998年友好运动会冠军。但是，中国在1999年已经赢了三场比赛中的两场，包括著名的阿尔加威杯。

两支宿敌球队一路走来的卓越比赛成就了世界性舞台，在7月10日，一群英雄产生了。美国守门员布里安娜·斯库里让第三个必进球从指尖转向。在第100分钟，克里斯廷·利莉站位理想，在球门线上拦截了范运杰可能赢得比赛的射门。全场年龄最大的37岁的米歇尔·埃克斯控制了中场的防守，但是由于中暑和轻微脑震荡——上次比赛撞击的结果，赛后她需要打静脉点滴。中国的金嫣再次展示了她是本场比赛中最聪明的运动员。

但是，布兰迪·查斯顿是最后的英雄。她在点球4∶4时走上前去，毫不犹豫地将球踢入从而锁定胜局。她大声欢呼，和队友一起，把T恤扔向空中以示庆祝。美联社专线报道的前四个自然段描述的就是这个场景，然后在第十段又回到这个场景：球飞进了球门的角落。世界杯是她们的——布兰迪·查斯顿跪倒在地，脱去衣衫。

嗯，不是全脱。毕竟玫瑰碗体育场里有90 185位球迷，还有几百万人在其他地方观看电视转播。但是，在踢进锁定胜局的一球之后，她脱掉运动衫，在头顶挥舞，等待欢呼的队友聚集过来。"暂时的疯狂，"查斯顿在美国5：4获胜之后说，"我疯了。我想，我的上帝，这是我在足球场上一生当中最伟大的时刻。"

查斯顿在1994年落选国家队，之后又努力回到那里，6月在为 Gear 杂志拍摄的图片中，她什么也没穿，只用一个足球挡住身体。这一次，在她和队友叠罗汉庆祝时，露出了她的黑色运动内衣。《新闻周刊》报道的开头第一段也描述了这个"艳丽的、梳着金黄马尾辫的、被人们称为好莱坞的……脱掉T恤……一直脱到剩下黑色的运动内衣"的姑娘。

美联社随后对球队在洛杉矶和迪士尼集会的报道中，描述了同样的细节。报道引述了队长朱莉·福蒂对一群球迷讲的一句话："布兰迪说'暂时的疯狂'，可是谁相信啊？"美联社周二在报道球队访问纽约时也提到了T恤。周三的专线报道中也有一个特辑，描述耐克公司努力"将那个营销的魔幻时刻"转化为耐克运动内衣的"营销"。

2003年6月，国际足联禁止运动员——不论男女——在进球后脱掉上衣。它的目的是"维持赛场上的纪律和秩序"。但是这个规定没有吓倒布兰迪·查斯顿：

> 如果我碰到与1999年世界杯时同样的情景，我还会脱掉上衣。足球从来都要自由奔跑，非常有节奏，非常有创造力，进一个球很困难。所以，在我的眼里，我认为，脱掉上衣跟纪律毫无关系。这是感情的表达，这是自发的行为，这是性感的表达。◆

美联社在报道布兰迪·查斯顿时是否存在性别歧视？我们能否认为她的脱衣行为只是在模仿男性运动员由来已久的庆祝胜利的行为？

查斯顿是被当成了性对象，还是说美联社只是真实报道足球运动的所作所为？米歇尔·埃克斯说，这个球队满是"酷妞"。队友朱莉·福蒂把布兰迪·查斯顿描述成"一个有不可思议的脱衣本领的女人"，并把球队称作"有大量体能的热血姑娘"。守门员布里安娜·斯库里曾经承诺，如果美国女足在1996年奥运会获得金牌，她将裸体跑过佐治亚州雅典市的街道，她最后践履了诺言。查斯顿自愿为 Gear 的报道《她赢了比赛》当模特。米娅·哈姆在对托尼·迪西科的建议中表达了她眼中的性别差异："把我们当男的训练，却把我们当女的对待。"或许，美国队有足够多的自信去表达对运动精神和性别的健康态度。

《芝加哥论坛报》体育专栏记者斯基普·贝利斯和PBS电视台的女性分析节目《反面》以及斯克里普斯·霍华德新闻社每周专栏的主持人邦尼·厄布对"姑娘因素"作出了截然相反的回应。

在决赛前夕，贝利斯在文章中反对男性读者将球队看成表演的运动员：

> 你，嘿……男子汉先生，你去检查一下"热血姑娘们"……？你正在第一次收看女足世界杯，因为每一个优秀运动员……到"男人就是男人"体育酒吧里的哥们，都在喊喊喳喳地议论朱莉·福蒂把美国女子足球队命名为"有咪咪的足球运动员"。我打赌你不会把这些运动员，嗯，仅仅看成是运动员。

对于贝利斯来说，观众的关注重点应是户外足球的比赛过程：球员的速度、团队合作、训练、控球、倒脚、头球、破防、进攻、防守等。同样的情况发生在米尔卡·达诺、萨拉·费希尔和丹妮卡·帕特里克身上——印地500车队的33名女赛车手中的几位。她们呼吁，在体育报道中，重点不应该是她们的女性身体，而理应是赛车战术和印第安纳波利斯赛道。

邦妮·厄布在专栏中告诉可能会"因'姑娘因素'而受到冒犯"的女权主义者：

> 试图解释美国队的巨大人气……电视新闻杂志《日期栏NBC》表示，"姑娘因素"也许是球队受追捧的原因之一。
>
> 如果队员的完美身材，比如米娅·哈姆、布兰迪·查斯顿、洛莉·费尔，是吸引力的一部分，那就让女权主义者现在赞美漂亮的女人们……如果美丽和性感仅仅是人们观看女子体育的众多原因中的两个，那么女性运动员应该感激而不是憎恶。
>
> 为什么？首先，说实话，女人多年来观看男子体育，也是为了一睹男性穿很少衣服时的完美身体……"为了看满场飞奔的胴体"……雄鹅吃荤，雌鹅也不吃素。
>
> 即使男运动员的男性支持者第一次观看女子足球是因为喜欢女队员的性感，他们也不得不惊叹于这些世界级女运动员的超凡技能。如果他们成为——大部分人肯定会成为——女子体育成就的追随者，那么他们最初是因为什么动机接触体育的并不重要。

为什么要蔑视"姑娘因素"？厄布问道。这是一个重要的市场元素，能在经济上支持职业女足运动员。我们应该为了它的任何价值而提倡之。

我们不是要二选一，而是要欢迎体育报道中的这些争议，因为这个时候社会在发生巨大变迁，原则不总是很明晰。来自伦理的挑战在于从整体上消除新闻报道中的性别主义语言，积极贯彻一些已经很明确的基本原则。

媒体总是给女性制造刻板印象。这个问题有很久的历史根源。比如，在女性选举权运动中，新闻报道经常将问题歪曲。社论经常谴责女性的"琐碎奇想"，谈论"恐怖的后果"，甚至使用像"造反"这样的标签。找一找20世纪任何一种书面文件（包括新闻），媒体对女性的不屑显而易见：过于强调服装和外貌，认为她们应以做好家务为荣。也就是说，把女性刻画成没有头脑或者至少是缺少知识的形象。

有足够证据证明这些问题一如既往地存在着。工资标准存在性别差异。琼·伯德和日内瓦·奥弗霍尔泽曾经担任《华盛顿邮报》的监督员，她们看到，现在一些女性也成为高层管理者，但是在重要岗位上女性的比例仍然过小。简·奥赖利抨击"白种男性"权威（在肤色和观点方面）垄断了社论和评论。事实上，媒体中存在性别主义，这已经被反复证明。随着时间流逝，它几乎没有什么变化，因此，一位学者认为，我们不应该再为了证明我们已经知道的媒体性别主义而研究，而应该去教"读者向报纸反馈，明确传达他们对刻画和描述女性方式的不满"。

性别主义语言从哪里潜入报道？哪里缺失女性的消息来源？如何使她们融入进来？我们如何能使更多的女性从事新闻工作并进入管理岗位，以便她们的观点更有可能得到体现？

为了促进变革，读者和观众应该密切监测媒体的性别主义谬误。全球媒体监测项目是一个致力于消除媒体中性别主义的志愿者组织。从1995年开始，它每5年进行一次世界范围的调查。2010年，它的调查覆盖到了大约57%的全球区域。在最新的一次调查中，有102个国家的受访者参与监测了当天电视、广播和报纸上的新闻，16 000条新闻和7 000个新闻中出现的人物被编码。调查结果显示，女性仅出现在18%的新闻报道中，而男性出现在82%的新闻报道中。这项研究的思路是，收集数据，然后用数据去与电视台经理交涉，作为培训记者的背景知识。在这四项研究（1995、2000、2005、2010）中，GMMP最关心的现状是：旧权威观念和女性声音的过于微弱阻碍了关于社区和领导力的新概念的形成。

性骚扰是一个复杂的问题，需要精确的、非感官刺激类的报道。最近10年中，教育机构、政府机构、卫生组织和宗教团体都实行以性别和性取向为基础的多形式反骚扰政策。它们在细节上有所不同，但是所有这些政策的性质都是零容忍，并坚持对骚扰者采取强制行动。为了使施害者受到起诉，受害者得到保护，过后不出现报复行为，我们需要制定详细的实施程序。总之，目的是预防，而不是关注骚扰行为本身。在确保积极公平地执行政策的过程中，新闻媒体起到了非常重要的作用，但是要做到这一点，同时不产生被社会公开审判的后果，是不可能的。

性别主义在我们的文化和社会秩序中根深蒂固。要识别并消灭它，各地记者需要持续、细心的关注。我们可以公平地说，最优秀的职业人士不是性别主义者，但他们是好强的记者，有时候社会规范的变化会使他们的判断失效。然而，更大的议程仍然存在。虽然在某些情况下媒体的行为有了迅速改观，但是机构和结构变革仍是一个迫切的问题。否则，一段漫长且人们熟视无睹的历史不会得到彻底改变。

案例

伤膝河的10周

20世纪主要的公民自由主义者小泽卡赖亚·查菲曾经写过："我们（国家）的扩张并没有攻击我们的邻居……我们的历史上有一些令人遗憾的阶段，比如触犯印第安人的信仰，但是这些都太久远了，已经没有什么让今天的我们感到难堪……我们没有恃强凌弱过。"

一位卓越的哈佛大学法学教授，一个被认为是受压迫少数族裔卫士的人，能将美国印第安人历史上的困苦如此轻描淡写，难怪美国印第安运动组织的领导人觉得需要一个事件来让人们广泛关注他们的担忧。旧式的"起义"、圆锥形帐篷、马、步枪、战争油彩和摄像机，没有什么事件能比得上这些了。

1973年2月27日，大约200名印第安人占领了南达科他州西南部松树岭印第安人保留地，即伤膝河谷的村庄。此前，一群印第安人在南达科他州卡斯特与警察发生冲突，抗议对一个涉嫌捅死印第安人的白人量刑太轻（二级的过失杀人罪）。36名印第安人在混战中被捕，8名警察受伤，一座商会建筑被烧毁。

但是，伤膝河问题的规模不一样。印第安人劫持了人质（11位市民后来声称他们自愿做人质，拒绝被释放），并且准备在需要的情况下使用暴力捍卫他们的立场。1890年美国第七骑兵团在伤膝河屠杀了大脚酋长的部族——在美国印第安人和美国政府1973年2月之前的最后一次公开对峙，他们利用人们对这段历史的同情获得了大量的公众支持。

随着包围的开始，新闻记者迅速报道了正在发展变化的事件。2月28日，印第安人要求参议院外交委员会举行听证会，讨论与印第安人签订的条约，并要求参议院就政府对待印第安人的情况进行全面调查。当时南达科他州参议员、自由民主党员乔治·麦戈文乘飞机回家展开谈判，但是没有结果。与此同时，联邦调查局探员、联邦法警和印第安人事务局警察包围了伤膝河，希望通过切断物资供应迫使被围的印第安人和平投降。

但是包围变成了暴力。3月11日，城外一个路卡爆发的交火造成一名联邦调查局探员被枪击中，一名印第安人受伤。同日，AIM领导人拉塞尔·米恩斯宣布，伤膝河已从美国分离出去，联邦官员按交战国代表对待。3月26日，一名法警严重受伤，两名印第安人在交火中死亡，包围进入到了4月份。最后到了5月6日，给养和士气几乎消耗殆尽，印第安人与联邦达成停战协议，结束了战争。

难以置信的是，全美有93%的人声称通过电视关注了这个事件的进程，但是印第安人的律师罗曼·鲁比多认为他们没有看到真相：

> 现场的电视记者拍摄了很多严肃的访谈，努力找到事件的本质，但是这些东西从来没有被播出。播出的只是具有轰动效应的东西。实际上这是一次针对印第安人事务局及其傀儡部落政府的起义，但这些事实从未被播出过。

电视批评家尼尔·希基总结了很多人的感受：

> 在围绕去年冬天占领伤膝河的所有争议中，有一条连接争论各方的线，也就是媒体，尤其是电视的报道，从"不充分"到"误导"到"残暴"。由于种种原因，冲突各方没有谁感觉它的观点得到了完整客观的报道。

由于缺乏有力证据，检察官在后来对AIM领导人拉塞尔·米恩斯和丹尼斯·班克斯的审判中失败。辩护律师马克·莱恩和威廉·孔斯特勒认为，印第安人无罪，因为他们只是重新要回（白人）在违反协定后侵占的土地。但是真正的辩护来自一个笨拙的攻击。1974年9月，美国地区法院法官弗雷德·尼科尔控告联邦调查局傲慢和行为不当，并控告美国总检察长欺骗法庭。给政府上了一个小时的课后，他驳回了案件。◆

对伤膝河的占领是有意为电视报道策划的。AIM的领导知道大脚酋长的传奇故事和当时流行的迪伊·布朗《魂断伤膝河》一书，差不多可以保证媒体的正面宣传。而且这是一个有新闻价值的事件。松树岭的印第安人刚刚目睹了他们自认为的卡斯特司法体系的崩溃。美国印第安运动曾通过其他公开讨论的场合公布他们的观点：美国政府违反了371个协定，包括使通过印第安人事务局申诉的程序失败。

道德问题涉及不同声音在多大程度上得到平等表达。事实上，10个星期的包围使很多人产生抱怨，对所有人的公平已成为不可能。比如，记者如何准确地报道受命前往的司法官员？事件过后，联邦调查局探员和法警受到伤膝河附近敌对群众的嘘声，他们被要求离开以避免再次爆发冲突。媒体如何公平地报道印第安人事务局？它的政策成为众矢之的，遭到200年来由于违反承诺而积累的怒火的攻击。司法部门的无能，农场主和店主的错误，该地区白人的种族主义和国会领导力的不足，也都是导致这一事件的原因，但是这些均只承担了一小部分责备。我们如何判断控告在哪里合适，并在变化无常的情境中确认合法的成就？比如，BIA辩称，它并不对每一个错误负责，它还承办了印第安人保留地几乎所有的职业培训和就业。

但是，最难解决的问题是如何处理苏族印第安人受到的伤害。根据"人类本身应该作为目的从而受到尊重"的伦理原则，道德的目标应该包括清楚地反映受害者的观点。即使是最低程度的公平，也要求避免成见。一位年轻的奥加拉拉苏族印第安人猛烈批评媒体报道将这次僵持描述成"法警与印第安人之间的狂野西部枪战"。1890年12月30日，《纽约时报》在对当初松树岭战斗的歪曲报道中使用了带有偏见的词汇如"敌人"和"红种人"。该报道写道："不知道到天黑的时候，大脚酋长的族人中还有没有爷们和娘们活着讲述今天的叛变。第七骑兵团的将士们再一次证明他们是无畏的英雄。"85年后，很多报纸和广播仍然没有消除陈词滥调、偏见和麻木不仁的语言。

拉塞尔·米恩斯的话适合引用但是同样伤人，这使媒体的工作变得更加复杂。多年以后，米恩斯想在1876年小巨角战争原址上建一座纪念碑，与此同时，他呼吁拆除"大屠杀制造者"乔治·卡斯特的雕塑。"你能想象在以色列有希特勒的纪念碑吗？"他在一次新闻发布会上质问。"在这个国家，无论你去哪里，印第安人的土地上都有纪念碑纪念美国的希特勒。"米恩斯呼吁建立一个合适的战争纪念碑，来"继续体现原住民抵抗来自欧洲寄生虫的镇压、压迫、压制的意愿"。

公平价值最小限度地要求新闻报道反映事件本身固有的复杂性。无可否认，事件经过历史的折射，很难分清事实和虚构。而且，松树岭的印第安人自己也对问题与解决方案存在重要争议。部落理事会主席理查德·威尔逊看不起AIM的自命不凡："他们只不过是一群想要使小辫和脸蛋登上媒体的无赖。"他害怕会在保留地实行军事管制，认为米恩斯和班克斯是城市里混出来的领导，行为像"街头黑帮"，他们正以保护的名义毁灭着部落。

"不需要公章。不需要承诺。"米恩斯回应说，"从伤膝河到米莱村（越南南方村庄名，1966年美军在此进行大屠杀）再到伤膝河，联邦政府从未改变。"雷蒙德·耶罗·桑德毕竟是被白人打死的，卡斯特一个全部是白人组成的陪审团将警察的罪名限定为过失杀人。松树岭的年平均工资是1 800美元，酗酒和自杀以飞快的速度增长。为什么AIM的领导者为几千名印第安人代言，却不能获得一个召开听证会的机会？在所有十分激烈的言辞中，真理何在？

一些记者没有用内容充实的报道拨开迷雾。NBC的弗雷德·布里格斯用图表和照片描述了协定被违反的历史过程，广袤的印第安领土缩小成一些小块土地。CBS的理查德·思雷尔克德认为，AIM确实需要在对印第安人的态度上进行革命。ABC的罗恩·米勒"深入印第安人内部，用他们的眼睛看发生的事情"，生动描述了松树岭保留地的生活。但是，总的来说，现场的记者没有完全了解部落领导集体的细微之处或者历史差异。报道伤膝河的记者抱怨说，他们那些精确的报道经常在严格编辑后被缩减或改写。72 天之后，包围由于疲倦而终止——不是因为新闻报道的完全播出和印第安人的行为获得理解。媒体本来可以揭露政治抗议，然后理智彻底地讨论它；但是，媒体却完全舍本逐末，引用容易获取的消息和寻找好看的图片。

公平原则也许只有在这种事件之前或者之后才有用，那个时候受害者才会更温柔地敲门（抗议）。如果是这样话，即使可能威胁到他们的一些既得利益，伤膝河地区的新闻业老板也仍有义务对美国原住民长期以来遭受的压迫进行实质的、均衡的报道。经常对不公正保持敏感的记者很少得到支持，因此，在符合传统新闻价值标准时，除了发布有关不公正行为的报道，他们别无选择。

美国原住民报道中这个可悲的弱点，并没有随着伤膝河事件的结束而消失。10 年之后，在大峡谷以东 100 英里的地方，联邦政府开始了自二战期间日裔美国人被拘留之后最大的强制迁居计划。几千名纳瓦霍人被迫从相邻霍皮族 100 万英亩的土地上迁走。纳瓦霍—霍皮之乱是一个世纪以来印第安人事务中最大的事件，是一个"具有全国性意义的议题"。但是，杰瑞·卡默抱怨说，主要报纸"如同一些去大峡谷的游客从保留地匆匆而过一样"，对这个问题一笔带过。"他们只是把争论和印第安人看作多彩的特写材料而已"。在重新定居后的很多年里，极有可能发生暴力——考虑到神圣墓地、石油和矿产争端、纳瓦霍人的反抗等等。偶尔，饰有"WK73"（伤膝河 1973）的旗帜似乎在提醒每个人，一场与政府的生死搏斗即将展开。

如果被派去驱逐纳瓦霍人的法警真的与由 AIM 成员、纳瓦霍族越战老兵和坚定的老奶奶们组成的游击队展开胜负已定的战斗，那么媒体会像汤姆·沃尔夫果蝇一样降临，就像他们在伤膝河做的一样。他们会把悲剧中的暴力当作盛宴，这个悲剧因部落争斗而起，联邦政府使之变得更加复杂，全国性媒体最终将其遗忘。

主流新闻媒体似乎无力掌握美国原住民的文化。1993 年 5 月，全世界的记者来到新墨西哥州的利特瓦特，一个建在 25 000 平方英里保留地上的纳瓦霍小镇，这是美国最大的一个保留地。起初，一种不知名的疾病致使 6 名纳瓦霍人死亡，后来蔓延到其他 11 个州，其中 26 人死亡（包括拉丁裔美国人、霍皮人、非裔美国人和白人）。"《今日美国》的头版头条把这种疾病叫作'纳瓦霍病'。"这个标题容易造成误解，一位正在埋葬妻子的男人说，因为"人们会认为我们住在圆锥形帐篷里，很脏"。纳瓦霍人把记者逐出病亡者的葬礼，纳瓦霍政府主席抱怨说，他们"违反了很多我们的习俗和禁忌……在纳瓦霍传统中，亡者下葬后的前四天是特别神圣的。这被积极寻找新闻的记者破坏了。他们不尊敬、破坏、搞乱了和谐的整体观念"。这种神秘疾病后来被确定为非传染性汉他病毒，一种波氏白足鼠携带的致命病毒。一些记者使用了像"巫术"这样的侮辱性标签，摄影师拍摄了圣物的照片。一项部落决议批评追求轰动效应的新闻报道引导了人们"对纳瓦霍人的歧视态度和行为"。

新闻仍在继续。观察家根据失败的历史规律预测，现在的冲突将会转移到州和县。

比如，在威斯康星州，72个县成立了一个协会来解决奥奈达印第安人和地方政府在捕鱼、森林砍伐、矿产开采和水资源、财产税、福利、教育方面产生的代价高昂的复杂法律纠纷。混乱的联邦政策加剧了纠纷，而不是使之得以平息。其中很多政策和美国宪法一样古老，当地记者越来越多地面对同样具有争议的社会正义问题，这些问题曾经在伤膝河事件中上升为全美的头等大事。美国原住民记者扮演了领导角色。其中400多名记者来自鼎盛时期的美国原住民记者协会，他们的新闻报道符合优秀新闻的所有标准。

  其他媒体或许也可以在这里补救新闻媒体的失败。1993年，HBO拍摄了一部出色的纪录片《巴哈·萨帕——为了黑山的斗争》，生动地讲述了美国原住民的信仰和传说，描述了黑山上的"神猪"，解释了部落名称拉科塔的含义（即人们在一起）。2009年5月11日，PBS播出了关于美国原住民的五集纪录片《美国印象——我族永存》，《伤膝河》就是其中的一集。其中包括1973年的档案剪辑，也有2009年对班克斯与米恩斯的访谈。丹尼斯·班克斯曾在电影《战争政党》、《最后的莫西干人》和《闪电》中扮演过角色。他在1995年发行过一个名为《强壮依旧》的个人专辑，收录了他的早期作品和印第安人歌曲。1997年班克斯发行了自传影片《最长的步行》。拉塞尔·米恩斯创办了美国印第安人音乐公司，发行了两张音乐唱片《激进》和《电子勇士》。米恩斯的自传《白人害怕踏上的土地》，为年轻人和孩子们讲述了伤膝河的故事。2001年，米恩斯创办TREATY，这是一个为奥加拉拉苏族儿童设立的以苏族语言、文化和学习方式为基础的全浸式学校（幼儿园至三年级）。此外，米恩斯还利用互联网找到了传统新闻无法触及的观众。为了实现《1868年罗拉米堡条约》中的条款，拉塞尔·米恩斯最近表示："我为白人感到悲哀。他们没有根，没有基础。"这一事件促使记者在报道时必须考虑三个问题：我为什么要报道这个事件？这是谁的议程？要达到什么目的？

第二章

讲明真相

《半岛电视台》截图。

新闻媒体有义务公开真相，这是新闻媒体的标准措辞之一。几乎所有伦理准则都首先要求新闻记者在任何情况下讲明真相。那些品格高尚的编辑已把这几个字作为座右铭，并刻在了他们的墓碑上。对传播事业来讲，可信的语言是至关重要的。

在今天的西方学术和文化氛围中，新闻记者必须在真相概念更模糊的情境中生存。预算限制、时间限制、读者期望、编辑规定和追求私利的要求，都使这个情境更加复杂。新闻经常被称为"匆忙的历史"。在这样的情况下，提供准确真实的报道几乎成为不可能之事。与此同时，尖端的技术使新闻不断地产生，因此，新闻看门人必须面对海量的信息而往往没有时间用复杂的道德标准去筛选。

本章的案例从多个方面谈到了讲明真相这个问题。虽然我们并没有对能想到的方面都作说明，但真相的概念的确已经得到拓展，从而超越了"只有事实"这个定义。比如，一个拓展我们视野的方法是，考虑真相的反义词，并（分别）解释新闻采访和新闻写作。与讲明真相相反的是欺骗，也就是故意误导。在新闻写作阶段，公然的欺骗并不经常发生。如果有的话，也只是在极少数情况下记者或编辑明确地、有意识地编写错误的故事。但是在新闻采访中，欺骗一直是一个诱惑，因为欺骗常常能加快获取信息的速度。

本章的第一个案例是关于美国和其他地区肥胖流行病的问题，围绕的重点是美国国会授权的医学研究所报告。这是一个关于新闻媒体向多方传达科学发现的能力问题。

第二个案例介绍了半岛电视台，这是一个设在卡塔尔的独立新闻组织，在它所在的地区，电视广播由国有媒体垄断。作为一个阿拉伯世界的新闻网，它反映的是阿拉伯文化。半岛阿拉伯语频道和半岛英语频道是真实的新闻来源吗？其广播含有反西方的偏见吗？

第三个案例是《大学炸弹客宣言》，是一个努力应对暴力和技术的伦理问题。每一个谴责并用暴力攻击来反对邪恶技术秩序的人都应该得到表达自己的机会吗？

第四个案例介绍了一个关于刊登穆罕默德漫画的世界性争议，这是一个涉及宗教、政治和新闻自由的复杂故事。如何在多元文化情境中真实报道易引发高度情绪化的问题，给新闻媒体带来了挑战。

案例

肥胖流行病

在过去的20年里，全世界几百万人口的饮食和健康发生了改变。对于大多数发展中国家来说，肥胖已经成为一个比饥饿更严重的健康威胁。在墨西哥、埃及和南非，超过半数的成年人超重或肥胖。在几乎整个拉丁美洲和中东、北非大部，每四个成年人就有一个超重。在撒哈拉以南的非洲和南亚，营养不良和饥饿都是颇为严重的问题，但是，甚至像尼日利亚和乌干达这样的穷国也都面临肥胖的困境。全世界有超过13亿人超重，8亿人口体重不足，这个差额还在继续加大。在更大的城市里，更多的人偏好静态生活方式，有更多的途径摄入饮料、含热量的甜味剂、植物油和肉食，（肥胖）问题因而尤为严重。1989年，墨西哥有不到10%的人超重；而到了2009年，69%的墨西哥女性和68%的墨西哥男性超重或肥胖——这一数据接近美国。

在过去的几十年中，美国超重人口的数量急剧增长。美国国家健康数据中心的报告称，1996年肥胖和超重的美国人口首次超过半数。2009年，大约有65%的20岁以上成人超重，肥胖率（体重指数30及以上）从1980年的15%飙升到今天的30%，增长了一倍。在过去的10年中，青少年中普遍存在的2型糖尿病（成人发病型糖尿病）患者增加了一倍多。高热、高脂肪、低营养食品正在使美国青少年在成年后面临心脏病、中风、血管疾病、糖尿病、某些癌症和骨质疏松症的风险。2001年，公共卫生局局长报告称，肥胖或许将首次超过吸烟成为导致可预防死亡的主要原因。

2004年，美国国会要求其卫生劳动和教育委员会指示疾病控制与预防中心进行一项研究，研究的对象是食品饮料营销在决定青少年营养状况中的可能作用，以及什么样的食品营销方法可以对此问题进行补救。该委员会找到美国国家科学院的医学研究所进行这项研究，它发布的报告是迄今为止科学研究中最全面的评估。IOM的部分发现如下：

● 电视上播放食品与饮料广告，使高热量、低营养食品受到欢迎，让青少年偏爱并选择高热量、低营养的食品和饮料。

● 2岁到7岁的儿童、12岁到18岁的少年的肥胖（身体肥胖）问题与观看电视广告有关。

● 食品和饮料公司、饭店、经销商没有充分利用资源支持青少年的健康饮食。

● 青少年的健康饮食需要全社会（包括企业领袖）进行持续统一的努力。

IOM为解决美国的肥胖问题提出10个建议，其中涵盖了社会的各个方面：学校、家庭、政府、企业和媒体。下面列举的部分建议，说明了肥胖如何成为美国最重要的公共健康问题。

建议1：食品和饮料公司应该利用其创造力、资源和全部营销行动来促进和支持少年儿童的健康饮食。

建议3：食品、饮料、饭店、零售店和营销行业协会应该转变领导角色，为了少年儿童的健康饮食而有效约束工业创造力、资源和营销。

建议6：政府应该与私营企业合作建立长期的、多方面的、财政可持续的社会营销项目，以支持家长、看护人和家庭推进少年儿童的健康饮食。

建议7：州和地方的教育部门应该在家长、卫生部门和其他有关各方的支持下，在学生学习环境的各个方面（如商业赞助、餐厅和快餐、课程设置）教育和促进少年儿童进行健康饮食。

建议8：各级政府应该充分调动所有公共政策杠杆，推动少年儿童健康饮食的发展和推广。

建议9：美国卫生和公众服务部部长应该指定负责任的机构，利用充足和合适的资源，对本报告的建议所涉及的各种团体和活动进行定期监管和报告。◆

当新闻来源是一份关于复杂社会问题的科学报告时，新闻媒体应该怎样去处理？要讲明真相，需要什么？在基本层面上，统计数据是准确、可读的，但是描述问题、作出结论，都涉及对数据本身进行诠释。赢者和输家都确定了。问题本身的重要性和这个问题能否解决，对于报道这种材料十分重要，作出的选择会影响到有关公共讨论的质量。基调是否正确，换句话说，基于报告本身是否既不悲观也不乐观需谨慎对待。报告文体本来是平实的，但是当作为新闻题材来报道时，内容容易被渲染，甚至容易引发道德恐慌。一项对肥胖新闻报道的研究认为："记者往往通过过分报道最危言耸听的科学研究，夸大肥胖的危险。"

一项花费10年时间对报纸文章和电视新闻所做的研究，其焦点是新闻框架——谁被认为应对引起肥胖问题负责，谁必须解决这个问题。该研究假定，媒体告诉观众去考虑哪些危机，也告诉他们怎样去考虑。所以，责任被建构的方式，在新闻中是一个重要的道德问题。

内容分析告诉我们这些结果：非健康饮食作为引起肥胖的原因是被引用频率最高的（新闻故事中占比23%）。接下来是静态生活方式，主要是缺乏锻炼（18.2%）。食品企业的活动，包括垃圾食品的重磅广告，是主要的机构原因，被提到的频率是12.4%。基因状况和生理化学原因出现的频率较低一些（11.8%）——原报告还包括寻找肥胖基因的研究。教育环境（不健康的餐厅食品和体育锻炼的缺失）仅在4.2%的新闻中被列为主要原因。社会经济因素（饮食模式和低收入家庭的教育）被提及的频率最低，仅为3.4%。

与这些结果一致的是，个人层面的解决方法被提到的频率最高，即健康饮食、体育活动和医疗方案（即手术和减肥药物治疗）。在90%的新闻故事中，个人解决方法被认为是最好的选择。对食品企业的管理和对学校教育进行的变革，在报纸文章中占18.2%。社会经济变化仅在三篇报纸文章中被提到，且从未在电视新闻中出现过。没有人呼吁彻底的社会解决方案，如对食品企业及其扩张性营销进行监管。在政策层面上，对垃圾食品或高糖饮料征税（所谓的甜点税）也曾被提到，但是（这个想法）却没有被认真对待。针对快餐馆的法律诉讼时而出现，但是却没有人认为快餐馆应该为美国人的肥胖和疾病负责。

与此同时，事实是让人清醒的。尽管在过去10年中不断有新闻报道公共饮食习惯的巨大变化、健身馆会员的增加和节食计划的发展，但是肥胖继续以比以往更快的速度发展。

在这里，利他关怀伦理展现出同情的态度。遵循这一原则的新闻不会进行不公平的谴责。它慎于作出归纳，比如认为对于一些人来说，身体状况能引起肥胖。然而，同样重要的是报道这样一个真相，人们对自己的决定负责，尽管不轻易作出判断的同时不引起敌意是困难的。在利他关怀的背景下讲明真相，是一个有伦理原则的记者面临的最大挑战之一。

案例

半岛电视台

向普通美国人提起半岛电视台，他们的反应很可能不是正面的。半岛电视台是一个设在卡塔尔的新闻网，它在美国成为家喻户晓的名字，主要原因是它为曾经难以抓捕的奥萨马·本·拉登和在位期间的萨达姆·侯赛因播放音频和视频材料。由于考虑到这个不体面的联系，当时的副总统迪克·切尼指责半岛电视台"为恐怖分子提供平台"。

有意思的是，北美人发现阿拉伯的元首们也不都接受半岛电视台。卡塔尔的谢赫·哈马德·本·贾西姆·阿勒萨尼从父亲那里继承了统治权之后，为推动现代化和民主化，创办了半岛电视台。阿勒萨尼为半岛电视台斥资1.37亿美元，希望它能在1996年11月1日首播后的五年内实现财政自足。

在半岛电视台开播之前，大多数阿拉伯国家的国有媒体垄断了电视广播，政府首脑习惯于对信息进行控制。阿拉伯国家的公民期望媒体能够体现政府的声音，半岛电视台的成立改变了这一情况。一个不关心推动任何政府议程的阿拉伯新闻频道突然出现了。半岛电视台努力以没有偏见并且客观的方式播放新闻，这通常意味着不以阿谀奉承的方式展现现任的阿拉伯领袖。

由于半岛电视台坚持独立报道，它已经遭到阿拉伯领袖们的多种惩罚。阿尔及尔的政府曾经切断它的信号。埃及的国家媒体发动了反对半岛电视台的运动，声称其是播放"性、宗教和政治的邪恶沙拉"，上面覆盖着"煽情主义调料"。半岛电视台重复播放对哈马斯精神领袖谢赫·艾哈迈德·亚西尔的访谈，激怒了执政期间的亚西尔·阿拉法特。宗教上保守的沙特阿拉伯政府在其境内禁播半岛电视台的节目。这些禁令还在继续。

如果没有2001年9月11日的恐怖事件和接下来在阿富汗与伊拉克的战事，半岛电视台仍将是一个几乎仅为阿拉伯人所知的中东电视台。其焦点仍将是阿拉伯国家的领袖和以色列与巴勒斯坦之间的冲突。西方人仍不会知道半岛电视台，也不对其持有争议。然而，随着世界的注意力转向阿富汗和伊拉克，全世界的记者都不得不依赖这个设在卡塔尔且相对较小的新闻机构。

"9·11"之后，塔利班把西方记者从喀布尔驱逐出去。半岛电视台因为有报道阿富汗的历史，被允许留下来。当10月7日对阿富汗的空袭开始时，半岛电视台有独家途径获得轰炸行动的影像资料。电视台随后将这些图片卖给其他新闻社。半岛电视台成为战争中一举成名的电视台，它的路数与10年前海湾战争中的CNN同出一辙。

这个独家途径一直是半岛电视台的利润来源。对没有人能够进入但是所有人都想看到的地方进行独家报道，让这个电视台上升为国际知名的新闻领导力量。当西方记者费力地理解中东的语言和文化时，半岛电视台的记者就在那里，在当地人中间，说着他们的语言，了解他们的习俗。

2003年，伊玛德·穆萨，半岛电视台驻华盛顿办事处的新闻制片人，对"这个小电视台"——全世界员工不超过650人，只有7年的历史——如何变成美国家喻户晓的名字感到惊讶，因为在美国，很多人说不出法国、德国、墨西哥甚至加拿大的任何一个新闻机构的名字。这个新闻机构继续扩大了影响范围，在2003年开通英语网站，在2006年开通英语卫星频道。半岛电视台英语频道的总部设在多哈，演播室设在吉隆坡、伦敦和华盛顿哥伦比亚特区。它面向全世界8 000万户家庭播放节目，最近它为了扩大在美国的市场，特意在YouTube上提供视频广播的剪辑。然而，在由一个作为美国盟友的国家建立十几年后，半岛电视台仍然被俗称为"恐怖分子新闻网"。◆

很多西方政府仍然不相信半岛电视台的中立性。电视台在阿富汗的特殊地位，让想要根除塔利班的力量对它持有怀疑态度。由于半岛电视台播放奥萨马·本·拉登的录像带，它与拉登的关系也让人怀疑。"9·11"之后两个月，在时任美国国务卿科林·鲍威尔对半岛电视台与卡塔尔埃米尔关系表示担忧后六周，半岛电视台在喀布尔的办事处遭到轰炸。

美国官员声称轰炸只是意外，但是半岛电视台的领导知道，在其他新闻机构和入侵阿富汗的军事力量中，该办事处大楼的位置是众所周知的事实。当被问及损失时，半岛电视台的总经理穆罕默德·贾森·阿勒阿里说："是不是瞄准的，我无法回答。但是我可以百分之百地说，美国人知道这个办公室。每个人都知道我们在喀布尔有个办公室。它很容易被找到。"这个地方是喀布尔唯一遭到轰炸的非军事建筑。半岛电视台驻伊拉克办事处也在2003年4月8日美英联军轰炸巴格达的行动中被夷为平地。《每日镜报》曾获得了一份前英国首相托尼·布莱尔与前美国总统乔治·W·布什在2004年会晤的备忘录，据说在备忘录中美国总统透露了轰炸半岛电视台卡塔尔总部的计划。这个事件重新燃起人们对蓄意轰炸的猜测热情。2006年，两名英国政府雇员因泄露该备忘录而入狱，但是半岛电视台想要获取该备忘录内容的努力未见任何结果。

有些人想知道，这些打击是不是要给半岛电视台传递信息，让它停止播放本·拉登和萨达姆·侯赛因的录像带。有些人说，半岛电视台完整播放这些讲演时，就是在为恐怖分子充当喉舌。半岛电视台的领导们反对这种说法。他们指出，他们播放世界上所有首脑的完整讲话，以免电视台被指责剪掉了其认为民众不该听到的话。"我们是本·拉登的喉舌"？曾在加拿大受教育的半岛电视台新闻制片人达纳·苏雅回答道，"或许是吧，但是那也会让我们成为布什的喉舌。实际上他出镜的时间更多。"

虽然政治首脑讲话占据其报道的很大部分，但是真正使半岛电视台不同于其他新闻机构的是图像的使用。不像有些新闻机构选择适度地播放令人厌恶的场景，半岛电视台播放令人不安的图像时没有丝毫歉意。半岛电视台从伊拉克内部获得的图像展现了战争的恐怖。与CNN不同的是，没有主持人告诉观众接下来将要发生什么。没有警告，尸体和儿童受伤的恐怖画面充斥了屏幕。在半岛电视台，血是故事的一部分：

> 在半岛电视台一次普通的新闻播报中，很难描述其血腥的等级。它是令人着迷的血腥，它不仅是红的而且是黏的，没有镜头切换。他们稳住镜头，创造残忍十足的效果。它比电视上以往出现过的任何东西都要可怕得多。它是虐杀电影的尺度。

西方记者或许关注的是对阿富汗或伊拉克公民的人道救援，而半岛电视台对被炸房屋和受伤民众的内部展示向世界传递了不同的信息。当时美国ABC晚间节目的泰德·科佩尔评论说："我们不显示死者的面部，我们不显示伤者的面部，尤其是在这次卫星电视节目中。我们不想在电视上通知其亲属。"

在入侵伊拉克期间，半岛电视台播放美国和英国阵亡者和战俘的画面的举措，并未受到热烈欢迎。美国当时的国防部部长拉姆斯菲尔德坚称，这些镜头违反了《日内瓦公约》关于战俘权利的规定。随之，半岛电视台驻华尔街的财经通讯员拉姆齐·夏博和阿马尔·桑卡里被纽约证券交易所吊销了记者证——这是纽交所首次吊销记者证。第二天，纳斯达克步纽交所的后尘。"尸体、大量的血、伤者的脸——是的，'从什么时候开始电视新闻网由《日内瓦公约》管理了'?"半岛电视台员工反驳说。他们用新闻自由观点反击美国的自由媒体。

这个混乱揭示了问题的症结所在：半岛电视台是一个中立的新闻机构，还是倾向于反对西方支持阿拉伯世界，甚或是像本·拉登和侯赛因这样的阿拉伯人？在2001年11月，《纽约时报杂志》（《纽约时报》的周日版增刊）刊登了一个福阿德·阿贾米撰写的封面故事。阿贾米是约翰·霍普金斯大学搞中东研究的教授，他正是从这个角度斥责半岛电视台的：

> 一个剪辑片段将一个愁眉不展的乔治·布什和一个泰然自若、怡然自得的本·拉登放在一起。在他们中间是一张被火吞噬的世界贸易中心的图片……从主要轮廓上看，半岛电视台传达的信息与塔利班的相似：交战双方存在巨大的技术不均衡，但是敌对势力总是吃亏。

阿贾米接着指责电视台"效仿西方新闻公正的标准，却迎合泛阿拉伯情绪"。加拿大犹太议会给半岛电视台贴上了"反闪米特人"的标签。加拿大阿拉伯人联合会则反驳说："制作新闻的人的观点不应该与播放新闻的电视台的观点相混淆。"

伊玛德·穆萨指出，半岛电视台是一个阿拉伯新闻媒体，因此反映的是阿拉伯文化。提到它选择播放战俘画面时，穆萨说：

> 对半岛电视台来说，战争是丑陋的，而这些正是战争的图像……我们意识到播放坏消息的时机永远不会到来，所以更可取的是不要在新闻里玩政治，而是播放任何合适的、相关的、准确的和我们的观众感兴趣的……半岛电视台选择了尽快把未经过滤的信息展示给观众，它要抢在来自全球的政治压力涌现之前，而且不理睬那些攻击它破坏士气的指责。

乔希·拉欣是入侵伊拉克时期的一位美国海军情报官。在设于多哈的美国媒体中心，他是美军中央司令部的发言人。他在纪录片《控制使命》中无意成了明星后，被勒令禁止评论该纪录片或者美国在伊拉克的行动。乔希·拉欣在海军服役16年后退伍，成为半岛电视台英语频道的签约记者。乔希·拉欣相信公众在听到故事的不同方面后可以知道真相，他对美国政府拒绝与半岛电视台阿拉伯语频道和英语频道合作的政策表示反对。

> 如果美国政府意识到半岛电视台在中东的影响的价值，将会是明智的，因为半岛电视台的观众认为它是"新闻中最受信任的名字"。如果美国愿意把该电视台当作信使，那么美国传递给阿拉伯世界的信息将比从国内电视台传递具有更大的可信度……让多方参与，需要成为我们政府在新媒体战场上的标准操作程序，否则只不过是给对手让出地盘。即便阿拉伯观众也许并不怎么喜欢美国政府说些什么，但美国政府应该看到巧妙论证自己观点的好处，由此还可能降低美国被妖魔化的程度，否则妖魔化美国的举动将不受任何限制。

拉欣的观点是，伊拉克政府在 2004 年驱逐半岛电视台，美国建立自己的阿拉伯语卫星电视网 Al Hurra（自由电视台）等的举动，都适得其反。对于后者，"观众的远离，一点也不奇怪。阿拉伯世界的人们太熟悉国有媒体了，它只播报国王或政府的好消息，和任何异见者或反叛者的坏消息……宣传机器终将瓦解，不管目的多么纯洁"。

案例

大学炸弹客宣言

1995 年 9 月 19 日，《华盛顿邮报》和《纽约时报》联合刊登了一份 35 000 字的宣言，宣言的作者是一个被称为大学炸弹客的人。美国司法部 17 年来一直在追踪他，在此期间他寄出的炸弹造成 23 人受伤，3 人死亡。1995 年 6 月末，（某报社）收到一份稿件和一封投稿信，信中称给报社三个月的时间刊登（宣言），届时他将"停止恐怖活动"。他警告说，如果他们拒绝，他将在 9 月 29 日最后期限过后，开始"制造下一枚炸弹"。大学炸弹客还要求被允许在接下来的三年中针对攻击宣言的批评发表三千字的反驳文章。

《纽约时报》出版人小阿瑟·苏兹贝格和《华盛顿邮报》出版人唐纳德·格雷厄姆就此发表了一份联合声明：

> 三个月来，《华盛顿邮报》和《纽约时报》共同面对了一个被称作大学炸弹客的人所提出的刊登一份 35 000 字稿件的要求。如果我们不这样做，这份稿件的作者就威胁向不明地点邮寄"以杀人为目的"的炸弹。
>
> 从一开始，两份报纸就是否在暴力威胁下刊登该稿件的问题进行了秘密磋商。我们也咨询了司法官员的意见。司法部部长和联邦调查局局长现在建议我们为公共安全考虑刊登这个稿件，我们同意这样做。

在给员工的声明中，苏兹贝格坚称这是一个特例，不可能成为新闻先例。"新闻编辑室经常收到以恐怖行为要挟满足自己要求的信息。我们的传统反应将继续很好地为我们服务——我们通知司法官员，合适的话，不予刊登。"苏兹贝格解释说，"你刊登了，他不杀别人，这是一个很好的买卖。你刊登了，他继续杀人，你损失了什么？新闻纸张的成本吗？"

大学炸弹客宣言的中心观点是：我们所生活的工业技术体系是人类的灾难。因此，他试图"宣传反工业的观点"，鼓励"憎恨工业体系的人们"。反对工业体系的人们的任务是，通过增加"社会压力和不稳定"（大概是包括炸弹）来推动它的瓦解。为了永久的改变，"改革是不够的"，"革命是必需的"。革命，用大学炸弹客的话说，包括消灭和摧毁"这个体系"，看到"它的残余……被粉碎，无法修复"。

大学炸弹客的哥哥看到这篇文章后，通知 FBI 他的弟弟很可能是这个宣言的作者。4 月 1 日，FBI 探员包围了西奥多·卡钦斯基在蒙大拿山中的木屋，并将其逮捕。6 月，在加利福尼亚州的萨克拉门托市，卡钦斯基被联邦指控从该市寄出两个致命的炸弹和另外两个使目标受伤的炸弹。1996 年 10 月 1 日，在新泽西州的纽瓦克市，一个联邦大陪审团指控他的邮包炸弹之一杀死了新泽西州一个广告经理托马斯·莫瑟。纽瓦克市的起诉书控告卡钦斯基邮寄的炸弹于 1994 年 12 月 9

日寄抵莫瑟家中，莫瑟第二天打开邮件时被炸身亡。

在1995年4月刊登于《纽约时报》的一封信中，大学炸弹客说，莫瑟被杀是因为他的公司博雅公关公司曾于"1989年在阿拉斯加发生埃克森瓦尔迪兹号漏油事件后帮助埃克森清洗公众形象"。但是博雅公司否认曾在漏油事件中与埃克森合作。

司法部裁定，西奥多·卡钦斯基先在加利福尼亚州受审。监狱精神病专家萨利·约翰逊宣布他有能力出庭受审，经过备受关注的诉讼程序后，卡钦斯基认罪并被判四个连续终身监禁。他现在被单独关押在科罗拉多州的监狱中。

1993年，联邦政府悬赏一百万美元寻找这个难抓的恐怖分子。1998年8月21日，政府将奖金支付给了戴维·卡钦斯基，其中一部分被用来支付诉讼费用。在西奥多·卡钦斯基认罪前的几个月中，其家人曾经游说政府不要执行死刑。其余的奖金被用来为受害者家人建立一个信托基金。1999年2月，西奥多·卡钦斯基签约写一本书来讲他的故事，写书的收入也被指定由受害者家人享有。◆

一些记者强烈反对《纽约时报》和《华盛顿邮报》刊登宣言的决定，主要基于两个原因。首先，这"两个新闻自由的卫士"是"按照联邦司法部门的建议"刊登（宣言）的，记者新闻自由委员会的简·柯特利谴责这一做法："这发出一个侵蚀媒体与政府界线的危险信号，这个界线应该是固定不变的。"其次，反对的声音也集中在媒体向一个匿名恐怖分子作出让步上。专家一般同意，和持有人质的人谈判会适得其反，因为它给劫持人质的人一个舞台，鼓励其他人也这样做。同样，和恐怖分子谈判给了他们想得到的自我承认。《美国新闻评论》的编辑雷姆·莱德评论说：

> 我们的社会是一个充满愤怒的社会：反对女性、反对少数族裔、反对政府。这些愤怒的人们有很多自以为正义的愤怒。他们的事业如此正确，他们的敌人如此邪恶地被误导，所以支持前者伤害后者的暴力在他们看来是有道理的。
>
> 刊登大学炸弹客的宣言不啻于是对真正的信仰者说："你可以制造足够的破坏，制造足够的浩劫，夺走更多的无辜生命，伤害更多的人，报社是你们的。"

弗吉尼亚州阿灵顿自由论坛的第一修正案公评人保罗·麦克马斯特斯想知道的是，以公共安全名义刊登（宣言）是否会使"其他报纸、电视台和电台处于由于类似的目的而被劫持的更大风险中"。

我们可以通过波特图式的第二象限来理解这些问题。这里涉及重要的职业价值标准——报纸独立于政府，独立于提出威胁的敌对势力。从这个角度，《纽约时报》和《华盛顿邮报》违反了这两个基本的新闻价值标准，这将长期损害媒体的正直形象和效率。

然而，第二象限也存在模糊的地方。《华盛顿邮报》的理查德·哈伍德把这个批评称为"一派胡言"：

> 政府无权为报纸做决定……很多时候，报纸会就国家安全等问题咨询政府官员，但是这会让很多生命陷于危险之中。

作为编辑，哈伍德自己坚持认为，编辑和出版人根据良心自由地做决定，而不是根据政府指令。而且，如果决定刊登宣言能够拯救生命，并帮助找出确定大学炸弹客的身份的线索，那么对大学炸弹客言论的屈服这件事看起来至少是可以理解的。

关于职业价值标准的辩论，也涉及新闻价值的问题。苏兹贝格和格雷厄姆并没有把新闻价值当作刊登的理由。然而，他们本来可以用公众感兴趣的观点当作刊登稿件的理由：记者不对读者和观众隐瞒重要的信息。有关大学炸弹客的各种故事已经被讨论了好几个月，某些报纸已经刊登了其宣言的节选，报纸经理已经与政府官员见面。大学炸弹客对媒体的玩弄是人们所关注的。是否刊登是一个与正在进行中的故事有关的决定，这样的辩护至少是有道理的，能够让编辑和记者（受此）控制，而不是遵循外部利益的命令。

分析第二象限中的职业价值标准，无益于明确合适的行为。那么第三象限呢？伦理准则是否会有所帮助呢？亚里士多德的中间之道不能用在这里，因为双方并不都是合法的。博爱原则专于正义和隐私，与信息来源和讲明真相没有明显关系。由于大学炸弹客的反应是不可预测的，功利主义也没什么帮助，拒绝刊登可能造成难以预料的危险和伤害。绝对律令只有在涉及少量道德问题时最具有决断力——信守承诺、欺骗、偷盗等。

但是，罗尔斯正义理论的第一原则显然与此具有相关性：所有人的最大政治自由。大学炸弹客的暴力行为和威胁无法适用于这个第一原则，它无须得到记者的关注。与多家广播公司和报社拒绝刊登或广播赤裸裸的种族主义材料类似，恐怖分子宣扬暴力的材料也不应该刊登。根据罗尔斯的第一原则，侵犯每个人平等与自由的行为和信息是不道德的。

案例

穆罕默德漫画争议

2005年9月30日，丹麦最大的报纸《日德兰邮报》刊登了一系列共12幅描绘先知穆罕默德的漫画。《日德兰邮报》的文化版编辑费林明·罗斯受委托绘制了这些漫画，是希望反映他在丹麦等欧洲国家观察到的伊斯兰教内部的自我审查和恐吓。他想让穆斯林变得温和并大声支持健康的批评。他坚称，报纸有讽刺皇室和公众人物的传统，漫画家对待伊斯兰教的方式与对待基督教、印度教、佛教和其他宗教的方式是一样的。

尽管从中世纪开始欧洲人就有对先知穆罕默德的不敬画像，以反移民立场著称的中右翼报纸《日德兰邮报》刊登这些漫画，在很多穆斯林看来是对被围困社区的种族仇恨。对逊尼派穆斯林来说，即便制作穆罕默德画像的行为也是亵渎，所以并不奇怪的是，很多穆斯林只因为这一个原因就被激怒了。对于一个中立的观察者来说，漫画中的一些内容是温和的、无伤大雅的。一些漫画只是针对编辑征集漫画这件事的，而不是直接针对穆罕默德的。某一幅是画成贝都因人的穆罕默德，两边是穿长裙戴纱巾的女人，但是其他几幅漫画就更具爆炸性了。一幅把穆罕默德描画成手持弯刀的武者，另一幅中的穆罕默德说天堂里没有足够的处女赏给自杀式炸弹袭击者了。在最具冒犯性的一幅漫画中，穆罕默德戴着炸弹形状的头巾，包括一条燃烧的引信——暗喻阿拉丁的故事，一个橘子落入阿拉丁的头巾中给他带来了好运。穆斯林把这些漫画看作西方宗教不容忍和存在偏见的又一个例子。

11月中，一些丹麦正统教派的伊玛目（伊斯兰教学者）启程开始中东之旅。他们带去了12幅漫画，还有10幅丹麦《周末报》在11月份刊登的其他漫画和另外3幅不明来源的漫画（其中一幅对穆罕默德甚为不敬）。这一卷漫画在2006年年初引发的暴力活动，超过了《日德兰邮报》刊登漫画之初获得的关注。如此，有些人认为，接下来世界范围内发生的混乱主要是因为伊玛目的访问和其他煽动性漫画的加入。丹麦计划在哥本哈根城市广场焚烧《古兰经》副本的谣言更加刺激了抗议的风潮。2006年1月末，麦加大清真寺的伊玛目发布最后通牒："诋毁先知的人应该杀掉。"

2006年1月30日，有人持枪袭击了欧盟在加沙的办公室，要求其为允许报纸刊登漫画而道歉。丹麦报纸道了歉，但是丹麦首相安德斯·福格·拉斯马森则坚持捍卫对民主有重要意义的言论自由。为了表示对新闻自由的支持，西班牙、德国、意大利和法国的部分报纸第二天重印了这些漫画。

在新一轮的刊登与抗议之中，一场意志之战展开了。2006年2月4日，叙利亚人报复性地攻击了挪威和丹麦驻大马士革大使馆。抗议者也冲击了丹麦在贝鲁特、大马士革和德黑兰的大使馆。在阿富汗和索马里的抗议造成了人员伤亡，在利比亚的混乱中有10人死亡。巴基斯坦的伊斯兰大会党悬赏50 000丹麦克朗追杀漫画的作者。约旦敢于重印漫画的编辑被捕。马来西亚首相呼吁冷静，但是把漫画描述为挑衅行为，而且在马来西亚，考虑重印漫画的编辑受到禁令的威胁。《法国晚报》刊登了漫画，还刊登了佛教、犹太教和基督教的漫画，并轻蔑地宣称："没有宗教教条能将观点强加给一个民主的、世俗的社会。我们有权给上帝画漫画。"它的执行编辑随即被解雇了。几天之后，法国杂志《查理周刊》也刊登了这些漫画。穆斯林试图以种族罪起诉该杂志编辑菲利普·瓦勒，但是在2007年败诉。

西方报纸继续通过刊登漫画来捍卫新闻自由，而很多穆斯林同样通过抗议漫画保卫宗教自由。有人把这一状况看作1988年小说《撒旦诗篇》发表之后最具有争议的事件。当时的伊朗领袖阿亚图拉·鲁霍拉·霍梅尼发布教令，判处该书作者萨曼·拉什迪死刑。"这一骚乱引发的更广泛问题肯定将持久存在。对有些人来说，关于漫画的争论预示着西方社会与伊斯兰教世界不断扩大的分歧，预示着像宗教在社会中的作用和自由的界限这样基本问题上的文明冲突。"◆

随着12幅漫画的刊印，许多相互冲突的价值观浮出水面。世界上的争论和行动是由相互冲突的政治、宗教和社会价值观推动的。这些根深蒂固的信仰产生了温和或极端的反应，而这尤其取决于群体的领导者。

那些重视民主社会中言论自由的人们想要刊登漫画。对一些欧洲人来说，保卫漫画就是保卫西方民主的最高核心价值。公众的知情权是这个社会价值的一个方面，这推动多家报纸为了告诉读者骚乱的源头而刊登漫画。丹麦首相拒绝会见11个伊斯兰教国家的大使，理由是民主政府不对新闻媒体进行控制，尽管他的拒绝显得缺乏灵活性和政治正当性。

对穆斯林来说，对先知穆罕默德的攻击超越所有政治问题，而足以将所有地方的穆斯林团结起来。实际上，所有的宗教都以各种方式尊崇他们的领袖，禁止亵渎神灵。伊斯兰教是穆斯林认同的核心，需要认真对待，而且不仅限于自由信仰宗教的权利。基于这些宗教价值观，意料之中的是，2006年初在穆斯林圣城麦加举行的会议上，世界上57个伊斯兰教国家的首脑发表联合声明，谴责"对穆罕默德形象的亵渎"。

经济价值也浮出水面。一些报纸由于对后果的恐惧而谢绝刊登漫画。他们决定在这个问题上不冒险去冒犯读者。伊利诺伊大学的《伊利诺伊人日报》是唯一一份刊登所有12幅漫画的学生报纸（2006年2月9日）。它的编辑认为："全国的编辑为刊登漫画而提心吊胆。作为一名记者，这是对我所珍视价值的公然对抗。即便要做些什么的话，这个国家的编辑也应该让公众自己决定怎么去理解这些漫画。"

此外，美学价值也使讨论变得复杂。漫画是新闻出版中的一个重要体裁。它们的特点是夸张并且经常有挑衅意味，但并不一定因愤怒而起。它们的目的是激发而不是阻止进一步的阅读和思考。对于大部分伊斯兰教国家来说，这种体裁本身并不受好评，因为绘制先知穆罕默德是被禁止的。给领袖人物画漫画，在西方民主国家是理所当然的事情，但是在这个案例中，这些假设与那些认为宗教偶像神圣不可触及的人们所固有的信念发生了冲突。

根据波特图式的策略，在第二象限明确价值观后，第三步（第三象限）是十分重要的。价值观发生冲突时（它们经常发生冲突），需要一个伦理原则推动问题的解决。如果在第二步之后，根据自己的价值观去采取行动，这些行动就会导致不当的决定和持续的争论。在这个案例中，虽然两个主要价值观——新闻自由和宗教自由——是社会性的，经济的和美学的价值使相互理解和动机变得复杂，但要取得合理的结论并采取统一的行为，第三步是必要的。

当文化和宗教信仰发生冲突时，利他关怀常常是第三象限中最有说服力的伦理原则。必须像爱我们自己那样爱我们的邻居，意味着我们首先要考虑他人。他人的需要、欲望和渴求决定我们的态度和行动。要给人以尊严和待人以尊重，因为不管地位和成就如何，他们首先是人类。尊重他人宗教自由的权利也意味着宗教容忍。

遵循利他关怀伦理原则的编辑和出版人不会刊登那些漫画。在这个案例中，想要依据道德行动的编辑，会搁下言论自由的民主政治价值，而遵循从长远来看最好的新闻来自伦理的信念。而且，采取行动的权利并没有要求立即行动。

对遵守伊斯兰教伦理的穆斯林来说，《古兰经》中包含的人类尊严的原则会得出同样反对刊登的结论。这个原则给伊斯兰教的温和派以支持，他们根据同样的原则反对针对他人的暴力。遵守人类尊严原则的穆斯林将对这个总体数据感到满意：全世界10亿穆斯林中，不到0.01%的人参加了针对漫画的抗议和暴力活动。对整个群体（丹麦人、穆斯林、欧洲人、西方民主国家）的谴责是不可接受的，《古兰经》中的人类尊严原则与利他关怀在这一点上是一致的。

第三章

记者和新闻来源

报道"水门事件"的鲍勃·伍德沃德和卡尔·伯恩斯坦。

灵通的消息来源是记者的面包和黄油，对消息来源的依赖产生了一些真正复杂的问题。一个新闻机构发誓不会泄露消息来源，这并不受公众的欢迎；然而，公布姓名通常导致消息来源的谨慎表达甚至干涸。为了解决这个困境，媒体采取了多种策略以服务受众，并使消息来源满意。休·卡伯特森写道："匿名消息来源一直被称作民主的安全阀和良心的避难所，但也是懒惰粗心记者的拐杖。"一篇《华盛顿邮报》的经典社论对"消息来源"家谱的分析充分体现了这些矛盾：

> 沃尔特和安·消息来源（娘家姓"谣言"）有四个女儿（高层消息来源、权威消息来源、可靠消息来源和灵通消息来源）。大女儿嫁给了名为可靠消息人士的外交官（消息人士兄弟广为人知和广为引用；最著名的是白宫、国务院和国会）。沃尔特·推测的妻弟伊恩·谣言娶了亚历山大·猜想，他们有两个儿子，分别是据说和据悉。据悉在司法部工作，他将在那里工作四年并领取工资。

这里的复杂问题并不能被轻易解决。沃尔特·李普曼在50多年前的《公众舆论》一书中已经注意到了这个新闻困境，他将新闻和真相作了区分。新闻，在他看来是记者关注的信息碎片；真相的获取，在他看来应遵循明确、既定的程序。在这个意义上，比如，司法过程遵守严格的证据收集程序。学者附注脚注，注明参考文献，以便读者能够证实或怀疑结论。医生依靠精湛技术和专业知识。然而，记者不能与这些职业相比。他们找不到权威的方法去检查、检验、评估他们的消息，至少在公共领域和危险敌对的情况下是这样的。新的数字技术带来的大量数据让记者的查证任务变得更复杂了。

困难的产生，主要是因为记者在截稿期压力下需要考虑大量的现实问题。有时候，记者必须对抗和质疑；有时候，友谊和合作会更好。如果新闻记者与重要人士太过亲密，他们就会失去职业距离，或者产生保护后者的不健康偏见。然而，记者如果没有培育强大的消息来源，也没有建立私人关系网，就会失去内部信息和观点。有时候，书面文件辅之以新闻吹风会远强于勤勉记者费劲挖掘的信息。在大多数情况下，官方消息来源受到个人利益的蒙蔽。但是，谁又能看清楚呢？关于消息来源，美国报纸编辑学会的原则宣言警告说："记者必须警惕所有利用媒体达到个人目的的人。"因此，毫不奇怪的是，在水门饭店发生的民主党全国委员会总部办公室入室盗窃案真相大白之后，很多抢先发布的消息是由理查德·尼克松的竞选班子成员故意泄露的。

大多数新闻运作逐渐形成了具体固定的程序，来帮助防止混乱和避免弊端。某些职业公约也统一了新闻实践。一般认为，所有信息在印刷出版之前必须经过两三个消息来源的证实。大多数伦理准则和公司政策要求在一切可能的情况下确定消息出处。只有对于少量新闻内容，允许记者对消息来源保密，就大部分新闻内容，公开要求编辑判断数据的效度。此外还要求准确的引用、勘误和背景描述。然而，即便有这些保障，负责任的新闻媒体还是在为如何防止消息来源出问题而苦恼不已。

本章选择记者—消息来源关系的五个相关方面进行介绍，这五个方面都发生过真实的丑闻。第一个案例是关于维基解密网站，揭示了从新兴技术获取可靠消息的巨大困难。在第二个案例中，争论围绕的是对偷来材料的使用。《辛辛那提问询者报》对金吉达品牌的调查，给我们提供了一个检视康德绝对律令中关于约束偷盗与说谎的机会。第三个案例是关于巴以冲突的，涉及在冲突中获取可靠和平衡的消息来源的问题。第四个案例是关于日益复杂的食品化学问题，我们想要知道可靠且没有偏见的消息来源是否存在。最后，经典的水门事件继续在消息来源和伦理问题上训练记者。轻松的解决方案不会出现，但是在每一个点上，伦理问题都应该成为解决方案的一个重要部分。

案例

维基解密网站

2010年4月3日，两个之前未公布的视频，标题都是"附带谋杀"，出现在维基解密和YouTube的网站上。两个视频展示了同一事件，其中一个是38分钟的完整版，另一个是17分钟的剪辑版，均声称要展现为路透社工作的两个伊拉克记者和另外十个伊拉克人死亡的真实情况，他们于2007年7月12日死于美国陆军阿帕奇直升机的炮火中。视频中有一段从直升机舱内瞄准镜角度对整个事件的拍摄，伴随有直升机组人员、指挥中心和地面部队通话的无线电音频，政府官员向新闻媒体证实了视频的真实性。

在视频中，直升机组人员发现一伙伊拉克人步行通过新巴格达，这是巴格达的郊区，也是战斗的中心位置。由于看到了可能的武器——事实上极有可能是记者的摄像设备，机组人员请求采取行动，并获允许。几轮炮火过后，灰尘弥漫，下面大街上到处都是尸体。无线电里出现一声干笑：

"很好，我击中了他们。"

"噢耶，你看那些死王八蛋。"一名机组人员说。

"很好……打得好。"有人回答说。

"谢谢。"

等灰尘散去后，直升机的画面拉近到一个受伤但还活着的人身上。这个人在街上爬起来（他实际上是路透社的雇员之一），直升机炮手回应说："快点兄弟——你只需捡起武器来。"可能这样他就能再次攻击目标了。

几分钟过后，一辆没有标志的货车停了下来；两个没有武装的人跳了下来，跑去帮助受伤的人。收到准许的命令后，第二轮炮火攻击了货车和伤者，三人全部死亡。然后阿帕奇机组人员用无线电通知地面部队前去导航。从地面部队那里得知货车内有两名儿童时，一名机组人员评论说："好吧，把孩子带到战场，这是他们的错。"另外一人回答说："说得对。"地面部队迅速将受伤的孩子送往当地医院。

这只是战争中的普通一天吗？谋杀？路透社花了三年时间想要获取这个视频，因为美国陆军在事件过后不久曾按照《信息自由法》公布过该视频。泄露后不到一个月的时间里，剪辑版的视频仅在YouTube上就被观看超过650万次，此外还被转发到维基解密和很多其他网站。谷歌公司的分析工具显示，在4月5日，维基解密是排名首位的检索词。随后，维基解密的创办者和发言人朱利安·阿桑奇被众多新闻媒体采访。同时，美军中央司令部告诉美联社无法找到该剪辑的副本。

WikiLeaks.org创立于2007年,是一个利用维基协作软件发布全世界匿名告密者提交的信息的在线情报站。用维基解密自己的话说,其目标是要做"第一个人民的情报机构"。每个人都可以通过一个安全的链接上传文件或其他材料,然后由维基讨论小组审核后公布在网站上——原则是泄露一切有价值的东西。在多次访谈中,朱利安·阿桑奇声称,在最初的三年中,维基解密公布了超过120万份泄密文件,涵盖任何人们可能想象得到的话题——从美国政府的机密文件到政治成员名单和财务记录。阿桑奇还说,同一时期维基解密战胜了100多个来自政府和私人团体的法律挑战,从未抛弃任何一位消息提供者。2008年,受到瑞士宝盛控股银行的起诉后,根据美国法院的命令,该网站被短暂关闭。它公布了该银行在开曼群岛的1 600多个账户的详细机密记录,这些账户经常被投资者用来避税。然而,仅仅两周后,维基解密重新恢复运营,因为在听过代表维基解密的十多个组织的陈述后,该案件的法官推翻了先前的判决,理由是它可能违反言论自由和宪法第一修正案。

该网站宣称其采用"军事级别"的加密技术保护匿名告密者。它不保存数据日志,数据从全世界被传送到认为有严格隐私保护法律的国家(实际上,它的主要服务器是由瑞典网络服务提供商运营,该运营商同时为恶名昭著的文件共享网站海盗湾提供带宽。)维基解密的创办者始终坚持该网站不从政府或其他机构获取资金;相反的是,它的运营依靠捐赠和来自报纸、自由言论组织以及媒体基金会等的无偿法律援助。从2010年起,维基解密的合伙人与冰岛政府密切合作推动冰岛现代媒体运动,这项提议致力于通过推动彻底变革,以从根本上减少网络审查,加强保护隐私法和保护告密者。

作为一个拥有少量核心成员和几百名志愿者的非营利组织,维基解密不仅要利用互联网技术为调查性新闻服务,而且要帮助告密者抵制政府和其他机构的不道德或非法行为。在《附带谋杀》发布后,阿桑奇对《纽约时报》评论说,其主要的目标是"取得最大的政治影响——充分发挥我们材料的价值"。其实,在"科尔伯特报告"的访谈中,电视节目主持人和喜剧演员斯蒂芬·科尔伯特已经问过阿桑奇:给路透社的伊拉克记者遇害的视频取"附带谋杀"的标题,是否意味着维基解密从客观转到"纯粹社论"了?

或许是出于讽刺目的,或许是出于自身利益的目的,维基解密公布了一份2008年强烈抨击该网站的美国中央情报局报告。美国国防部部长罗伯特·盖茨奋力为《附带谋杀》中的美军行为辩护,他提出维基解密没有展示全面恰当的背景。维基解密对盖茨"恰当背景"的说法表示异议。它坚持认为美军与遇害者并没有发生真正意义的战斗。而且,盖茨声称维基解密不具有合法性:"这些人可以拿出任何他们想要拿出来的东西,他们从来不对其负责。"与此同时,由于视频的公布,保护记者委员会要求美国陆军重新对路透社记者的死因展开调查,但美国陆军没有发现任何人的任何错误,继续声称这是一个发生在战斗交火中的事件。在更大的范围内,美国科学联合会的保密专家史蒂文·阿弗古德质疑,维基解密不加区别地编辑视频材料是否符合有关各方的长期最大利益。然而,资深记者、波因特媒体学院的伦理组领导凯利·麦克布赖德却曾在2007年维基解密成立时预测,维基解密有可能成为帮助记者记录工作的重要工具。◆

在充满争议和含糊的情况下,比如维基解密的工作,亚里士多德的中间之道是最合适的理论。当两个极端出现时,一个是"过",另一个是"不及",尤其如此。"不及"

这个极端的反应是全然拒绝，拒绝考虑以任何原因应用这样的新技术。"在过去的两年里，维基解密遭到来自科学论派、摩门教和多个银行的法律抗议；英国国防办公室封锁了维基解密网站。"五角大楼的一份报告显示：除了中国，"以色列、朝鲜、俄罗斯、越南和津巴布韦的政府全部封锁对维基解密的访问或者限制它的运营"。"过"的极端体现在刚成立时的维基解密，它大胆宣称要通过化身为比传统媒体更加可靠的全球护卫来揭露真相。阿桑奇补充说："当然，这里有一个个人心理因素，那就是我喜欢把混蛋粉碎。我喜欢大的挑战，参与维基解密的很多人都喜欢。"

为了找到亚里士多德之两个极端间的中间状态，我们需要重新审视维基解密在新闻中的作用。"维基解密的国际性（该网站已经公布有关100多个国家的文件）顾及到来自没有自由媒体的国家的政治敏感材料，而且为可能引起全世界兴趣的文件提供了一个中心仓库，以弥补驻外记者的不足。"显然，新闻调查记者和这个巨大资源之间存在三类不同的关系。

对很多记者来说，维基解密是一个起跳器，一个为老故事寻找新线索，寻找新的可能故事的临时资源。在一项对记者与该网站关系所做的研究中，大部分主流媒体的记者表示维基解密上的信息只是偶尔具有新闻价值。对于这些记者来说，维基解密并没有改变他们的工作方法，只是他们使用的一个消息来源，他们偶然地不定期查看其内容，而不是系统地跟踪。

第二类记者知道维基解密，认可它的潜在价值，但是对它的态度很矛盾。尽管维基解密公布原本保密的政治信息，但是这些记者批评其机构和政策的伦理性。像一名记者所说的，"社会本来就以很多方式对信息的公布进行限制，甚至在新闻圈内也有很多规则。维基解密只承认这些规则中很少的一部分，在这一点上它是激进的"。即便这个记者使用维基解密，他也面临着很多关于"引用你无法亲见或证实的匿名人士的消息的伦理问题"。

虽然这两种对维基解密的态度避免了两个极端，从而处于中间状态，但是亚里士多德的实践智慧寻求的是最大选择余地。第三种选择更接近有时所谓的黄金中道：受到最佳调查性报道训练的记者在特定条件下而不是孤立地使用维基解密。站在这一立场上的人们把这个网站称为"和美国《信息自由法》一样重要的新闻工具"。如同在这里讲到的《纽约时报》的故事一样，维基解密在高质量新闻故事中的价值不可估量。最早的例子是在2005年，《纽约时报》和路透社在对关塔那摩虐囚事件进行的调查中使用了《关塔那摩标准操作手册》。从那时起，直到美军直升机的故事，许多报纸完成的很多重要调查在勾勒整体图景时都使用了维基解密的文件："一份美国陆军情报部门对阿富汗叛乱组织的简报；英国国家党的党员名单；6 000多份美国国会研究服务处报告；联合国在全世界活动的简报；显示银行不当行为的泄密，包括诺森罗克、巴克莱、宝盛和冰岛的考普森银行。"康考迪亚大学的丽莎·林奇教授认为该网站是"尤查·本科勒在《网络财富》一书中所描述现象的现有最好例证——独立于国家和市场的批判信息媒体的兴起"。

维基解密给传统调查性新闻带来了重要挑战。严格的匿名制为处理消息来源提供了新的方法。它强迫记者重新审视新闻媒体被接受已久的事实仲裁者角色。"维基解密从一个陌生的伙伴发展到一个遭围攻的产业，自诩为记者所珍视原则——信息自由和信息来源的神圣——的卫士，但是又将这些原则嵌入网络自由主义的框架里，而网络自由主义经常与记者和编辑的机构伦理发生冲突。"最近，有许多其他网络组织为了帮助报道（尤其是调查性新闻）而建立起来，比如"赫芬顿邮报调查基金会、ProPublica、Spot.us 和一个由奈特家族资助的设在调查报道中心的多媒体项目……在这个新网络媒体的光谱上，维基解密将处于什么位置——调查性新闻和整个产业是否会在这个过程中被重新塑造或者发生革命性变化——仍然悬而未决"。

案例

失窃的语音邮件

1998年5月3日，《辛辛那提问询者报》制作了一份18页的特刊，讲述了关于金吉达品牌国际公司的10个故事。《辛辛那提问询者报》耗费了几十万美元对辛辛那提最著名的商业品牌进行调查，它自20世纪70年代以来由该市最具权力的企业经理卡尔·林德纳掌权。《金吉达机密泄露：权力、金钱和控制》控告该公司通过行贿建立秘密信托以规避土地和劳工管理。《辛辛那提问询者报》的记者从1997年5月起就在为这个故事而工作，奔走在从加勒比、洪都拉斯、巴拿马到比利时的布鲁塞尔和安特卫普、温哥华、纽约、华盛顿之间。

迈克·加拉格尔，一位备受赞誉和尊敬的记者，领导了此次调查，报纸编辑劳伦斯·博普雷赞赏他的"彻底报道"。博普雷自从1995年担任编辑后就与报纸出版人甘尼特一起对《辛辛那提问询者报》进行了重大升级，甘尼特在1996年称赞博普雷为该报十佳编辑。《辛辛那提问询者报》期望金吉达故事能"使报纸从二流企业保护人蜕变成能获得最高荣誉普利策奖的新闻供应商"。

此后不到两个月，《辛辛那提问询者报》撤销了它的故事，用整个头版刊登"给金吉达的道歉"。该道歉后来又重印两次，承认其报告"给金吉达的商业实践"制造了"一个错误的误导性印象"。此前于5月3日刊载的故事公开了大概3 000份金吉达内部语音邮件作为书面证据，显然报社现在认为这些邮件的一部分是加拉格尔非法录制的。头版的道歉写道："虽然（加拉格尔）一再于出版前向编辑保证他是通过合法的途径获取这些信息，但是我们再也不能相信他的话了。"这份道歉是甘尼特所出的一份1 000万美元了结费用的一部分，自此金吉达不再威胁起诉报纸及其赞助商。《辛辛那提问询者报》没有选择在谴责加拉格尔行为的同时捍卫报道的内容，而是保证所有指控都将消失在历史中。

迈克·加拉格尔被解雇，7月2日金吉达在联邦地区法院起诉了他，罪名是"扭曲事实、非法入侵、违反州和联邦窃听法律与其他故意行为不当"。编辑劳伦斯·博普雷被解职转而进入甘尼特的公司总部负责组织伦理研讨会。加拉格尔在调查中的助理卡梅伦·麦克沃特被派往《底特律新闻》。9月，迈克尔·加拉格尔在两项重罪指控前认罪，但是他很可能通过与司法部门签订协议"对所有消息来源及其活动进行完整、真实和彻底的揭发"，从而免受牢狱之灾。前金吉达律师乔治·文图拉遭到指控——加拉格尔向当局揭发了"他的笔记，37个计算机磁盘，一系列电子邮件，他的硬盘以及至少七个文图拉和记者对话的电话录音"。文图拉的律师马克·D·梅兹洛夫相信这是"首次由于记者拒绝履行匿名的承诺而使提供消息者以刑事罪被起诉……他就是犹大。他犯了新闻界的最严重罪行。他就是本尼迪克特·阿诺德❶或者任何一个你能想到的其他无赖"。

1999年1月，甘尼特从《雷诺新闻报》引进沃德·H·布希三世出任《辛辛那提问询者报》的新执行编辑，他的任务是修复该报受损的声誉，挽救混乱的新闻运营状况。◆

❶本尼迪克特·阿诺德原为美国独立战争期间美军将军，后背叛美军成为英军将领。——译者注

从康德主义的视角来看，欺骗、盗窃和不守诺言永远是错的。这个案件的具体细节在司法过程中是受保护的，比如编辑不公开讨论的协定。但是，《辛辛那提问询者报》在道歉中宣称其员工相信了迈克·加拉格尔对他们撒谎。加拉格尔究竟如何获取语音邮件信息仍不清楚，但是甘尼特愿意去了解此事，这意味着《辛辛那提问询者报》的律师最终认定加拉格尔至少通过自己录制窃取了一部分语音邮件，并从加密的文件中找到了其他语音邮件。

绝对律令意味着，我们不允许自己去做我们不想使之成为普适法的事。根据这个观点，如果允许盗窃、欺骗和不守承诺，社会就无法存在——社会上的机构就没有廉正。当违反这些基本道德准则时，悲剧的境遇就可想而知了。

这个调查遵循了传统报道的标准：访谈，为实地采访而劳累奔波，调查合法获得的法庭记录和公司文件，为资深记者提供财政资源，冒险调查有势力的本地公司。但是从康德的角度看，除非我们讲真话、守诺言、尊重他人财产，否则整个用意良好的事业将会失败。《辛辛那提问询者报》没有在一些对公众十分重要的事情上告知公众，而是使其可预见的公共角色处于严重的危险之中。

这个案例有很多复杂的地方，我们可以对这一失败作其他的分析。失败的原因可能在于加拉格尔被控的犯罪行为："他几乎肯定是违反了联邦窃听法，据很多专家称……我们可以在不违反法律的情况下做这些事。"加拉格尔狂热、自以为是的行事风格也可以解释他的过火行为。科琳·加拉格尔向法官给出了她哥哥在金吉达故事中所扮演角色的另一种解释：

> 在他去南美的旅途中，当他亲眼看到他认为是金吉达受害者的痛苦时，他感同身受，他被激怒了，相信他需要尽其所能地去纠正被他视为严重的错误。我相信，在他为此努力时，他会承认在如何获取信息上判断失误。他对自己的选择负责……但是我相信他所做的选择不是为了个人利益或者具有犯罪企图。

或许《辛辛那提问询者报》的管理、报道和编辑政策及程序需要纠正或加强，但是康德的义务伦理学似乎为我们的分析提供了最具说服力的框架。

案例

报道中东

1947年，联合国在前英国托管地巴勒斯坦成立了以色列国和巴勒斯坦定居点。随后爆发了三场地区战争，即巴勒斯坦的两次报复行动和以色列入侵阿拉伯人的领土。在每一场战争中，以色列都扩展了领土。1948年，它将最初分割计划中的犹太人地区扩大到了现在国际上承认的边界。1967年，它夺取约旦河西岸地区和埃及的加沙地带——这些地区属英国托管的巴勒斯坦。

重要的是，以色列夺取的地区都是1948年以色列建国时大量巴勒斯坦难民被迫涌入的地区。所以，尽管以色列在1967年的战争中抵御了集结在其边界上的阿拉伯联军，但也有相当数量的巴勒斯坦人口被纳入以色列的控制之下。以色列是在后来才开始在它所占领的领土上进行非法定居计划的，以色列在1973年的赎罪日战争中成功捍卫了这些领土。

在20世纪80年代，这些地区频繁发生针对以色列人的报复行动，同一时期，以色列与埃及和解，并将亚西尔·阿拉法特领导的巴勒斯坦解放组织驱逐到黎巴嫩境内。报复行动反映了巴勒斯坦人对以色列的愤怒，随着2000年9月al-Aqsa报复行动的开始，巴勒斯坦人的愤怒再次浮现。

关于中东问题的一项主要和平计划——奥斯陆进程开始于1992年，流亡的PLO首脑亚西尔·阿拉法特和当时的以色列总理伊扎克·拉宾（拉宾后来被一个犹太狂热分子暗杀）开始秘密谈判。尽管在耶路撒冷和特拉维夫发生了自杀式爆炸，在已占领领土上以色列继续修建定居点，al-Aqsa报复行动已经展开，但是奥斯陆进程从20世纪90年代一直持续到了2001年1月。

当时的以色列总理埃胡德·巴拉克在对巴勒斯坦建国作出让步的议题方面向阿拉法特提出了一系列提议，但是全都被后者拒绝。2001年1月在埃及的塔巴提出的最后一个提议是最好的一个，但是，该提议是不是阿拉法特理性预期的最佳提议，至今仍众说纷纭。

2003年年初，美国总统乔治·W·布什首次提出"通往和平的新路线图"。这是由以色列和巴勒斯坦协商，美国、英国、欧盟和俄罗斯参与拟定的。它寻求在约旦河西岸和加沙地带的以色列一侧建立独立的巴勒斯坦国。该计划提出一个包含三个阶段的规划，到2005年完成。第一个阶段要求立即停止巴勒斯坦地区的暴力活动，改革巴勒斯坦的政治组织，拆除以色列自2001年3月以来建立的定居点，以色列逐步从其占领的领土撤出。第二个阶段，建立独立的巴勒斯坦国。第三个阶段，寻求在最终边界、耶路撒冷地位、巴勒斯坦难民的命运、阿拉伯国家与以色列和平协议上达成共识，由此永久地停止冲突。

与奥斯陆进程一样，该计划将最难的问题留到最后，即边界问题、耶路撒冷的地位问题、以色列定居点问题和400万巴勒斯坦难民的问题。该计划的初期支持者指望联合国、欧盟和俄罗斯提供支持，希望在持续三年的冲突和平民死亡后，好战的哈马斯组织和以色列军队能够考虑停战。然而，从一开始路线图的地位就在主要各方那里存在争议。怀疑者表示，当时以色列总理阿里尔·沙龙或许只是因为迫于美国的压力才接受该计划的，或者期望该计划根本不会成功。在巴勒斯坦，阿拉法特对重组政府的反对和对沙龙长久的敌意也极有可能阻挡这个进程。实际上，在该计划提出的六个月后，随着巴勒斯坦总理阿布·马赞（阿巴斯）辞职，以色列在约旦河西岸建立安全护栏和哈马斯无休止地制造暴力活动，国际问题专家们已经宣布了布什提议的死亡。

到2004年夏天，布什总统承认2005年实现原既定目标并不现实。同年冬天，阿拉法特逝世；第二年，阿布·马赞当选为巴勒斯坦当局主席。此后不久，沙龙和阿布·马赞召开有埃及总统、约旦总统参加的最高会议，在会议上首脑们重申了对路线图的支持。在2006年沙龙中风不能行动后，继任者埃胡德·奥尔默特继续与阿布·马赞会晤。2006年哈马斯在巴勒斯坦选举中获胜，这给以色列和美国的官员敲响了警钟，也给巴勒斯坦政府内部带来了新的冲突。在整个2006年，以色列忙于处理在加沙地带与哈马斯的暴力冲突，以及在黎巴嫩与真主党的冲突。这些冲突再一次让专家们宣布路线图的死亡。布什总统在其任期的最后一年努力重启和平谈判，但没有明显切实的效果。

奥巴马政府至今也未提出一个根本不同的战略。奥巴马政策的微妙差别在于它似乎比乔治·W·布什总统更加同情巴勒斯坦。它还与本雅明·内塔尼亚胡总理就以色列在西岸和东耶路撒冷的定居点问题上发生过激烈争论。2010年4月，戴维·彼得雷乌斯将军宣称以色列已经成为美国安全的威胁，这时一些专家看到美国战略思维的重要转变。但是，不管其对外姿态和交往细节发生什么改变，时任国务卿的希拉里·克林顿，一个有很多犹太人的州的前参议员，继续坚持美国对以色列的全力支持。以色列也知道它在美国国会中拥有多数选票。同时，奥巴马政府的优先问题——巴以之间和平谈判时断时续，没有产生切实效果。

至于巴勒斯坦在西岸的优先问题，"法塔赫主导的巴勒斯坦当局，在商业团体的参与下，正在努力打造"另一种方式。"公众感觉陷于失败的民主和失败的武装斗争之间。"法塔赫正在努力成为一个执政党。萨拉姆·法耶兹总理说，目标是"到2011年奠定建国的基础……旨在造成既成事实。如果我们为人民提供服务，人民就会感觉到建国的可能性。我感觉我们所走的道路在国内和国际上都很有吸引力"。◆

在对中东冲突的报道中，美国新闻编辑室感觉到了持续的压力。攻击来自双方。政府组织谴责美国国家公共广播电台的报道"错误"并"曲解"了以色列。同时，媒体监督组织"公正和准确报道"抨击它所认为的NPR有亲以色列的偏见。正如《哥伦比亚新闻评论》所观察到的，"笼统一点地说中东，具体一点地说巴以冲突，没有新闻主题能比中东（笼统的）和巴以冲突（具体的）引发更多对媒体客观性的抱怨"。"作为一个硬新闻主题，（对中东的新闻报道）或许总是在全国排名第一位的主题。"迈克·克拉克说，他是《佛罗里达时代联合报》的读者代言人和新闻公评人组织的网络编辑。亲以色列偏见的表现包括，相比巴勒斯坦人死亡更关注以色列人死亡，用"报复"描述以色列的攻击，用"恐怖分子"或"持枪歹徒"描述巴勒斯坦人；亲巴勒斯坦的偏见表现为对巴勒斯坦儿童表达更多的关注，将暴力描述为更温和的"抗议"。

但是，来自双方的抱怨都表示新闻媒体没有正确地做好它们的本职工作：

媒体的确喜欢指出，他们从双方获取（信息）。在与媒体活跃者的激烈交锋中，他们十分方便援引的一个事实就是：双方都抨击他们，指责他们有偏见……但是这几乎总是被当作结束一切的观点和逃避提出具体关切的方法。

对不公平报道的指责并不新鲜，这从 1948 年就开始了。但是自从以色列入侵加沙和巴勒斯坦自杀式爆炸频发之后，批评者的声音和语气更加强烈了。全球媒体研究中心的戴维·德默斯这样解释双方的反应："冲突双方总是认为主流媒体偏向另外一方。当冲突骤然爆发尤其是当暴力升级时，双方（对媒体）的批评更加猛烈。"

在这两个合法团体发生冲突的复杂、多层次案例中，亚里士多德所倡导的节制是最恰当的美德。巴以冲突显然适用这个原则，新闻记者要在两个极端中找到合适的位置。如何有效运用亚里士多德的中间状态是一个伦理挑战。

一些因素的存在使达到合适的平衡变得复杂，比如"对深层次历史政治背景缺乏理解"。艾拉·斯托尔提出，"结构性不平衡"是对公平的最大阻碍，这是由于"记者在以色列可以不受限制地工作，而在叙利亚或伊朗这样的国家则受到严格的限制"。戴维·德默斯得出了另一个不太一样的结论："学者所做的内容分析一般认为，在以色列和巴勒斯坦中，媒体报道倾向于偏向前者。这根本不是什么阴谋，但是可以简单归因于政府官员。这些政府官员代表政府，而政府是亲以色列的。"艾哈迈德·波兹德提出了另一个观点：

> 媒体很容易接触到以色列发言人，他们总是为发表声明和上电视做好了准备，积极宣传他们的观点。而在巴勒斯坦，被占领的现状、宵禁、封城、检查站，当然还有以色列军队对记者的蓄意骚扰，都使与巴勒斯坦人的接触变得极其困难。

但是，比如在一个众所周知的例子里，从以色列那里获取的消息来源，可能导致片面、无效的报道。当最近一次入侵加沙时，以色列禁止记者进入加沙，CNN 的相机只能从边界外拍摄。而 BBC 则雇用巴勒斯坦拍摄小组直播战争场面。只有到了这场持续了 21 天战事的中段，由于以色列军队大规模破坏的证据无所遁形，CNN 才开始大量播放由巴勒斯坦拍摄小组拍摄的录像。在这个案例中，实践亚里士多德意义上的美德，需要高度成熟的道德辨别能力和特别精深的职业实践。

案例

危险的食品

食品安全是美国和全世界都非常关注的问题，食品污染问题对媒体越来越重要。最近的食品恐慌——从中国奶粉中的三聚氰胺到加利福尼亚菠菜中的大肠杆菌和鸡蛋中的沙门氏菌"让消费者对食品来源和标签格外地关注"。

食源性疾病是一个公众问题，位于美国新闻媒体食品安全报道的首位。美国食品和药品管理局估计，每年食源性疾病带来的经济损失大概有 170 亿美元。食源性疾病是由细菌和病毒引起的，大多是因消费者和食品服务工作人员对食品不当操作而产生的。斯克里普斯·霍华德新闻社的记者兰斯·盖伊解释了媒体是如何处理食源性疾病问题的：

在过去的半个世纪里，美国人已经习惯于不时出现的食品恐慌。尽管食品科学家说，像玻璃纸包装、防拆封包装、恒温冷冻这样简单的技术进步，能够使食品供应比以往任何时候都更加卫生、更加安全。

食品科学家说，这并不是说食品已经足够安全。疾病控制与预防中心估计，在美国每年有7 600万个食源性病例，导致325 000人住院和5 000人死亡。

一个华盛顿智库"未来资源"称，主要的食源性疾病带来的损失在30亿到90亿美元之间，超过一半的疾病还没有确定来源。

该智库的高级研究员、前农业部食品安全检查署署长迈克尔·泰勒说，对食源性病原体知识的匮乏和抗击策略的缺失，与20世纪化学污染物研究享有的巨大数据库形成反差。

"在微生物上我们有更多的事情要做。"泰勒说。他认为如果政府集中资源解决引起大多数问题的病原体，公众健康将会得到更好的保护。很多危险的病原体，如汉堡中的大肠杆菌和生牡蛎中的创伤弧菌，已经被确定在过去的30年中引起了众多的食源性疾病和死亡。

位于亚特兰大的疾病控制与预防中心估计，人类90%的疾病是由三种病原体引起的——诺沃克因子一类的病毒，与远洋船舶上曾爆发的痢疾有关；弧状病毒，通常在鸡肉中发现，能引起胃病；沙门氏菌，在鸡蛋和生肉中发现，能引起恶心，且与关节炎有关。

大约75%的死亡与三个病原体有关：沙门氏菌、李斯特氏杆菌（这是一种在热狗、精制肉和奶酪中的抗低温病菌），还有弓形虫（主要是存活在不熟猪肉中的原生物）。

尽管政府发起了很多教育与宣传运动，告知烹饪是杀死食源性病原体的最有效办法，但调查显示，公众并没有太在意这些劝告。

农业部的调查显示，只有半数的美国厨房有温度计。一项1998年的调查结果显示，只有3%的厨师经常使用温度计检查汉堡是否加热到杀死病原体所需的华氏160度。

华盛顿州立大学的食品科学家巴里·斯旺森说，虚假的食品恐慌使很多消费者感到厌烦，这让他们更加怀疑自己听到或看到的警告。斯旺森说，消费者需要更加警惕和谨慎，因为美国的食品供应网络现在是全球性的，所以一旦问题爆发将不再只是地方事务。十年前，典型的食品疾病爆发只是与一个教堂野餐上被污染的土豆有关。今天，内布拉斯加生产的携带病毒的汉堡在污染问题被发现时，可能已经散布到东西海岸的快餐店里。

"我们以前经常感觉相互隔离，但是现在我们再也不是那样了。"斯旺森说，"由于我们的分配体系，食品一夜之间就能从一个海岸到另一个海岸，假如出现问题，就不再是像以前一样的小问题而是大问题……"

纽约市美国科学与健康委员会（企业支持的组织）的营养主任鲁思·卡瓦指出，如果超量使用，正常食品中就会出现毒物级别的化学物质：利马豆含有的氰化氢，是一种典型的毒物；土豆含有茄碱、砷和卡茄碱；胡萝卜含有的心脏毒素，是一种神经毒素；肉豆蔻、黑胡椒和胡萝卜含有的肉豆蔻醚，是一种致幻成分。

"每一种植物都可能含有有毒的物质。"卡瓦说。她提醒免疫系统不好的人们在处理和食用生食时要特别小心。"但是如果能够处理得当，不变质，不被污染，就没事。"

盖伊在一个边框（保持健康的一些规则）里给出了将污染风险降到最低的安全建议。

许多其他的食品安全问题也都进入公共议程，比如转基因食品。几乎四分之三的美国食品店货架上摆放着转基因产品，它们对健康和环境的危险已在全美引发争论。欧盟命令禁止转基因食品的国际贸易。最近的纪录片《食品公司》将批评聚焦在转基因技术制造巨头孟山都公司身上。为了提高牛奶产量而在奶牛身上使用生长激素，也是一个有争议的做法，尽管还没有研究揭示激素对乳制品卫生的影响。在欧洲感染了100 000只动物的疯牛病（牛绵状脑病）之所以成为一个主要媒体事件，一方面是由于消息过于骇人听闻，另一方面是由于疯牛病与致命的库兹菲德—雅各氏脑细胞疾病之间的可能联系，这使公众陷入混乱之中。

食品照射是食源性疾病的一个派生问题，但是现在它已渐成气候。在食品保存中使用辐射技术可以杀死污染食物或使食物变质的微生物。尽管照射处理已经被FDA批准用于很多产品中，但是反辐射的提倡者将食品照射处理比作人体受到辐射，并以此来组织抵抗。反对者们"提到核弹的危险，引起对核电站设施发生泄漏的恐慌，明确表示食用照射食品会引起癌症"。由于对食品照射的论战过于情绪化，目前还没有机会让足够科学的信息引导公共讨论。◆

为了使现代社会不至于陷入恐慌和停滞，一种观点认为，强大的政府监督和超市内更详细的产品信息是至关重要的。在这个观点的基础上，媒体不应该自视为公共健康的保证人，而应该扮演附属角色；重要角色应由那些能够以更细致的、不引起社会危机的方式处理这些问题的社会单元扮演——在这个案例中，就是地方零售商。在另一个极端，一些媒体拥护者坚持认为，在一个快节奏且复杂的年代，媒体对潜在危险的警告是至关重要的，即使这样的警告经常会造成社会系统紊乱。从这个观点看，如果媒体过多地尊重经济利益和法律利益，公众就会被自我毁灭式的满足所麻痹。当强大的企业坚持在其产品安全上含糊其辞，以挽救自身几百万美元利益的时候，看门人（监督）的作用比任何时候都重要。

洛杉矶市美国传播基金会的创始人小约翰·E·考克斯曾经提出一系列基于利他关怀的原则。考克斯相信，完全对公众理解的需要负责，使人们能够理性地看待有风险的报道。

（1）记者应该在掌握全部事实之后才讲述故事。

美国历史上最著名的食品安全恐慌就没有达到这个标准。1989年2月，电视节目《60分钟》播放了一个故事，它讲述了用化学物质艾拉处理过的苹果对年幼儿童是危险的。这个恐慌是由自然资源保护委员会的一份报告引起的，后者是一个非营利环保组织，它声称艾拉可能使儿童体内的丁酰肼水平大幅提高。在没有科学证据，没有将指控提交专家评估的情况下，NRDC通过其公关顾问与《60分钟》商定制作了一个"独家报道"。

接下来苹果恐慌开始了。洛杉矶、芝加哥、纽约市的学校餐厅要求将苹果从菜单和仓库中移除。食品店的架子上贴满了"此苹果无艾拉"的标识。华盛顿州（全美50%的苹果在这里种植）面临严重的经济损失。某个学校官员说："这是过度反应和近乎愚蠢的糊涂。"加利福尼亚州卫生署署长肯尼思·W·凯泽说，恐慌制造了一个"有毒的妖怪"。

从1968年开始，艾拉在苹果产业中变得非常重要，它可以使苹果变得更红，减缓成熟过程，避免苹果在成熟前落下。但是，在1985年科学家报告称艾拉能在小白鼠体内引起肺部和肾部肿瘤后，很多种植者停止使用艾拉。但该报告没有揭示这样一个事实，即只有5％的苹果树喷洒了艾拉，而且人类需要喝掉几加仑这种苹果汁才能摄入微量的丁酰肼。《60分钟》播出的故事是贪婪的商业公司与无能的政府机构之间的冲突。批评者认为，在这件事情上新闻媒体是问题的一部分，它们不严谨地报道了这个复杂的问题。比如，说某个化学物质有毒，却不澄清有毒的含义，这会使公众误以为吃一个苹果就会得癌症。

（2）记者应该把风险考虑在内，不仅要报道两种观点，还要进行认真的独立分析。

比如，来自美国国家安全委员会的数字显示，每年在美国直接死于食物中毒的人数不足12人——不过每年大约有1 500人因为与食物污染有关的疾病而死亡。然而，每年死于机动车事故的有46 000人，死于降雨的有12 000人，死于火灾的有5 000人，死于溺水的有5 000人，等等。因此，公众需要一个关于危险与安全的更宏观图景，而不是局限于敌对的公司和机构或者对抗性政治。

（3）记者必须接受处理复杂数据、提出核心问题的训练和教育，尤其是在毒物学、辐射和医学领域。

加利福尼亚州的一位前广播记者考克斯通过开发教育项目来提升在科学、经济和商业方面的新闻报道。比如，FACS和当时的圣迭戈超级计算机中心在1996年创建了以互联网为基础的信息服务FACSNET，来为记者在食品和科学问题上提供培训。

如今，NRDC已经发展成为一个强大的、信息灵通的政府政策与执行的监督机构。它通过杂志、新闻发布会和网站来公布信息。消费者联盟和美国科学健康协会也是很有价值的资源。国际农业知识与科技促进发展评估发布的报告也有帮助。但是记者必须开拓除企业和公共利益团体之外的其他消息来源。国际农业生物技术应用服务也能提供很多风险信息。至少对于一些观察者来说，如果新闻媒体足够专业的话，有关艾拉的问题就会提交给美国环境保护署来裁决，给它一个行动的机会。实际上，虽然现有科学实验没有最终证明艾拉的危险，但是EPA后来将艾拉列为有潜在危险的杀虫剂而禁止使用。盲目接受数据是不负责任的，公众有权了解非企业实验室所做的系统检验。

案例

水门事件与大陪审团信息

1972年6月17日凌晨2时31分，警方在水门饭店大楼逮捕了五个人。他们进入了民主党全国委员会总部的办公室。保安弗兰克·威尔斯发觉房门敞开，于是报警；五个人当时正在搜寻办公桌和文件。他们带有撬锁和撬门工具，还有对讲机和用来监听警方频段的扫描仪，以及相机和胶卷、催泪枪以及录音设备（可能是要安装在办公室里用来监听谈话的）。其中一人是前中情局雇员詹姆斯·麦科德，被捕时是尼克松总统的连任总统委员会成员。

在引领了非法闯入案的初期报道后，《华盛顿邮报》的记者卡尔·伯恩斯坦和鲍勃·伍德沃德被卷入旋涡之中。1972年10月25日，一个意外成功变成一场大灾难。他们写道，尼克松总统连任团队的负责人霍尔德曼亲自参与了间谍和破坏行动。这一指控将非法闯入案推到了尼克松总统身上。但当时他的律师表示，报道消息的来源在大陪审团前否认曾作过这样的证言。白宫利用这个机会猛烈回击了《华盛顿邮报》。

为了找出哪里出了错，伍德沃德和伯恩斯坦将最初的消息来源（联邦调查局探员）提供给了他们的上级。回到办公室后，两位记者和《华盛顿邮报》经理讨论了暴露所有错误信息来源的可行性，但是他们决定不这么干。

失败之后，伍德沃德和伯恩斯坦有了更多的麻烦。现在的问题不是错误的故事，而是根本没有故事。他们遇到了波折且时机不好。《华盛顿邮报》的执行编辑本杰明·布拉德利变得很沮丧。尼克松的人在攻击他。查尔斯·科尔森对一群新英格兰地区的编辑说："如果布拉德利离开了他和他的兄弟们享用的三手信息、闲话和谣言的鸡尾酒巡回宴会，他或许能发现真正的美国。"布拉德利对访谈人说，他"准备把刀放在伍德沃德和伯恩斯坦的脖子上，直到他们写出另一个故事"。那是一段极度痛苦的时期。

这就是伍德沃德、伯恩斯坦及其编辑们决定从水门事件大陪审团成员那里获取信息时，新闻编辑室里的高压紧张气氛。他们是偶然想到这个主意的。11月的一个深夜，报社一位编辑告诉伍德沃德，他邻居的姑姑是某个大陪审团的成员，从她的话中可以判断这是水门事件的大陪审团，而且用这个编辑的话说，"我的邻居认为她想谈一谈"。

两位记者查阅了联邦刑事诉讼规则——大陪审团成员宣誓保密。但是，似乎保密的责任在于陪审员，法律中没有直接禁止对陪审员进行询问。《华盛顿邮报》的律师同意这个解释，但是要求在和陪审员接触时应"极其谨慎"。紧张的布拉德利重复了这个警告："不要打人的头部，不用压力，不要哄骗。"

所有这些磋商和建议最后都没有用上。伍德沃德和伯恩斯坦得知，那个女人根本不是水门事件大陪审团的成员，但是，这却"刺激了他们的兴趣"。在那次没有结果的访谈过后的第二天，伍德沃德去了法院，找到了水门事件大陪审团的成员名单，暗自记住了那些名字——他被禁止做笔记。

制作出名单之后，伍德沃德和伯恩斯坦与布拉德利、《华盛顿邮报》都市版编辑哈里·M·罗森菲尔德、管理版编辑霍华德·西蒙斯和城市版编辑巴里·萨斯曼仔细看过名单，去掉公务员和军官，寻找"最不可能将被访问告诉检察官"的成员。考虑到陪审员的职业，他们寻找"足够聪明，怀疑大陪审团体系已经在水门案中失效"和"掌握证据细节"的人选。伍德沃德和伯恩斯坦写道："理想的陪审员对白宫或检察官或两者都能产生愤怒；是一种熟悉通融规则的人，一种在实用和程序之间更重视前者的人。"《总统班底》描述了新闻编辑室中人们的精神状态：

> 每个人都对这样一个粗鄙的冒险保持怀疑。布拉德利非常想得到故事，从律师那里获取信心，战胜了自己的疑虑。西蒙斯说出了自己对该行为正当性的疑虑，并为报纸的命运感到担心。罗森菲尔德最关心的是如何不让记者被抓的技

巧。萨斯曼害怕他们中的一个，很可能是伯恩斯坦，会做得太过，违反法律。伍德沃德担心这样做是否有合理依据：记者引诱某人跨过法律的边界，自己却安全地站在边界之内。伯恩斯坦模糊地赞成选择性的公民不服从权利……相信大陪审团的程序不受侵犯。然而，更多的疑虑并未说出来。

访谈陪审员的程序达成了共识。记者要亮明身份，然后说明，通过一个共同的但是不愿透露身份的朋友，他们了解到他或她知道一些关于水门案件的情况。然后他们将问他或她是否愿意讨论这个案子。如果答案是不，记者就马上离开。

对大约六个陪审员进行访问后，除了麻烦没有产生其他任何结果。其中一个陪审员将记者访问一事告诉了检察官，检察官通知了约翰·西里卡法官。随后，《华盛顿邮报》的律师爱德华·贝内特·威廉斯会见了西里卡。会见过后，他告诉伍德沃德和伯恩斯坦，他认为他们会以遭受谴责告终。但是西里卡并没有公布他们或者《华盛顿邮报》的身份。这时的记者们线索中断，互相询问谁是法官提到的记者。伍德沃德和伯恩斯坦一致认为，他们只把完全否认当作"最后一招"。在他们等电梯的时候，一个同行赶上他们。《总统班底》描述了这个场景和两位记者的所思所想。

他（记者）在电梯附近赶上了伍德沃德，直截了当地问法官提到的是不是他或伯恩斯坦。

"住口，你是怎么想的？"伍德沃德生气地回答。那个人不依不饶："哦，是不是在那儿的新闻媒体代表？是还是不是？"

"听着，"伍德沃德大声严厉地说，"你想要引述吗？我们是在正式讨论吗？我的意思是，你是认真的吗？因为如果你是认真的，我就给你一些东西，好吗？"这个记者似乎目瞪口呆。"对不起，鲍勃，我觉得你不会把我的话当真的。"他告诉伍德沃德。

危险过去了。整日萦绕他们的梦魇景象——罗恩·齐格勒要求对他们进行全面的联邦调查，或者类似的事情——消失了。他们感觉到恶心。他们访问大陪审团成员一事并没有违反法律，这似乎在很大程度上是肯定的。但是他们绕过了法律，却将别人暴露在危险之中。他们在自利和利他原则之间选择了自利，假如被抓到，他们的角色也被掩盖了。他们躲闪、逃避、歪曲、暗示、恐吓，虽然他们没有完全撒谎。◆

这个案例涉及一长串的伦理选择。它揭示了报纸工作人员承受的很多压力。例如，布拉德利对故事的渴望，"任何故事"，只要能为《华盛顿邮报》解围，这可以被认定是不道德的利己主义，糟糕的原则。这样的话，这个案例就具有现实意义，因为它反映了记者经常做决定的特定环境。在大多数情况下，这样的压力要比本案例中《华盛顿邮报》所承受的压力小得多。然而，了解这些情况并不能帮助我们解决这个案例中的伦理问题。压力的存在，即便是强大的压力，也不能证明记者行为的合理性。充其量，压力的存在能够帮助我们同情一个强烈感觉到压力然后作出错误道德判断的记者，但那不是能够得出合理结论意义上的伦理学。

或许开始调查这个多面案件的最好办法是，首先识别出伍德沃德和伯恩斯坦在这个过程中所做的道德选择：

（1）他们决定向他们的上级泄露消息来源的身份，为的是"找出他们怎么出的错"。

可是他们还是决定不泄露所有消息来源。这个泄露消息来源的决定涉及违反承诺，虽然这个案例本身并没有告诉我们。

（2）他们决定从大陪审团处打探消息。显然，他们意识到了潜在的法律问题，证据是他们对联邦刑事诉讼规则的查阅和在计划会议上的谈话。

（3）他们决定通过记忆而不是做笔记来获取大陪审团成员名单。这已经是朝着不正当利用大陪审员体制和违反其所依赖的重要伦理原则方向迈出的实质一步。

（4）他们决定做一切事情来避免在访谈大陪审团成员时被抓到。这个情况不是为了改变不公正法律而故意违法，而是为了服务于当时报纸的利益而违法。

（5）他们决定欺骗。从他们与大陪审团成员开始，他们说是"通过一个共同的朋友"得到陪审员的姓名的。通过这个谎言用来打开陪审员的嘴，是利用陪审员达到《华盛顿邮报》自己的目的。

（6）他们决定撒谎，如果他们被同行认出是西里卡呵斥的人。毫无疑问，只把那当作"最后一招"委屈了他们。

当然，这个国家要因为伍德沃德和伯恩斯坦调查的最终结果（尼克松辞职）而感激他们，但是他们的调查过程在道德上存在严重的缺陷。如果他们当时就知道这些问题对于国家十分重要，那么也可以认为，他们的行为不当不如巨大的公共利益重要。他们的谎言和对大陪审团的不当干预，导致美国历史上对民主最大的威胁昭然天下。但是，不确定的是，能否用重要的结果来证明不道德行径的正当性。这里的伦理问题是，他们使用这些不道德的途径达到了不道德的目的，即，对他们自己和《华盛顿邮报》进行保护的个人利益。

在选择欺骗和违反大陪审团体制的时候，他们不可能知道，也没有声明知道他们要报道的故事的最终重要性。在这种情况下，民主受益了，但不是因为他们有意要帮助社会。这个益处是在违反法律甚至基本道德原则的决定基础上没有预见到且不可预见的结果。因此，他们的决定之合理性不能用事后的幸运结果来证明。坏决定有时候的确能够在无意中产生好结果。但是这样的结果只不过是将我们置于一个尴尬的境地：为不道德的人在这个案件中起到作用而高兴。在道德上，记者不能把它当作一般原则并步《华盛顿邮报》的后尘。谎言总是需要用更高的价值来证明合理性的，真话则永远不需要证明。

2003年，德克萨斯大学奥斯汀分校的哈里·兰塞姆中心用500万美元收购了伍德沃德和伯恩斯坦保存的水门文件。2006年，鲍勃·伍德沃德出版了《秘密线人——水门"深喉"的故事》，主角是他们的传奇线人马克·费尔特。费尔特作为联邦调查局副局长和赫伯特·胡佛的门徒，当时心怀怨恨的原因是：继胡佛后担任联邦调查局局长的是L·帕特里克·盖伊而不是他自己。但是，这些丰富的材料没有解决"比深喉的身份更重要的问题：《华盛顿邮报》在揭露整个水门丑闻中有多重要？……像爱德华·杰伊·爱泼斯坦这样的批评家说过，记者只是刊登了一旦检察官公之于众，尼克松就会完蛋的信息"。

虽然伍德沃德和伯恩斯坦很可能帮助我们不把非法闯入看成与白宫无关的独立事件，但是伍德沃德和伯恩斯坦的大量文件并不确凿。他们因个人利益去规避法律的决定，毫无疑问是今天对他们在终结理查德·尼克松总统任期中的准确作用被持续讨论的重要原因。

第四章

侵犯隐私权

泰格·伍兹出轨的事情一经媒体报道,这位明星即刻颜面扫地。作为著名的公众人物,他不应该享有隐私权吗?

西方文化历来重视个人保护隐私的权利。1890年12月《哈佛法学评论》上发表了一篇著名论文《隐私权》，在这篇论文中，塞缪尔·沃伦和路易斯·D·布兰代斯用法律语言准确地阐述了这个概念。38年后，布兰代斯仍然关注这个问题："我们的宪法缔造者承诺追求幸福的条件……他们赋予了公民，比如不被政府干涉的权利——这是最广泛的权利，也是现代文明最珍视的权利。"从那时起，个人隐私的保护获得了越来越多的法律关注，也在法律意义上变得更复杂了。虽然"隐私"这个词并没有出现在美国宪法中，但是它的捍卫者从宪法的前八个修正案和第十四修正案中找到法理依据，这些修正案确立了正当的法律程序以保护个人（隐私）不受非法侵犯。

保护隐私的许多法律在美国不同的州和司法体制中有很大的不同，但是侵犯隐私大体上可以定义为"拥有经济和政治权力的人对人类尊严的严重侵犯"。在这个大框架内，隐私案例大致可以分成四个彼此分离但又并非完全不同的类别：（1）对隔离和独处的侵犯；（2）公开暴露令人难堪的私人情况；（3）导致个人被误解的信息公开；（4）利用个人的姓名和肖像获得商业利益。

然而，尽管隐私权在判例法和侵权法中获得了（法律）技术上的保障，但对于新闻业来说，只有法律的定义是不充分的。即使我们假设在法律上可以作出合理的决定，但仅仅依靠法律条文肯定是不够的。我们有很多理由相信，在新闻采集和传播中建立超越法律的隐私伦理十分重要。

第一，全力保护个人隐私的法律并没有将政府官员包括在内。布兰代斯坚信，国有企业（和政府机构）要保持信息公开。在他看来，阳光是最好的消毒剂。他虽然谴责对个人隐私的侵犯，却坚持揭露一切公众关切的秘密。一般来说，法院认定属政治意义上的人不再是私人意义上的人，第一修正案所确立的价值优先于对隐私权的考量。法院的裁决赋予媒体报道公众人物的特别权限。美国最高法院在1964年的裁判（《纽约时报》诉沙利文案）意见中认定，即便是对官员具有诽谤性的错误报道也受到保护，除非有不尊重事实的诽谤或恶意中伤。法庭在判决时，应特别注意不去损害它所认为的媒体对民主生活不可或缺的帮助。1971年，法院依据这个裁判意见审理了一宗个人卷入公共话题的案件——罗森布鲁姆因传播淫秽书籍而被捕。尽管法院在审理诽谤诉讼案件时一直重申对媒体的广泛保护，但这个判决还是引发了很多争议。因此，即便在遵纪守法的情况下，媒体还是拥有几乎无限的自由来以不道德的方式对待政府官员。

第二，媒体被赋予很大的权限来定义新闻价值。在隐私法中，由于某个事件而进入公众视野的人们被归入与政府官员相同的类别。法院宽泛地解释了沃伦和布兰代斯关于公众兴趣不受隐私权限制的观点，并因为报纸或电台进行了报道从而判定一些材料具有新闻价值。在几乎所有重要的案件中，美国法院接受了媒体对新闻价值的定义。但是，新闻价值的意义难道不是随着新闻价值观的变化而改变的吗？难道不是在很大程度上取决于预设读者的口味和需求吗？显然，我们需要重新考虑哪些是闲话与偷窥，哪些是民主决策程序中的必要信息。

第三，法律成就回避了很多有关个人与社会关系的问题。16世纪以来的民主政治理论针对这个问题进行了多次辩论，随着时间的变化，从强调个人的自由主义过渡到了更具集体主义特征的21世纪版本。在这些大的理论框架中，一些更加具体的观点流行开来。托马斯·杰斐逊同意大多数意志，而约翰·斯图尔特·密尔坚信个人必须能够自由地以自己的方式追求个人利益。两位关注美国民主的伟大思想家阿历克西·德·托克维尔和约翰·杜威都围绕可行的公共生活展开对这一问题的分析。同样，沃尔特·李普曼在《公共舆论》和《公共哲学》中表达了对国家强势的担忧。他们一起确定了一个永久的学术问题，这个问题必须要精简和具体，才能推导出法律结论。我们通常接受托马斯·埃默森教授所做的总结：

> 隐私权的概念试图在个人和集体、个人和社会之间划定界限。它的目标是确保个人拥有一个能成为个人的而不是集体成员的空间。在这个空间内，他能进行自己的思考，拥有自己的秘密，过自己的生活，只让外部世界看到他愿意公开的东西。简而言之，隐私权确立了一个个人从集体生活分离、不受集体生活控制的空间。

将这两个维度分开，我们就找到了捷径和简单的答案。轻率地诉诸"公众知情权"就会将公私关系简单化了。因此，那些亲身面对这些问题的敏锐记者应对自身提出更多要求，而不是考虑哪些手段从技术上是合法的。这样的记者认为，保护隐私不仅是一项法律权利，而且是一种道德上的美德。并且，他们意识到，只有尽可能面对隐私的各种复杂情况，才能得出在伦理上完美的结论。

接下来的案例展示了一些这样的复杂问题，并就如何负责任地处理这些问题提出建议。第一个案例介绍了在线社交网络给我们对隐私的传统理解所带来的挑战。第二个案例讨论的则是媒体有责任对"9·11"后《美国爱国者法案》对隐私权的侵害进行客观公正的报道。第三个案例讨论的是博客上的大量数据如何让保护隐私变得前所未有的复杂。第四和第五个案例分别讨论的是小镇的流言蜚语和一个悲剧的溺水事件，表现了政府官员和个人都面临的典型困境，他们都因为失控的事件而具有了新闻价值。

通过（对案例的）评论，我们为新闻工作者提供了三个加强隐私伦理的道德原则。第一个原则提倡道德规范和基本公平，在这两个方面没有讨价还价的余地。虽然法律并没有明令禁止谎言、影射、草率和夸张，但是人类道德规范和基本公平显然不能容忍这些。第二个道德原则提出"补偿社会价值"的概念，以此作为判断个人信息是否应该被公开的标准。根据这个原则，所有淫秽色情的信息都不具有新闻价值。第三个道德原则是不应以媒体特权的名义污辱人的尊严。任何为普通人服务的行为必须优先于某些规则或口号。

虽然这个部分是对细节的讨论，但是本章至少在宏观上提出，新闻报道中公布个人信息的行为必须经过这些原则的检验才具有道德合理性。在大多数民意调查和媒体调查中，如果媒体希望保持公信力，隐私就是第一位的问题。但是，隐私问题不是伦理学者的道德说教，而是人道主义记者真实的痛苦遭遇。有心的记者在总结经验教训时发现，很多工作的失败与隐私问题息息相关。

案例

Facebook 和社交网络

Facebook.com 的创建和兴起已经成为硅谷和社会媒体的传奇。2004 年年初，哈佛大学计算机科学专业的 19 岁学生马克·扎克伯格在宿舍里开发了 Facebook，一开始它只是用于大学生在线交流，后来迅速发展为一种网络现象。在两周内，哈佛大学注册 Facebook 的人数超过 4 300 人。此后不久，Facebook 又增加了很多其他名校，随后有更多的学院和大学加入进来。同年夏天，马克·扎克伯格退学，来到西部加利福尼亚州的帕洛阿尔托，目的是寻找财富和——正如很多年轻的 Web 2.0 企业家所说的——"改变世界"。还有一种说法是，由于大量新用户的涌入，他把上大学的钱都花在了更新服务器上。

这又是一个让高科技企业和新生网络公司兴奋的时刻。20 世纪 90 年代末，".com"的毁灭性崩溃对于很多业内人士来说已经成为一种褪色的记忆，新型"社交"网站致力于超越 Web 1.0 的直接商务模式，为人类在线交流创造出新的可能。风险资本家和投资者欣赏扎克伯格以及他迅速膨胀的野心，他要创造一种全世界所有人都能用来交流的社交工具。虽然扎克伯格和其他 20 岁左右的企业家们，比如火狐的编程员布莱克·罗斯以及 YouTube 的创始人查德·赫利和史蒂文·陈——《滚石》给他们起的绰号是"亿万富婴"——抓住了这个热点，但是需要商业计划来把他们的想法推广给成千上万的用户。

2005 年，Facebook 对高中开放。到 2006 年 1 月，该网站的点击量达到每天 2.5 亿次，在所有的热门网站中排名第九。它继而开放了企业网络，当年 9 月对所有人开放。在谷歌公司以 16.5 亿美元收购 YouTube 之后，雅虎欲出价 10 亿美元购买 Facebook，然而克利须那巨车[1]的掌控者、22 岁的首席执行官扎克伯格和 Facebook 董事会拒绝了雅虎。Facebook 开始加速增长：到 2007 年中期，每周有超 100 万的新人在 Facebook 注册，而且这些用户非常活跃，每天有几百万人登录更新状态，分享照片和经历，与朋友和家人聊天。想要偷窥你朋友的这些有趣信息，或许并没有什么不好的。

Facebook 的成功必然意味着竞争。2007 年微软在和谷歌的竞价战争后，以惊人的 2.4 亿美元购得 Facebook 1.6% 的股份。微软给这个新生公司的估价是 150 亿美元。工业预测人士认为，微软希望通过这个幻想出来的价格吓跑其他竞争对手。与此同时，Facebook 进一步成为全球社交网络需求的导向平台，它向开发者开放了源代码，允许任何人直接在 Facebook 的领地上开发应用。

面对如此高的股价，Facebook 面临越来越大的创收压力。虽然估价是 150 亿美元，但公司每年创造的实际收入仅为 1.5 亿美元。此前的谷歌公司直到将广告和搜索匹配，才创造了可观的收入，Facebook 同样依赖广告和用户所产生的市场调查数据，用户经常在

---

[1] 源于载有克利须那神像的巨车，善男信女甘愿投身死于其轮下，在此处比喻 Facebook 网站具有不可阻挡的力量。——译者注

网络上分享喜好、习惯和人口统计学信息，而这正是让事情变得棘手的地方。2007年，Facebook发布了一个名为"灯塔"的新广告系统，用来和用户分享Facebook线下的购买数据。这个系统并没有明确告知用户如何选择不分享这些数据，在用户强烈抗议之后，Facebook调整了这个项目。在接下来的几年里，单方面改变、用户抗议、组织调整循环反复出现过很多次。

使用规则变化，新增广告和社交存储系统（比如Facebook的连接系统），还有一两个无意但高调的个人信息泄露事件，使用户的抗议在2009年年末和2010年上半年达到高峰。起初，对隐私问题的抱怨主要来自于技术成功人士。随着激烈的在线辩论升级，很多人注销账号以示抗议。著名的IT企业家贾森·卡拉坎尼斯在个人网站上发表了一条尖刻的帖子，以表达一种普遍存在的情绪："在过去的一个月里，最热门的牌手马克·扎克伯格高估了自己手中的牌。Facebook正式'出局'了，它违反了道德标准。合伙人、家长和学者都意识到，扎克伯格及其公司，简单地说，靠不住。"

其他人则采取更谨慎但也忧心忡忡的态度。以纽约州参议员查尔斯·舒默为首的很多国会议员给Facebook写了一封公开信，表达了他们对其最近改变隐私政策和公开用户数据的保留态度。由于种种原因，其他国家的政府机构也开始对Facebook展开调查。挪威、加拿大和德国政府都很关注隐私问题，认为Facebook违反了它们的法律。Facebook在法庭上主张将Facebook用户通过第三方服务收集Facebook数据的行为定为犯罪。美国一个主要针对网上公民自由和法律的辩护团体——电子前沿基金会随后又起诉了Facebook这一主张。

2010年春末，这场辩论在公众和媒体机构中达到狂热的高潮。2009年12月，Facebook将默认的隐私选项改为"参与分享"，4月份它开始向第三方网站提供用户数据。瑞安·辛格曾经在颇有影响力的技术杂志《连线》上为Facebook辩护，但是他后来写的《Facebook已变成流氓：公开进行其他选择的时候到了》则反映了当时的实际情况。很多用户团体出现，并发誓要在某个特定的日子大规模注销Facebook账号；但是必须承认的是，最大的团体也只有区区五名成员。Facebook出现在《时代》杂志世界版5月31日的封面上，杂志以《Facebook如何重新定义隐私》为题发表大量报道，其中大部分文章对此持批判立场。这其中的原因极有可能是，马克·扎克伯格此前曾通过《华盛顿邮报》社论对页版表示，Facebook即将应用一个修改过的隐私控制系统。但是正如很多新闻机构立刻指出的那样，这个社论没有提到对Facebook现行隐私政策的任何解释和变动。

尽管对于隐私的担忧继续存在，但Facebook没有停止勇攀高峰的脚步。到2010年年初，该网站超过谷歌成为全球访问量第一的网站。2009年年末，它在全世界的用户达到4亿，分析师预计Facebook用户将在一年内超过5亿。Facebook在其公共"统计数据"网页上显示，超过70%的用户来自美国境外，该网站已被翻译成70多种语言。而且，超过100万人在为Facebook开发应用，超过一亿用户通过移动设备登录Facebook。

Facebook继续从用户的电子档案中获取他们的偏好信息，利用这些信息开展广告业务，凭借它在用户体验和专题方面的优势取代了竞争对手MySpace。看起来，这个世界上最大的网站不太可能在短时间内走向衰落。然而，之前的微软和谷歌也曾经被认为是不可战胜的，如今也已今非昔比。事实上，新的社交网站不断涌现，新一代的年轻企业家们直接瞄准Facebook的隐私政策，认为这将是一个机会或者至少是一个利基市场。很多技术专家开始怀疑Facebook在隐私权上的立场也许会为它将来的灭亡埋下种子。

2010年春天，在Facebook隐私危机达到顶峰时，纽约大学计算机科学专业的四个学生成为国际新闻头条，他们提出了一个名为"Diaspora"的新社交计划。一则BBC新闻的标题呼吁"雄心勃勃的新贵挑战Facebook"。埃本·莫格林是哥伦比亚大学的一位知名法学教授和软件自由法律中心的创始人，在莫格林教授一次关于网上隐私的讲座上，这四位学生受到启发。他们在Kickstarter.com上创立一个研究基金，打算募集一万美元的资金。这在世界范围内引发了强烈反响：几周之内，Diaspora募集到超过18万美元的资金，用于开发一个自由开放的社交网络系统，允许用户完全控制自己的数据。Diaspora的开发者们知道有比直接挑战Facebook更好的办法，他们在那篇BBC的文章中评论道："Facebook不是我们所追求的，我们追求的是一个观点：到处都是这些让人们放弃个人信息的集权式服务，而我们要使用户重新控制他们所分享的信息。"《纽约时报》的一篇文章开头提出了一个值得纪念的问题："Facebook贪婪地吞没每一口我们喂它的个人信息，世界对此该有多么生气？"面对如此激烈的言辞，文中的一位Diaspora编程人员对此进行了反思："我们很震惊。不知道为什么，所有人都完全认同隐私的重要性。"对于像Diaspora、OneSocialWeb和许多类似项目的编程人员来说，用户的关注能够推动网络的隐私革命，也许相信这一点并不困难。

最后，在2010年5月26日，面对用户和隐私团体持续增加的压力，Facebook作出回应，发布了控制隐私的精简版。马克·扎克伯格说，精简版的设置使用户更加清楚他们的个人信息有多少可以被公开访问。用户可以将个人信息设置为只对好友可见、对好友的好友可见或者对任何人可见等几种模式。"设置越烦琐，人们越难有效地控制它们。"扎克伯格说。这些新的设置"大大减少了对"个人信息的"获取"。那些想要访问"任何具体的内容"的人们需要"请求许可"。电子前沿基金会的高级律师凯文·班克斯顿说："这个改变非常好，但是需要做的还有很多。"EFF和其他批评者一样，仍然担心第三方获取个人账户信息。网络安全公司Imperva的阿米海·舒尔曼这样描述："保护隐私并不符合Facebook缔造者的利益。"◆

社会化媒体如YouTube、Facebook、Twitter、Friendster等是2000年中期Web 2.0革命的心脏和灵魂。然而，尽管Web 2.0承诺以人类为中心，但却是嫁接在现有互联网上的，主要性质是商业企业。(要记住，Amazon、eBay都是20世纪90年代的网络灰姑娘。)因此，要了解Facebook和隐私问题，必须从了解Facebook的实际工作方式开始。用户倾向于把Facebook想象成一个免费的慈善服务，认为只要你注册，同意一些条款——现在只需占用几秒——你就已经创建了一个能与他人分享的个人主页了。

归根结底，Facebook是一个营利公司，必须创造收入才能生存。因此，它提供的是一个与表面上不一样的产品。它不只是一个社交网络，在最本质的层面上，它是一个经营广告和推销业务的商家。在2009年一次《商业周刊》的采访中，Facebook首席运行官谢里尔·桑德伯格不加掩饰地说明了网站的商业模式：

> 我们的生意是广告。现在有一个不平衡是真实存在的：人们（自由）时间的28%到29%花在网络上，但是只有8%到10%的广告资金花在网络上。我们所做的是使广告商能够与用户建立关系，用一种非强迫的方式提供广告。而且我们在财务

方面做得非常好。

值得补充的是，桑德伯格来自谷歌，她在谷歌的荣誉在于她建立了广告联盟和关键词广告，这是谷歌公司主要的广告应用，为谷歌创造了大部分收入。

技术专栏作家法哈德·曼约奥明智地指出，马克·扎克伯格一直逼迫用户以更高的频率分享更多的信息。随着 Facebook 的成长（大概是指对用户更有用了），隐私并没有进一步得到保护，"事实上，数据讲述了相反的故事——Facebook 对隐私权的逐步侵蚀正好与在该网站更多的活动有关"。用 Facebook 的人越多，他们提供的数据越多，Facebook 服务对商业伙伴越有价值。如果 Facebook 的商业模式与隐私和用户喜好产生的利润呈负相关，那么用户们又何必为此担忧？Facebook 继续公开强调，它的目的只是为我们的个人主页提供一站式交换机，用扎克伯格的话说，它是一个使人们通过善意网络相互联系的"开放图谱"，而事实上却涉及几十亿美元的运作。Facebook 这样的行动是否不够坦诚？是否存在利益冲突？

了解了 Facebook 之后，隐私和公民自由真的让人担忧。Facebook 的公关主管经常明确地谈到，网站是自愿的。但是网站是否足够清楚地说明了它对用户所发布内容做了些什么呢？2009 年和 2010 年，从 Facebook 遭受的大部分批评来看，公众并不相信它的言行。国会议员和广告商所关心的问题是，Facebook 目前的基本立场是"不选择，即参与"，即用户默认分享所有信息，而不是在作出选择后才公开数据。此外，《纽约时报》对 Facebook 日益复杂的隐私声明和设置进行了调查，记者找到了 50 项令人眼花缭乱的设置，总共超过 170 个选项。2005 年 Facebook 的隐私声明是 1 004 个字，到 2010 年增加到了 5 830 个字。类似这样的报告提出了一个显而易见的问题：如果 Facebook 真的关心用户的话，为什么用户控制自己的分享变得如此困难？Facebook 的困境是，精简版的设置并没有给用户带来信心，管理层的意图受到质疑。

Facebook 在公开用户数据方面可能存在不足之处，Openbook.org 的建立或许是这些缺点在现实世界中最生动的例证。旧金山的三名编程人员创立了这个网站，用户可以检索到所有被 Facebook 公开的个人数据，查看是否有自己不愿公开的信息被公开。比如，搜索"派对"，能够找到所有在任何地方更新状态时提到"派对"的人。尽管这并没有什么大的坏处，但是其危害很快变得明了。比如，在 Openbook 上搜索"手机号码"，就能找到大量的私人号码。Openbook 的创始人之一威尔·莫法特在技术杂志《连线》的一次采访中总结了自己的观点："他们正在努力使社会变得更加公开。但是考虑到他们对社交网络的垄断地位，我认为他们有道德义务尊重社会的价值规范。"

Facebook 内部的态度也与网站的意识形态不一致，网站宣称为人们以新的方式相互联系提供全球范围的服务，但管理层对隐私的刻薄态度却让很多人大吃一惊。扎克伯格公开否认隐私属于社会规范问题。《纽约时报》记者尼克·比尔顿在 Twitter 上发了一条消息说，当其问扎克伯格对隐私的看法时，一位不知名的员工大笑，然后坦率地说"他不相信隐私"，可想而知这个消息会在网上以光的速度传播。还有一些人发现（不知确切与否），Facebook 在以很快的速度模仿 Twitter 和其他网站，将它们的创新改编后放到自己的网站上。更早些时候发生的一系列事件，也可以帮助我们理解该公司在隐私方面的基本立场。2008年，经过漫长血腥的法律诉讼之后，Facebook以赔偿6 500万美元与ConnectU达成和解。ConnectU的创始人是三位哈佛校友，他们声称在2004年雇用马克·扎克伯格创建ConnectU版本的哈佛学生互动网站，随后扎克伯格以不正当的方式窃取了他们建立一个社交网络交换机的想法。

隐私保护者始终关注Facebook可能上市的问题。尽管Facebook的管理层从未就此问题表态，但大多数技术企业分析师相信这是迟早要发生的事。记者亨佩尔和科威特报道称，一份2008年的法庭文件显示，Facebook当时的内部自我估价为37亿美元（几年之后，这个数字应该大很多）。以盈利为目标意味着要为股东创造价值，这个目标强调持续不断的稳定增长，而其他考虑必须让路。不过，公司上市是一个不可避免的骗局和预期，隐私与Facebook的利润之间存在反比例关系，所以上市可能将使Facebook有更强的动机去控制更多的用户数据。同时，这样一个现象可能只在某种程度上是真实的：假如几百万用户因为对Facebook政策不满而离开，那么将会发生什么？无论如何，从一个和谐的用户政策角度来看，混乱的隐私控制、账户注销后仍强制保留一段时间、默认选择参与分享等等，都不是合乎道德的做法。

在一篇题为《你的Facebook账户让商人梦想成真》的文章中，技术记者艾略特·凡布司格科不无道理地写道："我们感觉社交网络是免费的，其实却在以马上察觉不到的方式为其付款。我们很多人在社交网站上输入的个人信息正是商人寻找的宝藏，他们的职业就是要用日益精确的方式定位我们。"这并不一定是坏事，但的确给那些网络社会媒体用户（年轻的也包括年长的）一个反思的理由。在国会图书馆对Twitter上发布的每一条消息进行存档的年代，我们如何应对？加利福尼亚大学伯克利分校和皮尤研究中心实施了一个关于互联网与美国人生活的研究项目，该研究表明，改变正在发生。超过半数的年轻人比在2005年时更加关注隐私，20岁左右的年轻人比年长一些的人明显对社交网络隐私进行更多的控制。皮尤网络项目的参与者玛丽·麦登也表示，我们应该记住，"似乎很少被提及的是，也许是因为我们还没有找到更好的方式来表达用户体验，所以选择在社交网络网站和其他网站分享个人信息，这在很大程度上取决于情境"。《人际鸿沟：在技术时代寻找社区》的作者、媒体分析家迈克尔·布吉贾温柔地提醒我们面对面的交流十分重要。这个观点很值得我们警醒。

案例

饱受争议的《爱国者法案》

2001年9月11日过后六周，乔治·W·布什总统正式签署批准《爱国者法案》（阻止和打击恐怖主义，让美国变得团结和强大）。该法案迅速被制定，然后以创纪录的速度在国会通过，"使司法部的目标从起诉恐怖分子变成阻止恐怖主义"。司法部部长约翰·阿什克罗夫特宣布，该法案采取警戒性措施，消灭恐怖活动于未然，从而保护自由。"这是一个前所未有的根本性变化。"乔治城大学法学中心的维亚特·丁说，"我们在进行一场针对类固醇❶的游击战争，恐怖分子想要动摇和击败西方秩序。"

下面列举一下该法案涉及隐私的有争议条款：

● 准许联邦调查局获取商业档案——从医药、金融、图书馆到采购记录，只要司法人员证明这样做与外国情报调查有关，或者这样做的目的是打击秘密情报活动或国际恐怖主义。

● 准许司法部门进行未经告知的"搜查"，被搜查目标只在事后收到通知。

● 激活1996年立法通过的SEVIS（学生和交流访问者信息系统）。国际学生的档案必须更新，并提供官方查询，因为这些学生被认为是间谍和恐怖分子的潜在来源。

《爱国者法案》的支持者坚称，这些条款有利于对攻击美国的恐怖分子进行调查。他们认为，该法案只是对现行联邦法律的修订（即联邦刑法和《外国情报监听法案》），并没有提出新的法律，其目的据说有三个方面：(1) 将现行联邦法律和司法用于调查恐怖主义；(2) 允许情报采集和法律执行部门之间共享信息；(3) 授权使用现代技术调查商业活动，以获取情报。用检察官简·保罗·米勒的话说：

> 2001年9月11日之前，一位联邦司法官员只能申请监听某药商的电话，但是他不能监听恐怖分子的电话。比如，我们部门在调查计划炸楼的人。假如我们知道他们在哪里并且能够控制他们的话，我就可以和他的同党或基地组织谈话。但是我不能走出检察院，问问联邦调查局是否也在调查这个人。

从这个角度看，《爱国者法案》的条款使执法部门能够跟得上"9·11"后的形势，继续保护我们的公民权利，这是一个有分寸的反应。

对于批评者来说，《爱国者法案》是一个模糊且过于宽泛的法律，其合宪效力值得质疑，并且是在恐怖的气氛中通过的。尽管情报共享的条款很有价值，但是该法案确立了一个秘密收集情报的程序，这个程序不需要表明获取机密档案的原因——只要这些档案与某一项调查存在关联即可。史蒂文·贝克特律师认为："这是我们国家在隐私权上最深刻的变化。"此外，批评者说，这个法律为更广泛地使用信息敞开了大门。它大大扩展了国内恐怖主义的定义，以至于可以用来对付反堕胎抗议者、环保人士、艾滋病者权益保护组织或者其他拥有强烈激进主义历史的运动。事实上，按照曾要求修改的《爱国者法案》第501款，只要某一活动的意图值得怀疑，任何人就都可能从街上被带到一个秘密军事法庭。在标准的刑事诉讼中不当援引这个法案，"将减损第四修正案的效力"。

"9·11"过去后一年，联邦政府拘留了762名移民，其中很多人被拘留了数月，没有受到指控，没有辩护律师。他们没有一个人因恐怖主义受到起诉。司法部部长约翰·阿什克罗夫特拒绝透露政府是如何使用图书馆、商业、计算机和其他个人档案的。在一个成为

❶ 类固醇是一种兴奋剂，在这里可能喻指恐怖分子仅仅是为兴奋剂所驱动的。——译者注

新闻事件的案例中，美国公民乔斯·帕迪利亚去巴基斯坦旅行回来后就被捕了。他一直被拘押在一个军事监狱里，直到一位法官要求政府允许他聘请辩护律师。

《爱国者法案》的主要条款原本于2005年12月失效，但众议院通过一项议案以使其大部分条款成为永久性法令，尽管参议院比较谨慎。民主党参议员罗斯·范戈尔德曾在2001年对该法案投了唯一的反对票，他召集了40位民主党参议员和4位共和党参议员拖延并阻止该法案的更新。这些参议员想要通过延长辩论讨论对公民自由的保护。到2006年3月，众议院和参议院达成妥协，使该法案的大部分条款永久化，另外增加一些保障性条款。小部分仗义执言的议员继续投了反对票，他们相信这项法案仍然存在严重缺陷。反对的声音继续存在，他们反对的理由是，该法案允许政府秘密获取很大范围的个人档案，违反了第一修正案和分权制衡原则。◆

监督在民主社会是一个至关重要的问题。显然，新闻媒体应该积极参与提高公众在这方面的权利意识。但是，媒体没有在帮助公众了解立法的正反两面中起到重要作用，相反，媒体的作用有好有坏。

华盛顿大学的研究人员对新闻媒体在该法案通过中的作用进行了一项研究，得出的结论是，媒体很大程度上在效仿布什政府。他们证明，当时的总统布什和总检察官进行了一种战略公关，目的是迫使国会采纳政府提议的法案。他们的最终目的是使公民相信政府拥有反击恐怖主义的有效策略。研究人员发现，布什政府的公关"得到媒体的响应，创造了一种气氛，使国会除了以最快速度通过美国《爱国者法案》别无选择"。

审查计划是由索诺马州立大学几百名教师和学生进行的一项年度研究。该研究认为，《国土安全法》在通过时和在2005年到2006年进行更新时，都是当年最重要但是报道最少的议题之一。自那以后，该法案的很多危险之处基本上都被主流媒体忽略了——除了社论对页版。《纽约时报》是一个例外，它为所有新闻媒体设立了标准。它密切关注法案的实施方式，它的社论反对政府检索财务档案，进行机动式监听❶，跟踪恐怖主义嫌疑人。

即使媒体没有积极调查这些问题本身，它也易受具体机构和个别声音的控制。美国公民自由联盟和美国图书馆协会坚决反对公民自由受侵害，它们的观点经常被人们引用。华盛顿廉政中心泄露了司法部加强《爱国者法案》的提议，并继续对媒体通报司法部的动向。全美留学生顾问委员会认为，美国不再是国际学生首选择的目的地，高等教育的研究生中将有15%到30%流失到澳大利亚、加拿大和英国。这些无意造成的结果成为新闻报道的内容。一位前《纽约时报》的记者创办了档案交流中心，这是一个巨大的数据库，存有通过《信息自由法案》的授权所获得的信息。该组织控告约翰·阿什克罗夫特公布了恐怖主义数据。新泽西州帕特森市的

❶指能够防止被监听者破坏监听的监听方式。——译者注

《先驱新闻报》为了获取该市拘留的几百名阿拉伯移民的信息而积极行动。尽管"政府的过度保密使报道变得困难",但该报最终仍披露了由大量巴勒斯坦人和穆斯林构成的社区被拘留者的困境。

关于该法案的实施和后果,除了新闻报道和法律分析之外,媒体还应该从伦理角度报道这个法案,让公众了解隐私的道德维度,帮助他们从政治和法律方面了解这个法案。隐私是一种道德的善,因为它是发展独特自我身份的前提条件。侵犯隐私就是侵犯人类尊严。隐私在政治方面也是一种道德的善,对隐私的尊重是民主社会和极权社会的区别。为了我们的尊严,也为了我们与他人的社会关系,我们每个人都需要隐私。没有隐私,就不可能有健康的人类存在。如果公众了解了隐私的伦理,我们就完成了一个长远目标。接下来,我们结束《爱国者法案》的政治和法律争论,集中讨论另一项实质的问题。

案例

博客道德规范

网络日志时代已经来临;一个巨大的虚拟空间已经存在——博客空间,那里有几百万个博客。主流媒体已经把博客整合到它们的混合渠道之中,这个以计算机为媒介的技术已经成为新闻、政治评论、宗教、娱乐和广告的公认信息来源。

制定博客道德规范是否必要,是否可能?迄今为止,人们曾经制定过两个博客道德规范,其中一个是丽贝卡·弗勒德在2002年《网络日志手册》中提出的,另一个是Cyber-Journalist.net的创始人乔纳森·杜比在2003年提出的。两个规范都明确涉及网络新闻。马丁·库恩赞扬弗勒德和杜比的努力,但是他倾向于制定一个更为宽泛的规范,这样既有益于政治博客,也能取信于广大的博主。他调查了以计算机为媒介的传播领域,建立了一个道德义务体系。

提议的博客道德规范

促进互动

- 定期更新博文。
- 访问其他博客并留言。
- 尊重博客礼节。
- 努力实现娱乐性、趣味性和(或)互动性。

推广

- 不要限制他人访问你的博客。
- 不要通过删除已经发表的博文或评论进行自我审查。
- 允许和鼓励他人就你的博文发表评论。

追求事实真相

- 不要故意欺骗他人。
- 对发表的内容负责。

尽可能透明

- 尽量表明你的身份。
- 表明你的个人隶属关系和利益立场。
- 公布引用和链接博文中参考的所有信息来源。

在博客中重视人的因素

- 在发布信息时,将对他人的伤害降到

最低。

● 通过链接其他博客和保持博客链接，促进社群的发展。

● 通过定期回应 E-mail 和评论他人博文建立相互关系。

在讨论博客的伦理原则时，人们往往引用有关博客和政治的故事，作为赞成和反对的例子。

马修·德鲁奇是一个电台谈话节目主持人和互联网记者。他在网上公布的《德鲁奇报告》是由广告商资助的。《德鲁奇报告》是 1998 年克林顿-莱温斯基丑闻的第一个爆料者。到 2002 年，他的网站访问量已达到 10 亿。

在 2004 年选举日（2004 年 11 月 2 日），很多博客全天发布票站调查数字，错误地预测约翰·克里将轻松获胜。"很多公布票站调查数据的网站强调不完全投票数是暂时的。比如，Wonkette.com 在投票数据旁边附上了免责声明：'全部打过折扣，大打折扣。'"但是大部分网站只是公布数据，相信网站用户能准确地理解它。"很多发布投票数据的网站访问者激增，比如 Slate.com 的访问者从 11 月 1 日的 153 000 位增加到选举日的 412 000 位。Wonkette.com 从 6 000 位增加到 200 000 位。根据 Nielsen/NetRatings 的统计，《德鲁奇报告》吸引了 700 000 位访问者。"在 2008 年的竞选活动中，报道重心经常从博客转到主流媒体。哈佛大学肖伦斯特媒体中心的亚历克斯·琼说："事情首先出现在博客空间的边缘，然后成为热议话题，然后上了电视。"笼统而言，博客显示出了重要价值，但是发布早期票站投票数据成为它与传统新闻媒体的显著区别，对于传统新闻媒体来说，数据的真实性对媒体可信度至关重要。

经过这些思考和实践，美国广播电视数字新闻协会于 2010 年 4 月 12 日批准了一套社会媒体与博客指导原则。这套伦理标准的开头是这样写的："社会媒体和博客是新闻的重要元素。它们缩短了记者和公众的距离。它们鼓励活跃的、直接的、激烈的讨论。它们可以成为重要的新闻采集和传播工具。"RTDNA 的伦理委员会作为一个媒体职业人士协会，在拟定这些指导原则时特别关注了网络新闻。因此，主要原则是这样表述的："作为记者，如同使用广播媒体一样，你在使用社会媒体和所有电子新闻平台时，应该坚持同样的职业和伦理标准，包括公平、准确、真实、透明和独立。"◆

在考虑这套原则和其他有关博客与政治的案例时，我们可以问这样一个问题：博客道德规范应该包括哪些伦理原则？为了便于讨论，我们假设库恩和 RTDNA 都是正确的，这个规范是可信的也是可行的。库恩认为，博客道德规范的两个主要原则是真实和人类尊严，这对不对？"事实真相"对博主来说意味着讲真话，永不故意欺骗，所有消息来源注明链接，不删除博文，鼓励评论和反馈以保持你的信息效力。在一种倾向于匿名、缺乏可靠性的技术中，促进人类尊严对库恩来说特别重要。他推荐了两种主要原则（尽可能透明和重视人的因素），每一种都有三个实践方针。

简·辛格也把讲明真相作为博客伦理的一个主要原则。她发表意见说，全世界的新闻伦理都将真相作为主要标准。博主和记者关注的是同样的领域（即政治、政策和公民信息），所以对博主来说，类似的标准也是合理的。她指出，使用博客的人们认为博客非常可信，但是他们和主流媒体人士考虑真相的方式不同。博客被认为是一个没有政见且未经审查的公开信息来源，是独立的，是为那些倾向于相信自己判断的人们设计的，不接受普通信息来源的狭隘议程和限制。

博主们认为，真相并不取决于一个自主个人的决定，或者新闻组织内部或其他任何地方某个群体的决定。相反，博主们认为真相来自共享的集体知识，来自一个依赖于电子技术的意见市场……博主们的真相是集体创造的，而不是分等级创造的。如此看来，真相是讨论的结果而不是讨论的前提。

RTDNA 的指导方针也将真相和公平放在首位。RTDNA 详细描述了记者应如何使用博客：

> 从网上收集的信息应该经过证实，就像你必须在报道某件事之前确认流量扫描或者电话使用说明一样。如果你不能独立地证实重要的信息，就要说明你的消息来源；告诉公众你是如何知道的，哪些是你不能证实的。不要就此罢手，应该继续寻求证据。你不要让公众"悬而不决"，而要让公众完全了解真相。
>
> 透明也是一个重要的标准。"你不要匿名写作或者使用马甲掩盖你在新闻界的真实身份。你要对所说的内容负责。匿名评论或匿名发表博客，危及这个核心原则（即负责和透明原则）。"

一般来说，博主们容易抵触他人制定的规则。前专栏作家、现在的博主杰夫·贾维斯就是典型的一位。

> 我不接受这个想法：一个人宣称他为整个文化想到了一个道德规范。这个问题是复杂的，不是一个章程能解决的。它像人性一样复杂。

有些博主不是通过协会或商业网络组织起来的专业人士。库恩认为，这些博主可以通过个人的方式采纳他提出的道德规范，从而将规范推广开来。博主既是公民的也是记者的重要资源，如果他们积极应用和推广该道德规范，那么它的影响力和可信度将得到提高。而 RTDNA 的伦理规范将网络新闻和传统新闻融合，印刷和广播时代的新闻价值在博客时代同样适用。

案例

第 12 版上的妓女

辛迪·赫比格曾经是一个少年模特。她是蒙大拿州米苏拉市一个显赫家庭的独生女，在上高中时获得了一项哈佛大学拉德克里夫学院的奖学金，1979 年 1 月 17 日在华盛顿哥伦比亚特区的商业区被杀害。

《米苏拉人》（一份发行量为 3.2 万份的日报）第二天在头版就辛迪遇害事件进行了报道——《社区的悲剧，家人的不幸》。当地的第一份讣告中并没有描述辛迪在华盛顿的龌龊生活细节。事实上，如果不是《华盛顿邮报》主动联系《米苏拉人》，该报总编辑罗恩·德克特就根本不知道这些细节。《华盛顿邮报》要将这个故事扩编：前途无限、才华横溢的少女变身妓女，大概是在招徕嫖客时被刺街头。

辛迪从天才音乐者沦为街头妓女，首先是常青藤盟校竞争压力和大城市人情淡薄造成的尴尬后果。1976年感恩节，她离开学校回到米苏拉，但是很快变得对生活不满，也未能找到喜欢的工作。六个月后，她在米苏拉的酒吧里遇到了一个皮条客，和他一起到了华盛顿西北区第15街和K街的肮脏世界。警察知道这个皮条客，尽管他从未被捕过。1977年12月，辛迪因为引诱嫖娼被判有罪。

1979年1月22日星期一，辛迪葬礼那天，一个《华盛顿邮报》记者打电话给《米苏拉人》，打探已经出版的讣告信息，这个时候，所有这些情况都变得明了。为了回报《米苏拉人》的帮助，《华盛顿邮报》记者同意在星期二晚上通过电话讲述他所知道的故事。

辛迪的父母，哈尔和洛伊丝，在周一晚上《华盛顿邮报》记者电话联系他们时，首先察觉出记者的意图。隐私被侵犯，女儿的问题被公开，他们对此感到震惊。他们的朋友、米苏拉的律师杰克·马德同意帮忙阻止这个报道。星期二早上，马德打电话给《华盛顿邮报》要求撤掉这篇报道。马德表示这个家庭经历了足够多的痛苦，进一步公开报道会威胁到辛迪父母的身体健康，至少这篇报道应该更温和一些，但是《华盛顿邮报》拒绝了。

与此同时，马德得知《米苏拉人》计划在周三早报版刊登这篇报道。马德恳求德克特，甚至暗示如果刊登这篇报道将导致有人自杀。德克特告诉马德，要等到当晚《华盛顿邮报》电话讲述这个故事，才能决定是否印刷。德克特自己也希望《华盛顿邮报》撤掉这篇报道。然而，在大约晚上21时得知这个故事时，他失望了。《华盛顿邮报》的文章这样写道："在21年的人生中，辛迪·赫比格在蒙大拿的高中获得荣誉和赞扬，熟练掌握了大提琴，获得去拉德克里夫学院的奖学金，最终来到华盛顿做50美元一次的妓女。"

这个报道的其他部分也让德克特感到不安。比如，第五段写道："赫比格曾经十分自然地谈论她的工作，在最近一个派对上她对一个熟人说：'我是妓女。'"报道用了19个段落描述辛迪的音乐天赋和谦逊，然后突然转向她的另类生活细节。《华盛顿邮报》实地采访了辛迪工作点附近的妓女，并在第20段总结了她们的评论：

> 很多女人……把她描述成一个聪明年轻的女人，衣着"保守"，对待顾客"非常亲切"。"她的收费标准是市价50美元。"她们说。一位认识辛迪的警官回忆说，当他对辛迪说"她不像是那种在街头工作的女人时"，辛迪对此咯咯一笑。

终于，德克特读到了最后一段，该段引用了辛迪一句冷漠的话。根据一位没有透露姓名的男性熟人的回忆，辛迪说："你看到了吧，你还不相信我在街头揽客，现在你知道了，我就是一个妓女。"

德克特读完这篇报道，明白他的报纸一定要刊登它，因为它具有新闻价值。毕竟，辛迪的死在米苏拉仍然是一个谜。德克特还相信，她的故事可以成为对其他米苏拉青年的警告。在酒吧招募她的皮条客毫无疑问仍然在干这个勾当，还有成千上万个跟他一样的人。也许辛迪的故事能够防止类似的悲剧发生。最后，德克特知道这个故事肯定能通过《华盛顿邮报》和《洛杉矶时报》等大报在全国和当地传播开来；如果他什么也不报道，他所在的社区就会质问他是不是经常压制有关其他信息的报道，以及这样做的理由是什么。

在从事新闻行业的11年中，德克特从来没有如此为难过。当地居民肯定要抗议，在一个三万人的小镇上，不难找到辛迪的很多朋友。他决定在第12版刊登一个改编过的

《华盛顿邮报》故事，该版面还刊登了其他的当地新闻。原标题（《一个有前途人生的意外，毁灭性的转向》）被放弃，取而代之的是一个更合理的标题：《朋友说：辛迪·赫比格"不该逝去"》。德克特还删掉了原文第五段，增加了四个原创段落，记录了对华盛顿侦探的电话采访，删除了关于辛迪"咯咯一笑"的报道，还删掉了原文的最后一段，包括那个"我是妓女"的自夸。最后，德克特把对一个小细节的最佳爆料放在了故事的结尾。《华盛顿邮报》曾经注意到，辛迪保存着"一个记录常客联系方式的笔记本，里面是一些她认为可以信任的男人"。在德克特的版本中，华盛顿警方表示辛迪的"常客笔记本"是"一个用来躲避危险的工具"。

德克特在周二晚23时打电话给马德说，他们要刊登这个报道。马德请求延缓，以便他帮助辛迪的家人做好准备。

最后，辛迪的家人和大部分米苏拉人对这个隐私侵犯事件感到震惊。商家撤走了广告，米苏拉的律师事务所拒绝为报社服务。一个广告商以联合抵制相威胁，尽管没有付诸行动。在两周里报社收到150多封信，大部分信件对此表示愤怒。"《米苏拉人》再次向公众表明一份庸俗小报能是什么样，实际是什么样的。"一位读者写道，"不管这个故事是真实的还是虚构的，它都不应该刊登在家乡的报纸上，不应该让亲戚朋友看到……《米苏拉人》，在我看来，不适合放在'小男孩'的房间。"至少有200个读者取消了他们的订阅。

然而，德克特最终的尴尬来自他自己的员工。社论版编辑萨姆·雷诺兹在辛迪故事见报两天后，写了一封信，标题是《一封个人的信》，信的开头写道："我为读到辛迪·赫比格的报道感到耻辱——为新闻职业感到耻辱，为曾经是它的一分子感到耻辱，最重要的是，为给已经足够痛苦的人增加额外的痛苦而感到耻辱。"雷诺兹回顾了读者对《米苏拉人》决定的不满，然后批判《华盛顿邮报》的报道是"明目张胆地追求感官效应——最垃圾的新闻——我的感官反应是恶心"。德克特还通过编辑由雷诺兹签名的个人专栏，减少自己受到的指责，雷诺兹对此颇为不满（虽然他并没有写出来）。

后来，撤走广告的商家重新回到了报纸，哈尔和洛伊丝被特许发表一封信作为对这个主题的封笔，《米苏拉人》的出版商承认，假如报社尊重马德推迟一天见报的请求，这个报道本来可以处理得更好一些。但是，德克特在后来的一次采访中坚持认为，假如重新度过那一天的话，他还会作出同样的决定。在报业最终期限的压力下，记者应尽最大努力获取新闻，即使是会带来伤害的新闻。◆

新闻价值是否比个人隐私更重要？这个问题饱受争议。这正是为什么德克特秉持新闻价值行事，而辛迪的朋友却怒不可遏的原因。德克特坚持功利主义原则，认为只要符合多数人利益，即便少数人遭受痛苦也在所不惜。如果运用博爱原则，我们将如何界定恰当的行为呢？博爱在这里特别适用，因为它尤其尊重人格。只有理解了深奥复杂的灵魂，才能在最深层的意义上了解内在的自我需求。

毫无疑问，博爱的人会阻止"堕落天使"类的报道，并认为这是不正当的侵犯。受害者为什么要承受一篇追求感官效果的报道的再次惩罚？德克特改编的故事只用了八个字描述米苏拉的皮条客，却大篇幅呈现了令人恐怖的细节，如尸体的编号、尺寸和地点。《华盛顿邮报》的原报道框架是有偏见的：从小城镇来到大城市和常春藤大学里的处女。所有这些都是下流无耻，追求感官刺激而且冷酷无情的，是对隐私的侵犯。尽管德克特并没有做违法的事，但他愿意追随《华盛顿邮报》的报道时间和报道框架，这也是不负责任的。

然而，另外一个极端——不予报道，也是不负责任的。博爱意味着《米苏拉人》有社会责任推动公民的同情，调查米苏拉的皮条客和当事警察，然后花费更多必要的时间完成一个地区性报道。这个案例具有公共维度；它不仅仅是一个悲剧的无辜受害者的问题。一篇有同情心的报道，要让读者关注社区酒吧里令人讨厌的皮条客问题，要为警方有效履行职责提供公共讨论空间。在扩展背景时，可以提到辛迪的姓名，但前提是这样做与酒吧皮条客问题有实质性关系，而且辛迪的家人相信这样的报道有助于减轻痛苦。但是，实际刊登的报道完全没有做到这些。

基于博爱视角的观点可以归为一句话：保护隐私是一种道德的善。能够掌控我们自己的信息是人格的根本。隐私是维持独特自我意识的前提，但也不是绝对的，因为我们是有社会责任和政治责任的文化存在。同样，因为我们是个体存在，所以我们需要隐私；因为我们是社会存在，所以我们也需要彼此的公开信息。因为我们是个体性的，所以消灭隐私就消灭了我们所理解的人类存在；因为我们是社会性的，所以把隐私提升到绝对高度同样会使人类社会不复存在。

案例

尸体的照片

7月28日星期日，约翰·哈特是贝克尔斯菲市《加利福尼亚人》唯一一个值班的摄影师。在完成一些日常工作后，他在警方广播上听到在贝克尔斯菲市东北25英里处的一个湖泊里发生了溺水事故。当他到现场时，潜水员们还在寻找5岁的爱德华·罗梅罗的遗体，他是在和兄弟们一起游泳时溺水身亡的。

潜水员们终于找到了他的遗体，警长隔离了围观者，家人和官员聚集在打开的尸体袋子前。电视台没有拍摄这个场面，但是哈特蹲到警长的胳膊下，用他的自动对焦相机连拍了八张照片。

《加利福尼亚人》有一个原则是不拍摄尸体。周日晚上，总编辑罗伯特·本特利被请到报社老板办公室，决定是否刊登这些照片。本特利的结论是：这张照片将提醒读者在孩子游泳时要小心，他同意刊登。周一，哈特通过美联社网络传送了照片，之前他"和一个编辑争论了20分钟，那个编辑对这张照片很生气……并且指责哈特这样做是为了追求荣誉和美联社的奖项"。

读者通过400个电话、500封信和80个取消订阅的要求对这份有80 000份发行量的日报进行了指责。《加利福尼亚人》甚至受到炸弹威胁，嫌疑人要求报社人员在90分钟内撤出大楼。

社会反应如此强烈，这让本特利感到不安。他传阅了一份新闻编辑室备忘录，承认"犯了一个严重的判断错误……我们犯了错误——这次显然是个大错误"。他认为，他们最重要的教训是"读者——和前读者——所说的，不仅在当地，而且在全国都是完全正确的：新闻媒体与受众严重脱节了"。

对于摄影师约翰·哈特的举动，本特利反思道："他让我和很多我的同事失望。"《瓦拉瓦拉联盟公报》社论版编辑埃德·克兰丹尼埃勒也没有对刊登照片表示歉意，尽管他们没有透露照片的背景。他争论说："首先，任何报纸第一位的义务都是报道新闻，生活的残酷事实之一就是这个世界充满了悲惨时刻和快乐时刻…… 其次，我们相信照片比一万字篇幅的信息更能促进水域安全。"

后来，本特利让哈特的照片参加普利策奖评选。他解释说："我觉得这并不存在矛盾，我认为照片本不应该刊登……但是普利策奖奖励的是优秀新闻和技术，它不需要读者的认可。"◆

资料来源：*The Bakersfield Californian*，July 29，1985，1. Photo by John Harte. Reprinted by permission.

《普罗维登斯快报》的执行主管迈克尔·J·奥格登指责照片利用了人类的悲伤：

> 我可以理解刊登一张交通事故的照片作为实物教训。但我不能理解的是，刊登哭泣的妻子、母亲和孩子…… 展示一位刚刚在火灾中失去孩子的母亲，能有什么价值？这能对纵火犯产生遏制效果吗？我可以肯定，那些毫不犹豫刊登这样照片的人们会虚伪地引用查尔斯·达纳的名言来找到借口："上帝允许发生的，我不会太高傲而不刊登。"这是我能想象到的为迎合低级趣味的最美口号。

但是，像奥格登这样的编辑凤毛麟角。每天在报纸和电视上，照片和视频都强调悲痛和悲剧。虽然哈特的照片没有获得普利策奖，但是专业奖项经常青睐一些恐怖的图片，不管它们是否在迎合低级趣味。

人们通常强调新闻价值，为这种照片辩护——孩子刚被车碾过的伤心父亲，看到年少的哥哥被警察枪杀而惊呆的八岁男孩，桥上要自杀的人——所有悲惨的场景传达的都是人类悲剧，也因此被当作新闻。摄影记者通过头脑能够支配的方式总结一个新闻事件，捕捉"意义丰富的图像，因为这些图像能够唤起主体的所有情感"。哈特在这里的行为是英勇的、专业的，他履行了记者的日常任务——包括让人不愉快的那些事情。从摄影师的角度，捕捉有新闻价值的瞬间是一项重要的自我修养。摄影师受到的训练是不要恐慌，要展示事件表露出的真相。他们被训练成视觉历史学家，而不是赤脚医生或者家庭律师。

然而，如何才能宽恕在贝克尔斯菲溺水事件中摄影记者的行为？现场负责人努力阻止他进入，可是，他应该被准许，权威的判断并不总是正确的。照片的支持者通常援用警钟理论，声称照片可以让其他家长更有安全意识。然而，这种强调结果的功利主义原则缺乏事实基础。或许，本案中的摄影记者，打着新闻报道的名义，实际是受到机会主义原则职业价值观的影响，通过迎合人类的病态兴趣达到增加发行量的目的。

没有一个包罗万象的目标能够改善对隐私的直接侵犯和对这些悲剧受害者的麻木不仁。在所有的司法实践中，只要报道公众关切的事件，就不会涉及侵犯隐私权的法律问题。但是，摄影师应该考虑一个道德原则，痛苦的人们可以成为新闻事件的一部分，但是他们有权保有个人尊严，获得他人尊重。

　　摄影新闻是判断人性和非人性的极其重要的窗口。在达到这个目标的过程中，伦理冲突往往发生在对真实视觉信息的需求和对个人隐私的尊重之间。《芝加哥论坛报》的鲍伯·格林把哈特的照片称为"色情图片"，这并不十分夸张。"由于他们无法控制的新闻因素，"他写道，"在人生最悲惨的时候，罗梅罗们❶出现在全国人民面前。"哥哥不愿仔细观看弟弟而表现出极度恐惧，但这一场景却被无情地播放给观众看，而观众无权参与这个痛苦的家庭所遭受的灾难事件。甚至那些可以接受照片的人们也对照片的背景感到不安：《加利福尼亚人》将照片刊登在一个有关邪教杀害儿童的标题旁边。

---

❶ 可能是指乔治·A·罗梅罗，他是美国著名的恐怖片导演。——译者注

新闻伦理问题的核心

想一想古老的充满智慧的谚语:"授人以鱼,受益一日;授人以渔,受益一生。"本书正是秉承这一谚语的训导。我们讨论了案例、理论和新闻中的五个主要问题,目的是要教会你自己定义和形成伦理。积极的伦理学者知道如何捕鱼,而不是等肚子饿了才去教科书的食堂里吃鱼。

形成伦理,意味着得出合理的结论,意味着仔细走完过程中的所有步骤,每次都做出最好的决定。有可信性的伦理学者不依赖直觉,不轻易作出判断,不谴责不耻行为。他们收集事实证据,明确相关的重要价值标准,选择最合适的原则,决定谁更应该得到支持,然后作出经得起考验的决定。不管你过去有没有经历过本书第一部分所列举的案例,将来会不会经历类似的案例,你都应该了解这些可以算作道德问题的问题,以及如何处理它们。当新闻编辑室和公众讨论真理、社会正义、利益冲突,以及隐私权的时候,一个伦理学者应该能够提供明智的意见。

假如你要终生践行媒介伦理,那么什么是最重要的?作为职业新闻人,或者作为公民,什么品质是不可或缺的?跟踪新闻是至关重要的,也就是说,要信息灵通,而不是与套话或谣言为伍。了解理论是重要的。对,这都没什么问题。但是,关键是道德辨别、洞见、智慧。通过它们看到问题的本质。道德辨别的标准定义是,弄明白哪些行为促进人价值的实现。这不仅需要组织事实的能力,更需要评估、评价和区分的智慧。我们不仅要更努力地工作,还要变得更聪明。处理伦理问题也需要这样:有道德辨别力的人们能发现问题,正确权衡问题,并找到合适的解决方案。终生从事伦理工作,需要道德辨别。

道德辨别并不是说,你看到社会到处都是不道德,从而义愤填膺、谴责鞭挞。那是暴躁的道德家。道德辨别并不意味着忽视新闻的政治经济方面而只谈政府和商界的卑鄙无耻。辨别是解剖刀,而不是大锤;它是锋利尖锐的工具,而不是大头棒。它呼吁合适的惩罚,而不是将新闻行业消灭,或者拒绝整个社会秩序。

如果说道德辨别力是成为伦理学者的必要条件,那么它从何而来?如何在整个人生和事业中保持它?亚里士多德回答了这个问题:习惯使然。经常敲鼓的人才能成为成功的鼓手。年复一年的锻炼和正确饮食——而不是一次性的行为——才能保持身体健康。同样,美德需要每日践行。在孔子看来,只有践行平衡与和谐,我们的品格才能圆满。当我们学习一般意义的道德,观察他人的道德洞见时,就是在培养道德辨别力。本书的伦理理论家们一致认为,我们是道德存在,人类拥有道德维度。当践行这种天生的人类能力时,道德辨别力便产生了。

这是一部学术性著作,它教授道德推理理论,讲解智力使用程序,陈述事实。但是,这还没有到达问题的核心。本书试图从更深层面上理解新闻中的案例和困境。道德辨别是最终目的,你的良心若是感到了不安,那就证明你的道德辨别力正在生成。

媒体的良心

广告说服力

第五章　日常生活的商业化
第六章　形象文化中的广告
第七章　媒体是商业性的
第八章　广告业的职业文化

2010年2月7日（周日）举行了第44届超级碗大赛——美国橄榄球超级碗大赛。1.065亿观众全神贯注地观看了这场新奥尔良圣徒队与印第安纳小马队的对决。这是"史上最受关注的电视节目"。此前，这项纪录一直被电视剧《野战医院》的最后一季保持——25年前，1.06亿观众观看了此剧。美国哥伦比亚广播公司的总裁为之振奋，他得意地说："那些认为广播电视节目正在没落的人们不可否认，1.06亿观众观看了这个节目，这是绝无仅有的。"尽管他们说，我们正处于"后电视时代"。

在"30秒商业广告片几乎消亡"的年代，却有34个品牌及机构（包括美国统计局在内）为每一条30秒的商业广告平均支付270万美元，并认为这是一笔合算的生意。这些品牌及机构购买了67条总共36分钟的广告。麦肯世界集团执行副总裁和战略规划部门的主管称："超级碗大赛之所以备受关注，不仅是因为信息的相关性，更多的是因为娱乐性。市场营销部门并不是在销售商品，而是为了提高品牌知名度。"另一位广告商也同意这个观点："这与超级碗广告本身根本没有关系，但它是最合算的线上活动。"

大量网站发起了评选最热商业广告的实时投票，投票结果各不相同。然而，在各家网站的评选中都名列前茅的是士力架的广告，主演是88岁的女演员贝蒂·怀特和男演员阿贝·维高达——他最著名的角色大概是在《教父》中扮演的萨尔·泰西奥。怀特在超级碗广告中的表演大获成功，之后大概有50万Facebook用户请求怀特主持《周六夜现场》。2010年5月8日，怀特主持了这个节目，并且获得了一年多以来这个节目最高的收视率。2010年秋天，怀特与他人合演了情景喜剧《魅力克利夫兰》。这就是美国的名人文化。

那些超级碗广告的效果怎样？广告机构首席执行官琳达·卡普兰·塞耶指出，广告商们不是通过真正的制冷饮水机，而是通过他们制造的"电子制冷饮水机❶来评估广告的效果"。在这场比赛开始之前，《今日美国》的一位作家写道：

超级碗大赛将会成为每个人衡量他们的花费是否物有所值的地方。广告商们将会统计Twitter的点击率。他们将会统计访问他们Facebook主页的人数。他们将会统计品牌的点击率，他们将会在线衡量品牌知名度——贴出一个滚动标签来显示他们的公司或者其超级碗广告被提及的次数。

在针对Twitter用户的两项独立调查中，拥有两条广告的多力多滋品牌胜出。Nielsen Buzz Metrics公司❷发现其中一条多力多滋广告在赛中及赛后都最受关注。《广告时代》的一位作者对这个结果进行了反思，他在一篇专栏文章的开头警告读者："警惕！美国广告业！高度警惕！"为何这样说呢？因为两条胜出的广告都是由消费者制作的。这些消费者是在由菲多利（百事

❶如果一个节目播出后引发观众讨论，则产生了water cooler效果，这里可能是双关修辞，喻指网络上人们对该产品的讨论。——译者注
❷市场调查公司NC尼尔森的姐妹公司，Buss Metrics是该公司的网络口碑测评工具。——译者注

公司）资助的"Doritos Crash the Super Bowl"大赛❶中胜出的。还有一些事情值得我们反省：根据《广告时代》的报道，超级碗广告的创意总监"全是白人"。多力多滋广告的制作人乔埃勒·德·海茵斯则是众多超级碗广告中唯一一位少数族裔创意总监。记住，他只是一位消费者。

如果你碰巧错过了直播，怎么办呢？不要担心，你可以在网络、手机或者其他手持移动终端上看到这些广告。而且，谁知道呢，也许他们仍然可以继续统计点击率。

但是，超级碗并不是典型的网络事件，而只是一场橄榄球和广告的盛事。让我们来思考一下这个事件，看看我们能从中学到关于广告的哪些知识。首先，我们必须承认，广告在美国乃至全世界都是一种经济力量。2010年美国在广告方面的总支出达到1 330亿。这个支出总额足以证明广告作为战略营销工具的价值。

在商业—传媒关于回归投资、指标、广告效果测试的讨论中，我们很容易忽略广告作为一种市场工具的作用。丹尼尔·波普在一本关于现代美国广告业发展的书中指出，由于广告在市场策略中起着很大的作用，消费者只得自愿接受这种自利说服，广告内容代替了更为客观的产品信息。换言之，为了充当商业工具，广告不得不融入社会文化，不得不充当社会传播媒介。纵观这场超级碗大赛，有商业知名度的实时投票，有比赛前后广告的点击率，有播客和消费者拍摄的广告，当然还有超级碗聚会——人们聚集在一起观看比赛和广告。毫无疑问，广告是我们文化的一部分，是我们日常生活的一部分。

一些当代学者坚定地认为广告提供了有效信息，并影响了消费者的选择。他们意识到广告在社会传播中的重要作用。里克·伯雷认为广告无意识地影响了社会，他把这种影响称为"社会的副产品——劝导消费者去购买产品"。加拿大学者赖斯、克兰、贾利和博特里尔提出：

> 广告不仅仅是一种为了将商品从货架上移走的商业支出，更是现代文化中不可或缺的一部分。广告对于现代社会的意义，最不重要的一方面就在于它对特定消费选择的影响——选购某个商品是明智还是不明智……广告传达产品特性的细节，这只是其重要意义中一个微不足道的方面。

从这些学者的观察中，我们瞥见了道德辩论的沃土。"广告作为一种社会传播工具"，这个观点引发了最具批判性的质疑。

历史上，关于广告的争论被过分简单地归结为镜子/塑造者辩论。广告商及其拥护者将广告视为一面镜子——被动地反映社会。相反，批评者则没有那么乐观，他们将广告视为一个塑造者——一种强大的具有选择性的社会价值观增强剂。那么，你也许会问："广告到底是哪一个呢？"在20世纪二

---

❶百事旗下的薯片品牌多力多滋，从2006年开始举办"Doritos Crash the Super Bowl"广告比赛，让公众将自己设计的广告上传到参赛网站，通过网络投票结果决定胜出者。每位进入决赛的胜出者可获得2.5万美元的奖金，最终获胜者将与广告公司一同完成超级碗广告的制作。——译者注

三十年代，历史学家罗兰·马奇兰德为寻求这个问题的答案，做了一项关于广告社会性的深入研究，他得出以下结论：

> 我很遗憾地说，我没有解决这些难题。我并不能绝对证明美国人吸收了广告的价值观和思想，也不能证明消费者有权力让广告反映他们的生活。事实上，正如广告商迅速意识到的那样，人们通常并不想要广告精确地反映他们的生活，他们身边的社会关系，或者更广大的社会。他们并不想要一个真实的镜子，而是一个哈哈镜，一个可以加强某些形象的哈哈镜。即使是"哈哈镜"这个术语，也不足以展现广告对现实的扭曲。哈哈镜只是扭曲了它所反射的物体的形状，但是完整地提供了视野内的一切物体形象。然而，广告这面镜子不仅扭曲，而且具有选择性。一些社会现实几乎不会出现在广告里。

也许可以这样说，广告定义了文化，同时也被文化所定义。

在进行伦理分析时，我们有必要停下来反思广告机制所处的意识形态网络。广告的流程、业务、从业者、创作和受众都以这个意识形态网络为基础。这个网络最重要的组成部分就是以下这些现实：

● **我们生活在一个民主政治体系里**。公民参与公共生活，选举他们自己的政府官员。作为公民，我们享有基本的人权和自由，这是美国宪法第一修正案赋予我们的基本权利。媒体学者詹姆斯·W·凯里是这样阐述的：

> （第一修正案）主张政府不能规定你如何做礼拜。它主张，如果你有什么观点，你可以表达出来。如果你愿意，你可以写下来并出版。如果你想和他人谈论自己的观点，你可以集会。如果你有不满，你可以告诉政府，任何人都没有权力阻止你这么做。

> 作为公民，我们必须和平地行使这些权利并且尊重法律。那么，民主意味着自由、公正和具有选择权。

● **我们生活在一个资本主义经济体系里**。在这个体系中，没有任何强加的国家计划。相反，个人和公司有权利选择做符合其最大利益的事情。利润就是产品成本和生产者收入之间的差额。收益推动这个经济体系向前发展。因此，当我们说"那个公司只是为了钱"的时候，这个经济体系的原则就得到了认可。

● **我们生活在一种消费文化里**。这是一种专注于产品和购买产品的文化。消费既是一种具体程序（我们有无数的手段来方便购买和奖励购买），同时也是一个引导潮流的神话。在一篇名为《为什么美国将一直富有》的文章中，专栏作家戴维·布鲁克斯这样描述消费文化："富裕国家的最大特点就是人们狂热地努力工作，同时完全疯狂地填满自己的生活。因为到处都是糖果，看着你，恳求你，'品尝我，品尝我，品尝我吧'。这个国家的公民永远处于一种斗志昂扬的状态。"

● **我们生活在一种媒体文化里**。媒体和文化日益难分彼此。近来，一篇博客文章这样描述媒体文化："大众传媒完美地将其版权融入文化，以至于成为了文化本身。人们的交谈总是围绕着电视人物、品牌以及电影对白而产生。"在《物质女孩：

女性文化主义的解析》一书中，苏珊娜·沃尔特斯认同这个观点：

> 无论如何，可以肯定的是，我们不可能将媒体排除在社会之外，也不可能把媒体看作无关紧要的附庸。你可以这样说，媒体已经融入大部分美国人（确实是大部分人）的日常生活之中，构成了我们在后现代世界生活的一部分。

- **我们的媒体文化是以图像为基础的。** 个体积极地（有时候可能是无意识地）构建流畅的多样化图像，这些图像常常植根于消费行为之中。

图像不同于文字，它们是强大的，以意识形态为基础的。媒体学者尼尔·波斯特曼认为，我们在处理图像时，离开逻辑领域来到了美学领域。也就是说，我们要么喜欢一个图像，要么不喜欢，真实与虚假已不重要。举个例子，在一个图像中，一个年轻男子喷洒一种特别的古龙香水，然后自我满足地笑了，看起来好像有几百个衣着暴露的女人向他跑来。如果这个图像用文字表述出来（正如我所做的）——喷洒这种身体喷雾，年轻女子将会蜂拥而至——我们会捧腹而笑，然而，当我们看到一幅表达同样意思的图像时，通常会不加批判地接受。

- **技术加强并扩大了这些意识形态。** 对于广告来说，这是一种加速增长的密集的媒体形态。的确，媒体文化中充斥着商业信息。正如拉斯金和斯格尔所说，"商业文化几乎已经渗透入生活的每个角落"。这意味着，受众越来越分散，广告商的任务越来越多，越来越想要控制他们世界里的传媒报道。这使得广告商的信息越来越难得到受众的重视。与以前相比，受众更加想要逃离广告，他们想要通过技术来达到这个目的。然而，与此同时，他们也参与到了企业网站的互动活动——独立或受市场营销人员的邀请而制作广告，在社交网站上关注各种品牌，不管身处何地都在 Twitter 上以闪电般的速度表达对他人的支持或反对。

市场营销人员意识到，他们的目标受众认为信息源是不可区分的。于是，在这个已经很复杂的混合物中，他们又通过一种整合策略将广告信息与其他信息合二为一。将社会媒体（比如博客、社交网络、谷歌口碑）和结果整合在一起就构成了360度的营销网络，不管消费者在哪儿谈论一个品牌，都难逃营销的掌心。由此而论，广告的定义是不固定的。正如我们也许会问："手机上的电视还是电视吗？"我们也可以质疑："当拍成电视节目时，广告还是广告吗？""植入式广告是公关还是娱乐？"

本书第二部分会让你了解一些也许从未考虑过的伦理问题。一些章节着眼于制度层面的价值观，另一些章节则更关注实践层面。在第 5 章中，我们思考了工作和文化中固有的两个相关动态：广告/促销演说日益侵犯公共及私人空间，文化被商品化（文化从未想要被宣传为商品）。第 6 章讨论的是当广告以图像而不是文字出现时，产生了怎样的复杂问题。第 7 章对传媒体系的影响力进行了调查。这个传媒体系由广告支持、利益推动，并且日益集中在几个大集团的控制之下。第 8 章试图为广告业提供价值观和原则。伦理困境是复杂的，同时也是有趣的、有活力的，值得我们深思。

第五章

日常生活的商业化

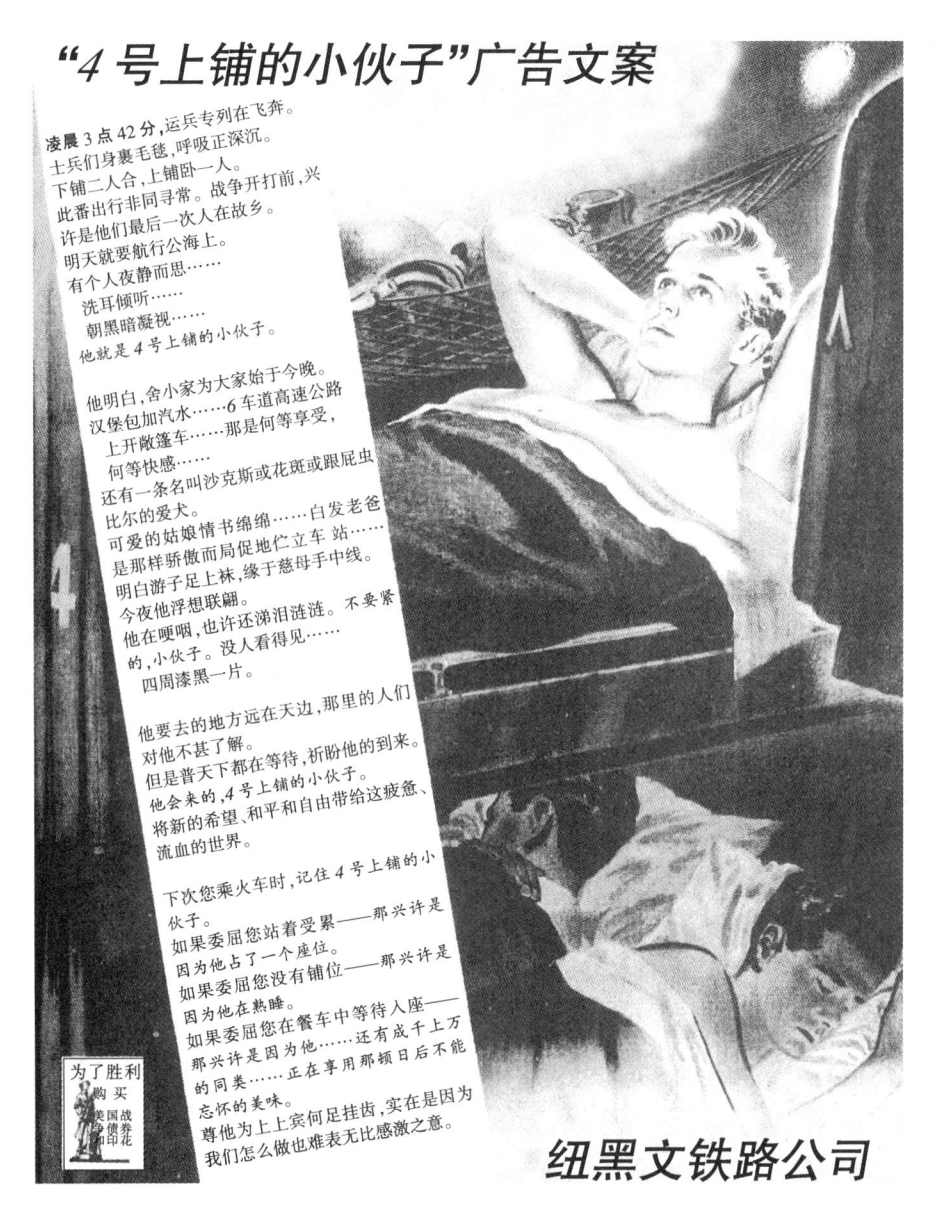

"4号上铺的小伙子"广告文案

凌晨3点42分,运兵专列在飞奔。
士兵们身裹毛毯,呼吸正深沉。
下铺二人合,上铺卧一人。
此番出行非同寻常。战争开打前,兴
许是他们最后一次人在故乡。
明天就要航行公海上。
有个人夜静而思……
　　洗耳倾听……
　　朝黑暗凝视……
他就是4号上铺的小伙子。

他明白,舍小家为大家始于今晚。
汉堡包加汽水……6车道高速公路
上开敞篷车……那是何等享受,
何等快感……
还有一条名叫沙克斯或花斑或跟屁虫
比尔的爱犬。
可爱的姑娘情书绵绵……白发老爸
是那样骄傲而局促地伫立车站。
明白游子足上袜,缘是慈母手中线。
今夜他浮想联翩。
他在哽咽,也许还涕泪涟涟。不要紧
的,小伙子。没人看得见……
四周漆黑一片。

他要去的地方远在天边,那里的人们
对他不甚了解。
但是普天下都在等待,祈盼他的到来。
他会来的,4号上铺的小伙子。
将新的希望、和平和自由带给这疲惫、
流血的世界。

下次您乘火车时,记住4号上铺的小
伙子。
如果委屈您站着受累——那兴许是
因为他占了一个座位。
如果委屈您没有铺位——那兴许是
因为他在熟睡。
如果委屈您在餐车中等待入座——
那兴许是因为他……还有成千上万
的同类……正在享用那顿日后不能
忘怀的美味。
尊他为上上宾何足挂齿,实在是因为
我们怎么做也难表无比感激之意。

为了胜利
购买
美国战争债券花印

纽黑文铁路公司

最著名的企业形象广告之一是纽黑文铁路公司1942年刊登的整版广告"4号上铺的小伙子"。

促销传播渗透并融入我们的文化环境中，打断我们正在收看的电视节目，占据我们的报纸和杂志，并且在我们上网、看电影、打游戏时突然弹出。简言之，广告已经成为我们日常生活中默认接受的一部分。……从个人层面讲，关于商品的交谈无时无刻不在悄悄靠近我们。在大多数情况下，它们吸引，挑逗，高谈阔论，引导，劝诱，并且存在于我们日常的相互交流中。现在，商品的象征属性，连同广告话语的特点、情境、意象和笑话，已经完全融入我们的文化曲目中。

在全球经济中，广告占有很重要的地位。据估计，2009年，全球广告支出大约为4 600亿美元，其中1 253亿花费在美国。作为一种不可或缺的商业工具，广告同时也是我们媒体文化的重要组成部分。大部分媒体是以商业目的为基础的。而且，相当一部分媒体内容是广告。

如今，媒体的数量正在迅速增长。技术革新加速了以数字、互动、移动为特点的新媒体发展，加速了新媒体媒介——Facebook、Twitter和人际关系网等社交网络的发展，同时也加速了传统媒体的转型。（你可以毫不过分地问，对于"新"这个词的恰当描述是多久呢——一年？六个月？）在家中或出门在外，在几乎任何我们可能会去的地方，我们都在创造、发送、接收和存储视听数据。

美其名曰的"我们的世界"从根本上在发生改变（各种边界似乎都在以惊人的速度变得模糊甚至消失）。近来，《纽约时报》一篇关于"信息成瘾"的文章称，同时收发邮件、接打电话、处理其他蜂拥而至的信息，可以改变人们的思维和行为方式，使人们的能力仅限于关注。来自马里兰大学的200名学生被要求在24小时内不接触任何媒体。其中一位学生写道："查看Facebook和邮件几乎已经成为我的第二天性，我很难控制自己不去上网。"让市场营销人员（以及其他人）感到高兴的是，科技使追踪、分类和存储我们的网络活动成为可能。当我们不假思索地点击网站时，第三方就会知道我们在察看什么信息。近来有一篇报道讨论了Facebook限制好友个数最多为5 000的事情，标题是《5 001个Facebook好友算多吗？》。商业品牌同样在Facebook拥有粉丝。Facebook自身就拥有900万粉丝，是粉丝数量最多的。星巴克、可口可乐、YouTube和迪士尼依次排在第二、三、四、五位。只要点击fanpagelist.com就可以知道商业品牌的粉丝数量排名情况。

在日渐杂乱的媒体环境中，我们同样会发现广告信息日益充斥其中。2007年，时尚杂志《时尚》的九月刊重达五磅多，共计840页，其中727页为广告。这本月刊成为《九月刊》——一部故事长片的主题。在这本月刊筹备出版的八个月时间里，这部影片跟踪拍摄了《时尚》时尚杂志的主编安娜·温特。

在黄金时段，网络电视平均的广告时间为14分钟，加上8分半钟的插播品牌形象时间（比如植入式广告），平均每小时大概有40%的时间是广告内容。那么，什么是植入式广告？广告商始终担心消费者可以而且将会避开商业广告。植入式广告远在无声电影时代就已经存在，后来因为数字视频影像机的发明而复兴。曾几何时，这种策略还只是将商品的购买和交易转移到媒体，现在它已经演变为媒体与商品一体化。通常，早在脚本开发的过程中，品牌就已经与节目融为一体了。如果你觉得公众对广告商的所作所为不感兴趣，那就让我们看看流行文化吧。在流行文化中，你会发现《广告狂人》获评皮博迪奖，同时也连续三年获评艾美奖的最佳剧情类电视剧。

一项调查美国人如何使媒体融入日常生活的研究发现，我们擅长处理多项任务（尽管效率屡遭质疑），并且沉浸在大量媒体中："每天除去睡觉时间，我们有94%的时间花费在媒体上。媒体消耗的时间多于任何日常活动。"根据交谈对象不同以及对广告的定义不同，每人每天大概接触到4 000到20 000条信息。迅速获得消费者的注意是困难的，同时也是急迫的。广告商们想要通过制作更多的广告"脱颖而出"。《广告时代》的一位作家对这件具有讽刺意味的事情作出评论："就像一只苍蝇不断地被紧闭的窗户弹开……（企业的）猎枪迅速地将商业信息射进新奇的领域，甚至来不及定义它们……"那么，最终的结果只能是更加杂乱无章。

广告商们使用蜂鸣式营销和口碑营销，"寻找意见领袖，并巧妙地推动他们向自己的朋友和仰慕者进行品牌宣传"。女孩情报机构就是这样一个营销公司。据这家公司的网站称，GIA在全美拥有四万名年龄在8~29岁的秘密雇员。她们"使用各种各样的方法——从短信到通宵派对——发展女孩客户"。游击营销技巧使用"不同寻常和不可预测的策略"——电梯按钮广告，街头散发传单，从停车计时器到电线杆上悬挂的广告横幅——使用最少的资源获取最大的注意。尽管科技使精准的市场定位和行为定位变成可能，但媒体和受众却比以往更加分散。充斥着广告信息的媒体文化，几乎保证了潜在受众对广告的接触量。然后，我们就会收到网络零售商发送的建议（鉴于某人购买了_____，我们觉得您也可能喜欢_____），我们甚至连这些建议从何而来都不知道。

社论、娱乐和广告内容之间的模糊定位形成了一个日益商业化的环境。当然，你可以反驳说，在整合营销传播的背景下，广告、公共关系和促销信息除在形式上有所不同之外，在说服意图上几乎不可辨别。评论家指出，康纳冠名的室内球场（坦帕湾魔鬼鱼队的家乡）、《M&M的品牌大全》（"倒出糖果，做好准备，预备开始，这本全书是最美味的。"），以及企业赞助的慈善活动，这些现象足以证明商业逻辑对公众和私人空间的悄然侵犯。

消费者对高度商业化感到不安、惊慌甚至愤怒，而所有这一切依然继续发生着。这在某种意义上成为一个悖论。70%的美国人认为，他们会对能帮自己远离广告的产品感兴趣。同时，广告商们发现网络对消费者的吸引力日益加强。网络提供了互动机会，邀请消费者为品牌制作广告。在2007年超级碗大赛时，消费者制作的广告第一次引起公众的注意。美国职业橄榄球联盟、菲多利公司和通用汽车制订了市场推广计划，邀请消费者制作广告，获选的广告可以在大赛期间同步播出。如今，CGA不仅是一种推广活动，同时也被广泛地用作一种策略，商家以此来建立公众对品牌推广的参与和互动，同时收集参与者的信息。

这就是我们的媒体文化。

商业环境可能因此更加错综复杂或者（用评论家的话说）更加阴险。商业环境的另一个方面就是日常生活的商品化。1989年，在纪录片《消费形象》中，比尔·莫耶斯认为，"广告"已经成为公共广播的主要方式。也就是说，商业逻辑逐渐进入到从未打算成为市场商品的制度、理念以及程序中。简单地说，我们把越来越多的东西当作商品。

无法生育的夫妇在大学报纸上刊登广告，寻找卵子捐赠，有时还会出高价寻找符合特殊要求的捐赠者，这种现象没有什么不寻常。在《纽约时报》的一则启事中，一家公司这样写道，该公司拥有各种各样的卵子捐赠资源，包括拥有高等学位的博士捐赠者，以及众多拥有特殊成就和才能的捐赠者。教育院校通常将他们的课程打包成特殊课程体系——比如，网络校园的高级管理课程，作为可交付的商品，可以在市场上获取利润。如今，政治候选人与牙膏、谷类食品，以及汽车没有什么不同，他们将自己市场化为品牌。2007年，奥巴马总统（当时是参议员）超越了苹果和美捷步（美国最大的一家网上鞋店），成为《广告时代》的年度营销冠军。

在《电视真人秀成为广告娱乐》一文中，迪瑞认定，真人秀现在似乎已经成为电视的主要节目，这打破了公众与私人空间，可视范围与对外封闭的壁垒。隐私由一个人的"真人秀"转化为商品，这是通过钱来办到的，也是为了钱而形成的。一些人提出，反企业、反商品化的激进主义运动甚至都已经成为一种商品，成为一种你"付钱就能获得成员资格"的商品，拥有这件商品可以将你与其他人区别开来。

企业精神看似不经意地却始终如一地介入我们的日常生活，以有时明显有时不那么明显的方式横扫公众领域。商业规则已经变得自然而然，甚至值得期待。结果是它在很大程度上未经检验却无人质疑。教育家和媒介批评家沙特·加利提出：

> 美国人对自由有着独特的见解。美国人似乎认为只要你不受政府的束缚，你就是自由的。他们忽略了一个事实：自由还有很多敌人。比如，企业使其管辖权扩张到我们的文化领域，并对其他异议声音进行审查。我认为，我们不仅要思考哪些是政府不能做的，还要思考哪些是其他大型机构不能做的。企业现在的所做作为垄断了传播方式和文化生产方式。

本章的四个案例分别关注了现代媒体文化中商业化的不同方面。第一个案例《那是一条广告吗？你确定？》讨论的是广告信息如何呈现，伦理问题在哪里出现。第二个案例《高端药品直销广告：处方药成为消费产品》关注的是由来已久的医患关系遭遇商业逻辑所引发的争论。在第三个案例《购物拯救世界》中，我们探讨了公益事业开展营销的复杂伦理问题。在企业社会责任的幌子下，商业逻辑进入社会福利领域的情况如何评价？第四个案例《你是怎么知道的？行为定位的伦理》通过探讨行为定位的概念和实践提醒人们不要忽略权利、责任、义务、影响等伦理问题。它讨论的是当行为定位与商业、文化融为一体时，可能引发哪些伦理问题。

案例

那是一条广告吗？你确定？

在一天结束的时候，我们需要使用电子表格、单据以及图片来记录病毒营销事件。当预算接近六七位数时，像通用电气、花旗银行等的员工不是在寻找敷着劣质面膜熬通宵的人。毫无例外，这是一种规则。

在过去，我们能马上认出哪些信息是广告。广告会出现在杂志和报纸里，会出现在电视和我们喜欢收听的电台里。现在，当我们在手机上浏览"第三屏"时，我们也会经常看到广告。在充斥着杂乱媒体的世界中，市场营销人员必定会通过越来越别出心裁的方法来吸引我们的注意。病毒营销［它有多种名称，又被称为游击营销、偷袭营销、蜂鸣营销、NBDB（以前从未尝试过的）营销、包围式营销或"非传统"营销］的目的是使消费者看到那些他们忽视的东西，创造存在于消费者日常生活环境中但又不被他们所熟悉的东西。如今，病毒营销已成为公认的营销策略，或者巧妙伪装，或者过度暴露，销售额是它的唯一目标。人们可以在书本中和网站上（比如 gmarketing.com）找到营销案例、营销指导和游击营销工具包。由于地方广告的规模相对较小，地方广告商们想要以最少的经费推销他们的产品和服务时，游击营销便会建议他们开展相对无伤大雅的活动：资助一个少年棒球队，加入公民俱乐部，或者为一个演讲者提供服务。然而，也并不是所有的游击营销都那么中规中矩。让我们来看几个实例。

非常地方的非常信息

● 联合国儿童基金会发起的"瓶装水计划"获得了拉美裔创意广告奖的金奖。这个计划力图提高公众的节水意识，筹集资金，帮助世界上的大部分人口获取足够的干净饮用水。联合国儿童基金会用塑料瓶装上污水，包装成矿泉水的样子。你可以选择不同的口味：伤寒、霍乱、痢疾和肝炎。这些污水在纽约市的大街上出售。当然，没有人喝这些水，但是很多人愿意购买，因为他们都得到了这样一个信息——只要一美元，一个孩子就可以在 40 天里安全饮用干净水。

● 喜力啤酒努力将自己包装成环保公司。它将广告牌回收制作成环保购物袋，每个广告牌制作 100 个购物袋。这些"喜力绿色购物袋"在高档精品店出售，并在时装秀时由模特们携带出场。

● 多伦多食物库在该市金融区的五个地点放置了空冰箱（冰箱门可以打开，但出于安全考虑，无法关闭），暗示很多人支付不起储存生活用品的开支。由此人们开始了秋季食物募捐。

市场营销人员喜欢游击营销的黏性，也就是说，广告在一个环境中的影响根深蒂固，并通过渗入日常生活与公众在个人层面上产生共鸣。它并不是以广告的身份黏着消费者，而是悄悄避开消费者调整好的广告雷达。

更广泛地应用游击营销

● 2002 年，索尼爱立信为它的摄影手机举办了"虚拟旅游"活动，这是迄今为止最著名的游击营销案例之一。60 位男性影视明星徘徊在西雅图和纽约街头，邀请行人用索尼爱立信摄影手机为他们拍照。这个举动在非传统营销领域引起了关于"直接性"的大量争论。罗布·沃克嘲笑道："一种文明礼貌的举动就这样沦为了品牌宣传。"

● 鉴于自己的商品经常被认为是"廉价

的"和"一次性的"，宜家家居开始证明自家产品的高质量和耐用性。在两周里，巴黎的四个地铁站配备了沙发和电灯，对宜家最新的家具设计进行宣传。

● 美国联邦贸易委员会与加拿大公平竞争局联合为肥胖者建立了一个网站"茄子吸脂"，号召"不用流汗，不用挨饿，一周内减掉十磅"。这个网站看起来是合理的，正如它所承诺的那样，你可以"尽情地吃蜜糖、巧克力、甜食……然后就可以看着体重减轻。"但当用户点击时，他们会进入到另一个页面，解释说这是条虚假广告，进而提醒人们警惕减肥诈骗。

黏性太强了？一些活动弊大于利

● 作为全食超市的共同创办人和首席执行官，约翰·麦基在雅虎财经股票论坛上使用假身份发布信息长达八年之久。他使用化名 Rahodeb——他的妻子名字 Deborah 的变体，经常地为全食超市的财务业绩欢呼，鼓吹他个人的股票收益，并痛击野燕麦有机食品超市。当时全食超市正在试图收购野燕麦超市。Rahodeb 曾经写道，野燕麦既没有价值，也没有未来。在交易中，联邦贸易委员会试图阻止这次收购，所以用文件的形式将这些帖子整理公布出来。

● 2002 年，在以赛车为主题的新视频游戏《火爆狂飙 2：死亡终点》的宣传过程中，LJN 联合公司提出将在新产品发布当天为英国境内所有的超速罚单买单。英国交通部就此提出抗议，认为 LJN 联合公司此举是在鼓励市民违反法律。

● 要讨论游击营销的弊端，就不能不提到"2007 年炸弹恐吓"事件。2007 年 3 月一个名为"干预"的游击营销公司在包括波士顿在内的十个城市放置了磁性标志，（用电子设备）来宣传特纳广播公司卡通电视网的新产品——《饮料杯历险记》。然而，波士顿的市民误以为这些标志指示的是恐怖装置，因而引发了持续的炸弹恐慌，并导致查尔斯河部分河道和桥梁的关闭。特纳广播公司为这次市场宣传向波士顿当局支付了 200 万美元的赔偿。◆

游击营销策略是一个有趣的伦理领域。一方面，我们看到，私人企业倾尽其创造力，通过独创性的工作来吸引潜在消费者，并向他们销售商品。另一方面，我们也看到了一些欺诈的、扰民的、无礼的营销活动。有时候，相对较小的公司在商业利益的驱使下，会试图采用游击营销策略与营销巨头（比如一些大公司）竞争，然而，特纳广播公司和索尼公司——不论根据什么标准都是营销巨头——显然也采用了游击营销。在如今的电子世界，一段游击营销的视频可以快速上传到 YouTube 上，不管怎样，只需几分钟就能被全世界看到。

当然，你可以反驳，如果这些活动真的侵犯了个人利益，那么市场营销人员将会受到惩罚，也达不到他们的销售目标。但是，游击营销网站和时事通讯上到处都是成功案例。尽管索尼公司的策略让人有些不舒服，但是拍照手机在这些城市的销售量比其他地区真真实实地高出了 54%。在任何一个案例中，销售者从市场（销售额）的反馈中收到的信号是，他们必须依赖熟悉舒适的功利主义土壤，做一些正确的事情。

然而，有时市场上的投票数并不能反映全部事实。让我们来看一下《饮料杯历险记》事件。当谈到这次灾难时，没人能够建议或称赞什么。但是对于很多想要挑战营销极限的市场营销人员来说，它的确是一个警告。

在"9·11"之后，在桥梁下面悬挂电子设备显然不合适了。然而，《波士顿环球报》的一位专栏作家指出这一事件的讽刺性——在竞争激烈的营销世界，这个事件最初看上去好像是灾难，实际上却变成一定程度的成功。他写道："突然之间，一个关于会说话的薯条盒的无名卡通片成为全国各地谈论的话题。"的确，卡通电视网的收视率因此而大幅上升。

主导这次游击营销的干预公司似乎只是依照自身利益和客户利益行事，却从未考虑公共利益。创造力是广告行业成功的标志，它正是利用这次机会来展示它的创造力。显然，目标受众很容易认可这些电子装置。他们认为市政府、消防人员和警察反应过度了。他们还发现，晚间新闻花费了更多的时间来介绍成人动画频道，而不是报道这个事件。

这个公司利用公共桥梁和立交桥做自己的广告牌，必然引发有关社会责任的争论。忽略制造这些设备的轻率，忽略对公共安全的威胁，忽略市政府官员和急救者的时间和精力（难道我们应该忽略这些吗？）我们现在只问一个问题：成千上万的人们几乎没有选择地看到一条信息，这条信息可能会引起他们的兴趣，也可能不会；并且，这条信息并不以他们中的大多数为目标，也并不想要他们能够理解。在这种情况下，"为最多的人谋求最大的幸福"的目标能够实现吗？

我们通过讨论以上的案例了解到，只要敢于想象，游击营销可以采用任何可能的策略。当然，至少从表面上看，很多活动都是无害的，甚至是有社会责任感的——谁能够对资助一个少年棒球队的广告商提出质疑呢？然而，即使在最有益的情况下，我们也遇到了关于方法和目的的经典问题。可以这样说，无论是加入公民俱乐部、发表公共演讲还是资助少年棒球队，唯一目的就是最终获取市场利益。也可以这样说，个人利益最终导致公共利益的实现，这个推理与市场经济体制的基本主题一致。

与此同时，当人们看到全食超市首席执行官使用假身份在互联网上开展对竞争对手的攻击，LJN联合公司提出为超速罚单买单，特纳广播公司在桥下设置电子标志时，即使最宽容的人也会说："这些营销活动离我越远越好！"

那么，伦理反击的阵地在哪儿呢？法律法规将会导致康德绝对主义，但是神圣的市场驱动力——利己主义和利润动机——又会明显地阻碍合理的商业策略。要实现社会责任，可能要寻求亚里士多德的中间之道，避免过度或者不及。

有一件事是可以确定的。在日益商业化的文化中，我们将会看到更多的营销活动，不仅包括传统的广告，也包括更具创意的营销策略。这将带来什么样的后果呢？传播学家斯图尔特·伊文警告说：

> 这些（游击营销策略）添加到我们生活中的主要后果是不信任感的增强和与周围人的疏远。任何人际互动，任何使用的产品以及任何表达的意见都有可能是一种商业事件，以诱使我们在指定方面购买、思考或者表现。这种质疑引起了我们对周围人的不信任和疏远。

经过再三考虑，"游击营销"这个名字似乎十分贴切。这个形容词的传统定义是

"突然袭击"策略——这个军事用语在伊拉克战争中恶名昭彰。当然,相比较而言,游击营销作为商业用语是褒义的。人们对某种商品可能兴致勃勃也可能不屑一顾,但是他们与商品销售部门的关系极有可能被游击营销改变。游击营销给已经高度商业化的社会文化抹上了更浓重的商业色彩。

案例

高端药品直销广告:处方药成为消费产品

我们应该回顾一下止痛药万络事件,了解高端药品直销广告(制药用语)的危害。

亲爱的国会议员:我们应当禁止高端药品的直销广告。这些广告既没有教育意义,也不能促进公共卫生事业。它们增加了药品费用和不必要的处方药的数量。对于纳税人而言,这是昂贵的;对于患者而言,这是有害的甚至是致命的。

我们担心的是,高端药品直销广告会对真实、准确、有用的信息的交流产生不正当的、不可预期的影响。而这些信息涉及医疗从业者的利益和患者的风险。这种影响可能会对公共卫生事业不利。

这些评论分别来自一位反对高端药品直销广告的联邦参议员、一个消费者权益保护组织和一位药品研究和生产商协会的官员。这些评论反映了人们对高端药品直销广告的广泛争论。事实上,自从1997年美国食品和药品管理局解除对高端药品直销广告的禁令以来,高端药品直销广告一直饱受争议。2004年的万络事件之后,围绕这个话题的公共讨论在广度和强度上逐步升高。当年,制药业巨头默克公司从市场上回收了广泛宣传的拳头产品——万络止痛药,因为研究证明,服用这种药品会大大增加心脏病发作和中风的几率。辉瑞公司的西乐葆止痛药——与万络一样,是环氧化酶抑制剂——仍然在市场上销售。2005年,辉瑞公司停止了对该药品的宣传(两年之后恢复)。愤怒的公众推动了对默克公司的起诉,他们严厉批评了美国食品和药品管理局,呼吁FDA限制高端药品直销广告(特别是针对新药品),加强了人们对药品安全事件的关注。

2007年法案最终通过,广告和媒体行业认为这是一个重大胜利。该法案授权食品和药品管理局对误导性的高端药品直销广告进行处罚,增加FDA内审查广告的人数,但是该法案并不包括之前参众两院提出的最严厉限制:在两到三年内禁止宣传新药品,新药品须加特殊标识,并标明警告——可能会产生未被发现的副作用。

《时代》杂志的一条标题问道:"高端药品直销广告注定要失败了吗?"然而,在1997年到2009年,高端药品直销广告支出的增长率超过了300%,达到了45亿。有证据表明,高端药品直销广告使用的媒介渠道发生了变化,越来越多的广告从电视和杂志转移到有线电视和网络。2009年,辉瑞公司成为最大的医药广告商,广告支出达到11亿美元。美国和新西兰是当前世界上仅有的两个允许高端药品直销广告的国家,尽管欧洲和加拿大也正在极力游说各自的政府推翻禁令。

让我们来总结一下拥护者和反对者的观点。支持者出于以下几个原因支持高端药品直销广告：

● 它帮助消费者了解常见但严峻的疾病——高血压、糖尿病、高胆固醇、抑郁症，这些疾病往往不容易确诊，人们没有正确积极地对待。提升公众意识有助于敦促患者向医生寻求帮助。

● 它有助于阻止患者使用不当药物治疗慢性疾病。

● 患者将更多地参与自身的医疗保健中。广告经常鼓励他们向医生、网站、医务室获取更多信息。《药品周报》发表的一项研究表明，消费者看到一条高端药品直销广告后的第一反应是获取详细信息，而不是急于向医生寻求处方。

● 医药行业从处方药中获利。如果可以通过获得正确的处方来满足自己的健康需求，那么上百万的美国人将会更加长寿。

反对者的理由有：

● 广告的说服意图过于强烈，因此它并不适合执行教育功能。研究表明，高端药品直销广告倾向于包含更多的情绪性内容而不是知识性内容，越来越依赖图像，很少提及生活方式的改变可以替代药物。

● 消费者不理解医学术语，容易被迷惑进而相信一些不重要的改变是所谓的重大医学突破，对药物作用产生不切实际的期望。

● 高端药品直销广告增加了消费者的焦虑，使他们倾向于自我诊断并向医生寻求特定药物。相关人员曾在半年时间里向曾经被患者要求开出特定处方品牌的医生做了一项调查。调查显示，医生对于患者要求的处方药，接受和拒绝各占一半。调查结果同时提出，高端药品直销广告会在某种程度上导致处方药品的滥用。

毋庸置疑的是，尽管有迹象表明媒介渠道将会发生改变，但越来越多的高端药品直销广告还是会指向我们。Cegedim Dendrite对高端药品直销行业的第五次年度调查报告显示，医药公司计划增加在定向网络活动方面的支出，比如网站、搜索引擎营销、电子邮件。

FDA最近宣布了一项"恶意广告"计划，鼓励医生举报违反法规的广告和推销手段。这个计划在医药行业并没有引发太大兴趣。《广告时代》的一篇文章指出，消费者更有兴趣听从其他消费者的建议，而不是听从那些代表商业利益的人。他们建立了网上社区，分享疾病信息，提供并支持稀有处方药品。很显然，医药营销的动力处于不断变化之中，当消费者的认识提高，参与更多时，这种变化更为激烈。◆

有些人认为，高端药品直销广告的繁荣是"医药公司利润动机和患者利益的成功联姻"。另外一些人认为，患者不知情地成为"医药制造商市场部的工具"。观点的不同是因消费者的理性认知不同造成的。如果我们假定，消费者不易按照广告中所描述的那样产生症状，不被高端药品直销广告中流行的那些振奋人心的图像所骗，不忽视药品可能存在的副作用，那么，追逐利润的医药公司就能与希望保持健康的消费者建立富有成效的关系。如果我们没有把消费者视为信息处理者（认真反思广告上的信息）和信息需求者（在广告的激励下向网站、医务室、医生寻求信息），就会得出截然相反的结论。

当医生和患者都支持高端药品直销广告时，这种支持似乎在很大程度上是功利主义的。其设想是，医生和患者都能得到很好的满足，患者通过随着认知和知识而来的认可而得到满足，医生因患者更加了解治疗手段而得到满足。

当医生和患者都反对高端药品直销广告时，似乎是出于两个伦理立场。根据功利主义的论断,"为最多的人谋求最大的幸福"这个目标不能通过自我医疗来实现。我们将复杂的领域改造得更简单,在很大程度上是为了满足现代广告技术的需要。根据康德的观点,在由来已久的医患关系中向医生的专业知识施压,无论如何都是错误的。作为患者,我们习惯了医药公司劝说我们去购买不需处方就可以出售的药品。然而,要想得到处方药,我们需要通过医生这个看门人,因为医生比我们更了解病情和治疗方案。

高端药品直销广告产生了意外后果,相关的伦理问题变得更为公开了。在《向消费者推销药品,处方药迅速成为消费品》一文中,阿舍·梅尔提出一个看似简单的问题:以消费为导向的广告究竟在处方药市场上占有什么地位?高端药品直销广告是一个清晰的实例,它证明了以消费为导向的市场逻辑成功介入并占领了一个从未想要应用这种逻辑的领域(确实会有一些争议)。许多人提出,高端药品直销广告有可能打破医患关系的平衡。在此,除了一般性的观察,我们还可以提出更多的问题。在英国医学期刊《柳叶刀》的一篇文章中,乔纳森·梅茨尔对欧盟考虑允许高端药品直销广告一事进行了评论。他提出,欧洲的医生和患者须对美国高端药品直销广告的经历引以为戒。梅茨尔及其他人提出了一些值得思考的问题:

● 患者按名称索要处方药以怎样的方式改变了人们在医疗机构、医学沟通以及医患互动上的传统观念?当患者总是要求得到特殊治疗时,高端药品直销广告是否已经改变了医患沟通方式?

● 高端药品直销广告以怎样的方式改变了医生对处方的理解?梅茨尔提醒我们,"医生同样也是美国文化中的一员,他们和患者一样,也是这些广告的目标受众。这个事实改变了医生对于处方药的信任和期望"。

● 高端药品直销广告以怎样的方式放大并改变了人们对疾病和健康的文化期待?

● 在一篇题为《疯狂推销:化学带来药片、承诺和美好生活》的文章中,鲁宾提出了质疑:在医药品牌商品化的过程中,医药公司在生产药品和使药品商品化的同时,是不是也在生产疾病,使疾病商品化?他写道:"原本非常普通的问题——羞怯、悲伤、紧张、萎靡甚至疑心——困扰着人们,他们在药物辅助健康的保护伞下寻求庇护。"

● 向消费者做广告的药品主要是用于治疗慢性疾病的新药品,但是值得忧虑的是:越来越多的广告推销那些关于生活方式的药物,这些药物只适用于那些能够认同并完善产品市场价值的人们。一位制药业观察员讽刺道,这些药品"有一天会使全世界摆脱脚趾甲真菌感染、肥胖、秃顶、皱纹及阳痿的困扰"。

● 一般来说,更加让人担忧的是高端药品直销广告中的图像使用。梅茨尔提出:

> 美国的电视中充满了这些画面——服用艾力达后精力充沛的男人向轮胎中扔足球,服用抗抑郁药物的女人更加胜任母亲这个角色……这些广告将处方药和一种设想联系起来——在美国社会,一个正常的男人、女人、黑人、白人、爱人、工人以及许许多多千变万化的抽象角色,究竟意味着什么?通过这样做,广告不仅在推销药品信息,同时也在推销社会环境信息,在这个社会环境里,药品获得了一些象征意义。但在有些人看来,这些象征意义与临床治疗毫无关系。

任何涉及健康的事情都是重要的、紧迫的。特别值得注意的是，2007年美国盖洛普民意调查显示，美国人对医疗保健业和制药业的形象持负面评价。在过去的四年里，这两个行业的形象得分比所有行业的平均值都要低。

高端药品直销广告背后的利润动机和它对医患关系的侵犯，似乎是它引发争议的主要原因。前FDA委员大卫·凯斯勒和道格拉斯·利维的评论指出了认知的断层线：

> 制药公司直接与患者沟通没有什么不对，但是，他们应当坚持医学的伦理标准，而不是坚持低风险消费品（如肥皂）的伦理标准。

案例

购物拯救世界

公益事业营销从未这样清晰和引人注目过。越来越多的人越来越热爱公益事业，表达这种公德心的简单方式就是通过购买商品来表示支持。简单就是关键。这也正是公益事业营销为慈善事业筹集了那么多善款的原因。对于消费者来说，这种方式比其他捐款方式更方便。

将社会责任融入商业文化并非易事。著名经济学家、哈佛商学院教授西奥多·莱维特曾说："商业的正事就是营利……营利就是美德。"企业曾经不愿将自己与公益事业联系起来，由于商业利益的存在，他们担心自己的介入似乎是在利用公益事业。然而，2010年发布的Cone品牌动机调查显示，88%的美国人认为可以接受企业通过市场营销参与公益事业，90%的消费者希望获知支持公益事业的方式。此外，消费者表示会支持那些他们认为是在公益方面优秀的企业（比如选择这些企业的品牌，或者向其他人推荐商品和服务）。

如今，公司以企业社会责任的名义采取了一系列的举措。2010年，公益事业营销支出有望达到16亿美元。科特勒和李提醒人们：企业理念正在发生改变，企业慈善从社会责任转变成了战略商业工具。实际上，2007年一项由会议研究委员会（一个商业研究机构）所做的调查发现，77%的公司表示，把捐赠与商业需求结合起来，是影响他们捐赠的最关键因素。

公益事业营销是指依赖消费者参与的企业社会行动。如今这种活动多种多样，消费者参与的程度和性质有所不同。消费者可能只需要购买那些他们定期会买的商品，销售额的一定比例会捐给公益事业。有的公司则专门生产一些商品来为慈善事业筹款，同样，其利润的一定比例会捐给公益事业。消费者还有可能通过购买一些饰物来支持公益事业——防治乳腺癌的粉红丝带、防治心脏病的红色礼服别针、耐克联合阿姆斯特朗为癌症研究所发行的强健生命手链。这些可佩戴的饰物……意味着"表示关心的可见声明"。慈善机构与企业赞助商一起为人们提供训练计划，让他们参与耐力训练，来为公益事业捐款。这种活动被称为极端的健身活动。活动参与者非常多，以至于《纽约时报》的一位作家称之为"健身的最新潮流"。通过这种参与性的体育活动，非营利机构每年都会筹得15亿善款。

正如开始讨论这个案例时格伦所提到的那样，公益事业营销十分轻松、天衣无缝地融入我们的消费文化中。人们经常建构自己的身份，述说自己的拥护和慷慨：为了一项公益事业而掏腰包；佩戴黄色手链、粉红色丝带，脚穿红色匡威帆布鞋；为了一项公益事业而散步、长跑、骑自行车。的确，公益事业营销成为我们商业和文化环境中极其重要的一部分，我们几乎无意识地参与其中。

格伦继续声明道："很快，市场营销人员将会丢掉'公益事业'这个前缀，把激起消费者公德心的活动界定为简单的营销活动——不值得注意也不值得评论。"不过，这些公益事业营销活动真的"不值得注意也不值得评论"吗？◆

利用营销手段促进公益事业，让人们对企业慈善和社会参与的性质提出了质疑。当然，企业积极利用它的资金在地方、全国或者全世界做一些有意义的事，这是值得赞扬的。如果没有企业参加社会活动，非营利性机构倡导的一些活动——从教育、艺术到环境、医疗和社会福利——都很难开展下去。实际上，与更传统的、依靠拨款的筹款方式相比，企业与非营利机构的长期合作关系使非营利机构能够长期从事慈善事业。因此，从实用角度来看，我们可以说服自己，任何一种慈善都是道德的，因为它们都服务于公民的最大利益。

难道企业参与公益事业营销的动机中完全没有道德因素吗？难道"战略性捐赠"不是纯粹利他主义和经济收益之间的平衡吗？

让我们回到最初提到的西奥多·莱维特的逻辑。当然，莱维特和著名经济学家米尔顿·弗里德曼在数十年前所提出的鲜明观点已经站不住脚了。然而，莱维特近期在一篇题为《社会责任的危险》的文章中继续坚持了自己的观点：

> ……实际上，（一个公司的）观点将会一直保持狭隘的物质主义。我们所看到的是一个可怕景象——强大的资本集团。崇尚金钱与物质的社会环境塑造了这个集团的未来与认知，这个集团对广大范围内不相关联的非经济主题持有狭隘的认识，并将此强加于社会大众。即使这个认识是善意的，我们也不建议把它当作生活的仲裁者。

莱维特鼓励我们思考社会福利决策的价值原则。商业规则介入社会领域，我们对此会感到满意吗？企业决策者的首要动机必然是企业自身的需求，而不是社会福利的需求。由企业决策者来决定哪些福利需求更重要，我们对此会感到满意吗？一个公益活动（比如乳腺癌）得到支持而另一个（比如艾滋病）没有得到支持，原因可能是前者的目标市场更适合宣传企业形象。这真是一个值得我们深思的问题。

企业决策者在相关的公共福利领域几乎没有任何专业知识。因此，企业与相关的慈善组织合作是解决这个问题的好办法。也就是说，"这就是解决问题应当采取的方法"。这符合功利主义的观点，却不是很令人信服。

为了从根本上实现利他主义（为他人着想的博爱），捐赠行为要给受赠者带来好处，这必须成为企业的首要目的和动机，但并不一定是唯一目的和动机。所以战略性捐赠可以被视为是有道德的。

消费不仅是一种通向社会慈善的途径，同时也是一种实践行为，公益事业营销加强了这个观点并使之合法化。当人们担忧资源过度开采和消耗、环境退化、社会不公、逐步紧张的能源危机等问题时，呼吁消费似乎不合时宜。全球基金为预防艾滋病发起了红色运动，摇滚明星、社会活动家波诺发起了抵抗结核和疟疾的运动。《芝加哥论坛报》的一位专栏作家忧伤地质疑道："为了使世界变得更美好，我们必须要遭受损失、做出牺牲吗？或者，我们仅仅需要买更多很酷的东西吗？""购买更多很酷的东西"真的已经取代政治活动了吗？

其实，非营利性组织并不容易与企业的目标相契合。在这个"事业混搭"的时代，慈善组织希望重新定位，将公益事业改造成市场化的商品。如果慈善组织一味渲染捐赠者的需求，结果就可能事与愿违。密尔需要亚里士多德的调和。功利主义认为，筹集善款、与企业合作是紧迫和重要的，这是产生最大利益的途径。然而，我们必须从个人层面和组织层面认真思考这样做的后果：慈善事业的价值准则将面临挑战、冲击甚至颠覆。只要目的是崇高的，就可以通过任何手段募集善款——为了避免做出如此极端的论证，我们需要在情感和理智之间找到平衡。

案例

你是怎么知道的？行为定位的伦理

在任何特定的时刻，你都没有办法确定自己是否在被观察。我们甚至想象得到，他们无时无刻不在观察着所有的人。你必须习惯性地假设自己制造的每一点声音都有人监听，除非身在暗处，否则一举一动都有人监视，这种习惯已经成为本能，生活早已如此。

——乔治·奥威尔《1984》

同经常伴随科技革命所发生的事情一样，新发现机械动力的繁荣，加上对各种可能性持有的乐观的、理想化的愿景，使我们勇于尝试一些事情，而不会对意外后果和复杂情况思前想后（有时候被认为是失控的技术）。在某种意义上，行为定位也存在这样的情况：市场营销人员和消费者都有所收获，但是也要付出代价。

什么是行为定位？遗憾的是，这个问题并不容易回答。这个概念的定义有很多，而且各不相同。一些定义侧重行为定位的过程，另一些定义侧重其结果。在很大程度上，这些定义取决于两个因素：（1）你是否精通网络知识和互联网工作原理（信息记录程序、网络地址、锁相环数据和非锁相环数据、算法等）；（2）你是一个观察者（数据的收集和使用者）还是一个被观察者（不管你喜不喜欢，我们都是被观察者）。为了便于讨论，我们采用美国联邦贸易委员会提供的定义：

> 行为定位是指对消费者网上活动的追踪包括消费者所进行的搜索、访问的页面以及浏览的内容，针对消费者的不同兴趣来投放广告。

如果你是一位市场营销人员，那么你之所以对行为定位感兴趣，是因为它能够帮你利用网上行为数据（比如浏览页面、搜索记录等等）来向目标受众投放广告。这些数据与其他一些数据联合在一起（比如人口统计资料、购买行为等）将使目标受众定位更加精准。数字营销咨询公司 eMarketer 预计，2010 年广告商将会为个体目标广告花费 9.6 亿美元。如果你不是市场营销人员，则很有可能从未想过"被行为定位"。但你也许已经注意到 Facebook 个人主页的广告似乎老是知道你在想什么，比如，当你在页面上提到正在参与一个关于哈雷戴维森（著名摩托车品牌）的课程项目时，很快，所有关于哈雷的资讯开始出现在你的主页上。迈克尔·利尔蒙思在《广告时代》上刊登的一篇文章中指出，实现行为定位的技术同样也实现了很多其他的服务。每当你重新访问一个网站时，你不仅仅会看到同样的广告——很可能是与你兴趣无关的广告，而且"所有喜欢的网站都不再按你的偏好设置，信息域不再自动填充，电子商务太恼人以至于你不能思考"。新兴媒体 at 360i 的主管戴维·伯科威茨曾说，如果没有信息收集，那么我们上网会像是在和一个健忘症患者交流。

近来，行为定位已经成为一种必须尝试的营销策略，同时也成为争议的焦点。有些争议围绕行为定位自身的概念，更多的争议则指向行为定位赖以实现的信息收集。总而言之，这是一个复杂的问题，涉及网络隐私。请考虑以下情景：

● 2007 年 11 月 6 日，Facebook 采用了"灯塔"设置。这个系统追踪用户在 44 个第三方网站的网络活动，包括百事达视频网站和 Fandango 票务网站，并将这些活动反馈给用户在 Facebook 上的好友。这些记录是自动的，除非用户选择退出。Facebook 声明，它的目的是"帮助人们与好友分享他们的网络活动"。但是，仅仅十天之后，五万名 Facebook 用户签署了一份抵制"灯塔"的请愿书。Facebook 调整了系统，使退出过程更加便利。然而，人们很快发现，选择退出后相关信息虽然不在页面上出现，但是这些信息还是会反馈给 Facebook。

2009 年 9 月，Facebook 在一桩集体诉讼案中败诉，Facebook 因其导航服务未经用户同意便公布信息而违反用户隐私。Facebook 通过销售针对性的广告从数据中获利，因此受到投诉。诉讼的裁决包括关闭这项服务，以及建立一个 950 万美元的基金用来支持开发有利于网络隐私与网络安全的产品。

● 市场上出现了一些帮助人们在线分享信息的创业公司，但是这些公司能否受大众欢迎还是未知数。一个"令人奇怪"的网购社交网 Blippy 在 2009 年 12 月获得了一批风险投资公司共 160 万美元的融资。根据网站上的介绍，Blippy"以轻松简单的方式供人们分享和讨论购物体验"，并邀请人们"主动分享在 iTunes、亚马逊、网络鞋店 Zappos、Visa 卡、万事达卡及更多方式下最喜爱的购物体验"。网站的运行模式是：用户创建个人信息，通过 Blippy 卡与一大群朋友分享自己的网络购物，其实等于用户让 Blippy 监控自己的 Blippy 卡。有人将其描述成"一个巨大的购物 Facebook（社交网络）"。

2010 年 3 月，Blippy 在第二轮融资中筹得 112 万美元。2010 年 4 月 22 日，Blippy 登上了《纽约时报》。第二天，Blippy 犯了一个小错误，因为人们发现轻轻一点谷歌的搜索引擎，四位 Blippy 客户的信用卡卡号就出现在网页上。Blippy 创始人菲利普·卡普兰在该网站的博客上详细介绍了事件的过程和原因，认为这个问题"没有看起来的那么严重"，他还向用户保证已经改正错误，不会再发生类似的事情。值得一提的是，就在同一天，Blippy 在另一轮的融资中筹得了 800 万美元。

● 网络隐私服务网站提醒我们："每五个在线消费者当中，就有一位是网络犯罪的受害。"并介绍了它的服务能为消费者带来的益处："我们的技术使您的网络活动保持匿名，如浏览网页、收发邮件、网上聊天、网络摄像等等。除非你主动公开，否则没有人知道你所访问的网站和所进行的网络活动。"基本上，你不会留下数据痕迹。但这会不会意味着亚马逊再不会有更多的推荐？

如果你是一位风险规避者并愿意消除数据痕迹，那么请看一看乔恩·克莱因伯格的忠告吧。他是康奈尔大学研究社交网络的计算机学教授。克莱因伯格建议："大家在网上做任何事情都要像在公共场合一样，因为网络越来越像公共场合了。"◆

路易斯·霍奇斯写道："随着我们侵犯隐私能力的提高，侵犯隐私的意愿便越来越强。"虽然我们只是在讨论新闻界，但这一说法同样适用于网络世界。从本质上说，行为定向最明显的道德困境是隐私、信任与价值观问题。那么，什么是隐私呢？阿兰·韦斯廷的定义很有用："隐私是个人、群体或机构自行决定将自身信息透露给另一方的时间、方式和程度。"

人们对隐私的理解不同，隐私涉及的价值观也不相同，所以我们的讨论从一开始就变得十分复杂，这在本案例中尤为明显。Facebook首席执行总裁马克·扎克伯格多年来一直鼓励用户在信息共享上更加开放。有些人则认为隐私信息属于个人财产。简而言之，他们认为隐私是商品。在看似开放的氛围下，许多人在网络上未加考虑就"泄露了看似无害的隐私"。一位作者写道：

> 在Facebook、LinkedIn和Twitter上，照片、简历和个人信息的猖狂泄露造就了这个新世界，这些渠道鼓励人们将生活中最普通的方面广而告之。

实际上，一些人非常渴望分享信息，从购物、所在地点到旅行安排甚至是DNA信息。另一些人则对分享信息不感兴趣，但是如果分享可以带来好处，他们也愿意分享。马克·安德烈耶维奇针对这个问题发表了看法：

> 诚然，公司监控的反对者似乎无法提供有说服力的原因来保护隐私，因为这个时代的消费者为了便利和定制化服务越来越愿意提供各种个人信息，这令人惊讶。

只要我们同意别人以某种方式收集并处理我们的个人信息，也就意味着我们同意与第三方分享该信息。有人可能会认为，为了行为定位而收集信息是合乎道德的，或许也是有益的。那么，人们对自己的数据痕迹被追踪有多少了解呢？克莱因伯格或许会告诉我们，在网络世界应该像在公共场合一样行事，我们也许会点头称是，但下次购买书刊或与朋友聊天时是否会积极地响应这一号召呢？或者，我们是否会和一个基于对隐私的信任和合理期待的基金会建立"关系"？透明度又是什么样的情况呢？监督网上行为是一回事，加入一个与他人共享的详细数据库又是一回事，为谋利而出售这些信息则是另一回事。

> 您是否认为以下情况是可以接受的？在您使用网络时有人在您背后记下您所浏览的信息并保留这些信息。您是否会相信这些人会保护这些记录？是否相信这些人会向其他人，尤其是您不认识的人泄露您的信息？如果那些人为了谋利而出售这些记录，那么您作何感想？

围绕行为定位的争议主要是针对行为定位赖以实现的信息收集，而不是行为定位的概念。行为定位是把双刃剑。在一个充满商业信息的环境里，定向收集和定向发送的信息会更加有针对性、效果更好。但是，只有通过收集和分析个人信息，这个效果才能够体现——以消费者不能控制的方式，或许不能宽恕的方式进行数据挖掘和分享。正是那些使我们的隐私处于危险之中的技术带来了这些益处。我们要讨论的正是达到那些目的所采取的方式。

无论是在个人层面还是组织层面，我们又一次遇到了方法与目的的经典问题。我们愿意为了根据我们的利益量身打造的信息"付出"多少呢？我们是否意识到了长远的后果——在信息使用不当时，潜在弊端之外的后果？安德烈耶维奇写道：

> 在21世纪，关于隐私死亡的谣言被极度夸大。在数字化经济中，网络监控发挥越来越重要的作用，这不是隐私的消亡，而是个人信息的控制权从个人转移到了私人公司。我们所讨论的信息——行为习惯、消费倾向等——并没有向公众开放，而是聚集为私有商品。私有商品的经济价值至少在一定程度上取决于私人占有的属性。作为私有商品的个人信息对于企业的定制营销十分重要。

现在，让我们稍微转换一下讨论的重点。如果人们错误地认为已出现的问题没有纠正的机会，那么又会是什么样的情况呢？如果定向信息依据的是错误的印象，那么又会是什么情况呢？例如，你在写一篇关于色情的研究报告，你会有什么样的印象呢？在这些例子中，按康德的说法，我们是不是太过客观而缺少了人性？

由此看来，公司在这一领域有两个义务。第一个义务是告知用户它们如何处置其所收集的信息，以及会不会与其他公司分享信息。第二个义务是，如果它们要分享信息，客户就必须有机会选择是否同意这些信息的分享。这听起来很直白，但我们要考虑保护隐私的具体方式。公司是否要求用户以清楚和明白的方式签署隐私协议？有没有向用户作出承诺？有没有任何网站可以真正确保匿名？如果用户退出后仍继续追踪他们的网络行为，那么这是不是不合乎道德的做法？如果用户注册后才保护他们的隐私，那么这样做合乎道德吗？如果只是呼吁用户保持警惕而不采取行动，这是合乎道德的做法吗？这不是技术的问题，而是信任、尊重和责任的问题。

最后，戴维森呼吁我们注意卖方—买方关系。

> 消费者隐私问题的背后是买方—卖方关系。如果双方关系本质上是合作性的，那么只有符合消费者利益时，公司才会使用消费者的个人信息。如果双方的关系本质上是对抗性的，公司就会把消费者的个人信息作为一项资产来管理，以使其利益最大化。

第六章

形象文化中的广告

The man in the Hathaway shirt

戴维·奥格威的最佳品牌形象广告——穿哈撒韦牌衬衫的男士。

在任何情况下，仍然把媒体当成社会"之外"的事物或社会的附属物是绝对不可能的。

把各种形式的媒体及其看似在各种有意义形式下的无限可能性与文化上的思想、行为、关系、价值观和想法区分开的尝试变得越来越困难，甚至不可能。因此，我们不再谈论媒体和文化，而是谈论媒体文化。广告是一面被动反映社会及其价值观的镜子，还是一面主动构建这些价值观的镜子？在上述语境下，讨论这个问题是毫无实际意义的。前一章已论及，广告既定义文化也被文化所定义，也许，广告最像凹凸镜或哈哈镜，能够反映事物，但却有所扭曲，而且，镜子是有选择地反映事物而非反映事物的全部。我们看一看迈克尔·舒德森在《广告：艰难的说服》中的观点：

> 广告在我们面前展现的画面是我们熟悉的生活场景，这些场景在某种意义上是我已知道的或想要知道的。
>
> 广告挑选出并再现我们文化中已存在的价值观。这些价值观或深远或宽泛，不是人们所追求的唯一价值观，但我们往往因为广告的广泛存在而忘记这一点。
>
> 广告挑选出一些我们所珍视的东西，并将这些东西以我们重视的方式再现出来。

在过去，广告主要通过其目的和内容提供信息，它告诉消费者该产品的特点和用途。随着产品文化发展成消费文化，广告变成历史学者里克·伯雷所说的"改变性的"。也就是说，广告的重点变成关注于消费者的利益而不是产品的特点，常常试图影响人们在品牌、消费模式、生活方式以及实现个人和社会成功的技巧方面的态度。如今，我们的文化越来越以形象为重。正如比尔·莫耶斯在《消费形象》中所说："大量生产的形象充斥着我们日常生活的世界以及我们最隐私的生活，影响着我们的个人观念和公共意见。"广告的影响不容小觑，因为广告形象挑战了传统的道德判断。尼尔·波斯特曼在莫耶斯纪录片中的话解释了这一点：

> 我们判断观点对错的方式受到认可，并且有着良好的声誉。用伯特兰·罗素的话来说，我们有办法抵御雄辩的诱惑。我们或多或少知道如何去做，如何分析人们所说的话，如何辨别某个事物的真伪。
>
> 现在，让我们以麦当劳广告为例：一位父亲带着六岁的女儿走进麦当劳，他们吃着芝士汉堡，非常开心。
>
> 这是真的还是假的？
>
> 这个形象是真的还是假的？
>
> 看来，语言似乎不适用于这一场合。我们似乎不能用评估观点、话语的方式来评估这一场景的真假。
>
> 因此，我们建立了一个想象的世界，这个世界从逻辑领域走向审美领域。你可以喜欢或不喜欢罗纳德·里根。你可以喜欢或不喜欢麦当劳。但你却不能讨论它的真假。因此，我们现在需要通过一个不同的方式来抵制雄辩的诱惑。

在以形象为基础的媒体文化中，商品将其重要性让渡给品牌。那么，什么是广告形象呢？那就是我们所交易的商品。

本章的案例为您介绍了一些道德困境和与市场形象有关的问题。《"相同变不同"：品牌策划》探讨了许多品牌策划活动的核心问题："制造"同等产品中的不同之处是否合适？《态度刻板化》探讨的问题是隐藏在幽默策略里的刻板印象是如何构建和固化的？《每个人都认识她：可望而不可即的完美形象》探讨的是大多数女人都无法企及的理想美女这一广告意象所引发的批评和法律问题。《她只有4岁！——年轻女孩的超性感化》探讨了导致这一现象的趋势以及道德方面的问题。最后两个案例将广告看作社会变革的工具。《真正的美：负责的形象？》从社会宣传效应上介绍了"多芬真美活动"。《动物的权利：负责的形象？》介绍了善待动物组织这一非常成功的组织，该组织极具争议的广告比其保护动物权利的本职工作还要出名。

案例

"相同变不同"：品牌策划

这是一种国际知名的商品，它无色、无味，在理想状态下甚至没有气味。这种工作是不是只有疯子和营销者才敢于冒险一试？

瓶装水已成为我们生活和文化中的必备品。午餐饭盒旁、会议室中、讲堂上、足球比赛里、办公室隔间中、健身房跑步机的杯托中到处可见它的身影。在美国的小皮卡中总能看到半瓶纯净水在车上滚来滚去，嘎嘎作响。

为什么人们喝瓶装水？

"瓶装水对你有好处。"

是这样吗？

● 市级供水系统是由环保机构监管的。自来水不得含有大肠杆菌，且每月须检测100次或100次以上。虽然归属于包装食品的瓶装水是由食品和药品管理局监管的，但瓶装水每周只需检测一次。

● 美国的55 000个市级供水系统所遵守的质量标准比瓶装水更为严格，而且每三个月必须接受这一标准的重复检测。

● 斐济牌纯净水有一个这样的广告："本商标标明斐济，因为它的灌装地不是在克利夫兰。"克利夫兰的官员为了回击，开展了一项关于斐济水的调查，结果显示，每升斐济牌纯净水中的砷含量多达6.3微克，而克利夫兰本地的自来水中却未发现砷。（斐济水公司后来的报告称其产品的每升水中砷含量不到3微克。）

"瓶装水的味道更好。"

是这样吗？

● 2001年5月的一期《早安美国》在节目组成员中开展了一个非正式的味道盲测。结果显示，按照味道评比，纽约市自来水获得了45%的选票，远远超过波兰泉牌（24%）、O-2牌（19%）和依云牌饮用水（12%）。

● 同年，据《科学美国人》报道，约克郡的一项调查显示，在接受调查的2 800人中，85%的调查对象无法区分当地自来水和瓶装水。

● 系列节目《潘尼和特勒：胡扯》曾开展过实验。这个在综艺节目时间播出的系列纪录片以发现并曝光社会政治方面的错误观念而著称。2003年3月它播出了一期名为《瓶装水》的节目。在节目中，一位演员在一家高档饭店扮成"水服务生"，为蒙在鼓里的用餐者提供假的矿泉水菜单，并要求用餐者在饮用后评论水的新鲜程度和甘甜程度。与此同时，电视屏幕上播放着"水服务生"从花园水管接水装满瓶子的画面。

如果有证据表明，瓶装水既不比自来水健康，也不比自来水美味，那么，为什么我们消费者乐意花1至40美元购买一瓶水，而同期自来水的价格是每加仑不到一美分？也许你已经猜到，答案与营销、品牌策划以及形象构建有关。

百事旗下的瓶装水品牌及美国最畅销的饮用水品牌阿夸菲纳和自来水有共同之处——水源。在本行业数一数二的阿夸菲纳和达萨尼均从公共资源（自来水）中取水，然后使用反渗透技术将水提纯，而自来水原本已使用过反渗透技术了，因为环境保护机构的安全饮用水标准要求如此。因此，可以想象1994年当百事公司的智囊团在确定消费者会为了一瓶普通的水花费约一瓶百事可乐的钱时是多么欣喜。

瓶装水广告商面临着任何一个销售同类产品的产业都会面临的问题：我们如何让同类产品变得不一样？我们的考虑是，是否该在没有任何区别的地方暗示区别的存在，尽管大家的意图和目的不同。

"阿夸菲纳，纯净的保证。"

"达萨尼，给你的嘴巴加满水。"

"依云，永葆青春。"

如果这些口号让你感觉并不陌生的话，那么广告文案撰稿人可以为自己所做的出色工作感到骄傲了。他们使每一个品牌在竞争中区别开来。简而言之，他们开发了品牌资产。而雀巢饮用水等公司甚至面临更大的挑战，即要细分公司内部的多种品牌。鹿园、策菲尔山、波兰泉、沛绿雅和圣佩莱格里诺都是雀巢的饮用水品牌。每个品牌都在有策略地进行品牌策划，以便在消费者心中建立各自的形象。也许你已猜到（或有这样的体会），这些品牌的身价与顾客愿意支付的价格相对应。

在市场上一大批几乎难以分辨的产品中，广告商的职责是：无论不同之处存在与否，都要展示出不同之处。这会造成什么样的结果呢？就瓶装水而言，它的广告效应降低了自来水的吸引力。请记住，对于大多数消费者而言，瓶装水和自来水的味道和品质是相似的（更不用说自来水比瓶装水更便宜）。此外，企业责任国际等组织认为，瓶装水公司一方面强调某产品对健康的益处，另一方面对环境造成威胁，二者相互矛盾。

《纽约时报》的一位作家写道："政治家对塑料瓶下达禁令，饭店将塑料瓶从菜单中删除，他们呼吁人们关注在全世界和全美国运输数以百万计的塑料瓶的生态成本——更不用说象征性地处置这些瓶子了。"

2008年和2009年，瓶装水销售额略微下滑，约为51亿。尽管如此，其人均消费仍有28.5加仑。◆

一般情况下，几乎所有同类产品都会面临这样的典型困境。营销学学者大卫·艾克认为，现代营销学的主要特点是创造有区别性的品牌。他提出：

> 通过使用品牌特性、名称、包装、分销战略和广告，建立独特的品牌联想。这个理念已超越商品，成为品牌产品——降低价格在消费者购买决策中的地位，加强

区分性的基础地位。

在构建品牌的过程中，广告商对影响消费者认知的所有细节负责，从包装的字体到图像，从文案到广告的植入，甚至产品的详细分销过程。这样就创造了一种本产品高于其他产品的认知，但我们与制造商都明白，该产品基本上可与其同类产品互换。为此，我们要问自己一个基本的道德问题：无论是否可以这样做，在没有差异的地方暗示差异是不是错误的？

为了回答这一问题，首先要注意到我们都是象征意义的产物。交流暗示的东西总是比最终传达的要多，我们对此并不反感。实际上，我们可能对某个与其他产品相似的产品更有好感，例如，与自来水相比，我们对达萨尼瓶装水更有好感，因为我们注重它的象征意义。因此，我们可以辩驳，这是一个难以界定的道德问题，不管出于什么原因，如果消费者认为所选的品牌与众不同，那就随他们去吧。

为了让我们的辩驳合情合理，我们可能也会说，消费者清楚品牌的相似性，但我们可以确定这一说法吗？如果消费者知道某些品牌的产品在性能上几乎一样，会有不同的结果吗？可能会。但是，如果人们不知道同类产品的极大相似性，功利主义的最大利益原则就不那么有说服力了。

还有什么理由可以支持"相同变不同"的营销战略？有一种观点认为，只有客户才需负道德责任（"建立不同之处是我的职责"）。或者，在更普遍的情况下，道德责任要由传播方式负责（"这是游戏规则"）。或许，在这个语境下，功利主义的视野得到扩展，认为在购买结果之上，最大利益原则通过承认个人选择的自由而发挥作用，这些自由包括如果该产品满足消费者的某种需求，消费者就可以自由选择为功能相似的产品花更多的钱。

当然，使相同变不同是合法的。根据这个观点，好的东西就是合法的东西，我们可以选择像平常一样继续经营生意。但是，如果我们承认合法的东西不一定是对公众有益的，那又会是什么样的情形呢？

案例

态度刻板化

"我们从不单独挑出一个群体来取笑，我们取笑所有的人，从女人、空姐、行李搬运工、足球教练、爱尔兰裔美国人到滑雪者，没有哪个群体没被我们取笑过。"

创建于1892年的Abercrombie & Fitch从纽约市一家小小的户外店起家，多年来，该品牌一直是阿梅莉亚·埃尔哈特、凯瑟琳·赫本、科尔·波特等客户的最爱。1988年Limited公司收购Abercrombie & Fitch，将该商店的产品形象改造成休闲生活品牌，直到今天它依然秉承这一定位。在这个过程中，Abercrombie & Fitch的推广活动和产品目录显得有伤风化，但却因此名声大振。莫利·塞弗在2004年《六十分钟》的一期节目开头评论道："Abercrombie & Fitch现在的形象是热爱聚会的运动员和生活在幻想中的裸体女人。"虽然该公司继续培育这一有伤风化的形象——消费者甚至可以在该家商店门口见到没穿上衣的男士，然而该品牌却成为十几岁年轻人的着装风向标。

本案例开头所引用的话是该品牌的发言人汉普顿·卡尼在应对人们对"态度"T恤衫的抗议时所说的。让我们看一看印在该品牌女式T恤衫上的话：

> 靠
> 有这个谁还需要大脑？
> 给我个尖叫的理由吧
> 变身黑发美女，是我的梦魇
> 所有男人都爱摸大咪咪

这些文字信息带来了什么样的结果和影响呢？2005年10月，宾夕法尼亚西南妇女基金会针对印在T恤衫上的话发起了一场全国性的"女童抵制"运动。这次运动让我们想起三年前一场类似的抗议，针对该品牌T恤衫用戴圆锥形草帽微笑的漫画图案来取笑亚裔美国人，那一批T恤衫上面的标语有：

- 王氏兄弟开洗衣店——两个王可以弄白。
- Abercrombie & Fitch 佛祖舞会——叫佛祖来跳舞
- 你爱了很久
- 吃进去——锅出来（Wok Out）

公开抗议迫使这些产品下架。但是，该公司的官方声明既没有表现出愧疚，也没有承认错误。卡尼对人们的反应感到惊讶："我们以为亚洲人会喜欢这些T恤衫。"他避开公司所犯的错误，甚至这样回应："大家是不是反应过度了？""我们取笑所有人，取笑一群人总比取笑某个人要好。"◆

2004年11月，Abercrombie & Fitch同意支付5 000万美元了结一桩集体诉讼案。案件涉及的九名前雇员声称曾经被解雇或停职，原因是他们不符合"Abercrombie & Fitch长相"，无法担任与公众沟通有关的工作。该和解协议涉及妇女、非裔美国人、亚裔美国人和拉丁裔美国人。考虑到给公司财务造成的影响，人们可以纯粹从商业角度质疑该公司生产T恤衫的合理性。

但是仔细想想，该品牌的说法是对的。T恤衫其实是幽默的尝试，并无冒犯之意。谁会从中受益呢？开玩笑用的刻板印象是现有权力架构和压迫体系的延续。这些T恤衫只是将女孩和妇女描画成身体器官的组合，或者特别没有能力的形象（比如印上"你赚的最好比我花的多"的字样），形成了一种对女性不够重视的氛围，甚至让妇女和女孩并不把自己当回事。现如今，美国本科院校的女生比例占到55%以上，难道这些信息就没有丝毫的不妥吗？

该品牌带有种族刻板印象的T恤衫应该引发同样的问题。任何通过刻板印象，尤其是冒犯性的刻板印象提高效率的广告都会引发同样的问题。一名亚裔美国示威者抗议说："T恤衫使人们对亚洲人的印象产生了误解……其塑造的刻板印象已经有超过100年的历史了。基本上整个（亚洲）地区及其文化都未曾得到重视。"一家关注亚洲的杂志更加尖锐地指出："塑造这些形象，谁从中获得好处？谁从中获得力量？亚洲人得到的尽是诋毁。"

到底是谁？换句话说，"但是这很有趣"只是一个很弱的理由，不足以作出一个道德决定。同样，以一个族群（或在上述事例中不同族群的成员）为代价，为其他族群制造幽默，显然不是合理的伦理策略。

我们分析一下该品牌的男式T恤衫，作为对"被冒犯的机会均等"的辩驳。如果女性被具象化、亚裔美国人被刻画为洗衣工和讽刺画，那么，该品牌对其主流受众——男性白人是怎么做的呢？该公司会如其声称的那样"嘲弄所有人"吗？我们来看一下：

- 我的幸运号码是3。带朋友来。
- 大一新生。我在老去，他们永远年轻。
- 我要让你成为"丢脸上路（唱片名）"的明星。
- 我做我自己。

不足为奇的是，正如大多数美国广告形象一样，这些信息强化了男性和女性的特定概念。他们赞美男性的性能力，却将女性的作用贬低为男性可以用其他东西交换的部分。正如卡恩尼所说的，该品牌的T恤衫并没有拿男人开涮，相反却将他们提升到控制他人的地位。

对此从道德层面上该如何理解呢？从对功利主义的传统营销辩护开始，明显且苍白的辩解是"但是大家买了这些T恤衫"。这样的话至少可以被视为对广告信息的间接认可。康德哲学关心的问题是，大众传媒是否具有（至少对一部分人的）冒犯性？广告是否已经成为一种依靠刻板印象达到快速交流的方式？

文化偶像和潮流先锋，比如Abercrombie & Fitch，有义务创造并传播对社会负责的信息吗？尽管该品牌为对大学生这一潜在客户群体的所作所为进行辩护，但事实上更年轻的客户却无可救药地忠于这个品牌。服装零售分析人士詹妮弗·布莱克断定，该品牌"面向年轻客户群体时，拥有最强大的品牌效应"。那么这些广告（这个案例中的T恤衫广告）对于目标受众来说是否合适？

广告牌与印有"靠"的T恤衫几乎毫无异处。无论在哪种情况下，广告传递的信息对接收方来说都是非常清晰明了的。

案例

每个人都认识她：可望而不可即的完美形象

就像温水里的青蛙一样：假如温度缓慢升高，青蛙不知道正在被煮死。一段时间之后，0码身材看起来正常了，不再是形容枯槁了。

作为广告商，我们负责创作普通美国人每天都会接触到的成千上万个广告。我们运用令我们骄傲的、最前沿的创意精心包装。但是，从我们手中出来的广告形象，却是那么惊人地相似，这一点尤其体现在对妇女和女孩的形象塑造上。广告圈里满是这样的女性形象，她们不同于以前的女性偶像，更不同于那些把她们当作偶像的普通美国人。在肉毒杆菌注射、整形手术、图像数字化处理流行的文化里，这样完美的形象显得崇高无比，对于大多数女性来说，无论如何都是遥不可及的。这些广告形象大都是年轻人，《纽约时报》的一位作家评论说："我们如今的潮流是将衰老从生物学必然改写为过时的时尚选择。"她们几乎都是白人，尤其是走 T 台的。"太奇怪了，"一位时尚设计师面对模特候选人的照片时说，"她们长得都一样。""一样"这个概念意味着面色苍白、身材苗条、金色秀发。这些完美形象所具备的共同特点是她们瘦弱的身形，一直以来这都成为引人关注（有时是令人愤怒）的焦点。

"如果模特本人很有名，设计师会非常乐意为她们改变衣服的尺寸。但如果所有模特都是一个模子刻出来的，那么随便找一个女孩都能穿这件衣服。"《时尚》杂志的一篇文章写道。我们用她们憔悴、茫然的形象包装广告，这些形象在社会上随处可见。在 T 台上、广告里，她们诠释着我们心中的完美。我们不断向试镜的女性（多数时候是年轻女孩）灌输种种观念和思维模式，这些女孩都符合范围不断在缩小的美的标准，而这些思维模式，对于为了追求完美而不断寻找什么是美的女孩来说，却是危险的。

● 2006 年 8 月，一位年轻的乌拉圭模特在 T 台上晕倒，最终死于心脏衰竭。医生确认她死于神经性厌食症。

● 六个月之后，她的姊妹埃利安娜，同样是一名模特，死于与营养不良相关的心脏病。

● 2006 年 11 月，安娜·卡罗莱纳·雷斯顿，一名高 5 英尺 8 英寸、重 88 磅的巴西模特死于神经性厌食症的并发症。

接下来，超瘦模特引发全行业的讨论。

● 在露茜尔·拉莫斯去世一个月之后，2006 年在马德里举行的时装周中，西班牙为 T 台模特制定了一个体质指数。按照规定，模特的指数不得低于 18。由于新标准的出台，参加后一届时装周的模特有 30% 都被拒之门外。

● 同样是在 2006 年，印度卫生部部长反对瘦骨嶙峋的模特走 T 台，以色列的零售商不让过瘦的模特出现在他们的广告里。

● 2007 年，联合利华开展的"多芬真美活动"获得了积极的反馈，公司决定禁止 0 码模特参与拍摄它的广告，并声称这样做是考虑到人们在追求不健康或过度苗条的过程中可能给健康带来的副作用。

美国时尚设计者协会也出台了相关政策，但北卡罗来纳州立大学校主任安娜·布里克批评该政策是"苍白无力的回应"。一篇名为《消失的焦点》的文章虽然关注的是男模问题（鸡胸、脸颊凹陷、营养不良），却也对女模进行了评论："可以肯定地说，她们（女模们）和以往一样瘦骨嶙峋。"

如果时尚界的女性为了达到公众的喜爱标准而不惜挑战死亡的极限，那么为什么时尚和广告界还要保留这种标准？◆

除了时尚界，很多的批评都指向了广告业。那么，广告业做得怎么样呢？人们会很容易地打发掉这个问题，因为他们认为这只是一个时尚圈里存在的问题。然而，这不正是广告业学习时尚界模式，将其重新包装之后再进行大众传播吗？如果广告没有把凯特·摩丝包装成"卡尔文·克莱恩的脸"，那么她走在大街上还会对女性有同样的冲击吗？

另一种为广告业乃至整个媒体行业辩护的说法是，我们传递的信息只是对现有文化信念和价值观的体现。在一个推崇美和美的同伴——青春——达到痴迷程度的文化里，当今广告形象的出现也就不足为奇了。广告作为"镜子"（恰恰与"塑造者"相反）的角色本质上是良性的。与此同时，广告商的工作效能至少在一定程度上依赖于塑造（有利于客户的）态度的能力，那么，广告传播并不断强化某个标准，也就不需要承担某种程度的责任了吧？

广告中的商品之所以有吸引力，在于人们认为它能够提高生活品质。为了展示这种潜力，广告商从狭窄的范围内中选出具有独特气质的形象，并将这些形象与普通美国人的生活放在一起。他们选用身材苗条的模特，是因为在他们看来目标受众会认为这样的模特有吸引力，无论是直接的（如选择我们的减肥计划，你就会变成这样的身材），还是间接的（莎拉·杰西卡·帕克也用了这种产品，她是一位非常有魅力的明星）。由于广告效果不易评估，广告商无从知晓这些假设是否真正起了作用。因此，他们很可能会继续遵守一种不成文的行业规范——设想苗条比不苗条要好。这样做的结果是，广告业秉承的标准只存在于行业内部。广告商负责这种标准的制定，所以他们是否也要对推崇完美主义所造成的后果负责呢？

当然，如果有女性明确表示抵制这种乞丐似的形象，并且惩罚推崇这种形象的广告商，以上的各种设想就不复存在了。他们可以直接通过示威抗议，也可以间接通过拒绝购买广告商品并告诉广告商这样做的原因来传递相关信息。

在集体和个体的层面上，广告商都可以通过很多方式来解决他们面临的道德困境，比如可以从以下方式中选择一种：

（1）把责任推给其他产业，维持当前广告业的现状。

（2）指责社会本身存在肤浅的标准，督促社会转变其价值观以便于广告业更真实地反映社会。

（3）保持现有的标准，但要在完美女性形象的营销过程中宣传不自然、不健康的情况。这一选择可以使广告商继续维持现有的发展模式，同时把公众一直追求的广告形象和现实分割开来。

（4）对推崇不良风气和思维模式负责，为探索新标准做准备。这种选择的危险在于，在一个由众多个体组成的产业里，任何一位个体都很容易受到来自专业领域的指责、公众的敌视以及社会的抵制。

对于这件事，如果我们承认自己也在其中扮演一定的角色，那么我们有责任做出改变吗？整个社会——即便承认存在的问题——最终会接受这种改变吗？你是怎么看的？

案例

"她只有4岁！"
——年轻女孩的超性感化

2007年，由美国心理学会发表的一份题为《女孩的性感化》的报告表明,性感化与把别人(有时候是自己)看成是"性欲望的对象……当成是事物而不是拥有自己合理的性感觉"有关。当人们被性感化时,他们的价值主要来自于性吸引力,这等同于身体的吸引力。这对于儿童和少年是有害的,"有问题的,因为他们正在形成性的观念和意识"。

新千年孕育了一个有趣的现象:性感的小女孩。在今天的媒体界,这已司空见惯:长着娃娃脸的早熟少女,不可思议的性感曲线,在全世界的电影和电视屏幕上随处可见。她已经成为西方流行文化的支柱,我们了解她塑造的多个形象,从布兰妮·斯皮尔斯到日本动漫里的性感女孩形象。

超性感女孩的现象可以理解成完美风暴的产物。在市场上,儿童花钱消费并影响他们父母的消费观,从而为下一个潜在的市场提供了契机。儿童很脆弱,但却比以前更成熟、世故、精明。他们已经习惯了这个充斥着各种品牌的商业世界。4岁的儿童想变成8岁,8岁的想变成13岁,13岁的想变成21岁。市场充分利用了儿童想要成熟的天性,采取了"压缩年龄"的策略,向年幼的儿童推销新产品。

现在的营销商专注于开拓少年市场,这就是一个最好的例证。这个市场被定义成8~12、8~14岁,或者10~13岁年龄段,即存在于"儿童的岩层"(适恰性与规则仍有吸引力)和"少年的硬地"(身份塑造成为主要的活动)之间的一条矿脉。现在美国的少年人口接近2 500万,他们有数以亿计美元的购买力(他们自己或通过影响父母)。尤其应该瞄准青少年女孩,因为她们比男孩子更能花钱。在朱丽叶·斯格尔的《天生购物狂》一书中,作者举例说明了年龄压缩影响女孩日常生活的过程:

一个经典的例子是面向五六岁的女孩推出的化妆品。以前并没有针对儿童推出真正的化妆品,大多数都是成人产品的代用品,这样她们可以用一些虚假的东西装扮成大人。现在却有了专门针对青少年女孩的化妆品。甚至连幼儿园的小女孩都涂指甲油和润唇膏。

超性感的女孩参与变身成人的游戏,形成了一种消费主义文化现象。

我们看一下流行文化:

● 《小鬼与皇冠》是美国TLC电视台的一档真人秀系列节目,电视台这样描述它:

每个周末,来自全国各地的小女孩和小男孩画着妆,用着假睫毛和假发,涂抹美肤产品,接受评委对他们外表、个性和服装的评判。应家长的要求,节目还准备了耀眼的皇冠、夸张的头衔和大额现金奖励。

在后台,工作人员为他们涂抹美肤产品,戴假牙、假发……我们参与了辅导、舞蹈彩排,帮做头发、美甲。我们见过这些小女孩的妈妈,麦肯齐的妈妈对女儿说:"你想玩这个游戏吗?如果想的话,你必须要完成需要做的事情。"文化批评家和批判教育理论家亨利·吉鲁在看过节目之后评论说:

这些孩子打扮成小大人的形象,她们的妈妈坚持要为她们涂美肤产品,做美甲,带假睫毛,画的妆甚至要比已去世的塔米·费伊·贝克还要浓。这样的节目简直比扭屁股、甩头发跳舞的节目还要俗气。

颇具讽刺意味的是,TLC是一个学习频道。

● M·吉吉·达勒姆在她的书《洛丽塔效应》中以这样一个故事开头:

去年的万圣节，一个五岁的小女孩出现在我家门前，穿着抹胸上衣、薄薄的迷你裙、松糕鞋，眼影画得格外闪亮，俨然是一副性感女郎的装扮。"我是贝兹娃娃。"小女孩脱口而出。她流露出得意洋洋的神情，胖胖的小手攥着一个外貌和她极其相似的娃娃。

2006年，以"翘臀、大胸"、大眼睛、性感服饰以及追逐时尚著称的贝兹娃娃，销售量超过了芭比娃娃。麦卡利斯特表示，芭比娃娃曾因其成熟的形象得到女孩们的认可，与此不同的是，贝兹娃娃（注意字母z与hip-hop的关联）是少女形象，她们只是专供消费而已。贝兹娃娃不是玩具，而是一个时尚品牌。一名负责贝兹娃娃市场营销的主管这样解释他们的战略："我们希望女孩子能过上贝兹娃娃的生活——涂睫毛膏，用护发产品，寄贺卡。玩具业正在萎缩，孩子越来越成熟，我们的产业输给了服装、电脑、DVD等产业。如果芭比娃娃代表着明天的幻想，那么贝兹娃娃就是现实的生活。"

● 劳拉·格罗佩是一名优秀的电影制作人，她在2002年创立了少女情报机构。该机构声称在全美有4 000名年龄介于8岁和12岁的"秘密代理人"。他们通过短信沟通、举办通宵聚会等办法来挖掘与少女相关的产业。劳拉在某一期《60分钟》里表示她的代理人都很有热情，她们就是其他女孩都听从的"精英少女"。精英少女们的大多数活动都是在她们的密室——卧室中举行。她们邀请朋友参加，在这期间尽可能多地收集公司需要的信息。有时某些活动也是一次市场调研，其他时候她们则成了"传道士"，介绍最新产品的优点。除了召集焦点小组，该机构也组织不间断的购物旅行及其他室内活动。它的官方网站声称该机构代表了少女市场的权威声音，拥有的客户包括迪士尼、华纳兄弟传媒、梦工厂、索尼和美泰。这个机构要求这些精英少女"悄悄地"利用朋友来收集信息或向朋友推销产品，批评者对此忧心忡忡。◆

年轻女孩为了达到宣传和营销的目的而打扮得过于性感，这一现象引发了许多道德问题。美少女盛会、精英少女制造轰动新闻等策略看起来都引发了一系列新的道德困境。这里，我们仅关注最广泛的道德维度。

在宏观层面上，超性感并非是某一个公司、广告或活动的产物，而是无数的营销试验共同带来的结果。庄莱特提醒我们："处理宏观层面的指责，其困难在于其大众性……很难想象微观层面上的个体行为会对宏观层面的社会问题造成任何明显的影响。然而，美国心理学会发布的《女孩的性感化》报告还是表明，女孩过早注重性感和外貌已经与成年女性三个最重要的心理健康问题（饮食紊乱、自尊心低落、沮丧）息息相关。"鉴于以上的调查发现，广告商必须特别注意他们的广告战略。

毋庸置疑，广告商有权以各种方式宣传他们的产品，但是他们也要对整个社会负责：诚实地履行法律义务和以公平与尊重的态度对待社会的责任。起初，这些职业责任和社会责任是基于这样一个共识，即广告商在向儿童推销产品时应承担特殊的责任。儿童是极其脆弱的受众——诚然，他们和之前相比可能已经越来越精明、越来越世故，但归根结底他们仍然是脆弱的。有道德的广告商必须问自己：目标受众能区分开幻想和现实吗？能区分开广告和娱乐吗？他们理解广告的意义吗？他们能区分开自己的实际需求和广告暗示给他们的需求吗？如果答案是否定的话，广告商的劝说就变成操纵，也就是不道德的行为。

幻想与现实之间的界线是模糊的，之前案例中讨论过的贝兹娃娃就形象地说明了这一点。儿童将芭比娃娃的假想年龄定得较大，如19岁，本质上芭比娃娃"不是我自己"。相反，贝兹娃娃明显要小得多，属于少女的年龄。贝兹娃娃因此很容易被少女定义为"像我自己一样"。把性感化的贝兹娃娃从玩具变为一种生活方式，会让这个容易受到影响的受众群体感到混乱，尽管这只不过是在众多品牌充斥的生活中增加另外一层商业化内容而已。因此，营销商在一味追求产品销量的同时，也要注意考虑其他的社会责任和价值。虽然芭比娃娃自己也购买商品，但是贝兹娃娃的"生活方式"全是关于消费——"壮观的消费"。

营销商想要把产品介绍给孩子，比如告诉他们到哪里去买，但是在创造劝诱信息的过程中，道德底线定在哪里呢？营销商承认他们使用的是年龄压缩战略。他们为年龄越来越小的女孩生产产品并向她们传递信息，而这些产品和信息原本是面向年龄稍大的女孩的。想一想儿童所处在的这块脆弱领地：他们一方面还保留着孩子的身份，另一方面却在向成人过渡，对于他们来说，确立自己的身份是一个主要活动。这些目标受众是否能够认识到并抵御广告中传递的劝诱信息呢？他们能否理解广告与其说是基于事实不如说是基于情绪、自诩的好处和视觉展示呢？他们能否成功应对那些感性的、带有更多成人内容的广告？所以说，广告商有责任意识到目标受众的脆弱性，并对此进行评估，努力规避这个因素的消极影响。

广告商用"激烈的市场竞争和需要在对手中脱颖而出"这两个原因，回应因操纵少年而受到的指责。他们宣传产品的努力一度被指控为过于老套、过于感性、过于持久、过于以消费为导向。而广告商则辩称女孩很世故，她们想得到的是娱乐而不是告知。广告必须"极具吸引力"、"带有刺激性"、"带有欺骗性"、"充满甜言蜜语"才能获得注意力，所以广告必须无处不在。

近半个世纪以前，历史学家大卫·波特曾说过，虽然（广告）对社会的影响力堪比宗教和知识，但是只要没有过分违反真实性和合理性，广告就不需要用它的影响力达成社会目标或承担社会责任。

为了我们的职业和社会，我们有责任证明他的说法是错的。

广告和社会变革

本章的最后两个案例说明了广告是推动社会变革的工具。我想到的第一个例子就是美国广告理事会。自1942年以来，该理事会作为主创制作了许多针对重大社会问题的公益广告。它创作出了许多著名的形象：护林熊、狗探员、撞击试验假人。最近，该理事会在用怪物史莱克来鼓励孩子多参加室外活动，享受大自然。公益广告作为传递社会变革信息的工具而被广泛应用。但是还有很多其他的方式可以把广告应用到影响社会变革的领域，比如可以把彼此略有不同的方式混合起来使用。

贝纳通服装公司希望被视为有社会良知的企业，所以公司的宣传内容从销售信息转为对社会事业的公共传播——多元文化主义、种族和谐、艾滋病。意大利摄影师奥利维耶罗·托斯卡尼为此创作了带有政治意味的图片，图中没有产品，只有"全色彩贝纳通"的标志——图片上一名神父与修女激吻、白人婴儿吮吸黑人的乳头、各种颜色的安全套在空中飘浮，这些极富争议的图片在美国和欧洲经常遭到封杀。

耐克的电视及平面广告"如果你让我玩"同样没有出现产品，但让公众大跌眼镜。在广告中，孩子们讨论起成人问题，如家庭暴力、少女怀孕。广告片结尾是一张黑屏，只打上了耐克的标志和一条标语"想做就做"。

我们可以讨论一个深层次问题：简单地说，社会目标与资本主义的目标能否相互调和？广告是否承载了过多的负担？研究者发现，贝纳通公司推广活动触及的社会问题，因与商业利益相关而被"玷污"，从而失去了作为人类共有问题的意义。受众只会把广告看成是当今消费社会中的一种商业操纵手段。贝纳通这样写道：

> 人们认为具有冒犯性的往往不是图片本身，而是因为它们被用在了广告这个狭窄的情境中。我们认为这是一种狭隘的认识，因为广告作为有效的传播媒介，绝不限于简单地给一种产品定位或声称"我们的产品比他们的更好"。

也许正是因为企业对广告的大量投入，才最终导致人们对广告的狭隘界定。

案例

真正的美：负责的形象？

多芬产品的营销活动，彻底颠覆了传统女性化妆品营销中主打完美女性的惯例。

似乎，女性的"真实"取决于她们体型和尺码。这个营销活动是在同一头老母猪身上的新唇印。

2004 年，一直把普通女性视为目标受众的多芬化妆品公司发起了一场影响颇大的营销活动：多芬真美活动。据该公司介绍，这个在全球范围内推广的活动旨在"打破人们对美的单一性、局限性理解，证明美的存在形式是多种多样的"。这个活动的策略是有风险的。多芬摒弃了时尚界和化妆品行业推崇的身材修长、体无瑕疵的模特，而是选用了普通女性的代表。六名不同肤色、身材各异的女性，身着白色棉制内衣出现在多芬公司推出的户外广告牌和平面媒体广告中，神态各异，不过，她们没有任何修饰，没有撅嘴，也没有摆出挑逗的姿势。这些女人不是物品，她们在微笑、十分快乐。

这次活动的影响力巨大，广受关注。最初的反应五花八门。《芝加哥太阳时报》的一名男性记者在文章中写道："我唯一一次想看那么粗的大腿是在一桶面包渣里。"❶其他人则指出一个具有讽刺意味的事实，多芬公司一方面告诉女人做自己就是最美，另一方面却在向她们推销紧肤产品。怀疑者则质疑这个策略的长久性，悲观地预言不久之后人们就会开始厌烦，还可能会使多芬变成"适合胖女孩的品牌"。多芬则声称，活动推出以后，收到的无数电邮写道"的确是这样"、"非常感谢"。紧肤产品的销售量直线上升，增长了700%。

多芬真美活动旨在扭转人们对美的传统概念，提出一个更加广泛、更加健康、更加民主的美的概念。为了达到这个目的，该公司建立了一家网站，设有讨论区并提供投票机会：灰头土脸还是魅力四射？满脸褶皱还是靓丽无比？过度肥胖还是精神抖擞？多芬自尊基金会在全世界范围内开展了多个项目。通过与女童子军合作的"独一无二的我"这个项目，多芬将活动扩展到了年轻女孩群体。公司在哈佛大学赞助了一项"美学与幸福"的项目，目的是探寻流行文化当中的女性形象及其影响力。

多芬真美活动荣获2006年美国公共关系协会颁发的最佳银钻奖。戴夫·M·伊姆雷在发表获奖感言时说："这个活动的意义在于，让全世界成千上万的男男女女重新思考美的真正含义。"◆

人们对多芬真美活动（之后该公司又制作了两段广为流传的视频《进化》和《突击》，以及一系列抗衰老产品的广告，安妮·莱博维茨以"赤裸奶奶"的形象出现在图片里，虽然遭到电视台的禁播，却在互联网上广泛传播）也不乏批评的声音。这个活动可能因其知名度而深受其害，一些批评者指责这个活动的动机和广告本身。他们关注的问题如下：

● 一个以盈利为唯一目的的企业能否真诚推动社会变革，还是仅仅利用广泛的社会影响来实现企业的发展？
● 如果美是一个人的固有品质，那么为什么还需要化妆产品？
● 能否不利用女人的不自信来推销女性化妆品？
● 真实只有在它所处的对立面，即理想状态下才能被理解；所以，真实只是巧妙加强了它试图否定的美。

最终的结果是，联合利华自身的矛盾开始浮现。一位作家问道："一家拥有和销售AXE❷和多芬的企业能够被认为是真诚努力的吗？"但拥护者表示坚决支持，声称不管动机如何，女性能够从中获得切身利益。

你是怎么看的？

（1）多芬真美活动只是一个利用公益宣传达到提高销量目的的促销战略吗？

（2）这个活动是一次真诚的公益宣传吗？

（3）这个活动有可能既是公益宣传又是市场营销吗？

---

❶这可能是一个反讽，暗示几乎不会想看那么粗的大腿。——译者注
❷联合利华旗下的世界顶尖男士日用洗护品牌之一。——译者注

"人们是否对多芬寄予了过高的期望？"琳达·斯科特写道。她认为在很多人看来，"女权主义思想仍有反市场的偏见"。她一直思考，我们也可能这样想，即"一个人如何做到既是一个女权主义者，又能同时在广告公司工作？……今天的女权主义义无反顾地抵制市场活动，以至于为了在广告里展现正面形象所能采取的措施都被彻底摒弃了"。

案例

动物的权利：负责的形象？

善待动物组织是当今世界上最大的动物权益组织，拥有超过200万名成员和支持者。该组织的工作主要针对工厂化养殖、生物实验、皮草贸易和（动物）娱乐产业这四大领域，在这些领域，最大数量的动物在承受着最长时间的最大痛苦。该组织还从事其他领域的工作，如开展大众宣传、深度调查、动物救援行动、法律保护、特殊行动、邀请名人参与抗议示威活动等。

PETA的广告宣传策略，至少和它所从事的事业一样广为人知。一名记者曾经问过："有人指责过PETA广告的不优雅吗？"以下就是PETA一些不太优雅的广告。

● 泰格·伍兹几次出现他家附近的很多广告牌上，旁白是："性活动过于频繁对于小老虎也是件坏事，无论怎样，应切除雌性的卵巢或对雄性进行阉割。"（这个广告牌不久就消失了。）

● 美国黑色水貂品牌的模特伊丽莎白·赫尔利，身穿白貂大衣被泼上了红酒。

● 《时尚》杂志的总编安娜·温特在四季酒店就餐时，PETA的会员走上前去，往她的盘子里扔了一只死浣熊，抗议她在杂志里展示皮草时装。

● 一个胖嘟嘟的小男孩吃汉堡的广告牌配了这样一条旁白："给孩子吃肉就是虐待儿童。"

● 在一个平面广告里，犹太人大屠杀的照片和工厂化养殖场、屠宰场里动物的图片放在一起。

显而易见，PETA追求的目标就是引发争议。

也许PETA最有名的（或臭名昭著的）是，其一直使用过于性感的女性图片。一位记者说："近10年来，这个组织一直都在完善复杂的宣传策略，它的很多宣传活动都利用女性身体提高人们维护动物权益的意识。这不是约翰·列侬和小野洋子'爱与和平'静坐示威式策略，而是'在推销的产品旁边放一个身材火辣的美女'的策略。"这位记者的话被博主们大量引用，他们不停地质疑："这样一个素食主义机构为什么一次又一次地把女性当成肉？"一位博主写道："PETA是在利用女性来帮助动物吗？意图良好能够证明手段的合理性吗？"

"素食之爱"是一个电视广告，它被描绘成"一群美女禁不住素食的诱惑"，这个广告被认为过于火辣，不宜参加2009年的超级碗电视广告大赛。NBC拒绝播放这个广告，理由是"内容的性感程度超出了其标准"。禁播之后，PETA以考虑重新播出为由要求电视台作出确切的解释，NBC列出需要剪掉的镜头：如舔南瓜、用南瓜摩擦身体敏感部位等等。之后，这个需要删除镜头的清单被贴在了其官网上。PETA的广告因肉体暴露内容而遭到禁播已是家常便饭，以至于PETA非常自豪地在网站上开设了一个"过于火辣、电视不播"的专题讨论区。◆

这个案例引出了一个非常有趣的伦理问题：在什么情况下一个带有争议信息的广告才能被定义为不道德？我们看一下PETA是否逾越了这个底线？

PETA对自己的营销、广告及宣传手段负责。实际上，它没有寻求专业帮助，完全亲力亲为。所以，PETA对自身责任和义务的理解，很可能与广告专业人士的看法大相径庭。后者至少在理论上受制于自律机制、职业准则与责任以及对支持者的责任和义务。

从大的方面看，人们也许会问：为什么广告商会允许冒犯性的广告存在？专业人士很可能认为，如果广告的确是有争议的，那么PETA就要因其没达标而接受处罚。该组织的目标应该是进行大众教育和吸收新的会员，而PETA的网站似乎是最佳的教育方式，因此，PETA的主要工作似乎是吸引人们浏览它的网站。

我们应该如何定位PETA呢？PETA的副总裁丹·马修斯认为，由于PETA是一个"慈善组织"，他们基本上没有广告经费。因此，他们必须用最小的成本使公众关注他们的议题。

> 由于受众的日程很满，我们必须用创造性的思维改变宣传活动，以赢得尽可能多的关注。这是我们的货币，我们的货币就是要令人生厌。公众会觉得我们的广告片或是让人愉悦或是惹人讨厌，但我们所抨击的公司则感到害怕。
>
> 被禁止播放的广告受到了很高的关注度，这对我们来说是件好事。因为我们只有努力把每个广告做得生动有趣，增加网站的访问量，人们才会了解我们的核心议题。

也许更应该用游击营销来定义PETA的所作所为——让消费者看到不经常看到的东西，创作一些存在于其行为情境中但又脱离惯常情境的东西（参见案例《那是一条广告吗？你确定？》）。在像这样的社会事业领域中，竞争极其激烈；PETA只不过是在挑战一个底线而已。

但是，PETA的一些行为肯定快踩到了法律的红线。PETA的广告，对很多人来说，几乎都具有性挑逗和冒犯性。有人认为PETA故意跨越伦理和良好品位的界线，制作在电视上禁播的广告，然后在YouTube和PETA网站上获得新生，充分利用由此引发的关注。就此而言，PETA是一个成功的组织，它的网站上列举了它在维护动物权利方面的很多成就。这些成就因其广告的关注度而受到重视。

PETA的广告不合伦理吗？挑战伦理底线的路还能走多远？

我们该怎样定位PETA？

第七章

媒体是商业性的

唐人街一角。

媒体是商业性的。这意味着什么？一个简单的回答也许是：媒体上有广告。的确，这是答案的一部分。广告在媒体内容中占据了很可观的比例，它为大多数媒体提供了经济支持。对于某些媒体而言，广告甚至是其收入的唯一来源。广告产生的交易令媒体产生自豪感（广告使媒体的成本更低，无须依赖政府的支助），但也引发了争议。

媒体是商业性的，这意味着在我们的资本主义经济体制中，媒体的首要目标是盈利。媒体从广告商那里获取收入，受众就变成商品——在某种意义上，受众是媒体制造并出售给广告商的产品。广告商寻求的是那些最有可能购买他们的产品，有意愿、有机会、有能力消费这些资源的人群。从这一点上说，并非所有的受众都是平等的，一些受众要比另一些更受广告商青睐。广告商"购买"受众，和消费者购买商品的方式是类似的。

因此，媒体要根据广告商想要吸引的部分受众的特点来制作内容。举例来说，直到最近，广告产业所关注的18至34岁人群，都在很大程度上塑造了我们所看到的媒体。《欲望都市》、《美国偶像》、（似乎无休无止的）现实类节目、动作电影、年轻人杂志等等都是明证。

广告和媒体之间的这种关系，引发了一些最常见的道德思考：

广告会对非评论类内容施加影响，或者尝试这样做。在民主社会中，保持广告和社论之间的界限是新闻诚信的一个标志，也是美国职业记者协会伦理守则中明确陈述的责任。媒体向广告商"出售"利益，是人们长期以来的一个忧虑，随着经济下滑，媒体度日艰难，这种忧虑不断升级。《指定内容》的作者罗纳德·柯林斯和托德·吉特林在该书的引言中这样写道：

> 通常，我们将审查制度及相关问题与干预及威权政府联系起来。（本书）证明，在现代美国，审查更有可能来自广告商和与广告相关的压力（集团），而且更有可能被商业支持的媒体所容忍。

广告商试图影响非广告的内容，这不仅包括新闻，也包括其他媒体内容。众所周知，如果一些流行节目不改变"冒犯性的"内容，广告商就会撤回他们的资金支持。有时，广告商会直接施加控制（例如，产品植入台词、声明如遭"冒犯"则撤销广告）；有时，媒体会实施自我审查，将新闻"软化"或者选择不发表，以免让广告商难堪。1992年，《新英格兰医学》发表的一篇研究报告显示，那些严重依赖香烟广告的杂志，刊登吸烟有害的文章远远少于其他杂志。女性杂志则被认为是最不具冒犯性的。在许多女性喜爱的杂志中，"有利的编辑环境"或者"补充内容"[1]几乎是吸引广告商的必备条件。

广告影响可利用的媒体。换言之，广告"创造"媒体特点。如前所述，媒体设计的特点是吸引"富人"（通常用消费潜力来定义）。如果广告商认为某个群体不是他们想要的目标市场，那么整个群体有可能被忽略。从这个意

---

[1] 对广告商在该版刊登的广告具有加强性或起码不会对其含有否定性的信息。——译者注

义上说，广告商在观念市场的塑造中扮演了重要角色。

关于对民主社会中媒体的规范化作用的顾虑着实令人担忧，而且持续的媒体合并加剧了这些顾虑。越来越少的公司掌握了大多数媒体，少量企业巨头掌握了巨大的政治、经济和文化权力。

商业媒体体制的另一方面是：在这些企业所有者眼里，媒体是利润的中心，而非民主的基石。罗伯特·麦克切斯尼是一位媒体学者、活动家、Free Press 的创办人之一。Free Press 是一个致力于媒体改革的全国性无党派组织。他反复、热忱地阐述着这个观点：

> 即便是地球上最有良知的 CEO 也无法回避这样一个事实，即他的首要任务是对股东负责，而不是对公众，或者民主的信息需求负责。
>
> 媒体集团……认为新闻的采集和报道不是营利性的……我们的开国元勋从来不认为媒体自由只属于那些买得起媒体的人。如果说媒体是鲁珀特·默多克和约翰·马龙的私人财产，那么开国元勋们一定会感到恐怖。他们绝不会考虑，更别说接受现状，即如果富人认为新闻无利可图，整个社会就无须再有新闻。

这一章中的案例分析了许多复杂的道德困境。西班牙裔美国人正在被积极建构成目标市场和广告商青睐的媒体受众，《出售美国的西班牙语受众》探讨了这个过程和意义。《媒体看门人："抱歉，禁止入内"》提醒我们：媒体需要广告商，同时广告商也需要通过媒体来提高与受众对接的效率和效力，这个案例探讨了媒体在接受或拒绝广告时所行使的权力。《震惊：尽职调查的案例》关注的是电台的特殊情况，让我们思考广告商是否应该对他们用金钱购买的内容承担责任。《出售头版？广告还是社论》探索了广告和社评界线模糊带来的行业困境。最后一个案例《欢迎来到麦迪逊＋葡萄藤》分析了媒体内容中不断增多的产品植入。

案例

出售美国的西班牙语受众

每一个消费者市场都是一个现实的建构。这种建构并不是说用来建构消费者市场的范畴没有现实基础，而是说，其所设计的范畴和形成这些范畴的诸因素，都服务于广告商及其客户的利益，而非消费者的利益。

市场定位是例行的营销实践。作为广告商，我们通常需要定位一个群体，用任意数量的特征来定义它，然后对它展开营销。市场定位是创造并传递营销信息的一种有用、高效的方式。刻板印象是市场定位过程中的固有成分，尽管很少有人承认这一点。几乎每一个人，哪怕不是从事广告业的人，也能告诉你婴儿潮一代、新新人类和青少年各自的基本特点。"令人垂涎"的 18 至 34 岁人群的市场，号召超越年龄的形象和观念，55 岁以上人群也应如此。广告商工作的一大部分内容就是目标营销，所以我们很少思考这个问题。或许，我们真应该认真思考一下。

正如开头引文所提到的，一个群体被确定为市场目标的过程不是自然的、自动的，它是在社会关系的背景中产生的。也就是说，市场不是在那里等着被发现，它的存在实际上是广告商定义的。让我们简单观察一下西班牙裔美国人[①]市场是怎样形成的。请注意，当时据西班牙广告商联盟估计，2009年该市场的购买力达到了9 780亿，预计在2010年会突破一万亿。

在20世纪60年代中期，西班牙裔美国人市场成为广告商业媒体的一个话题。这个市场被认为是非目标的，经常被广告商有意忽略或视而不见。对西班牙裔美国人的营销主要是地区性的，广告经纪人在英语电视台上购买广告时间。当时，联邦通信委员会不允许非美国公民拥有电视网超过20%的股份。埃米利奥·阿卡罗加，一个拥有墨西哥电视集团的墨西哥电视台，一直在寻找使墨西哥电视集团的节目进入美国的机会。1961年，它开始在圣安东尼奥市和洛杉矶市购买电视台，并建立了西班牙国际网络（SIN）和西班牙国际通信公司（SICC）。

于是，西班牙国际网络开始发展起来：

● 到20世纪70年代中期，SIN拥有16家电视台。

● 1976年，SIN成为美国第一个和卫星实现联通的网络。

● 到1982年，SIN宣称其16个网络、100个中继站和超过200个有线系统已覆盖90%的拉丁裔美国人家庭。

● SIN被霍尔马克收购并改名为Univision。

如前所述，在一个商业媒体体制中，观众是出售给广告商的商品。为了吸引广告商支持西班牙语的节目，拉丁裔美国人被定义为（也就是被构建为）有利可图的、未开发的市场。广播公司需要说服广告商：拉丁裔美国人是理想的消费者，他们有足够庞大的群体和足够大的消费能力，他们值得被确立为一个目标市场。在一篇名为《西班牙金矿：刻板印象、意识形态和美国拉丁裔市场的建立》的文章中，罗伯塔·阿斯特洛夫分析了广告商业媒体中的讨论。他写道：

> ……通过重新定义，而不是仅消除传统的刻板印象，拉丁裔美国人从一个看不见的市场转变为消费金矿。尽管刻板印象的基本元素依然存在，但是广告商在刻板化的归因和行为中找到了对自己有用的价值。

这个市场要被定义成具有独特特征的群体，也需要不同的媒体来参与。简而言之，拉丁裔美国人需要被包装成有市场、有商业价值的身份。在这个过程中，拉丁裔美国人——不管是古巴人、墨西哥人还是波多黎各人——在营销中被定义为民族中的民族，拥有独特的文化、民族精神和语言。他们被定义为西班牙语的市场。达维拉说：

> 西班牙裔美国人被定义为"通过文化定义的"同质利基，从而成为一个受保护的群体。正是这个定义，使所有的拉丁裔美国人成为无差别市场的一部分——无论他们是住在萨尔瓦多巴里奥还是纽约高档的大楼里；无论他们是观看弗雷泽还是仅仅阅读墨西哥小说；无

[①] 大多数人不加区分地使用Hispanics（西班牙裔美国人）和Latinos（拉丁裔美国人）这两个词语——尽管这两个词语存在差异。由于资料有多个来源，所以我们笼统地采用数据来源所使用的词语。——作者注

论他们是喜欢瑞奇·马丁还是认为他是个叛徒……

达维拉继续阐述说：这种建构的意义远远超出美国人营销的范围。不过，商业表征与作为被关键市场所认可，并没有提升西班牙裔美国人在参与式民主中的地位。

> ……商业表征也许能塑造人们的文化身份，影响人们的归属感和在公共生活中的文化公民身份……拉丁裔美国人一直被塑造成真实存在的和可以向广告商出售的群体，然而归根结底，他们是外来的，而不是美国社会、文化和历史的固有组成部分……营销话语不可能没有经济和政治的烙印。

西班牙广告商联盟的主席克拉维兹提出了一个相似的观点：

> ……我们把西班牙广告产业拉入了一场西班牙语和英语对决的辩论中……为了走出语言窠臼，我们必须完成三件事：要超越用英语或者西班牙语定义我们的市场；要坚持提高市场准入门槛；采用一种新的语言……机构的语言……营销的语言……商业大楼的语言……我们必须决定，是由我们来定义消费者还是让他们来定义我们。◆

从专业和实用角度来看，市场定位是一种很有价值的工具。它为高效交流提供了一群令人满意的消费者，将货币浪费以及向个人传送无关或令人厌烦的信息之可能性降到最低。当然也可以这样说，尽管这个群体存在多样性，但为促进市场定位而创造的西班牙裔媒体却受到众多西班牙裔群体的欢迎。这些媒体不仅提供娱乐，还提供与群体相关议题的信息和让公众参与对话的机会。简而言之，西班牙裔群体被赋予了利益表达渠道，尽管这个渠道是受商业驱动的。

为了帮助阐明目标市场的建构，我们需要提出如下问题：

- 具有不同特性的人如何被归入某一个群体？
- 在一个群体中，是怎样的特性决定了成员资格？
- 是谁赋予这些特性以意义？

在这个案例中，西班牙裔美国人是由西班牙裔媒体企业家定义的，这些企业家后来承担了"专业咨询师"的角色，目的是将西班牙裔美国人包装成可以出售的受众。西班牙裔美国人这个市场是被语言建构的，也可以说是被"建构成他者"的，被定位成民族中的民族。由于在这一点上与其他群体区别开来，西班牙裔被边缘化，游离于主流之外，"永远需要特殊的文化营销"。那么，市场是为了市场的真实需求而创建的吗？还是作为一个实现营销商目的的手段？西班牙裔市场仅仅是为了确保西班牙语媒体的活力而被创建的受众或简单的商品吗？

如果最后这个问题的答案是肯定的，那么康德将质疑这么做的道德问题。从最严格的意义上说，为了实现我们的目标而去利用他人，或者更明白一点说，仅仅为了实现我们的目标而那样做，是不道德的。不尊重他人的人性，是不道德的。此外，还应考虑另外两个因素。其中一个因素也许可以被称作市场的脆弱性。布鲁克斯提醒我们：消费者的类别是由广告商及其客户的话语建立的。西班牙裔群体的脆弱性和我们通常想象的差别很大。它的脆弱性在于，比它更大的群体对其多元文化知之甚少，并常导致刻板理解和误会。在很大程度上，西班牙裔群体缺少对其表征的掌控，这是一个显而易见的劣势。同样，作为理解其多元文化的"经纪人"，西班牙裔专业人士应该被认为是共犯。正如克拉维兹所说：

> 古巴革命开创了美国的西班牙语广告……一群哈瓦那广告人士突然发现他们被放逐了，他们想要从事他们最了解的行当。所以他们开始了一段漫长而艰辛的历程，去让美国广告商相信，有一个巨大且尚未开发的市场正藏在他们的眼皮底下。为什么这个市场未被开发？因为他们不讲英语，听不懂英语广告！

克拉维兹承认，是这些"创始人"催生了整个产业。这个产业是什么呢？在与《财富》杂志的访谈中，悠景网络的董事长凯撒·孔德指出，广告业对西班牙语市场的热议已有数年，但和热议相匹配的广告投入却未到来。市场营销人员花在欧洲市场上的时间远远超过国内的西班牙裔市场。国内500强的广告商在西班牙裔市场上的投入只占总预算的5.4%，而西班牙裔占到了人口总数的15%。"这是不正常的。"孔德说道。

另一个因素是，营销行业始终只是将西班牙裔市场当作一个无特征的市场。西班牙裔市场被建构的形象和表征，对于怎样从更广泛的社会、经济和政治参与者的角度理解该市场中的个人，起着至关重要的作用。问题是：有没有一个中立的伦理立场，使我们既可以认识到他们作为消费者的价值，又能够认识到他们作为公民的价值和权利？在每种新情况下处理每个新的产品和新的市场目标时，作为专业的广告人员，我们必须考虑那些看似是日常行为的后果。当然，我们有职责为我们的客户鼓吹，增加他们的利益，实现他们的目标。同时，我们也有责任使我们的工作保持公平和灵活。

> 然而，事实是，受压迫的并未生活在社会"之外"。他们一直都在"里面"——在一个使他们"为别人而存在"的结构里面。解决办法不是让他们融入存在压迫的结构中，而是改变这个结构，使他们能为"他们自己而存在"。

案例

媒体看门人："抱歉，禁止入内"

"发现真理的最好办法是使大量观点充分竞争"，这个信仰深植于美国文化与民主中。在前文中我们已经提出，由于我们的媒体体系依靠广告支持，为了吸引广告商青睐的受众，媒体通常会制造内容，此时，人口中的很多群体可能（实际上很有可能）被整体忽略了，因为他们不是观念市场的参与者。

这个案例从另一个角度对观念市场展开分析，认为任何媒体都有权以任何理由拒绝广告信息（政治性广告除外）。当然，对于个别媒体来说，这种做法意味着不利的经济后果，即它们以后很难或者不可能在相应的经济市场中拥有话语权。此外，如果我们将广告看作一种社会交流载体和商业工具，那么媒体在拒绝广告的同时，试图通过广告信息来发出声音的整个群体或者某些观点都将被封杀。

我们必须认识到，媒体拒绝广告信息，

或者要求广告商修改信息内容等做法十分常见。通常它们采取这种做法时不会大张旗鼓，我们很多人甚至没有意识到，媒体常常根据它们既定的准则来接受或者拒绝广告。然而，在某些情况下，特别是涉及有争议的人群或话题，媒体拒绝广告的这种行为本身就成了新闻。让我们来看几个例子。

2004年，全美广播公司和哥伦比亚广播公司停止与联合基督教会的合作，后者提交的广告被前两者拒绝。广告描述的是站在某个入口处的两名保安禁止一对同性恋夫妻、一位非裔美国女性和一位拉丁裔男性入内，却允许一个年轻的白人家庭通过。屏幕上出现"基督不会拒绝人们，我们也不会"的字样，随后展示了一幅教堂避难所充满了微笑人群的画面，这群人有不同的年龄、种族和性取向。广告以一段旁白结尾："不管你是谁，你的人生旅途在何处，联合基督教会都欢迎你。"根据UCC的说法，哥伦比亚广播公司拒绝这个广告的理由是：

> 由于这个广告触及了同性恋夫妻和少数族裔被他人和组织排斥的内容和另一个事实（即最近政府提出了一项宪法修正案，规定婚姻是一个男人和一个女人的结合），因此，这个短片不能在电视上播放。

全美广播公司认为这个广告"太具争议性"。但全美广播公司和哥伦比亚广播公司都审核通过了UCC的另一个广告。在那个广告中，一个小女孩玩着传统的掌中游戏，旁白为"这里是教堂，这里是尖顶，打开门就能看到所有人"。最终，原版广告在很多有线频道播出，包括美国广播公司家庭频道、AMC、BET、探索发现、福克斯、贺曼、Travel、东京广播公司，以及TNT。

2007年7月，在大洋彼岸，一本以同性恋生活方式为主题的杂志《同性恋时代》在英国发行并开始寻找宣传渠道。杂志将它的封面复制在一系列广告上，并在地铁站展示。这是一个庆祝同性恋合法化40周年的封面，中间是粗体的"自由"二字，背景是两个男人半拥抱的图片。伦敦地铁要求杂志修改广告，理由是其中一个模特处于"不必要的裸露状态"。其实，具有讽刺意味的是，《同性恋时代》封面广告的刺激程度，比大多数异性男女模特的广告都要小。杂志编辑约瑟夫·加利亚诺这样评价这个广告："我们的图片上有两个年轻人，近景中的一个穿着整齐，在他身后，另一个男子穿着短裤，从他肩膀上探出头来。与大多数伦敦地铁广告相比，这个广告非常温和。"然而，《同性恋时代》最终还是修改了广告；这个模特几乎看不到了，除了一只伸出的胳膊和插在另一个模特口袋里的手。

现在来看一个佐治亚州的案例，是关于拉马尔广告公司（一个非常著名的广告牌公司）和佐治亚平等协会（一个同性恋、双性恋及变性人的权利组织）的。2005年，佐治亚平等协会组织了一个名为"我们是你的邻居"的运动，社区里各种形象成对出现，例如一个男同性恋消防员和"我保护你，我是一个同性恋者，我们是邻居"的文字说明，或者一个女同性恋医生，文字说明是"我照料你，我是一个女同性恋者"。最初，该运动在亚特兰大地区的高清频道广告牌上展示，但在运动的第二阶段，南佐治亚当地的拉马尔广告公司经理拒绝了该广告，运动几近停止。拉马尔广告公司董事长在给佐治亚平等协会的电子邮件中表示，他本人并不一定反对运动本身。"对或错，我们给地方经理以接受或者拒绝广告的权力。"

在政治光谱的另一端，进行着另一场广告牌运动。1988年，一个匿名捐赠者发起了"上帝说"运动。黑色的广告牌上用白色字符写着如下的话：

> 不要让我降临到那里。——上帝
>
> 如果你觉得现在很热，不妨默念我

的名字。——上帝

这是《十诫》中的哪一条,你难道不明白吗?——上帝

大爆炸理论,你在开玩笑吧。——上帝

美国户外广告协会由全美广告牌所有者和承租者组成,它在1999年使用很多广告牌进行全国公共服务运动。价值约1 500万美元的广告牌(约1万个),作为"给社区的礼物",被捐赠给全美200个城市的广告运动。根据俄克拉荷马州的一篇新闻报道,"拉马尔广告公司称,只要有可用空间,它们就会不断在地铁设置广告牌"。"上帝说"运动继续在全美的广告牌上展开。2009年,注明"上帝说"网站信息在内的新版广告牌启用。"上帝说"还赞助了一种"轮子上的飞快广告牌"——全美运动汽车竞赛协会在赛道上的汽车。◆

这些例子让我们注意到一些可能很多人没有意识到的道德困境。毕竟,媒体有权拒绝任何广告(政治性广告除外),而且无须给出拒绝它的理由。我们把媒体许可看作监管组合的一部分,它有先发制人的优势,避免公众接触可能虚假或带有欺骗性的广告。拒绝的理由通常包括违反公司原则,保护消费者免受欺骗,认为一些商品(观点)会引起目标受众反感,害怕冒犯受众等。让我们更仔细地来看一下拉马尔广告公司的案例。

在拒绝给予佐治亚平等协会广告空间之后,拉马尔广告公司欢迎"上帝说"运动,甚至捐赠广告空间。我们不清楚,拉马尔广告公司拒绝佐治亚平等协会,除了其所说的理由,是否另有其他动机。然而,我们可以推测,个人信仰在其中起到了一定的作用。广告牌是非定向媒体,因此受众作何反应不是我们要讨论的问题。如果决策者(在这里是拉马尔广告公司的管理者)在无知之幕后制定社会契约的话,他们就不会意识到这些事在政治和社会光谱中的位置。因此,在作决定时,他们会以"公平即是正义"为原则。作为自私的个体,为了避免受到谴责,他们既不会谴责也不会赞扬任何团体。

关于这种思路,我们更熟悉的例子是两个人分一块蛋糕。如果双方约定由一个人切蛋糕而另一个人先选择,那么切蛋糕的人就不知道自己最后会得到哪一块。因此,切蛋糕的人会尽量将蛋糕分得公平,他这么做不是为了保证先选蛋糕的人得到公平,而是为了保护他自己的利益。从这一点说,道德行为并不是源于利他行为,而是源于自我保护。

现实中,我们不会用罗尔斯主义来处理我们面临的每一个决定。但是,我们可以考虑,如果换一下位置,那么我们自己会不会得到公平对待。记住这一点,我们再来看拉马尔广告公司的决定是否符合公平的要求。

(1)拉马尔可以接受佐治亚平等协会和"上帝说"运动,即便它们的信息可能和决策者的个人信仰有冲突。

(2)拉马尔可以同时拒绝两者,理由是两者都可能具有争议或者倾向极端,对于一个拥有广泛无差别受众的媒体来说,这是不合适的。

简单地说,媒体可以拒绝广告不一定意味着媒体应该拒绝广告。要根据公平正义的原则来做这样的决定。想一想以下几个问题:

● 以广告和个人信仰不一致为唯一理由拒绝一个广告或者要求修改广告是道德

的吗？

● 媒体有责任严格审查拒绝的决定，明确广告在社会市场和经济市场上可能起到的影响吗？

● 在一个倡导观念市场的文化中，用广告信息"太具争议性"的理由（就像全美广播公司用来拒绝联合基督教会广告的理由）来拒绝一个广告是合理的吗？如果是合理的，那么由谁来决定什么主题是有争议的呢？

案例

震惊：尽职调查的案例

许多顶尖脱口秀主持人，从近期复出的唐·伊穆斯到行业翘楚拉什·林博和肖恩·汉尼提，经常通过公共媒体宣扬并推广仇恨言论，反对女性、少数派、同性恋者和外国人，同时又模糊娱乐、观点和新闻之间的界线……这些主持人往往薪酬高，影响力大，大多是男性，全部是白种人，常喜欢语出惊人。他们常以一边倒的、高度政治化的新闻来影响国内公众的讨论，并影响在移民、堕胎等重要议题上的立法过程。同时，他们鼓励社会认可种族主义者和性别歧视者，认可针对同性恋者和外国人的仇恨语言，这不可避免地导致了社会对极端行为的沉默。

以上引自《令人震惊的主持人：仇恨言论和电台脱口秀》，该文作者罗里·奥康纳指出："从任何角度看——政治的、社会的、文化的、经济的——电台脱口秀都很'火'。"并且，电台脱口秀的"价值"似乎被成功地运用到了有政治导向的有线电视新闻中。格伦·贝克也许是当下最具争议的"专家"。2009年他在福克斯新闻频道亮相后就立刻走红，吸引了2 300万观众观看他的晚间新闻节目。如今，他因为称呼奥巴马总统为种族主义者而声名狼藉。"我并没有说他不喜欢白人，"贝克说，"我只是说他有问题，我相信他是一个种族主义者。"

也许正是在这种情况下，人们会想到宪法第一修正案赋予我们的权利。法官奥利弗·温德尔·霍姆斯在《艾布拉姆斯诉美国》（这个案件后来成为现代言论自由的法律基础）一书中写道："对真理的最好检验方式，就是观点能够在市场竞争中被接受。"他还说："我觉得，我们要永远对遏制言论的行为保持警惕，即便是我们直觉讨厌的认为充满死亡的言论。"

也正是在这个时刻，我们才意识到那些保障条款的罪恶之处。在《纽约时报》近期的一篇文章中，亚当·利塔克写道："与其他国家不同，美国保护冒犯性的言论。针对少数群体的仇恨语言（甚至有意使他们悲痛，使他们遭到蔑视和厌恶的言论）都受到第一修正案的保护。"利塔克引用马克·斯泰恩的观点说，对于仇恨语言的容忍，"是美国和其他从广义上说与之有姻亲关系的国家之间最根本的差别……第一修正案的确将美国与其他国家区别开来，不只是加拿大，也包括其他西方国家"。

公共广播的仇恨语言背后有很多伦理问题，如真理问题、公平问题、正义问题、尊重问题、职业责任的问题。在这里，我们要思考那些广告商的观点，他们支持含有仇恨言论的节目。我们提出的问题是：有些媒体充斥着种族歧视、性别歧视、反同性恋言论，对他人和社会造成伤害，广告商会认为这样的媒体是道德的吗？我们关注一下唐·伊穆斯，他长期以来担任"令人震惊的主播"，曾被汤姆·布罗考（时任全美广播公司夜间新闻主播）定义为"下里巴人"，对他的关注在2007年的那个知名事件中持续了一周之久。

事情发生在2007年4月4日《早晨的伊穆斯》广播节目中。这档节目起源于纽约哥伦比亚广播公司旗下的WFAN-AM广播，在全美60多个电台同时播放，并在MSNBC上同步联播。在和搭档伯纳德·麦克奎克（大多数人认为他对这期节目负有同等的责任）一来一去的调侃中，伊穆斯将罗格斯大学的女子篮球队红衣骑士队说成是卷发妓女。这个评论迅速引发激烈回应。一个自由主义媒体监测机构把这期节目发布在它的网站上，既有音频剪辑也有字幕。清一色的负面评论蜂拥而至。一条评论这样写道："我不明白为什么MSNBC还要继续播放伊穆斯的节目，他的节目是我们所能想象到的仇恨心态最重、最具性别歧视、最具同性恋歧视、最具种族主义特色的垃圾。"另一条评论写道："有谁知道今天是什么日子吗？今天是马丁·路德·金被枪杀的日子。这些混球今天公然吐出种族主义垃圾，明显就是挑衅。"

这一周接下来发生的事情如下：

● 周四，MSNBC发表了一个试图与伊穆斯划清界限的公告；全美有色人种协进会费城分会将伊穆斯的评论称为"种族歧视的、不可接受的"。

● 周五，全美黑人记者协会主席布赖恩·门罗提出："伊穆斯必须被解雇，晚一天也不行。"路透社主席和全美大学生体育协会主席认为该评论肆无忌惮。伊穆斯在他的节目中致歉，WFAN致歉，哥伦比亚广播公司广播致歉。

● 周六，牧师阿尔·夏普顿说："我接受他的道歉，同时我希望他的老板接受他的辞职。"

● 周一，哥伦比亚广播公司和MSNBC宣布伊穆斯停职两周。

● 周二，广告商开始撤出广告。

● 周三，撤出广告的广告商增多。MSNBC宣布："MSNBC将不再同步联播伊穆斯的广播脱口秀节目，即时生效。这些评论对很多人都造成了深深的伤害。我们和许多员工进行了谈话、讨论、电子邮件交流、电话交流。当听到那些愤怒的批评，听到人们说我们的节目绝不应该出现此类对话时，我们唯一的决定就是这样。"

● 周四，哥伦比亚广播公司宣布已经解雇伊穆斯。◆

著名媒体评论员、宾夕法尼亚大学安纳堡传播学院教授凯瑟琳·霍尔·詹姆森评论说："解雇来得这么晚，真是一件有趣的事。早在他们意识到他发表错误言论时，就应该解雇他。"在詹姆森看来，这个问题涉及职业价值标准和义务。伊穆斯发表了种族主义和性别歧视言论，伤害了他人，其雇主应该迅速并且毫不动摇地解雇他。但是，直到大量广告商开始从节目中撤出广告，哥伦比亚广播公司才作出解雇的决定。保罗·法西在《华盛顿邮报》上的一篇文章中，认可了广告商在这个决定中所起的作用："在媒体广泛关注和重要官员（包括白宫新闻秘书）表示失望的同时，广告商的倒戈显然是对NBC的致命一击。"

这个事件从广告的角度提出了一个棘手的伦理问题：如果广告商有责任对他们用广告费支付的内容负责，那么这种责任是什么？尤其是当媒体行业认为广告和评论的界线不可逾越的情况下？很少有媒体可以不依赖广告收入生存，因此广告商有相当的权力决定把话语权交给谁。广告商和他们提供金钱支持的媒体，在这一点上很少引起公众的注意。也就是说，大多数情况下，这一点不会被注意，除非有什么事情出了问题，特别是当广告商被认为权力使用不当时。

那些不受广告商青睐的受众可能会寻求公共监督反对那些广告商以支持他们自己的媒体。例如，女权主义杂志《女士》因无法获得足够的广告支持而停刊，最终又以无须广告支持的方式重新发行。同样，如今广告商经常因为未能充分利用少数群体的媒体而遭到谴责。另外，广告商以撤走广告来威胁某个节目改变"冒犯性的"内容——甚至他们真的这样做了（例如，艾伦·德詹尼斯、罗斯安妮）——这个事件本身就具有新闻价值。当广告商试图对媒体内容施加不当控制时，这种行动将普遍受到谴责。同时，由于缺乏广告商的支持，实际上观念市场中的一些声音被"消声"了，在这个意义上广告商被认为是不民主的。伊穆斯事件发生戏剧性转折这一过程，广告商因未能使用其经济力量使冒犯性的观点"消声"而受到责备。

奥康纳指出，类似《早晨的伊穆斯》的节目是"反常盈利"的，这意味着有广告商对其感兴趣。让我们从某个广告商的角度来分析一下这个情况。宝洁公司是世界最大的日用消费品公司之一，也是2010年美国最大的广告商（超过40亿美元），并且是美国最有名望的公司之一。根据宝洁公司门户网站的描述，公司的核心价值观是诚实正直、领导才能、主人翁精神、积极求胜和信任。公司有一套强大的广告和推广政策，这套政策以诚实，不容忍欺骗性广告，不容忍有问题的推广活动和坚持商业公平为基础。宝洁公司曾经从不合适的节目中撤出广告。2011年，公司发起了家庭友好型项目论坛。这是一个广告商组织，为创建家庭友好型节目提供种子基金。换句话说，宝洁显然非常小心地远离可能存有异议或冒犯性的节目。当公司决定停止在《早晨的伊穆斯》上做广告时，公司的一位发言人表示："我们首先要考虑我们的消费者，广告不管什么地方冒犯了消费者，我们都是不会接受的。"

这一行为看上去与公司的政策一致，但又引起了新的问题。在《纽约时报》的社论对页版中，鲍勃·赫伯特认为，伊穆斯类似对罗格斯大学女子篮球队的诋毁是"家常便饭"：

> 这个可恶的垃圾工作了很长一段时间。伊穆斯那句"卷发妓女"的评论，其语调和意图一点也不新奇。就像有一天晚上NABJ的主席布赖恩·门罗告诉我的那样，"这是一种长期的行为模式"。

伊穆斯的节目被公认的特点是用词不当、偏执偏见和性别歧视，而宝洁的企业核心价值是"诚实正直、领导才能、主人翁精神、积极求胜和信任"，那么，为什么宝洁经常在《早晨的伊穆斯》节目上购买广告时间呢？

显而易见的答案是经济利益。这个节目拥有"值得拥有的"庞大受众，每天有200万人收听。广告商能够高效获取这些受众，也有职责按客户利益行事。这个职责很明显优先于对冒犯性内容或者相关社会效果的担忧；更直接地说，经济利益战胜了伦理道德。当伊穆斯被解雇时，一位作家怀疑道："在那些公司大楼里，一定存在着焦躁感，因为伊穆斯给他的广告商带来了巨大的不便（现在我们该去哪里投放广告才能获得这样的受众呢？）和不想要的宣传。"

另一种可能性是，伊穆斯是一个充满矛盾的符号。奥康纳评论道，电台脱口秀有以下特点：

> ……主持人巧妙且持续地模糊新闻、评论和娱乐之间的界线……听上去像记者——这使他们逃避了对冒犯性评论的责任。这也不可阻挡地消弭了事实、虚构和玩笑之间的界线……

此外，这也是消费者和名人文化的一个怪圈。尽管大家都知道伊穆斯的偏执、刻薄、种族主义，那些有名的嘉宾——多丽丝·卡恩斯·古德温，参议员克里斯托弗·多德、约翰·克里、约瑟夫·利伯曼和约翰·麦凯恩，安德烈·阿加西，弗兰克·里奇，葆拉·迪恩，萨利·奎因，州长比尔·理查森——却定期出现在他的节目中，并且看起来与他聊得轻松愉快。这些名人到场，也许制造了伊穆斯言论得当的假象，缓解了广告商的不安。

这些"令人震惊的主播"在自我辩护时通常援引第一修正案赋予他们的言论自由。如前文所述，第一修正案的确保护言论，尽管在对它的解释中有一些夸大的成分。看一看庄莱特和墨菲的评论：

> 第一修正案禁止政府剥夺公民的言论自由……但这并不代表所有的言论都具有同等价值，都应当发表和受到鼓励，也不代表发表言论者不应该因为他们的言论而受到谴责……政府不处罚发表种族诋毁言论的人，不代表这些言论应该得到鼓励……有些人把有关言论自由的法律误解为"免除个人责任"。

广告商通常不愿意撤出广告，是因为认识到言论自由的权利。而宝洁愿意从违反自身原则的节目中撤出广告，则说明在这个案例中，对言论自由的担心并不是真正的问题所在。

IW集团（美国一家从事多元文化市场的通信公司）的董事长兼首席执行官比尔·依梦达在《广告时代》中写道，很多知名品牌在"冒犯性的"节目上做广告，他对此感到震惊。他强烈认为，广告策划有责任听一听或者看一看他们投放广告所在的平台。"我们都应该认识到，"依梦达写道，"有意识地使用词语污辱、贬低、鼓励持久仇恨的行为，永远不应该通过广告、营销或者其他方式得到支持或容忍。"

另一个广告商指出：

> 我认为所有客户都不需要在广告所投放的媒体的立场上为自己辩护。谁在乎数字究竟是多少？如果话语是肮脏的，它就会把信息"熏臭"，将感觉变成现实。

我们又要考虑职业价值准则和社会责任之间固有的矛盾。尽管这两个人都认为广告商对内容负有责任，这个责任似乎就是把责任推到客户身上（这或许可以阻止客户继续投放广告），而不是考虑这些内容可能给社会带来的后果。

阿诺全球广告公司的董事长弗兰·凯利说，伊穆斯有权上节目，说任何他想说的话，而"广告商有权用他们的金钱来投票"。不过，这里的问题仍然存在：投票的立足点是什么？

附记

2007年12月3日，唐·伊穆斯又回到了纽约WABC-AM的电台节目中，"虽然有所节制但仍然骄傲地令人讨厌"。他对听众说："我这辈子再也不会说任何让罗格斯大学的这些年轻女孩们为接受我的道歉并原谅我的行为而感到后悔和愚蠢的话了……并且不会再有任何人会在我的节目里说让人觉得我不值得拥有第二次机会的话了。"然而，他表示："节目风格并不会改变。"嘉宾名册依然是大家熟悉的，包括当时的总统热门人选约翰·麦凯恩和克里斯托弗·多德。同样回到节目的还有广告商。2009年10月5日，福克斯商业新闻网开始同步转播伊穆斯的电台脱口秀。

案例

出售头版？广告还是社论

区分新闻与广告，并避免模糊两者之间的界线。

毫无疑问，报纸产业现在身处困境。发行量骤减，广告向其他媒体转移，网络和在线新闻正在积极与之竞争，可信度下降，报纸产业正面临着"自大萧条以来最糟糕的收入下滑"。一位观察者说：报纸"正在翻箱倒柜，试图找到多余的零钱"。

报纸采取了大量的办法来维持生存。然而，很多地铁日报，包括已经在丹佛市发行了150多年的《落基山报》，都已停刊。有一些报纸采用了"混合"式发行，将在线新闻和印刷结合起来。另一家拥有100多年历史的报纸——《基督教科学箴言报》——自2008年起从日报变成周报，并开始把精力集中在制作网络版上。2009年，西雅图最古老的报纸——发行了146年的《西雅图邮讯报》成为全美最大的完全转向数字媒体的日报。

一个"记录报纸衰退和新闻重生"的网站于2007年建立，证明了现状的严峻，也对未来抱以些许乐观。在经济繁荣时，报纸遵守职业新闻记者协会伦理准则，保持广告和社论内容的相互独立尚具有挑战性，面对现状更是如此，需要我们加倍警惕。在目前的经济背景下，经济和伦理之间的矛盾显然更加突出。

2009年4月9日

全美广播公司为当晚首播的电视剧《南国》在《洛杉矶时报》上购买了传统的条形广告，刊登在报纸头版的下半部分。表面上，这是一个相对不显眼的举动。很多报纸，包括《今日美国》、《华尔街日报》和《纽约时报》，都在头版出售广告版面。但《洛杉矶时报》的广告与众不同。这条广告的旁边是另一条类似新闻专栏的广告，标题是《南国菜鸟英雄》。故事讲述了一个虚构的洛杉矶新手警察第一天上班的故事，并且在广告底部有一条斜体字印刷的标语，说明这是该电视剧将给观众带来的众多"不可思议"的故事之一。在全美广播公司的孔雀标志下，这个广告（或者说是文章）既没有署名，也没有链接到其他版面的详细报道的提示，并且在标题上印有"广告"两个字。所有这些设计分明告诉读者，他们所阅读的是（广告商）购买的内容，而不是新闻，尽管它初看上去很像新闻。

全美广播公司市场部经理亚当·斯托茨基说，《洛杉矶时报》娱乐广告部提出了这个创意，并把创意带到全美广播公司。全美广播公司和《洛杉矶时报》的广告人员一同撰写了这则广告，但报纸在诸如字体大小之类的小方面给了些建议。"这则广告的伟大之处在于它给了我们所谓的'社论声音'，"斯托茨基说，"你的市场营销越是融入背景中，越能吸引注意力。"《洛杉矶时报》这样描述道：

> 新闻和信息的传递是瞬息万变的产业，《洛杉矶时报》一直在尝试新的方式……给我们的广告合作商创造独一无二的营销机会，今天全美广播公司的《南国》广告就是对传统界线的突破。

报纸发行的当天下午，这则广告就收到70位读者的抱怨，并在新闻教育者和媒体专业人士中引发讨论。南加利福尼亚州大学新闻学院院长日内瓦·奥弗霍尔泽认为，这"根本就是欺骗"。波音特学院的伦理学者、迪堡大学新闻学教授鲍勃·斯蒂尔给予了同样的批评：

> 从叙述风格和写作风格上，把广告做成新闻的模式，是在出卖新闻内容的可信度，是期望读者阅读广告并给它更大的信任……《洛杉矶时报》的主管们是在挖新闻的根基。他们是在出卖报业的新闻灵魂。

2010年3月5日

《洛杉矶时报》的读者们打开报纸，便看到一张华丽多彩的约翰尼·德普的图片，好像是电影《爱丽丝漫游奇境记》中的疯帽子先生。这张图片占据了几乎整个版面，叠加在看上去与往常一样的头版上，德普脑袋上面便是《洛杉矶时报》的报头。图片周围，关于医疗保险和阿富汗的新闻隐约可见。这个广告横贯整个A版，从封面到封底。据说迪士尼为这个版面支付了70万美元，《洛杉矶时报》发言人称之为"报纸上最具价值的不动产"。

为了回应先前的"南国事件"，波音特学院的鲍勃·斯蒂尔还曾表示：

> 把广告以新闻的形式放在新闻的版面上是很不明智的，在道德上也有问题。虽然似乎每一步都微不足道，但千里之堤溃于蚁穴。

现在看来，斯蒂尔的评论是有先见之明的。

"哦，"一个读者叫道，"原来《洛杉矶时报》的头版还可以花钱购买。"◆

《洛杉矶时报》在头版刊登具有争议的广告，引发了很多伦理问题。这些问题对职业记者至关重要。根据职业新闻记者协会的伦理准则，"记者相信，公共启蒙是公正的先驱和民主的基石……职业诚信是记者信誉的基石"。保持商业利益及广告与社评的绝对分离，是新闻产品真实性的基础。履行对读者、团体组织和职业的义务是一份报纸的基本要求。100多名《洛杉矶时报》员工事先签署了一份反对该广告的请愿书，以下是请愿书的部分内容：

> 全美广播公司的广告也许带来了快钱，但对整个报社来说，它带来了无法估量的损失……它违反了我们和读者之间128年的约定——头版是为当日最具价值的新闻所保留的……并且嘲弄了我们的诚实正直和新闻标准。

这份请愿书被送到了《洛杉矶时报》出版人埃迪·哈滕斯坦的手上，正是他不顾反对刊登了这个广告。广告编辑部门和客户似乎为这个"独一无二的营销机遇"洋洋自得；而编辑拉斯·斯塔顿似乎只是屈服于财务现实，才不得不这样做。他说："包括我自己在内，这个国家没有一个编辑真的希望看到他们的报纸头版出现那些东西。"

我们说过，《洛杉矶时报》不是第一家将头版出售登广告的报纸。《今日美国》从1999年开始就在头版的下方出售广告空间。《华尔街日报》从2006年就开始出售头版的右下角部分。《纽约时报》从2009年1月起在头版"不明显处"刊登广告。《华盛顿邮报》曾是唯一抵制这种做法的全国性日报，但它也宣布于2010年9月19日起在头版刊登广告。《洛杉矶时报》的做法引人注目是由于它太过大胆。《华尔街日报》和《纽约时报》宣布将在头版刊登广告时，毫无勉强之意。在宣称（将广告）限制在"不显眼的位置"、"在页面底部"和"在右下角"时，也未见应有的矜持。相比之下，《洛杉矶时报》的做法看上去更有骑士精神。其他报纸只是在头版刊登广告，《洛杉矶时报》则是把整个头版都卖了！

前南加利福尼亚州大学新闻学教授罗伯特·尼尔斯说，头版的迪士尼广告是"报纸完全屈服的标志"。他还说：

> 对于任何新闻机构来说，在新闻报道的位置出售广告都是一条很危险的路……这表现出对读者的不尊重和对新闻产品的不自信。

然而，《洛杉矶时报》发言人约翰·康罗伊却不认为头版广告会使报纸的社论失去诚信：

> 我们已经说得很清楚了，这只是一个对头版的模仿，并不是真正的报纸头版。我们拥有一个前所未有的机会来拓展传统的划分，更新广告模式，创造广而告之的效应。

读者对这两个广告发表的评论清楚地表明，《洛杉矶时报》的确挥霍了公众的信任，辜负了读者的期望。评论选登如下：

- 老天啊，你是一份报纸，不是广告传单！你的意思是没有适合印刷的新闻？很不幸，我很遗憾，我不订了。
- 让一份全国性日报头版沦为娼妓是无耻的……如果迪士尼可以购买头版，为什么不能购买新闻？这两者的界线在哪里？我今天很不爽！
- 《洛杉矶时报》出卖了它的信誉，信誉是一切新闻机构的一切。希望它卖一个好价钱。

但并不是所有的评论都是负面的。一位读者写道:"我看到了假头版,我觉得它太棒了。背后有很多创意天才。"还有一些人为封面上的约翰尼·德普而着迷。当然,你可以感觉到读者在这里的讽刺和怀疑。对于读者来说,这不仅关乎《洛杉矶时报》,也关乎整个报纸产业、关乎新闻事业。再来看一些评论:

作者 1:这是未来的浪潮。产品植入电影和电视,广告也同样会植入新闻。
作者 2:不,他们不会的,因为那样的结果是,新闻不再是新闻。
作者 1:那么你觉得现在的新闻就是新闻了?!

还有这一条:

我真欣慰,有了"新闻自由",否则政府部门可能打击……
哦……别在意。

对于迪士尼来说,这是一个特别的机会,一个黄金机会。这是一个黄金版面,没有其他广告竞争,受众数量相当可观。报纸把它的信誉借给了广告,报纸的即时性也使广告的功能受益(电影就在当晚上映)。当然,广告效应产生了。这个广告和之前的完全不同。不管是好是坏,公众关注本身最重要。这正是媒体策划人梦寐以求的。

广告代理商显然对他们的客户负有责任,他们同样对社会和合作媒体负有责任。所有媒体,特别是报纸,都在艰难度日。报纸以生存的名义作出妥协,广告和社论之间的那道墙承受越来越大的挤压力。维持那道墙的稳固是两者共同的责任。

从功利主义的角度出发,人们会认为,只有严格维持广告和社论之间的界线,才能有利于多数人的最大利益。任何形式的内容货币化都可能会提供一个短期解决方案,但从长期来看,报纸和新闻赖以存在的基础将逐渐被毁坏。想一想由来已久的报纸信誉度下降问题。广告和社论的进一步融合,对报纸的诚信意味着什么?对报纸作为独立新闻来源的诚信形象意味着什么?还要等多久新闻部门才会发现自己已经被广告商操控,不再报道新闻,而只是刊登取悦广告商的内容?有一些人的确曾经说过(在 2009 年和 2010 年),他们现在还会说:"这是不对的!"对于这些人来说,让新闻屈从于广告从长远看是不可行的。新闻事业面临的后果会比当前对经济利益的忧虑更严重。

想一想这条在 responsiblemarketing.com 上发表的关于《洛杉矶时报》头版广告的评论:"我不在乎报纸现在的财政处境多么糟糕,这都不是理由。他们为了钱而牺牲媒体的诚信。如果它们为了生存必须这样做,那么它们不值得生存。"

然而人们很难否认,只有报纸生存下来,才能带来最大的利益,这个观点不无道理。面对一个也许能被称为可怕的经济困境,人们发现很多批评家、业内人士,甚至读者的评论都含有屈服之意。"报纸的确面临着一个不寻常的经济挑战,但在我看来,这不是生存问题的解决之道。"谈到 2009 年《洛杉矶时报》头版的广告时,日内瓦·奥弗霍尔泽这样说:"它破坏了报纸与读者之间最重要的纽带,在我看来,这是信任的纽带。"但丹·肯尼迪评论道:"考虑到我们目前的艰难处境,《洛杉矶时报》这样做,要远远好过拒绝收入的同时又削减报道的做法。"这些评论给人们的感觉是,许多人已经默许了商业规则的悄然蔓延。

这样的伦理问题同样与广告有关。广告商同样依赖新闻产品的信誉。从某种程度上说，报纸上的广告之所以被认为是有用的，是因为社论内容带有可信的光环。在 2010 年迪士尼广告这个案例中，《洛杉矶时报》的市场部起到了概念化和领头人的作用。作为报纸雇用的专业人士，广告部门有责任维持报纸的商业基础；作为客户的宣传者，广告部门同样有责任实现客户的最大利益。那么，广告从业者是否对公众负有责任呢？新闻产品的信誉问题是不是也有他们的责任？

我们是否陷入了伦理僵局？有妥协的余地吗？报纸如何既保护它们的新闻信誉又拓展新的收入渠道呢？最重要的是，"……谁来为报纸承担传统的守门人角色呢"？一位 CNN 记者说："200 多年以来，这个角色已经成为美国民主的一部分了。"

案例

欢迎来到麦迪逊＋葡萄藤[1]

让我们来大致浏览一下当代流行文化。

卡夫奇妙酱（一种被用来替代蛋黄酱的沙拉酱）想要为其品牌创造一种更时髦的形象，就在 Lady Gaga 九分钟的音乐视频《电话》中植入了它的全新包装。那段音乐视频对卡夫奇妙酱和碧昂斯作了特写，还有至少八种其他品牌。有一些是植入式广告，有一些单纯是 Lady Gaga 的个人喜好。在行业刊物中，评论家对于这段音乐视频的反应各不相同，大多数人对视频中过于暴露内容进行反思。在《广告时代》中，有一位作者评论道："有意思的是，这个视频是一个赤裸裸的广告……这个女人对于营销的真正贡献在于她明白……她是一个推销产品的媒介。"

系列侦探喜剧《超市特工》中的一个主角，不仅送给他的同事一个赛百味三明治，而且还说了赛百味当时的广告语："一英尺长只要五美元。"《广告时代》的另一个作者写道："这让《超市特工》中最短的镜头都转换成了赛百味广告。"后来，当全美广播公司宣布这个电视剧系列不再更新时，该剧的粉丝们在 Facebook 和 Twitter 上聚集起来写信抗议，他们集体购买了赛百味的三明治，来向电视台证明他们是有购买力的。节目最终得以更新，一部分原因是赛百味与全美广播公司签了一份续约一季的合同。作为对赛百味投入大笔资金的回报，据说赛百味在植入产品时拥有了一定范围的创作自由。

在电影《在云端》中，美国航空公司和希尔顿酒店拥有太多特写镜头，它们（在电影中的）亮相时间价值上百万，但其实没有付一分钱。一位美国航空公司推销经理妙语道："我们没有花一分钱——你读了标题，对吧？"而这两个赞助商

[1] 纽约麦迪逊大街是美国广告公司的聚集地，美国广告业的代名词；葡萄藤是一家全球媒体和娱乐公司。"麦迪逊＋葡萄藤"，意味着将广告和娱乐相结合。——译者注

却是通过提供住所和品牌来支付费用的。"飞机并不便宜。"

西班牙语广播网 Telemundo 和制造商签订开发产品的许可协议，目前的合作产品是珠宝，将来还有家居装饰品，这些产品可在电视剧和其他节目中植入。如果不是这样，这些产品就不会存在，消费者也买不到。Telemundo 网站已经在线出售电视剧《克隆》中出现过的珠宝了。◆

花钱将产品插入媒体内容，这样的植入广告模式并不新鲜。据说在 1896 年，卢米埃尔兄弟第一次在电影中为联合利华的阳光皂进行了广告植入。20 世纪 50 年代，哥顿金酒花钱让《非洲女王号》中的一位演员凯瑟琳·赫伯恩将其产品扔下船去。目前，这些策略在某种意义上被狂热地复活了，其中有很多因素的推动，比如技术革新，数字竞争，广告商寻找新的方式以获取更难达到的、分散的受众，生产成本更高，电视收视率下滑，以及广告空前密集。于是，一个 30 秒的镜头能否存活充满了不确定性，数字录像机或遥控器上的手指都会让一个广告出生即死。

受到电影电视成功推广的鼓舞，植入式广告几乎已经无处不在，它们出现在小说、唱片、音乐视频、戏剧、电子游戏和博客中。关于植入式广告的花费众说纷纭，但一般认为，在未来几年它的增长会异常惊人。PQ 媒体曾估计，到 2010 年，全球为植入式广告支付的费用将飙升到 76 亿美元。2009 年，美国为植入式广告支付的费用是 15 亿美元，如果将易货交易和未支付的植入式广告费用包括在内，总数将接近 45 亿美元。

植入式广告曾经只是展示产品道具，然后期待有最好的效果。如今植入式广告则是战略性的、被高度操纵的。在行业话语和概念中，品牌整合正在取代植入式广告。在《纽约时报》一篇名为《植入式广告在节目中获得自己的生命》的文章中，斯蒂芬妮·克利福德这样评论正在发生的改变：

> 如今，消费品牌不仅仅出现在节目中，还精心被编入到情节中，对此广告代理商负有很大责任。他们审核电视剧的台词、对出现产品的情节提出建议，参与和评论拍摄过程，并且复审初剪片段。

随着融合的趋势愈演愈烈，广告代理商变得更加投入，要求也更高。"我们几乎把自己当成了节目的初级作者。"其中一个代理说。在这种情况下，美国编剧协会和演员公会对他们的创作自由和工作诚信变得格外注意。在一篇名为《不喜欢植入式广告？告诉你为什么这是你的错》的文章中，《广告时代》的一位作者写道：

> 从来没有像现在这样明显，广告和正式内容迅速融为一体，根本难以区分彼此……早晚有一天，广告和节目混为一体，那时"广告时间"会成为一个很愚蠢、很过时的说法。

也许感觉到这一天正飞速到来，美国演员工会的董事长将这种融合描述成"一个越来越无法控制的入侵过程"。一位行业作家认为，这种融合是"在第一屏幕品牌营销的未来"。这是一个令人头疼的并置。当广告商寻找越来越深的融合时，平台已经发生了巨大的变化，广告植入和其他促销方式、线上活动和传统广告共同存在。

网络和制作人因植入式广告产生的收入激动不已，广告商也为融合战略带来的创新而欢呼，但不是所有人都表示赞同。观众抱怨说有些广告植入太过明显——他们显然厌恶那些不合适或者与电影电视内容无关的品牌信息侵入。植入式广告的拥护者认为，被诟病的植入式广告只是制作太差，他们提出，品牌在消费文化里是真实日常生活的一部分。拥护者还认为，广告植入给情节带来了一种真实性，有助于塑造角色，增强了娱乐节目所创造环境的真实性。

在很多方面，我们都会遇到广告和非广告内容之间的冲突。当前有关广告和非广告之间界线的讨论，主要是针对新闻内容，但同样也能应用于娱乐节目。有人会说，将餐桌上一个贴有"麦片"标签的普通盒子换成一个 Kashi GoLean Crunch（哦！一个植入式广告）的盒子，增强了真实感，是一个相对友好的侵入。就当今更加精心设计的融入而言，这无疑是正确的。但是，这是一个在非商业领域的商业侵入。

在思考广告融入的道德尺度时，请回想一下这个事实：消费者以跳过或快进的方式避开广告，营销商则试图对抗这种行为，从而更多地使用品牌整合策略。尽管品牌名称能很好地增强节目内容的真实感，但这种策略的出现在本质上是对抗性的：消费者不想观看广告，于是营销商便把广告设计得不像广告，并使它们渗入电视节目、书籍、电影、电视游戏中——潜在客户面前的任何地方。这是对公众责任的违背吗？植入式广告只满足媒体的需求，不考虑公众的需求吗？难道观众没有意识到在观看一个促销信息？广告植入或融入是不道德的吗？这是欺骗吗？

广告预警是一个致力于限制商业营销的非营利组织，它的总经理罗伯特·韦斯曼认为，广告塑造节目剧本，是"一种对节目独立性的实质侵蚀"。更重要的是，他认为广告植入是不诚实的、欺骗性的和操纵性的。

> 电视网将植入广告的节目送到客厅……电视台假装这些只是普通的节目，而不是付费的广告。这是对基本诚实的污辱……植入式广告本身就是欺骗性的，因为许多人并没有意识到它们其实是广告。

联邦通信委员会审查了这种现象后，得出同样的结论：（植入广告）尤为阴险，因为观众通常没有意识到有人正试图影响、说服他们，并向他们推销商品。

是否强制公开？怎样有效地实施公开？这是监管遇到的主要问题。目前的规则要求，如果收到了金钱或者"另一种补偿"，电视台在播出这个信息时就必须完全公开这个事实，或者清楚地说出提供或者承诺提供这种补偿的人。公众理应知道"是谁试图通过正在播出的节目说服他们"。这种要求通常通过片尾演职员表而得到满足（促销补偿由……支付），它长时间停留在屏幕上，让大多数观众有足够的时间看到或者听到。批评者建议对此做出改变，例如，鸣谢时间应该更长、字体应该更大，并且当植入式广告一出现就同步显示在屏幕上。他们认为目前的公开是不充分的，因此消费者是被欺骗者。

广告行业和媒体对此并不认同："我们的受众知道植入式广告的存在，并且广告商为他们在节目内容中所看到的一些品牌支付了费用，这点受众也是知道的。"

另外，有些人认为植入广告不仅加剧了娱乐节目的商业化，而且也擅自侵犯了基本上"受控制的"观众的隐私。如果一个人认为隐私就是独处的权利，那么在观众没有被告知广告植入，没有被赋予选择看或不看的权利时，娱乐节目中未公开的广告植入行为，就是对隐私的侵犯吗？

在资本主义经济中，很多人并不认为品牌推广是一个邪恶的东西，但它的隐秘存在导致了大量伦理问题：

- 消费者有权知道正在看或听的是制造商对一个产品的付费广告吗？
- 广告商具有道德业务或者法律义务让人明白他们的信息是一种推广行为吗？
- 广告商可以因消费者的精明而自由行事吗？
- 如果植入式广告促使商业意见的升级、文化空间的垄断，那么它具有社会责任吗？
- 植入式广告的批评者和拥护者之间有没有妥协的可能？如果有，那么需要采取哪些行动？

第八章

广告业的职业文化

这幅广告作品中的图像是应该被看做表达自由,还是淫秽,抑或是下流?这个判定应该由谁来做呢?

在美国，职业占有十分重要的地位。它影响到个人与工作、工作与社会之间的关系。早在1840年，职业化趋势便已经在美国出现了。棒球运动员、葬礼主管、教师，甚至是私家侦探，都寻求跻身于被公认为职业人士的律师、医生和牧师等的行列。19世纪末20世纪初，广告行业开始寻求职业化工作所具有的信誉、权威和工作保障。最初的努力主要是让广告区别于其创始人的大吹大擂：P. T. 巴纳姆和"蛇油"[1]销售员兜售专利药品（温斯洛医生的糖浆："让他们像死人一样躺到天亮。"）。将科学的理性和文字修辞应用到广告实践中，成就了"科学广告"运动。广告从业者推动广告业职业化的努力还包括：

● 建立地方俱乐部和全国性协会，把从业者组织起来，加强了自我认同感和社会认可度，向客户和公众"宣告"了广告职业的存在。

● 出现了大量行业杂志，在这些杂志中，从业者反复协商职业的界定，庆祝不论大小的胜利，哀悼失败，为胜利者喝彩，并像警示寓言那样剖析失败者的策略。

● 在大学中建立广告学专业，标志着实践所需知识的专业化。

● 业内努力实现对该领域的伦理控制，行业的第一个伦理准则是《广告印刷条例》。

这些努力——对广告是否是一种职业的回应——的成功带来了持续的争论。在某种程度上，这反映了一个事实：即使在今天，对于什么使职业成为职业这个问题，仍然仅仅存在有限的共识（你在谷歌上搜索一下就明白这一点了）。"专业化"这个词已经进入了日常用语。通常，它只是用来表示一个人在某一行干了很长时间。即便如此，除了最口语化的定义，几乎所有的定义或是明确指出或是暗示了一个特征，即对理论知识的掌握。在一定程度上，这是一个区分专业人士和门外汉的"知识的魔圈"。其他人——客户、赞助商，或者病人——确信需要专业的知识，从而为专业人士提供"工作保障"。

即便从（广告业）最早的这些努力中，我们也能看出当今广告业内存在的一个固有悖论：（基于灵感之上的）艺术及创造力与科学的冲突。一位学者表达了对广告能否达到职业高度的怀疑，他清楚地描述了这个冲突：

> 生产创意是广告商最基本的工作。从定义上说，创意……反对任何社会科学理论的应用。如果营销商需要的创意方案能从一系列基本理论中推出，他们就不需要广告商的创意服务了。

广告是否达到了职业高度不是本章要讨论的问题。对于我们而言，更重要的是要认识到作为一个行业我们到底是什么，我们重视什么，我们摒弃什么。无论早期广告从业者所致力的专业化，还是当前对职业认知重要性的认可，反映的都是这些问题。虽然现在的广告从业者不经常使用"专业化"这

[1] 俚语，指江湖医生卖的万能药水。——译者注

个术语，但他们所关心的显然是为决策提供一个理性基础，在客户关系中保持权威性——基于职业地位和信誉的。这些关切的固有信仰是，广告最首要的角色是"成为商业中的建设性力量"。我们是不是太执着于这个单一的目标了？我们是否忽视了职业广告人对其他利益相关者的责任？

比文斯认为，广告业是一个不同于新闻行业的"咨询行业"，我们"几乎总在为他人代言"。合同规定了这个职业有义务成为客户目标的拥护者，努力实现客户的目的。但是，就像本书中的导论部分"伦理学基础与伦理学视角"提到的那样，我们最好谨记一点：作为职业媒体人，我们有多种责任。广告业所面临的伦理决策十分复杂，戴维森这样总结道：

> 经济目标和道德目标之间存在着紧张——有时甚至是冲突……要同时实现这两个目标是个很大的挑战：既要经济、高效地占领市场份额，打造品牌，建立良好的客户基础，又要符合伦理规范；既要创造令人满意的利润，还要对社会整体福利做出贡献。

每一个广告代理商都有自己的行为文化，行为文化的基础是理念与方式、传统、组织、目标、认可和历史。尽管每个广告代理商的行为文化有所不同，但它们都存在于一个更大的职业文化背景中。我们可以将职业文化当作一种在以下问题上的共识，包括：作为广告专业人士意味着什么？广告职业对我们的意义是什么？我们从事广告工作时如何理解我们正在做的事情？职业文化包含很多方面，以价值观、态度、信仰和职业经验为基础，包含了个人精神和公共认识。因此，职业文化是下列元素时刻演变的组合：

- 我们重视什么？我们的职业价值观体现在我们的产出（例如广告）上，也体现在我们提供的奖励及奖励的对象上（注意：我们大多数的奖励是基于创新，而不是基于效率。当然，艾菲奖是一个例外。的确，我们是一个复杂的行业！）；伦理准则和我们对于这些准则的重视；客户关系；允许和禁止的政策；公益事业；等等。
- 我们如何开展工作？这包括与客户、公众、同行、媒体的惯例、支付过程的关系和互动，关于"促销过程"、合作、合并和所有权方式的持久讨论，利用集体智慧产生创造性观点。
- 我们如何看待自己？如前所述，由于商业强调对投资的责任和回报，广告业起初致力于并将继续致力于建立一个理性的形象。同时，我们努力将广告业打造成迷人的、年轻的、热衷于并渴望冒险的形象，该行业乐于开拓边界、目光敏锐，永远有创新力和创造力。
- 别人如何看待我们？我们的利益相关者有客户、媒体、同行、同事和公众。公众认为广告是娱乐的、扰民的、多变的、生硬的、信息轰炸的、剥削的，以及具有难以想象的侵入性的——除非他们找到"最酷的广告游戏"，或者被公司邀请或出于恶意创作了他们自己的广告。广告从业者在有关信任度和诚实度的民意调查中总是得分很低。从业者对这些看法的反应——耸耸肩、发表一篇有深度的社论，或者在《广告时代》上开辟一个专栏进行回应——都反映了这个行业的价值观的很多东西。

看一下本书的各个章节，你会发现每一章都揭示了广告职业文化的某些方面。本章同样只是明确地将它展现出来。第一个案例《也许是伦理的缺失？》考虑到伦理准则在定义行为上的作用，为了向日常决策提供指引，培育一个以伦理决策为规范的环境。你将被邀请检验美国广告代理商协会的行为标准（和其他职业伦理准则），并思考它们的不足和行业对它们的关注度。第二个案例《伦理视角：服务好客户意味着什么？》通过一个假设的决策情境，探索广告行业中也许每天都在发生的伦理困境和道德约束。它探讨了责任的概念，以及广告商、客户和公众三者之间的关系。第三个案例《儿童成人化的低龄化》将我们带回到宏观层面，以寻找广告行业面临的最具争议、最持久的批判：针对儿童的广告。最后两个案例关注行业的雇用规则，这涉及复杂的多样性问题，第一个关注妇女的经历，第二个则关注广告行业中少数族裔的缺失。

案例

也许是伦理的缺失？

我认为这很可能是最合伦理的行业之一。它受到如此多的限制。我们做的每一件事，都必须先咨询我们的律师是否合法，然后咨询客户的律师，然后还要把这些发给广播电视网及其律师……即使你想做不道德的事情，在这个行业里也是非常困难的。

2005年，奥美公司前经理肖纳·塞弗特和她的共同被告——奥美公司前财务总监托马斯·厄尔利在一起案件中被指控犯有一项共谋罪和九项虚报费用罪，该案件在好几个月内占据了业内新闻头条。这起案件涉及向国家麻醉品控制政策办公室过度收费的问题——在一笔10亿美元的账面上虚报了300万美元。塞弗特被判18个月监禁，缓刑2年，同时处以400小时的社区服务和12.5万美元的罚金。在宣布判决时，法官理查德·M·伯曼表示，这个事件从本质上说是"道德的滑坡和伦理准则的缺失"。因此，作为判决的另一项内容，塞弗特需要为广告行业制定一项伦理准则。

让一个被判刑的罪犯制定行业伦理准则，这显然是一个讽刺，但是这个判决本身和法官伯曼所提到的广告行业"无视文化"，引起了人们对广告行业现有伦理准则（《美国广告代理商协会行为标准》）的关注。美国广告代理商协会的所有会员都必须签署并遵守这套标准。当时，广告行业似乎不情愿进行自我反省。一位行业分析师说："……很难找到一个认为这个行业需要另一套伦理准则的人。"无独有偶，当时美国广告代理商协会的董事长兼首席执行官欧·伯奇·德雷克回应说："广告代理商协会已经有一套强有力的伦理准则，并且这些年它很适用于广告行业。我认为不需要对其作出改变或者增加内容。"

早在致力于广告职业化之初，广告从业者就已经在为制定一个职业伦理准则而努力了。1911年，美国联合广告俱乐部采纳了《广告印刷条例》。昆廷·舒尔策写道：在此之前，道德是"个人层面的，而不是集体的，不是为职业服务的"。

在一个越来越重视商业成功的世界

里，他们（实践者们）非常注重保持个人的诚信和道德标准。事实上，广告实践者似乎与商业交易的许多主要特征划清了界线，他们重申个人道德，并以此对抗来自出版社和生产商日常的压力和要求。

1911年美国联合广告俱乐部在波士顿召开会议，讨论所谓的"真理运动"。当时，一位来自底特律的报业人士告诉参会者："如果你们想让广告成为一种职业，就必须在此时此地制定一个标准。这个标准只有一个词，真理，其他有价值的东西必须以真理为基础。"因此，《广告印刷条例》起到了对内和对外的双重作用：它将行业的集体道德标准制度化，并且暗示别人也要这样做。（"真理"意味着不虚伪和不具误导性，现在已经成为法定义务。）德雷克称之为"强有力的"美国广告代理商协会的行为标准，于1924年被采用，并于1990年9月重新修订。

既然我们要反思美国广告代理商协会行为标准的充分性，那就先来区分一下道德和法律吧。然后我们再思考当今媒体文化中职业伦理准则的作用，毕竟当今的媒体文化已经与1990年大不相同了。

坎宁安是这样定义广告业道德的："广告实践中哪些是对的和好的。它涉及的问题是，哪些是应该做的，而不是法律上必须做的。"他经常引用《他们所织就的复杂网络：真理、谬误和广告商》这本书，伊万·普雷斯顿在书中更加尖锐地表述了法律和道德的区别："对于认为法律已足够的广告商来说，道德永远都不存在。"

当然，遵守法律规定是道德行为的组成部分，但就像这些学者提出的那样，法律之外还有道德。在真实、欺骗和公平方面，规范其他商业行为的法律——也包括联邦贸易委员会、食品和药品管理局和许多其他联邦机构、州级机构和地方机构，同样都对广告业进行监管。这个行业也有一个非常完善的自律机制，即全美广告审查委员会。

除了法律规定的真实性，还有一个品位的问题。广告内容中品位的存在和缺失，一次又一次地出现在关于广告和社会关系的争论中。恒美广告公司名誉主席基思·莱因哈德在一篇名为《品位辩论：论证广告的体面》的文章中讨论了这个话题。基思认为品位既不能被论证也不能被监管，他引用了《华尔街日报》记者柯克·卡尔的说法：

> 建设性方法是不易创造的，一致的意见似乎也不会出现，但行业的领导者并不能因此摆脱解决这个难题（审美）的责任。

本章前文提醒我们广告行业的复杂性。它是一个咨询行业，有契约性义务满足客户需求，同时又与各种利益相关者密切联系，因此负有多重义务和责任。可以看一下《美国广告代理商协会行为标准》，并且深入反思（其他行业组织的伦理准则也能从那个网站上找到，例如美国职业新闻记者协会、美国广告业联合会、美国市场营销协会）。人们通常认为，为了紧扣当前问题，行业伦理准则应该是当代的。行业伦理准则应该是一个"活的文件"，要时常重新考量和修改以体现行业及所在领域的变化。对行业伦理准则的反思提醒成员们要履行义务，并且将制度化的道德决策合法化。广告行业积极塑造它的形象，似乎活跃在创造性和创新性的前沿。但事实上，美国广告代理商协会最近一次修改行为标准是在1990年，已是20多年以前的事情了。

难道像美国广告代理商协会前董事长兼首席执行官德雷克所说的那样，这个标准仍然对"行业起到良好作用"吗？在当今的媒体文化中——飞速发展的科技似乎为这一文化的发展提供了无限的机会，使其几乎能够即刻到达任何人任何地方，它是一个充满了商业信息的文化，一个无国界的全球文化——该标准仍然可行并且与时代相符吗？有没有议题、义务、利益，甚至是概念理解需要讨论呢？如果有的话，那么需要讨论哪些呢？◆

评价一个伦理准则是一件审慎也是令人畏惧的任务。让我们从一个问题开始：一个行业伦理准则的作用是什么？约翰尼森列出了它可能的作用。

- 行业伦理准则可以让业界新人熟悉由前辈经验所形成的伦理义务指南，也让他们对行业中的伦理问题变得敏感。
- 行业伦理准则能缩小人们需要应对的问题的范围。
- 制定正式行业伦理准则的过程是一个积极的过程，参与者被迫思考他们的目标、实现目标的可行方式和对所有利益相关方的责任。
- 政府监管是烦琐的、外在的，一个有效的自我约束性准则能把政府监管的必要性降到最低。
- 当我们对同行或者客户要求的传播实践说不时，行业伦理准则中的条款提供了辩护的依据。
- 行业伦理准则能起到论证的作用。它们可以作为起点，激起行业和公众对业内主要道德困境的审视和讨论。
- 我们可以认为，行业伦理准则不仅提供了行为规范，更主要的是，还建立了对职业性格的期望。换句话说，行业伦理准则反映了一个人成为职业人士必须具备的性格特征。

一个行业伦理准则能否实现约翰尼森所说的作用取决于很多因素。其中包括准则是否制定得好，是否根据行业的特定环境制定。通常来说，一个有用的行业伦理准则明确陈述了引导行业的价值标准、原则和义务。它超出了我们工作所在的法律框架，提醒我们对利益相关方和整个社会负有各种义务，从而创建一个培育道德行为的环境——一个伦理决策盛行的团体。

由于伦理准则是为了应对真实或潜在的伦理冲突而制定的，在日常生活之外，它们可能看起来是抽象的。也就是说，它们只有在"真实生活"和具体案例的伦理困境中才具有意义。我们可以设定广告行业可能会产生的一个道德困境，然后从这个角度思考一下美国广告代理商协会的行为标准。它为你所面临的问题提供了清楚的引导吗？它具有逻辑性和一致性吗？它是否也能很容易地为做了一个相反决定的人提供支持？所给出的建议是基于哪些道德原则？行业伦理准则与你个人的道德罗盘是否指向一致？

不要忘了，伯曼法官批评这个行业"无视文化"。在这种背景下，让我们大致考虑一下这个行业对美国广告代理商协会行为标准的关注和具体代理商的准则。拥有一个准则是一回事，依靠这个准则来处理问题是另一回事。

庄莱特和墨菲进行了一项针对广告从业者的研究，想要知道他们怎么认识及着手解决伦理问题。结果是令人沮丧的，"相当一部分"受访者无视伦理问题或者掩耳盗铃。研究者称他们为道德近视者，也就是说，即他们看不到问题的存在，或者在道德上噤声,他们也许意识到了道德问题,但不愿说出他们的忧虑。

两位研究者发现,被他们称为"说出、看到伦理问题的广告从业者"大多是小型的私人机构,它们似乎拥有"完善清晰的伦理规范"。他们指出,尚不清楚其他机构是否也这样做,但后者"至少不是以有目的的、预先想好的方式"来处理伦理问题。一套伦理规范、一种机构文化(在这个文化中,员工认为可以并且应该展开关于伦理困境的对话)和一个机构领导对道德行为的明确承诺,可以有力地阐释亚里士多德学派关于"一个好团体"的概念,这样的团体通过对好习惯的日常涵养和培育而达到某种平衡。

在最新的一项研究中,庄莱特和墨菲通过调查机构网站和查阅资料,分析了关于伦理的行业观点和学术特点。他们意识到网站可能无法真实反映一个机构的道德优先权。他们发现:"除了一些例外,伦理并没有在网站上表现出高度优先权。"两位研究者总结道:"在网站上强调自身对伦理的认同,似乎能让机构从中获益。这样做,对内部和外部的利益相关者来说,都是一个重要的信号。"

从实践者转为教育者的杰利·赫尔姆,在题为《拯救广告业》的文章中写道:

> 1924年我们明确了我们的原则,并形成《美国广告代理商协会行为标准》。根据目前我们了解到的情况和我们与世界各国行业协会的关系,我们必须复兴和重申这些标准。

广告行业伦理准则应该包括什么呢?

日常中的伦理

色情和快餐以一种不太可能的组合宣布哈迪连锁快餐店新推出加厚牛肉芝士汉堡。

2007年,CKE餐厅的子餐厅哈迪(和它的姊妹餐厅卡乐星)为其新款加厚牛肉芝士汉堡制作了一则"淘气"的电视广告。短片中年轻性感的女教师身穿一条紧身窄裙,伴随着她班上十几岁的男学生所唱的说唱歌曲《好一个大屁股》,旋转着身体走到教室前面,然后站到桌子上。这首歌被巧妙改名为《我爱大屁股》❶,并成为最后成形的32秒广告的配乐。

田纳西州教育联盟迅速对这个广告作出了激烈的反应:

> 你看到这有多么不负责任了吗?此时此刻,在高中教室里有女老师管理着超过30名学生的班级,她们努力工作,这样我们的孩子才能在当今社会上竞争。一个老师在桌子上旋转着身体,而班上的男学生们说

❶这可能是广告商利用的一个双关,Buns既有圆面包(指汉堡坯)的意思,又有屁股(俚语)的意思。——译者注

唱她的体形，这样做仅仅是为了卖汉堡！制作这样的广告是对每一位女教师的严重贬损。

广告的目标受众是"倾向于觉得这则广告有吸引力"的"年轻、饥饿的男性"。哈迪连锁餐厅的市场部主管布拉德·黑利说："餐厅的意图是想表现一种幽默的MTV改编版……这样设计是为了好玩，而不是侮辱。"随后哈迪的广告被撤销了，卡乐星的广告也作了修改。然而，商家为了制造更大的轰动效应，似乎常乐意在YouTube上把自己的广告命名为"禁播的广告"，哈迪就是这样做的。在YouTube上，这个广告还整合了哈迪和卡乐星的其他广告：在"为你准备的牛肉芝士"中，瑞典模特海伦娜·马特森温柔低语地旋转着身体，头发飘动，轻舔嘴唇，然后咬一口牛肉芝士汉堡，并邀请观众加入她的行列。在卡乐星更早期可以说是臭名昭著的广告中，衣着暴露的帕丽斯·希尔顿充满诱惑地和她的宾利犬一起洗澡，然后咬了一口三明治。

注意：这之前的案例都是真实的。接下来的案例则是为了让你思考伦理决策过程而虚构的。这些伦理决策过程可能发生在电视节目的概念、创造和播出中。尽管在接下来的案例中有真实的元素，但它们并没有像文字所表述的那样真实发生过。

案例

伦理视角：服务好客户意味着什么？

作为哈迪公司客户企划助理的杰夫还是一个新手。也许正是这个原因，在与代理商的创意团队、哈迪的营销团队和客户企划埃里克（他的上司）开会时，杰夫感到很不舒服。他试图把不舒服归因于对产品的不喜欢。他认为产品的创意不具备吸引力：1 410卡路里，差不多是人们平均每日摄入总热量的70%，而且整个世界都在担心肥胖症。但杰夫知道，他不舒服的原因还不止这些。代理商提供的执行方案是冒犯女性、贬低女性的。当然，他们讲求策略。他们的目标群体很显然是餐厅所寻找的"年轻、饥饿的男性"。但这些执行方案……什么？它们太过分了！好吧，这大概是广告行业里说的色情卖点。但是，这是在卖汉堡吗？

杰夫回想了之前发生的事，看看他们是怎么走到这一步的。哈迪的团队带来了新产品加厚牛肉芝士汉堡，他的营销代表告诉他们："我是这样想的。我们在与年轻的男性对话——年轻、饥饿的男性。你们还记得在那个年龄你们是什么样的吗？你们所关心的只有食物和女孩。这就是我们在广告中想要表现的。一个大的、可口的、多汁的、让人堕落的汉堡和一个女孩。还有比这更好的吗？"在男孩、食物和女孩的关系上，他似乎是正确的。在《广告时代》的一篇文章中，康奈尔大学食品与品牌实验室主任这样写道："至少在年轻男性的头脑中，拥有健康的食欲和拥有一种你相信会吸引异性的身份之间存在着联系。"根据客户的要求，创意团队开始工作。

杰夫所在的代理机构是业内的"旺铺"之一，以创新和不走寻常路著称。这正是客户首先会来到他们机构的原因。客户需要的是打破常规、超出想象、锐意进取的机构。一周以前，杰夫和埃里克会见了创意团队，看看他们有什么想法，创意团队很兴奋！他们有两个方案，认为客户会为之疯狂："'大屁股'迎合了每一个男学生暗恋女老师的梦想，只不过它是21世纪的风格，是对MTV的模仿。而且已经为广播制作的说唱录音可以用作背景音乐。'为你准备的牛肉芝士汉堡'——这个不能在电视上播放，但它可以作为一个附赠品出现在网络上。之后呢？上传到YouTube上，你们觉得怎么样？"

杰夫原以为他们是在开玩笑，但实际不是，创意人员是认真的。杰夫希望埃里克拒绝他们，但埃里克很赞赏这个方案。于是杰夫不打算发言了，他认为自己会被取笑。他知道他们会这样说："客户会爱上这个广告的！"所以，他一个字也没说。一周以后的会议上，客户似乎对该机构的工作表现出十足的狂喜——"这个太棒了！不，不仅棒，简直是精妙绝伦！你们这次真的干得太好了。"

"之前有一个卡乐星的帕丽斯·希尔顿广告，"埃里克提醒道，"那个效果不是太好。"

"说得对，但那个已经是很好的广告了。"哈迪的总经理热情洋溢地说，"它很出色，我喜欢这个。它本来就不该在电视上播放，那是一个错误。帕丽斯的广告应该一开始就放在网络上。你知道的，它现在已经放在YouTube上，直至今日，每天都有很高的点击率。一小部分女权主义者也许会反对，但她们又不是目标观众，难道不是吗？男生绝对喜欢她！如果有人对老师反感，如果这个妞做得不对，我们就把她和她的学生放到YouTube上，那这个广告也会有很好的点击率。"

杰夫叹了一口气。对于帕丽斯·希尔顿的广告，客户的看法是对的。它赢得了很多关注，人们认为它含有性别歧视，是一种低俗的超性感化，有人甚至把它叫作色情片。但目标市场喜欢它，销量上去了，帕丽斯、她的宾利犬和她的汉堡在YouTube上依然很火。"禁播的广告"通常会成为YouTube上的高点击率广告，尽管这不是一个好的媒体策略。接下来，就是社会责任的问题了。◆

　　杰夫所面临的是一个常见的问题。作为工作中的新人，他发现只有他自己认为创意团队的方案是错误的，但他没有说出来，没有人知道或者考虑他的顾虑。毫无疑问，创意团队认为他们是"讲求策略"的。事实上，他们的确是。从这个角度说，杰夫的同事们在做他们应该做的：根据客户的利益行动，制作出有效实现客户目标的广告，这难道不是他们的职业责任吗？但在这一目标下，创意团队完全无视可能的道德后果，他们关注的只是客户会不会购买这个广告，而他们自己相信这个广告很好。他们觉得这个广告敏锐地抓住了消费者的口味和客户的喜好；这个广告的投放能进一步让客户的产品获得关注。

　　对社会责任和后果缺乏认识与关心是常见的。研究表明，那些最深远的后果（大多数是从个人的环境抽象出来的）是最不容易被识别出来的。尽管杰夫个人注意到了社会责任并为此感到纠结，但他并没有在组织的层面上处理它们。

　　有一些广告商小心地保护他们公司的名誉，他们从来不想和那些被认为无品位的广告有任何联系，但其他的广告商就不那么有鉴别力了。很显然，美国文化对性挑逗变得更加宽容了，这便是我们所处的文化环境。在这样的环境中，一些广告商认为，目的可以证明手段的合理性。为了吸引人们的注意力，你可以做任何可以做的事情。但是，真的可以这样吗？

　　这种情景很好地说明了广告业固有的复杂性，在这个行业里，我们必须为客户服务。当我们自认为是职业广告人时，我们在做广告时认为自己在做什么呢？作为职业广告人，我们必须为客户服务，但是我们不也担负着某种尽善而为的社会责任吗？

庄莱特和墨菲从伦理方面对广告从业者的想法和行为进行了研究，他们认为："为客户提供好的服务意味着什么，在这个问题上似乎需要一个范式转换。很多（被调查者）都有一种很强的意识：作为广告从业者，他们要执行客户的命令。"在这种情景中，客户通过使用一些不太恰当的图片获得了良好的投资回报，其实他们清楚地明白这一做法可能具有冒犯性。要记住一点，客户总是有万全之策，如果广告不能播出，或者如果继续播出会造成太大的骚动，YouTube就会是客户的安全港湾。

正如先前提到的，广告职业对很多利益相关者负有责任。如果所有决定权都移交给客户，那么职业广告人无法履行这些责任。广告代理商是否正处于这样的危险之中："他们过于认同客户的观点，以致失去了批判地、客观地评价客户行为及其广告的能力？"当然，置之不理的做法肯定更容易，客户肯定不想被批判、被质询，不是吗？质询客户的道德判断，这是广告代理商要管的事吗？但是，如果他们不提出任何问题，那他们算是做好了自己的本职工作吗？

决策时采用一种"客户永远正确"的理念，这样广告代理商就以客户的名义回避了职业责任。毕竟，广告代理商的责任是做客观的局外人，为客户提供建议，如有需要，也可以挑战那些长期固有、顽固保守，对客户不利的观点和行为方式。但保持"中立"始终是一种职业责任。

在这个快节奏、充满竞争和创意的行业里，有关伦理问题的讨论经常让位于那些更加迫切和实际的问题。然而，这里所提到的问题难道只是品位问题而不是伦理问题吗？

案例

儿童成人化的低龄化

斯蒂芬·科尔伯特在他的节目中说，快迪特网站是"一个全新的网站，致力于教孩子们花他们还没有的钱，去消费那些不存在的东西"。这个网站于2010年2月份正式运行。快迪特的口号是"先玩后付钱，先得到虚拟商品，只需承诺以后付款"。这是一个支付平台，为巨大的虚拟商品市场提供各种各样的支付渠道。据估计，2010年美国人在虚拟商品上的花费将达到16亿美元。这个网站的目的是"让人们可以在没有信用卡或借记卡的情况下仍然可以支付网上交易"。

快迪特已经与1 000多个网站建立了合作关系，人们可以利用快迪特与7-Eleven便利店的协议来购买虚拟商品，只需承诺付款即可。在创建初期，基本上是一些游戏网站与之合作，例如虚拟宠物、快乐水族馆、开心农场，还有南方爵士乐等。最近，快迪特在其公司博客上写道：

> 我们每天都要和新的合作者签订合同……电话服务商、电子商务网站、婚恋网站、教育网站、资金转账服务商，当然，还有网络游戏公司都对我们感兴趣。

作为一个快迪特用户，你可以使用快迪特承诺购买一个电子狗，一份虚拟的重20磅的普瑞纳康多乐狗粮，或者在虚拟游戏里买一件更强大的武器。该陷阱在于你购买虚拟商品的钱是真实的。该陷阱的原理是这样的：

● 玩家（虽然并不是所有网站都是游戏网站，但最好还是先用这个词）进入一家快迪特合作网站，利用快迪特承诺购买了网上虚拟商品。

● 然后，玩家从快迪特账户打印出条形码，拿到附近的7-Eleven便利店去支付。玩家有三种支付选择：（1）现金支付；（2）在快迪特邮件中进行邮件支付；（3）第三方支付，即通过社交网络将账单转到第三方用信用卡支付。

● 玩家只凭一个支付承诺，网站对不支付行为没有现实的惩罚。玩家支付的动力来自快迪特点数，用户及时付款便可获得。随着用户的快迪特点数增加，他将会得到更多的虚拟商品或者更大的快迪特透支额度。

毫不意外，社会对于快迪特的声音经常是负面的。尽管快迪特声称目标客户是13岁及以上的人群，而且没有一个合作者允许任何不满13岁的人使用其服务，但还是有很多证据证明快迪特吸引的是更年幼的受众。公司本身的名称以及它的吉祥物（像阿弗莱克那样的鸭，名字叫作Kweddy，即快迪鸭）都颇有童趣，这些都很难被忽视。确实，评论和博客上尽是一些含有字母"w"的词语。公司声称，快迪鸭的设计不是为了吸引儿童，实际上是为了使它的名字容易被记住。因为鸭子嘎嘎叫（quack），而且quack听起来跟Kwedit很像，公司认为这会帮助人们记住其名字。一位观察者说："网站对于青少年来说过于幼稚，它的目标受众就是更小的孩子。"另一位观察者指出："快迪特'要求'使用者

必须是13岁及以上，这个理由站不住脚。不过，在网络上这种没有强制力的规则的确存在，所以快迪特不会因允许儿童接触不合适内容而受指控，并且快迪特很容易免除责任。"为了解真实情况，一位评论人士亲自浏览了快迪特网站，发现玩家从来没被要求去确认年龄或者提供出生日期。在《纽约时报》一篇有关FooPets网站的文章中，斯科特·索伯贾克（FooPets的运营商，FooMojo的共同创办人之一）承认虚拟宠物的核心用户是12到14岁的女孩。他还说道："快迪特是我们所使用的第一个不要求父母参与的支付系统。"

最具批判性的评论指向建立快迪特的预设。虽然快迪特暗示它提供了"一个教会儿童承担财务责任的有趣方法"，而且的确提供了一个有用的父母网页，但是人们仍然持怀疑态度。

> 有没有人想过，使用虚拟信用正是现实世界中负债过活的训练场？这把即时的满足与有趣的娱乐连接起来，而且孩子除了点击按钮，无须做其他事情。孩子们便会形成这样一种思考路径："用信用很简单，使用它我可以很快就得到更多的快乐。即便我不付款，也不会受到'真正'的责罚。"

> 像乔·卡梅尔曾为过滤嘴香烟所做的那样，快迪特网站显然想让孩子们觉得自己是在干大人们干的事——尽管大人们也不应该做这些事。

> 诱导不了解信用为何物的13岁的孩子们开始使用信用，并且通过设计把债务转嫁给别人，这无异于犯罪。◆

对孩子做广告并非什么新鲜事；早餐谷物食品——麦粉、小麦片——在20世纪20年代就通过广播向孩子做广告。他们发现，只要广告播出，销量就会上升。广告商制作广播节目后，许多品牌很快与一般来自漫画书里的知名人物联系了起来。阿华田（营养

品）再造了小孤儿安妮（"孩子们，别忘了让妈妈给你买新的小孤儿安妮搅拌杯"），桂格复活了至尊神探（"如果你是一个忠实的至尊神探粉丝或者朋友，每周要至少检查两次食品储藏室，保证有麦片和爆米花。如果没有，就要妈妈去食品店订购哦"）。即便在那个时候，一些营销策略的特点和批评家对儿童广告的忧虑也很明显——将产品与流行卡通人物联系起来，不停地向孩子们提供品牌商品，促使孩子们去影响他们的父母（现在我们称其为 nag factor，即恼人因素）。

广告商似乎不厌其烦地接触和劝服儿童，这引发的争议超过任何其他与广告和社会相关的议题。儿童是"最典型的脆弱目标"：经验不足，易受影响，自然，不如成人成熟。儿童市场的利润很大。用朱丽叶·斯格尔的话来说，儿童市场"是美国消费文化的震中"。从经济的角度来看，2010 年营销商预计要花费 170 亿美元用于这个利润丰厚、购买力强劲的人口群体，其原因不言自明。他们是一个人口众多的群体，5 岁以下儿童有 2 200 万，5 岁到 14 岁之间的儿童有 4 100 万。他们代表了强大的购买力。他们同时又可以分为三个不同的市场。作为一个消费者市场，14 岁以下的儿童每年的消费额估计在 200 亿以上，14 岁及以上青少年的消费额几乎是这个数字的八倍。作为一个影响者市场，儿童影响其父母的消费在 1 800 亿到 2 000 亿之间。

营销商把精力集中在未来的市场。由于认识到人们在儿童时期形成的品牌忠诚会延续到成年，营销商便开始制造从摇篮到坟墓的消费者，他们的目标是蹒跚学步的儿童甚至是嗷嗷待哺的婴儿。苏珊·林是无商业童年运动的主管，用她的话说，"童年商业化的目的是将品牌融入儿童的自我认同……将品牌注入儿童的情感生活结构"。事实上，12 个月大的孩子就可以做出品牌联想。今天的"青少年（13～19 岁）和儿童（8～12 岁）是历史上最具品牌倾向、最具消费者定位和最物质主义的"。

虽然儿童是脆弱的，但他们比以前任何时候都更加狡猾、更加世故，他们通过技术连为一体。营销商利用儿童想要成熟的心理，实行"年龄压缩"，甚至给这个策略命名了一个简称，即 KGOY（儿童成人化的低龄化）。这样做的结果是，孩子们接触越来越多的成人内容，这样的内容几乎与儿童原本的生活无关，更多是与长大成人的意义有关。儿童现在接受的广告信息和产品是原来为青少年所接受的。为了促进 KGOY 策略，营销商可以随意使用从未有过的手段来影响儿童：行政许可、产品植入、视频游戏、网络、手机，还有"传统媒体"。结果是这个世界变得越来越商业化，充满了商业过程、即时享受、物质主义的价值观。

美国的营销商认为，向儿童推销产品是宪法第一修正案赋予的权利，而其他国家——包括欧盟成员国的希腊、瑞典、比利时，挪威——都以不同的方式严格限制向儿童推销产品。在美国，广告行业建立了一个自律机构（商业改进局的儿童广告评审组）来保证针对儿童的广告没有欺骗性或者不公平。CARU 的工作指导方针提醒营销商必须"考虑到儿童特殊的脆弱性，比如，没有经验、不成熟，很容易被误导或者被过度影响，他们缺少判断广告可信度的认知技能"。但是，这些就足够了吗？

亨利·吉鲁是一位美国文化批评家和知名的批判教育学理论家，他这样描述有关儿童的美国文化：

> 这种文化不仅摧毁安全和幸福童年的理想，还展现了对社会的不良信仰：对于儿童来说，"只有一种价值，那就是市场价值；只有一种成功，那就是利润；只有一种存在，那就是商品；只有一种社会关系，那就是市场"（劳伦斯·格罗斯伯格：《陷于战火：孩子，政治，美国的未来》）儿童现在生活在这样一种文化中，他们只能通过市场青睐的话语来认识自己……在这个完全由市场心态、市场道德、市场价值观、市场理想驱动的社会中，消费、销售和树立品牌变成一个首要模式，人们通过这个模式去定义手段，塑造成人的情感和内心世界，影响社会定义和对待儿童的方式。

吉鲁的观察有力而深刻，我们应该从个人和职业的角度重新审视我们的价值观。向儿童进行推销总是伴随着与公平、尊重、信任和欺骗相关的伦理问题。也许我们应该问这样一个伦理问题：我们应不应该向儿童做广告？你是怎么想的？

雇佣原则：多样性的问题

> 如果说广泛意义上的伦理是关于我们如何活着、珍重什么的问题……那么，伦理讨论中最重要的问题莫过于人们如何与不同的人讲述、认识、分享故事。这些故事的影响，大到国与国的关系，小到帮助（个人）对邻居形成同情心。阿拉斯泰尔·麦金泰尔认为，人们是从相互关联的故事中认识自己的。每个人的身份认同都是通过这些故事塑造的。

虽然上面的段落是金妮·怀特豪斯对新闻行业的描述，但是其论断——多样化是一个伦理问题——同样可以应用于广告行业。我们分享故事，而且资助（或不资助）分享故事的媒体。很多时候，我们是用图片而不是语言来讲故事。是的，这个论断很管用。怀特豪斯继续说道："如果社会的一部分被忽视、被诽谤甚至是通过大众传媒的叙述被不正当地神圣化……那么，那些被边缘化的群体以及整个社会都会受到伤害。"

下面两个案例是对广告行业工作场所的简要介绍，它们考察了多样性问题。第一个案例考察了女性的处境，第二个则考察了少数族裔的处境。虽然讲述的是不同的故事，但是有一点是相同的，即它们都是关于被排斥和被歧视的故事。阅读的时候，问自己以下几个问题：

- 我们职业文化中究竟是哪些因素导致了这些情况？
- 完全参与的障碍是什么？
- 这些障碍是结构性的还是态度性的？
- 这些障碍是缺乏反省、缺乏意识引起的，还是彻底的性别歧视或者种族歧视？
- 如何改进组织动力？

最后，直接问自己：
- 广告职业重视多样化吗？

案例

女人的位置是什么？

弗伦奇重新激起了性别大辩论，广告人的咆哮将时钟拨回到20世纪60年代。

尼尔·弗伦奇时任WPP集团的全球创意总监。正如《纽约时报》记者所说的那样，弗伦奇是一位"广告界内夸夸其谈，很有争议性的人物"，马修·克里默在《广告时代》中称他为"传奇"，也许是因为他上演了"一场尼尔·弗伦奇式的粗暴表演"。他的谈话中充满了像小姐和婊子这样的词汇。他在多伦多一次有300多名广告总监参加的集会上说，广告业内女性创意总监不多的原因是，努力平衡事业和家庭简直就是"废话"，"她们没办法投入那么长的时间，总得有人看孩子"。

这个评论，就像是上面的标题所暗示的一样，重新引发了广告业的一场性别辩论，同样引发辩论的还有"广告周"上的一个广告，"广告周"是当年早些时候纽约市举行的一年一度的广告业庆典。很多人把这个广告称为"乳房广告"，它仅仅是聚焦于女性的乳房，它们被裹在紧身胸衣里，敞开着，但是夹着一个小小的红色丝带和一条标语："广告"（在一个乳房上），"我们都在做"（在另一个乳房上）。人们对这个广告的反应既有怀疑也有气愤。弗伦奇三个月后的发言遭遇的是同样的反应。

奥美公司的联合创意总监南希·冯克写了一篇文章来回应弗伦奇的发言：

> 令我印象深刻的是，当他将一个群体描述成在广告业短暂停留，终将畏缩并会"去给人喂奶"时，他真实表达了很多在广告业身居高位的男性的内心想法。

冯克接着具体描述了弗伦奇的态度所具有的毁灭性：

> 我们面前就是女性无法在广告业取得成功的主要原因。如果一位男性创意总监，即使是像尼尔这样的小总监，看见一个女性创意者拿着自己的作品向他走来，他已经很肯定她的能力和价值都非常有限，那么，他是透过什么样的眼镜审视她的作品呢？你能指望这位创意总监给予如他给予男性那样的支持、指导和考虑吗？当她的上司通过无数种方式说她不如男性，她难道不会因此而走人吗？当她所崇拜的上司对她不抱任何希望，她难道不会因此而表现不佳吗？她难道不会想离开吗？不是因为要去生孩子，而是因为她走向成功的条件根本不存在，说她不能成功的话语令人沮丧。

愤怒的闸门打开了。弗伦奇原本就毁誉参半，现在又一次遭逢激烈的抨击与赞誉。有人说他才华横溢，有人则说他倒行逆施、明日黄花。抨击者表示，缺少女性创意总监跟性别没有任何关系，那是机会、经验所致。你如果有足够的才华，就可以成功。

事件过后两周，弗伦奇辞职了。在一次采访中，他暗示自己"死于博客"。◆

毫无疑问，性别与创意工作之间的关系错综复杂。否则不会在女性进入该行业100年之后仍有这样的讨论。

几乎从早期开始，广告业就以"欢迎"女性而自居。一开始，是因为女性特有的"女性的观点"。1914年的一篇行业期刊文章对此作了解释：

> 自从女性开始从事一些不同于原来预设的所谓"女性领域"的工作之后，没有任何一个领域能像广告业那样对女性开放，并且使她们更有成功的希望。大多数美国家庭都是由女人来购物的。男人负责挣钱，女人负责消费。这便是她的工作。
>
> 谁会比另外一个女人更有资格知道她决定购买东西的思考过程呢？或者谁会比那些跟她有着同样喜好、对生活方式有着同样看法的人更有资格迎合她的口味、勾起她的想象呢？

乔·福克斯沃思从20世纪50年代便开始了女性广告人的职业生涯。她指出，虽然女性的观点为女性进入这个行业开启了一扇门，但也最终限制了她们的机会。

> 如果有个人，有个男人对我说，来，跟我们说说女人是怎么想的……他不是要我提供专业观点，而是女性的观点。他们会让你打电话……让你做一些秘书类的工作……我非常沮丧。我无法容忍被看作无名小卒，或者只是一个有女性观点的人。我想被人看作一个专业人士。

现在，学习广告专业的女性人数和男性一样多或者更多（广告专业的女生占到大约75%），进入广告行业的女性也和男性一样多或者更多。但是在广告公司，职位越高，女性越少。在创意职位，尤其是创意总监职位上，女性的缺失更为严重。凯伦·玛利亚以前做过广告文案和创意总监，现在改行当了教授，她写道："某个地方一定存在着障碍，因为很多女性不见了，很少有女性能成为创意总监。"事实上，即便是现在，这种"女性视角"的残余也屡见不鲜。例如，博斯曼在《纽约时报》上写道："男性在创意职位上的统治地位越来越明显，前提是美国家庭中80%的购买决定是由女性做出的……一些专家称，这种性别不平衡解释了为什么在民意调查和焦点小组中受众总是认为有些广告带有性别歧视。"

女权主义历史学者琼·沃勒克·斯科特提醒我们，在我们判断一个行业的包容性时，通常可以关注行业的进入情况，即计算一个特殊群体进入的人数。但是，更本质的问题应该是：

> 那些进入行业的人受到怎样的待遇？如果她们与之前就"在"这个行业里的人不同，那么她们被吸收进这个行业的条件又是什么？新进者是怎样看待自己的地位的？他们又建立了怎样的身份认同？

尼尔·弗伦奇事件引发了人们的好奇心。为什么广告业不能有更多的女性创意总监呢？毕竟，女性在这个行业乃至其他行业都做得很好。玛利亚为了找到这个问题的答案，采访了现在和以前在广告业工作的女性。她发现，"广告业好像有某些特殊的因素，这些因素使它对女性不那么友好"。她说，其实答案很简单，那就是要想成为创意总监的障碍太强大了。以下是她列举的一些障碍：

- 经理们倾向于雇佣那些跟他们一样的人。掌握权力的男性越多，就有更多的男性被录用并升职。引用安妮·贾汀那句经常被引用的话，"玻璃天花板并不是玻璃的，而是厚厚的一层男性"。
- 服务行业的性质。要求随时都可以提供服务以及工作强度很大，这些都是女性在其他行业没有遇到的。
- 刻板的工作安排。
- 性别歧视的亚文化。广告创意部门早就以"男人俱乐部"著称。不管这个部门中有多少男性和女性，或者部门经理和公司领导是不是女性，这种"男性"文化都笼罩着整个部门。
- 创意工作非常耗费精力。不分昼夜，身心俱疲。

但是，制约女性在创意总监职位数量的一个最重要因素是母性。玛利亚这样写道：

> 制约女性进入创意高层的首要因素也许并不是性别本身，而是母性与创意工作之间的不协调……对于从事创意工作的女性而言，不幸的是，职业生涯的最高峰恰恰与其生育时间重合。

看来尼尔·弗伦奇似乎是对的。

大多数在 ihaveanidea.org 上发表言论的女性似乎都同意，女性创意总监的缺失不是因为女性缺乏才华或者缺乏知识。相反，她们认为原因在于缺乏女性榜样，缺乏经验，缺乏顾及家庭的政策，乃至老一套的男人俱乐部观点。她们还提到，女性之所以选择开办自己的公司，是因为她们可以制定一些顾及家庭的政策（顺便提一下，加拿大在这方面比美国宽松很多）。简而言之，"广告业几乎没有做出任何吸引女性高管的结构性改变"。

南希·冯克在她的文章结尾处号召大家行动起来：

> 最后，阅读本文的女性会比我做得更好。我突然意识到，避而不见，容忍退让，让我自己成了问题的一部分。我振作起来的时间太晚了，而且似乎很明显，我们不能接受这些……期望看到改变。别气馁，要愤慨，要采取相应的行动！

这将把广告业带向何方呢？我们也许要诉诸康德关于人类尊严和尊重的概念。有没有妥协的余地？广告业能否形成一种更加宽容的结构，使一种容易协调工作和生活的机制成为可能？如果我们重视多样化，那么我们是不是有责任这样去做呢？

案例

多样化的广告业：矛盾修辞法？

研究发现，美国超级碗大赛的广告创意者大部分是白人。

标题中讲述的多样化问题几乎和广告业本身一样历史悠久。有58个超级碗大赛广告可以确定创意团队是谁，其中有92%的创意总监是白人男性，7%的是白人女性，还有一个是拉丁裔。他不是广告公司的职员，而是消费者自己制作广告的"Doritos Crash the Super Bowl"大赛的获奖者。

让我们来思考一下广告业的多样化问题。广告业从20世纪70年代早期开始接受严格的审查。根据1978年人权委员会的一份报告，委员会当时认为："少数族裔的有限就业并不简单是由客观因素造成的，而是源于一些歧视性的惯例，这些惯例在历史上就排挤少数族裔在广告业的实质性参与。"

1992年，乔·温斯基在《广告时代》上发表的《广告业的肮脏的小秘密》一文中，叙述了广告业多样化的历史。这篇文章充满了回忆和评论，令人唏嘘不已。

> 大多数黑人老板的广告公司专注于黑人和少数族裔市场，而这并不一定是出于主动的选择。
>
> "我每天都要面对的一个最大悲剧就是这个行业内的'隔离'。"缪斯·科尔德罗·陈广告公司的缪斯先生说，他把这些广告公司比作以前的黑人棒球联合会。
>
> 他说："在广告业，如果你碰巧是棕色人种或者黑色人种，那么你必须有自己的公司才能进入这个行业。出于这个原因，我们才自己创业……如果你想成功，想做一个企业家，就必须拥有一个非裔公司或拉美裔公司。你知道这听起来有多么可恶？"
>
> 这是一个经典的逻辑困境，尤其对于黑人创意者更是如此。除非他们有经验，大的综合性广告公司一般不会雇佣他们。他们只能在黑人广告公司工作来获取经验，但是黑人广告公司的工作又不被主流创意总监认可。
>
> 里奥贝纳的高级副总裁理查兹先生说："坦白地讲，就算黑人创意者跳槽到大的广告公司，那些评估他们作品好坏的人也发现不了他们所认为的必要的作品深度。"
>
> 这种主观性不可避免地会超越求职者的作品，转移到个人再到肤色。虽然这些问题很少被直接提及，但是黑人求职者相信，那些潜在的雇主会问自己，雇佣一个黑人来与那些白人共事，尤其是与白人客户共事意味着什么。

2006年年初，纽约市广告业雇佣少数族裔的做法再一次受到了质疑，或者更确切地说，"受到了猛烈的攻击……这是一个多元化城市的耻辱"。更糟糕的是，广告业似乎已经厌倦了这样的讨论。《广告时代》上刊登了一篇副标题为《2036年我们是不是还会看到同样的消息？》的社论，该文公布了一个读者调查的结果：

> 为什么我们——和93%的受访者——感觉再过30年我们还会读到类似的东西？这有点像超现实的奥威尔现象。政府机构大声疾呼全行业改革，广告业也承诺满足公众的要求（在一定程度上是希望息事宁人），但却无视那些它们可以达到的实实在在的目标。
>
> 打泡沫，冲掉，重复。

2009年，赛勒斯·梅恩发布了麦迪逊大道项目报告。这个报告为对广告业"普遍的种族歧视"进行集体诉讼奠定了基础。这些歧视包括对雇佣的非裔美国人进行限制和隔离，以及非裔美国人在同等工作上只能拿到白人工资的80%。◆

广告从业人员应该接受多样化，并使其成为个人的一个重要工作品质，作为职业标准的一个重要部分。

随着我们的生活（职业的和私人的）日益全球化，多样化将继续发展。它的影响会通过越来越复杂甚至有些混乱的方式表现出来。在这种情况下，职业广告人有必要在更广阔的层面上去理解广告对多样化的影响以及多样化对广告的影响。如果不这样做，就会损害国际社会的普遍价值：丰富、重要、人人平等、人人受尊重。

要证明歧视是错误的，可以有很多论证方式。当然，康德式的分析强调人的价值，强调人应该在道德上受到尊重。根据康德式分析，歧视否认了个人要求公平、尊重和尊严的权利，所以这种做法在道德上是错误。根据功利主义的分析，广告业是一个高度引人注目的行业，销售信息也传播社会价值。歧视会保持甚至是助长社会不公，不仅伤害个人，也对整个社会不利。

根据另一个功利主义的观点，在一个日益多样化的全球化背景下，多样化具有经济效益。这个行业曾经主要因为"女性的观点"而雇佣女性，同样，我们可以假设，如果广告人接触过多样的文化，与多样化的受众有共同的文化风俗传统、观点和思想，那么多样化的员工将使传播更加有效。也就是说，如果多样化的员工有利于对同样具有文化多样性的受众进行有效的传播，那么，不拥有多样化员工的公司便没有对客户尽到责任。

定位于整体市场的广告公司缺乏多样性，所以一些专注于少数族裔市场的广告公司发展起来。这些公司以少数族裔的身份来做生意，兜售它们在文化利基市场上的"独特"洞察力。这些广告公司日益发展成多文化公司。例如，GlobalHue 最近荣获《广告周刊》颁发的"十年多文化广告公司"称号。它在网站上的自我描述是："新千年伊始，新市场出现，我们从单一的非裔美国人公司转变为拉美裔、非裔和亚裔市场的行业领导者。"现在，该公司有四个分支：GlobalHue 非裔、GlobalHue 拉美裔、GlobalHue 亚裔和 GlobalHue Next。

具有讽刺意义的是，这些公司虽然在专门市场上获得成功，却一如既往地抢不到整体市场的生意。哈吉·威廉姆斯是一个有着 17 年经验的资深职业广告人，他在《广告时代》上提醒人们，除了极少数例外，《财富》杂志 1 000 强的公司中从来没有少数族裔开办的广告公司。他指出，这带来了严重的后果。

> 这还不算太坏，更糟糕的是，白人广告公司占有整体市场客户的几乎 95% 的预算，非裔、拉美裔和亚裔的公司只能去争抢甚至乞讨剩余的 5%。

也有人认为，多样性并不能保证以整体市场为目标的广告公司一定能拥有对少数族裔市场营销的专业知识。洛佩斯·内格雷特通信公司的总裁兼首席执行官亚历克斯·洛佩斯·内格雷特强调道，他的公司"能够深刻理解并关心拉美裔市场，而以整体市场为目标的公司却做不到这一点"。他认为后者根本就没有热情去覆盖拉美裔群体。

正如这个案例所表明的，缺乏多样性和公然的种族歧视困扰了广告业几十年。当然，广告业的主要行业组织——美国广告业联盟、广告教育基金会、美国广告公司协会——都明确指出，实现多样性是其使命的一部分。例如，美国广告业联盟的马赛克多元文化中心自认为是业内"关于多样性和多元文化的首要'智库'"，并为广告行业制定了主要目标。这些目标包括：

● 促进营销和广告过程中的包容和公平。

● 要求负责任和可测量的结果，包括就业数据和目标广告支出的数据，以便测算广告业在多元文化营销和工作场所多样性方面的发展和投入。

广告业也开展了多种活动，包括导师培养机会、职业推介会、招募计划、定向实习和奖学金，试图创造多样化的工作场所。据说，少数族裔在担任初级职位方面已经有了进步。然而，广告业还是有很多少数族裔员工流失。2008 年，为了解决这个挽留少数族裔在广告业内工作的问题，美国广告公司协会和霍华德大学（一所历史悠久的黑人大学）建立合作关系，"向中层及以上少数族裔提供职业发展和领导力培训"。

从这些努力来判断，多样性似乎成为广告职业文化的核心价值观。但是，对广告业"普遍种族歧视"的集体诉讼，又让人对此产生忧虑。

在《麦迪逊大街和颜色界线：广告业中的非裔美国人》一书中，贾森·钱伯斯追述了非裔美国人从事广告业的丰富历史。他在结语中指出，现如今，增加少数族裔就业不只是一种道德需要或者社会责任，"这是经济和社会的需要"。

广告业重视多样性吗？

广告从业者大多数还是白人。只有当广告业有能力改变这个状况时，才能回答这个问题。而这并非一个简单的任务。

或许我们只需简单重述钱伯斯的结论来作为新的起点：增加少数族裔就业不仅是经济和社会的需要，还是一种道德需要或者社会责任。有时候，我们只需要稍微转换看问题的角度而已。

广告伦理问题的核心

推销性传播渗入我们的文化环境并与之混合，它不时地打断我们的电视节目，充斥着我们的报纸和杂志，并在我们上网、看电影、玩游戏时突然弹出。

广告业是全球经济中的一个主要角色，是不可或缺的商业工具。用媒体学者詹姆斯·W·凯里的话说，它是"商业运行逻辑的一个组成部分"。广告为大多数媒体提供了商业基础，因此占据了媒体内容相当大的比重。

在所有的媒体行业里，在道德方面遭受质疑最多的或许就是广告业了。民意调查总是表明，广告业在诚信得分上名落孙山。一项针对广告从业者伦理观的学术研究发现，伦理"很少出现在受访者的雷达屏幕上"，当意识到伦理困境时，他们往往不予讨论。研究者还发现，他们称之为"看见、讨论"的广告从业者"往往意识到伦理问题，对内与同事，对外与客户及潜在客户讨论这些问题"。

我们并不是想说，广告业或从事广告的人们天生缺乏职业道德。他们并不缺乏。在广告与推销性传播中，劝服甚至强烈劝服都不是不道德的。然而，广告业似乎形成了一种容易忽视伦理的职业文化。想一想它的这些特征：将伦理等同于法律；不愿"在伦理或其他任何方面对客户说'不'"，理由是"客户永远正确"；快节奏的步伐让很多从业者相信，他们没有时间考虑伦理问题；最后，"鼓励道德行为的同时，却又不限制创造力繁荣所需要的自由，广告业认为这是很难做到的事情"。从业者必须给予自己额外的警觉，做出额外的努力，创造一个伦理决策占据优先地位的环境。

广告实践要符合伦理，问题的核心是什么？

作为一个行业，作为行业内的个人，广告业应该意识到，广告不仅是一个商业工具，还是一个社会传播的载体。除了具有经济力量，广告（或许不是有意为之）还是一个文化老师，人们通过它学习存在的方式、与他人相处的方式、价值观、态度和信仰。这些信息正是营销学者里克·伯雷所说的广告意料之外的社会影响，"'劝人购买产品'的'副产品'"。意识到广告的这种社会功能，为我们提供了超越效力和效率的另一个视角。它特别强调我们作为职业广告人对公众特别是对"受众"负有的责任。为了使行为合乎伦理，我们不仅要把受众看作实现经济目的的手段，还要把他们看作目的本身，要通过尊严、诚实、公平等价值的外化方式对待他们。广告能够提供娱乐、信息和进行劝服，但同时也要尊重受众的个人自由和独立。否则，广告就不是劝服，而是操纵。

作为一个为他人代言的行业，广告有契约上的义务，它要为客户代言，实现客户的目的。但是，要成为职业人士，我们就不能如此狭隘，不能放弃对其他利益相关者，比如公众、同行、受众，以及传播我们信息的媒体的义务。庄莱特和墨菲提出，作为职业人士，我们要重新考虑"服务好客户的含义"。只有不再盲目相信客户永远正确，我们才能履行对客户和职业的义务。一味按客户命令行事，就更难进行伦理判断，甚至不能提供良好的商业策略。我们的职业责任不是取悦客户，不是客户要什么就给什么，而是成为推进客户利益的中立顾问。做不到这一点，我们的"职业"就降格为处理低级工作的匠人。

广告伦理的核心就是必须自觉接受伦理敏感模式。对伦理价值的义务，也许要通过修改后的伦理准则表述，它应该清晰地、不间断地表达出来，而不仅仅是假设。对内（在公司内部）、对外（与客户及潜在客户），都应该意识到道德问题并加以讨论。如此，才能形成亚里士多德式"良好团体"。

一个职业人士不仅着眼于要做什么，还应思考要成为什么。

媒体的良心

公共关系与劝服

第九章　　公共传播

第十章　　在公司说出实情

第十一章　忠诚冲突

第十二章　社会责任的要求

我们所了解的大部分关于现代商业、工业、政府、体育和娱乐——甚至宗教的知识，都是由公共关系活动所塑造的。比如：帮助某个机构及其受众适应彼此，或者"实现不同人群的合作"；号召公关从业者们"建立并保持双向沟通"，应对各种问题或情况；帮助管理层回应公众舆论，并积极地做出改变；"作为提前预警系统"，帮助管理层理解如何最大限度地"服务公众利益"。换句话说，公关从业者在机构内扮演着多重角色，包括发言人、倾听者、策划人、调查员和咨询师。在当下，这些与沟通和联系有关的角色越发重要了，数字时代，只需轻触一个电脑按键，谣言或误报就会传遍全球，互联网让发生在希腊的商业和政治消息在美国佐治亚州的雅典城和希腊的雅典市变得同样重要。

如此繁重的任务也让人们更加重视公关活动的道德。两个最大的专业协会都制定了正式的道德操守规则。美国公共关系协会和国际商业传播者协会不仅采纳了这些道德守则，还教授、探讨并试图强制推行合乎道德的公关方式。不同行业的公关从业者，从医疗保健到教育行业，都采取了类似的道德标准，力求定义并塑造本行业的道德特点，正是这些道德标准构建了他们各自领域最佳实践的基础。

尽管做出了以上努力，公关从业者的公众形象依旧云遮雾罩。"政治化妆师"、"宣传员"和"特殊利益"这样的提法比比皆是，而"不过是公关的把戏"，"这是操纵形象"等轻而易举地成为了公关活动形象和角色的标签。这样的批评也许只是人们对新闻界、大公司和政府笼统批评的投射。但在其他时候，批评来自于公关从业者和其他传播者不和谐的关系。公司裁员和重组意味着市场人员、广告人员和公关从业者要在同一部门内工作——真的是如此，有时候任务分配给两到三名职员完成。这样做就更强化了公关从业者是靠单向信息传播劝服别人的假设（因为广告和市场人员通常都依靠这样的单向传播开展营销活动），而非公关从业者所期望的信息双向流通。记者与公关从业者之间的相互依存关系也同样棘手：在不触碰道德底线的前提下，媒体与其他机构交流的分寸如何把握？随着新媒体的出现，这些关系变得更加不确定，也更加难以定义。

批评有时候来自"杀死那个信使"症候群。公关从业者会像记者一样独当一面，在传播活动中一个人承担起相关的责任。公关从业者是机构与公众之间信息传播的中介，当公众对政治家、公司或激进团体的行为不满时，公关从业者的角色极易为千夫所指，成为发泄不满情绪的便利通道。有时候这些指责是理所应当的，例如，公关从业者试图转移公众视线或者歪曲事实，或者利用令人迷惑的修辞和事件来混淆视听。公关活动在医疗保健、立法和政府事务领域的应用不断增加，人们也怀疑这样的做法是否合乎道德。

本部分中的四章无法面面俱到，但是都尽量列举出当下公关从业者和受众所面临的问题。例如，是否存在对公众利益极其重要的领域，使得公关活动不应以劝服的角色出现其中？是否美化和塑造公共形象本身就具有欺骗性？公关从业者怎样才能忠实于客户或雇主，同时损害公众的利益？公司或企业展示多少社会责任感最为恰当？它们又该如何平衡社会责任和财政责任？有些例子取材于现实，有些则是根据真实存在的压力而改编的。每个案例都力求关注公关——这一颇具影响力的职业的需要、压力、矛盾和承诺。

第九章

公共传播

在2004年的总统大选中,《60分钟》前主播丹·拉瑟报道乔治·沃克·布什在越南战争期间曾逃避他国民警卫队队员的职责。后来有证据表明事实和拉瑟的报道相反,拉瑟宣布"提前退休"。

媒体抓拍到了前总统乔治·沃克·布什声辩的一瞬。

当公关从业者带着特定的倾向性、需要或者缘由，与利益相关者并肩作战或者针锋相对时，他们总是扮演着多重角色，如信息提供者、意见拥护者、活动执行者。从定义来看，公关从业者其实有一种同党的性质——他们持有明显的倾向和忠诚，代表着特定的团体、机构或者公众，试图建立或巩固重要的关系。在多数情况下，这种忠诚并无道德问题。但是，在开放社会中，公共传播领域十分复杂，公共关系活动影响着政治活动、国际外交、司法程序以及选民信心。因此，公关从业者的技巧、动机和目标难免引发人们的质疑。

公关是一个重要的行业，带有清晰的信息性以及明确的说服性。但为什么两者无法同时兼顾呢？既然真相永远都不是中立的，为什么真相的说服力反不及那些拿人钱财传达特定消息的专业人士？从这一重要的角度来看，公关其实是一种更加直接的媒体工作方式：在公关活动中，传播者的倾向性更加显而易见。脱掉伪装通常是训练公关从业者的第一课。

不管公关活动被如何分类，从家长教师联谊会到战争委员会，都有获得支持、披露信息的需要。德怀特·艾森豪威尔回想起诺曼底战役的经历：当时盟军制定了以法国为突破口击溃德军的作战计划，大量的美国海军和陆军士兵来到英国，整装待发。1942年夏天，艾森豪威尔到达伦敦后不久却发现，美国士兵给英国的众多家庭和农场带来了不小的麻烦。❶他的办法是迅速建立起"总部的高效公关部门"。艾森豪威尔由此得以继续战斗计划，读者们却不禁要好奇，公关活动在盟军的成功以及西方多元化民主的延续中扮演着怎样的角色。这部分未曾公开的历史非常复杂，且影响巨大。

当代的政治家和战略家们都依靠公关活动发布信息和进行说服活动以此为竞选筹募款项，影响立法和政策的相关决策，试图让那些对公共事务漠不关心的选区重拾热情。政治家对新闻官和竞选团队经理的选择，往往引起公众的强烈关注和讨论，因为这也是他们应对竞选伙伴或重大政策提案的选择。商贸和专业机构、工会、行业协会通常聘请全职专业说客与本地、各州以及联邦的各级政治家会面，希冀通过他们对决策施加影响。事实上，美国政府也雇佣了几千名公共事务专家、作家、摄影师和编辑，尽管联邦法律明文禁止为这些人拨款。在大部分时间里，公众讨论的渠道都被代表着特殊利益群体的声音所充斥，而真正代表大众利益的发言却寥寥无几。

在政治和公共事务领域的观点中，谁应该控制和影响话语权呢？是不是因为新闻追求公正和信息透明，新闻行业天生就比公关行业更合乎道德伦理？是不是因为公关从业者都公开承认自己忠于客户，公关行业就比新闻行业更加坦诚？在公共讨论时，那些沟通能力有待提高的发言人或团体，是不是一定要雇佣公关公司？在不影响民主进程的前提下，公关的底线到底在何处？

---

❶ 到1942年夏天，已有200万美国士兵来到英国，这些人的吃、住、装备和训练问题，都要在本已条件困难的英国家庭中解决。另外，美国士兵把自己看作解救英国人民的救星，拿着世界最高的军饷在英国挥霍，奢侈浪费，让英国人非常恼火。——译者注

本章中的四个案例将研究这些问题。《道德模范怎么了》阐释了记者和公关从业者是如何影响公共传播的。《宣传与正义》探索了诉讼领域公关功能的不断扩大：当位高权重的被告或原告在审判前通过公关手段来表达自己的观点时，正义是否得到了进一步地伸张？第三个案例《候选人的众多朋友们》研究了社交媒体和数字化媒体是如何改变政治传播的。最后一个案例《捆绑捐助选举》[1]则探讨了为竞选筹集大额捐款的影响因素。

案例

道德模范怎么了

"我真不敢相信，理查德，你竟然这样想。"

"理查德，你可一直都是模范记者——恪守新闻道德的模范记者先生。当然了，你可以有自己的选择。你要变成宣传员了。"

理查德已经在一家都市报当了12年记者，从起初的综合新闻写作到了如今主理商业新闻。他乐于完成任务，善于采访，文笔流畅。编辑几乎从没有抱怨过理查德的作品存在不准确之处，或是立场有失公允。在采访或写稿之前进行深入的研究，也是理查德引以为傲的好习惯。

理查德高质量的稿件不止在报社内部名声响亮。一年前，理查德用五篇系列报道介绍西约克地区工业和经济衰退带来的影响。作为研究的一部分，他采访了50家当地企业的经理和负责人，阅读了堆积如山的政府和商会报告，研究止赎率问题，甚至还花了一周时间深入当地最大制造商的工厂，考察工厂新启用的最新型绿色能源设备。尽管报道的是严峻的形势和惨淡的经营，但是高质量的报道给理查德和报纸都带来了荣誉。

但是，报纸的日子不好过。两个月前，公司解雇了一半的记者，一些编辑也相继离职。剩下的员工为印量缩小的报纸和网络版工作，但是两个版本中新闻报道的比重都日益降低。理查德发现，报纸的发展速度并没有达到所有者的预期。

所以，当听说自己曾经采访过的工厂的公关负责人即将退休时，理查德觉得机会来了。他相信自己在采访时所做的细致工作给工厂的经理留下了深刻印象。该公司使用新技术的意愿和巨大的潜力都吸引着理查德。尽管他热爱报社的工作，也热爱记者这份职业，但也为自己的现实主义观点而自豪。理查德相信，选择其他方式展现自己的素养和技巧的时机到了。他致电工厂经理，并得到了面试机会。不到两周，理查德就走上了新岗位——担任工厂的公共关系和政府事务联络人。除了原有的沟通事务，他还指导工厂在华盛顿和国会的游说工作。

当他把这一决定告诉报社的同事时，同事们却都对他大肆冷嘲热讽，这着实让他震惊。"我就是不信你会做这个，理查德。"负责市政新闻的记者说，"整个公关界都在混淆视听、操纵形象——这和你在专业记者

---

[1] 捆绑捐助是一个用于回避联邦选举委员会条例的策略，它是指某人从许多捐款人那里募集资金，然后将这笔钱一次性捐给竞选活动。捆绑捐助者通常在竞选团体中享有特殊地位，可以直接与候选人沟通，为自己争取特殊利益。目前捆绑捐助是个热门的争议话题，在关于美国选举改革的讨论中频频被提到。——译者注

协会会议上宣扬的那些道德背道而驰。我知道有些公关从业者还是可以信任的，但是大部分人都不过是拿着企业的钱，帮它们维护形象。为了达到这一目的，他们可是无所不用其极。那你——你不仅是个宣传员，还是个说客？"

另一位记者摇了摇头，说道："在我28年的记者生涯里，我从不跟公关从业者浪费一分一秒的时间。当我刚刚入行时，就有人告诉我们，公关从业者都是拿人钱财的骗子，我平时也一直把他们当骗子对待。在我看来，宣传人员不过是安排一些免费午餐，还有拍照作秀，仅此而已。"

"免费午餐？"理查德说，"听着，我报道了这么久的经济新闻，学到了一样东西——如果没有公关从业者的话，那么我们国家的任何报纸上，都不会有经济新闻的版面了。有很多负责任的公关从业者为了发布新闻，不懈地努力着。苍天可鉴，他们当中的许多人都曾帮助过我。没有你们口中的这些'宣传员'，你们谁的稿子也完不成。"

一开始说话的记者又开腔道："想想吧，理查德。你之前的事业，全部都是在与那些公关从业者周旋，以了解真相，而他们却两面三刀地为难你，欺骗老板。而说客更是对廉价收买政治家驾轻就熟。现在，新闻编辑室的日子更不好过了，你却跳槽到公关阵营了。真相，就到此为止吧。你去好好做你的稳定工作吧。"

理查德默默地走开了，最近几个月有些抑郁，报社同事们的话直接让他的情绪跌落到谷底。他以为，那些对于公关从业者的刻板印象已经不复存在了，但是很明显，他错了。他的同事们是正确的吗？理查德必须放弃记者的职业道德，才能顺利帮助企业维护公共关系吗？◆

作为一名身经百战的记者，理查德竟然认为自己的记者朋友们对于公关从业者毫无刻板成见，他的天真程度着实让人吃惊。许多调查和逸事表明，大多数的记者都认为自己的职业比公关工作在道德上高尚得多。相应的，许多公关从业者也认定，记者们抱着这样的负面态度，势必会影响他们对于公关活动的报道。理查德离开报社，转投薪资优渥的公关公司，自然成为记者同事们的话柄。

同事们对理查德的非议是否正中要害呢？因为记者与公关从业者的职业操守水火不容，理查德是否要在新的工作岗位上采用新的职业道德标准呢？很明显，他在信息传播过程中的位置有所变化——在许多方面显得更加复杂，并且不再如以往那般独立。不管怎样，如果理查德对自己在传播过程中的位置变化心知肚明，对于不复从前那样独立的现实也是可以接受的。"客观旁观者"的记者角色一去不返，取而代之的是"主观参与者"的公关从业者身份。公关从业者的话语必须与他们所服务机构的官方话语相一致，而不再是个人化的表达。没有署名的公关类文章无疑是这种转换的集中体现。但是，只要坚持准确、公平和公共服务精神，公关从业者缺少独立性也并不意味着道德缺失。

这些新闻编辑室里所崇尚的价值观，在企业办公室里是否依然被认可呢？两家最知名的公关行业协会所采用的道德守则中，至少有一些价值观的核心被保留下来。在美国公共关系协会的道德守则中，核心原则之一就是"在民主社会中，保护、促进精确真实的信息自由流通，这样既服务于大众利益，也促进了知情决策"。根据这条原则，理查德可以保留并继续践行他精确、公平以及服务大众的承诺。

理查德始终了解精确这一准则——他的文章必须真实而且具有可验证性。从某些方面来说，相比于纸质和数字媒体编辑室里的稿件处理过程，企业的审批程序可以更好地保证文章的真实性，因为在审批过程中，发现错误的概率更高。然而，为了维护自身利益，企业只披露部分信息，有些信息被刻意隐瞒，这样的工作现实和追求真实、可验证的理想，让理查德陷入了不安。在防止泄露那些被刻意隐瞒的信息时，理查德不得不身处之前记者同事们所不齿的境地。

公平原则如今也挑战着理查德的记者直觉。他始终明白，公平意味着参与事件的各方都应该享有话语权。比如，理查德凭借系列经济报道获得了目前的工作机会，正是在这个系列报道中，理查德采访了工厂现代化改造的负责人，以及担心失业的工会成员。如果现在为了宣传公司而写一篇类似的报道，理查德怀疑自己可能会出于记者的职业习惯，把负面消息也写进去。如果他真的这样做了，他肯定也会着重介绍公司重新培训员工、提供岗外安置的举措，使文章趋于平衡。

同样，理查德在面对雇主追求的片面利益和大众的广泛利益时，也陷入了不安当中，因为他支持与立法者和管理者合作。虽然他可以强调公平，但他还是希望在提供公司观点和立场时，仅仅遵守精确原则即可。当然，他撰写的一些商业新闻和普通报道也不是完全公平的：不是在每个事件中，记者都能找到各方的负责人并使他们接受采访，抑或在截稿前能找到事件的所有参与方。

尽管如此，理查德决定继续践行他服务大众的诺言。从很多方面，理查德都觉得这份新工作提供了绝佳的机会，使他得以与各种族群团体进行合作，并且开始了解他们的需要和兴趣。从前，在报纸上向读者传达重要新闻给理查德带来了满足感，如今，向企业雇员、股东和贸易组织传达公司的重要信息，来保护本地的重要企业，也为理查德带来了相似的满足感。从某些方面来看，当理查德能够站在对方的立场，与工人讨论他们的经济需要，或者，当工厂和工人的帮助可以满足社区的需求时，他的满足感又增添几分。

理查德也非常期待有更多机会可以亲身服务社区。鉴于可能存在的利益冲突，理查德供职的报纸禁止他加入任何社区组织。现在，他热切期待加入这些团体，使城市变得更加美好，更适宜公民居住。工厂与本地的职业学校签订了协议，发起了"教育伙伴"活动，理查德也非常想参与其中。

理查德甚至想与本地媒体进行合作。因为该工厂在当地经济发展中扮演着重要的角色，所以，理查德想告知公众，工厂的未来发展计划将使当地经济重获生机。他甚至可以时不时地请从前的记者同事们吃午饭，只是希望借此机会在相对友好的气氛下表达公司的观点。作为一名记者，当公关从业者向他阐述企业的观点时，理查德从未有妥协之感，因为他相信自己接受的专业新闻教育让他拥有了客观的判断。他相信其他的记者们也能保持这份完整的客观性。总的来说，经过一番深思熟虑，理查德对自己跳槽的决定非常满意。虽然职责有些变化，但是基本的职业操守并没有受到多少挑战。而且谁知道呢，也许他的公关人生涯能改变记者同事们对于公关行业的刻板印象吧。

案例

宣传与正义

2008年12月，伊利诺伊州州长罗德·布拉戈耶维奇因诈骗罪和合谋罪被逮捕。这位民主党州长于2009年4月被联邦的大陪审团指控，涉及16项重罪，包括敲诈、共谋、电信欺诈以及伪证罪。其中一项控告称，罗德·布拉戈耶维奇涉嫌卖官鬻爵：在巴拉克·奥巴马当选总统之后，布拉戈耶维奇可以提名新议员填补参议院的空缺，他利用这个机会捞得钱财等好处。2010年4月公开的庭审文件披露了更多细节：布拉戈耶维奇的妻子收取了一些毫无必要的费用和佣金，这些钱全部来自公共基金，有些曾经资助他竞选的人获得了权利特许协议，或者政府中的职位。其他人，包括布拉戈耶维奇的哥哥、助手和顾问们也都被起诉。

在布拉戈耶维奇被捕之后，伊利诺伊州众议院和参议院将弹劾州长提上了日程。2009年1月9日，众议院以114票赞成1票反对的结果，通过了弹劾议案。2009年1月26日，参议院的弹劾审讯正式开始。当布拉戈耶维奇的律师们为他准备辩护词时，他雇用了Publicity Agency公关公司，代表他"与新闻媒体打交道"。因为与媒体打交道的场合实在是太多了。布拉戈耶维奇没有出现在伊利诺伊州参议院的弹劾现场，反而现身美国广播公司的《早安美国》和《观点》，以及全美广播公司的《今日》节目。在节目中，他批评弹劾过程的不公正，并将自己比作弗兰克·卡普拉电影中的人物，或是因为偷盗马匹而未经审讯就被绞死的牛仔。《芝加哥论坛报》报道，《观点》节目的女主持人乌比·戈德堡告诉布拉戈耶维奇："现在有点炒作的意味了，而且我很好奇，你这样做是不是于事无补，反而还害了自己，因为这样做让大家都不会严肃地看待你。"

布拉戈耶维奇的首席律师埃德·简森放弃为这起诉讼辩护，他告诉记者，布拉戈耶维奇根本不听他的劝告。1月29日，布拉戈耶维奇在弹劾过程中出庭，但参议院还是以59票赞成0票反对的结果通过了弹劾。

布拉戈耶维奇的公关闪电战还在继续。2009年3月，他的公关顾问格伦·塞利格宣布，菲尼克斯出版社以六位数的价钱，与布拉戈耶维奇签订了新书出版合同。在随后出版的书中，布拉戈耶维奇宣称自己是清白的，并把自己和玛莎·斯图尔特、《风云人物》中的乔治·贝里等人相提并论，认为自己和他们一样受到了不公的对待。

4月，布拉戈耶维奇请求法院批准他的出境申请，因为他要去哥斯达黎加全美广播公司的真人秀节目《我是名人……让我离开这》，但是当他的申请被拒时，他的妻子派蒂以参赛者的身份出现在节目中。派蒂在节目中曾出镜讨论案件，但是时间很短。在美国有线电视新闻网的《拉里·金脱口秀》中，布拉戈耶维奇说，参与真人秀节目是必要的，可以为他们夫妇俩"挣口饭吃——让他们还得起房贷，让孩子还能在原来的学校继续读书。全美广播公司非常慷慨地邀请我们参加"。

这位前任州长的真人秀之路还在继续。在2010年3月的《学徒》第三季中，布拉戈耶维奇与其他学徒争夺成为唐纳德·特朗普接班人的机会。按照联邦检察官的说法，在2010年6月的庭审之前，布拉戈耶维奇利用《学徒》中所有的出镜时间"反复强调自己的清白"（最终以学徒身份被解雇）。

2010年3月，布拉戈耶维奇向《纽约观

察家报》这样描述自己的公关顾问："正当我身陷无底洞时，是格伦·塞利格走进了我的人生，帮我确定人生的方向。"美联社记者莎伦·科恩说，塞利格"把布拉戈耶维奇变成一个家庭式作坊"。◆

当年8月的庭审最终认定：罗德·布拉戈耶维奇仅有一项罪名成立；而对于其他23项指控，陪审团内部相持不下。联邦检方表示，将提请法庭复审，寻求判定罗德·布拉戈耶维奇的其他罪名成立。

在开庭审理前，卷入丑闻诉讼的政客或名人是否应该不遗余力地讨好公众舆论？许多诉讼让政客、演员、运动员、音乐人和其他名人声名狼藉，新闻和娱乐媒体也都连篇累牍地报道这些案件，而普通公民的待遇却大相径庭。对辛普森案件的报道数量空前，远远超过以往任何一桩诉讼案。对克林顿弹劾案的追踪报道，亦突破了以往媒体报道的底线。当然，有些知名人士辩解自己并非道德楷模，竞技场、舞台和银幕之外的私人生活不应被公众知悉。但是，这样的论点从人民选举出的政要口中说出，却难以让人信服。

所以，那些涉案名人该如何应对公共传播和公开活动呢？与大多数普通公民相比，名人政客拥有普通人难以企及的曝光率，可能成为陪审员和审判长的人也难免被精心选择、巧妙编织的报道所湮没。另外，原告或者原告的亲属也不得不一次次地面对那些惨痛的经历。在这种情况下，尽全力保护原告还是否可能呢？原告的亲属是否也应被保护？罗德·布拉戈耶维奇和他的妻子在媒体上频频曝光，是一种证明自己清白的实用方法，在道德上也算合乎情理，还是这种行为其实是强行转移陪审员或意见领袖的视线，夫妇二人亦能从万人瞩目的弹劾案中再捞一笔？

亚里士多德的分析方法为这个问题提供了不少洞见。涉案的政客自然无法避免媒体报道，任何名人也无法控制媒体，但是他们可以保持尊严与正义的平衡。罗德·布拉戈耶维奇这位前任州长该怎样做呢？一般认为，他应该尽量少接触媒体，单靠辩护团队或者公关发言人来向公众阐明自己的清白。或者，他可以利用新闻访谈或新闻发布会来为自己辩护，这样的选择更为恰当。但事实上众所周知，参与真人秀节目可以获取高额的报酬，在这类节目上声明自己的清白也不会被公众质疑，罗德·布拉戈耶维奇正是通过参加真人秀节目名利双收——减少公众对自己敌意，又规避了传统司法程序。正如美联社的记者莎伦·科恩所描述的，罗德·布拉戈耶维奇把自己塑造为"夸夸其谈的政治家，而非处心积虑的罪犯"。这样一来，与罗德·布拉戈耶维奇一同成为被告的人，却没有相同的待遇。而且，这则丑闻在伊利诺伊州持续发酵，不断曝光，其影响无法估量。不管是选择哪种手段，顾及哪些人的利益，这些都与公关传播有关，都需要慎重的考量。

在诉讼进行中，为阐明观点而举办的公关活动——新闻发布会、脱口秀节目和其他活动也同时开展起来。现在，这些活动已经屡见不鲜，即使不是名人，案件双方也都会把公关当作利器。在这个领域，许多顶尖的公关公司都设有专门的顾问，为律师及其客户服务。这些顾问在为客户设计和执行传播策略时，必须根据法律和道德作出判断。对照美国最高法院的规定，当今媒体对司法系统的报道显得十分情绪化，有时甚至损害司法公正。但是，只有在极特殊情况下，针对犯罪、逮捕和庭审的公众舆论和媒体报道才会被限制。通常，负责逮捕的警官、原告和辩护团队拥有很高的媒体曝光率。除非被法庭条款所禁止，从犯罪到庭审结束，他们都可以通过新闻发布会、访谈、讲话影响公众和媒体，进而影响公众对于嫌疑人和案件的看法。

当娱乐节目将传达信息与追求正义捆绑在一起时，道德的困境便浮出水面。在庭审和陪审团被选定之前，新闻发布会、访谈、新闻通稿、书籍、特别活动和真人秀节目轮番上演，都是为了扭转公众舆论。尽管当事人这样的做法可以影响或者改变公众舆论，但是却破坏了司法程序。如果所有的传播行为都只是针对抽象事件，那么这还算说得过去。但是，这些与媒体的接触其实是试图影响潜在的陪审员或者博取法官同情，因为这些活动不是在陈述事实，而是希望在审判前为自己辩护。比起坐在陪审席上，坐在电视机前看着处心积虑制作出来的脱口秀和真人秀节目显然更难以伸张正义。

案例

候选人的众多朋友们

2008年，巴拉克·奥巴马的总统竞选活动以"是的，我们能"为口号，标榜着改变，而他的白宫工作人员也成功改变了候选人（和美国总统）与公众交流的方式。在竞选活动和入主白宫的头几年，奥巴马团队试图用新方式提供信息，同时控制获得信息的渠道。他们使用传统媒体广告、社交媒体渠道、互联网和手机短信，直接向利益相关者提供第一手消息。

在2008年的党内初选和总统竞选活动中，超过200万人在mybarackobama.com上注册，整个竞选活动收集了1 300多万个支持者的电子邮箱。斯坦福大学的法学教授劳伦斯·莱斯格是奥巴马竞选团队的网络策略顾问，在接受麻省理工学院的《技术评论》采访时，他说："在奥巴马竞选活动的实际操作中，其最大优势就是在最开始就巧妙利用了建构团体的工具。"信息通过短信、帖子和电邮直接送达支持者面前。社交化群体如Myspace和Facebook，病毒式传播的视频分享网站如YouTube被广泛使用，就像史密斯和弗朗斯报道的那样："为了与奥巴马品牌发展一段互动的、病毒式传播的且以市场为导向的关系。"在谢尔基看来，直接通过向"朋友"发送短信的方式，宣布约瑟夫·拜登成为奥巴马的竞选伙伴，其实是一种障眼法——接收者不再关心传统新闻报道中对于这一消息的即时分析。这种直接的沟通方式让短信接收者们成为意见领袖，他们可以将这条消息与朋友和粉丝们分享，进而强化了信息传播的选择性。

在竞选后的过渡期和入住白宫的第一年，奥巴马团队使用网络传送经审定的信息。http://www.change.gov这一网站的建立为"后竞选过渡期"提供了信息交流的平台，http://www.whitehouse.gov也进行了重新设计，在奥巴马宣读就职誓词后马上开始同步虚拟运行。在这个网站上，不仅有总统和第一夫人的照片和常规信息，还设有博客——白宫行政团队的各个成员都写博客，并且对重要的立法和议案进行更新。此外，网站的互动版块功能多样，可以使用邮箱注册，获取第一手资讯，将网站的内容分享至其他网站，例如Digg和Flickr。奥巴马还会通过网站的在线论坛回答经由网络提交的问题。

该网站还设有"白宫一周"的视频博客，提供奥巴马发表讲话、出席各种场合以及接受采访的视频片段。《华盛顿邮报》的记者保罗·法希将这一视频博客称为"白宫及其主人的视频版本，白宫更希望受众直接看到这些视频，而不是记者过滤之后的消息"。这一视频博客也在YouTube上同步更新。

《纽约时报》杂志注意到了白宫对于奥巴马视频形象的精心建构。记者赫弗南写道：

> 包括名嘴拉什·林堡在内的部分人批评奥巴马，认为他在公共演说时太过依赖提词器和电视分镜头提示卡……奥巴马的团队比以往任何一届班底都热衷于制作和传播视频（到目前为止），在白宫新闻这一领域，他们已经是运用新媒体的翘楚，但是在政治记者当中，这样的做法并没有博得好评。

新的总统班底试图依靠自己建立的社交网络向公众传达执政初期的动议，以获取民众支持。在当年11月的选举过后，民主党全国委员会建立了一个名为"为美国动起来"的团体，并利用竞选时的社交网络寻求支持。这一社交网络建成于第二年3月，当时奥巴马的行政团队和民主党全国委员会希望志愿者们能够广发倡议书，支持奥巴马的第一个预算和经济提案。奥巴马通过视频进行动员，"为美国动起来"向1 300万的社交网络成员发送邮件，希望他们联系国会和自己的朋友，促进该预算提案的通过。最终，"为美国动起来"组织得到了214 000个签名，其中的100 000个是通过2009年3月21日各地的游说活动收集到的并向国会提交了倡议书。但是，《华盛顿邮报》总结了倡议书的作用——对于国会投票基本没有影响。◆

传统媒体对于2008年大选的报道铺天盖地，从最早的党内干部会议到初选提名会，一直到11月大选结果出炉，媒体始终密切跟进着竞选进程。尽管如此，有些选民显然希望获得更及时的消息和互动机会。几乎所有竞选国家首脑的候选人都会提供数字化信息、成立在线募款网站并在社交媒体上建立群组。奥巴马的选战和政府都依靠数字媒体直接与公众交流，在公共事务领域，这种对数字媒体的依赖亦包含着伦理问题。

自从民主出现之后，直接与选民交流的沟通方式就被政客采用。公开发表的演说、措辞激进的言论和政治议题的辩论，总能激起选民的支持、反对和实际行动。伦理学家们公开反对那些过激的感情攻势、丑化政敌的广告以及破坏选举的行为。当今社会，愤世嫉俗和冷漠无情之风愈演愈烈，选民的政治参与度日渐低下，这也让伦理学家们痛心疾首。即使是在直接与选民交流的背景下，公众还是要依靠像记者、评论员这样没有党派倾向的把关人来甄别由公关顾问精心为候选人包装出来的语言、形象和策略：在这些精心塑造的形象背后，真正的议题是什么？哪些事情是真实而重要的？为什么我要关心这些？我能否在政治活动中拥有一席之地？

针对上述问题，数字化的社交网络和站点在如今提供了即时、多样的答案，并且催生了一批政治团体，公开表达自己的支持和关注。想参加政治集会或是聆听演说？对候选人的立场感兴趣？还是想权衡几位候选人之间的政见？对加入辩论充满热情？还是想为了自己的利益进行捐助？点击浏览器，加入社交网络，分享你的想法。数字化环境复制了现代的阿格拉❶，也使民主得以复兴。

但是，正如对第一个案例所评论的那样，数字化环境在团结选民的同时，也存在诸多的限制因素。在宪法第一修正案的保障下，媒体权力制衡的角色在民主社会中显得非常重要。专业的新闻报道伦理要求媒体不得歪曲政治新闻，以避免党同伐异的情况出现。但这并不是限制媒体的立场，只是在进行相关的报道时，必须对事实负责，全面介绍事件的来龙去脉。同样，传统媒体的新闻报道让人人机会均等，都可以获取信息。但是，在社交网络和流媒体网站上发布信息，只能与关注自己的人分享，自然就把其他人排斥在外。在数字鸿沟依然存在的国家，传统媒体提供的资讯相对廉价而且覆盖面广泛。

当竞选活动正在进行时，数字鸿沟很少会让人们注意到道德问题，但是在选举结束、总统就职之后，相关问题就开始出现。关于获取公共信息的问题开始增加：接入互联网是积极公民的必需品吗？捐款人能获知的信息，未捐款人却无从知晓，这是由谁决定的？当政府内部操控着总统的形象，而缺乏媒体的有效监督时，这是否符合民主的利益？

当记者的笔记本、镜头、话筒包围了白宫的主人或者其他工作人员，密切记录他们的活动和话语时，这些聚光灯下的人难免感到不适。尽管如此，这样的报道方式却给公务员们提供了公开解释、陈述和抱怨的机会。同样，在网络世界中公民记者不断涌现，公关从业者也可以与利益相关群体直接对话而不再需要媒体把关，这也让职业记者们感到些许不安。亚里士多德的法则可以在两个极端中找到平衡点。如今的政治更像是公开的场域，是的，公关从业者、记者和网络群组都可以找到自己的位置——为政府服务的公关从业者可以塑造政要的形象，职业记者可以继续行使监督权力，社交网络上的群组亦可以继续活跃下去。

案例

捆绑捐助选举

想象一下你无意中听到了这样的对话：

"布莱恩，我想请你参加午宴，届时总统也会发表演讲。"

"总统？我倒是想去，可是我没有10万美元捐给他啊，鲍勃。"

"我知道，布莱恩，但是现在只捐2 000美元就能保证你收到午宴请柬，一顿好吃的午餐，在高桌旁有自己的一席之地，坐在我

---

❶ 泛指古希腊以及古罗马城市中的露天广场，它是城邦的经济、行政、社交、文化中心。阿格拉通常地处城市中心，是居民谈论政治、谈论哲学以及相互结识的场所。——译者注

旁边，与会的还有其他公司的雇员，这也是与自由世界领导人建立联系的好机会。"

"听上去不错，谢谢你邀请我，先生。我很荣幸能够参与其中。你广邀各方参与这场午宴，能得到什么吗？"

"好吧，既然你问了，如果你把这笔小小的四位数捐款写在支票上交给我，由我来集中捐款，邀请你参加——当然还有你的捐款——能让我得到相应的好处，你会介意吗？"

"一点都不介意，鲍勃。一想到能现场聆听总统的演说，我就感到兴奋。我只是希望总统到时候能屈尊纡贵，来听听我们对于亚洲贸易新协定的看法。"

即使上述并不是真实的对话，它至少说明了竞选活动募款策略的真相。2004年竞选总统时，乔治·W·布什就使用了这一策略，其实，在2000年的竞选活动中，布什就成功使用了捆绑捐助，无数的参选人和政治行动委员会也已经使用捆绑捐助很多年了。通过"捆绑"这一过程，重要捐款人向下线募集每人2 000美元的捐款，再集中捐给参选者（这符合两党竞选改革法案，也就是人们熟知的麦凯恩—法因戈尔德法案，该法案将个人向参选人合法捐款的限额从1 000美元提高到2 000美元）。通过追踪捐款的支票编码，重要捐款人可以凭借自己在募款方面的杰出表现得到相应的好处。

在布什的竞选活动中，那些能募集到超过10万美元的捐款人——通过个人方式收集支票，追踪支票编码，并向竞选活动集中捐款的人——被誉为"先锋"。若能募集到超过20万美元，捐款人能获得"游侠"称号。"先锋"和"游侠"有权参加总统出席的特别场合，收到最高级别竞选官员发来的报告，并参加2004年共和党全国代表大会的特别活动。比如，在2003年6月30日前各自募集到5万美元的350名捐款人被邀请参加8月份举行的私人烧烤活动，布什和他的高级政治顾问都参与其中，活动场地设在得克萨斯州克劳福德的一座农场，而农场的主人正是布什总统。

根据《华盛顿邮报》的报道，许多"先锋"和"游侠"的职业是大公司的首席执行官、游说家、医生、律师，或者银行家。在《华盛顿邮报》2003年7月14日的文章中，记者写道："这些捐助者们唯一的共同点就是，他们自己以及他们的客户、企业、供应商和承包商是布什政府减税和放权政策的受益人。"

截至2003年7月中旬，至少有68名捐款人成为"先锋"和"游侠"，在布什竞选活动开始的前45天内，其竞选团队总共募集了3 440万美元，而"先锋"和"游侠"募集的款项占了其中的四分之一。布什竞选活动的官方网站提供了"先锋"和"游侠"的完整名录。但其实，在此期间的八成捐款是由单张小于200美元的小额捐款构成的。

根据2003年5月公开的文件，在2000年布什的竞选活动中，超过500名捐款人得到了"先锋"和"游侠"称号。美联社报道称，至少有12名"游侠"为当年的竞选活动各募集了至少30万美元。当时的"游侠"中，至少有19人被任命为驻外大使。

这样成功的募款方式在2008年的选举中再次得到验证。民主党参选人希拉里·克林顿将募款任务层层分级，募得10万美元及以上的捆绑捐款人能获得"希拉里筹款人"的称号。到2007年4月，《纽约新闻日报》披露，希拉里团队在2007年第一季度募集到的2 580万美元中，82名"希拉里筹款人"贡献了三分之一。但是，尽管没有设定任何的称号，希拉里最大的对手、后来的党内提名人巴拉克·奥巴马募得了7.5亿美元，是2004年布什竞选时的三倍，而且当时布什还接受了公共财政的支持。而奥巴马在竞选时没有选择公共财政的支持，而是继续接受公众的捐助，直至投票开始。◆

当然，政治家为竞选寻求资金在道德上并无不妥。事实上，如果政治家与各个群体和支持者毫无互动，或者在竞选时分文不取，那么代议制民主和参与制民主便无法实现。在美国所有符合投票条件的选民中，投票率不足五成。如果有任何的机制可以提高参与度或者引起选民兴趣，比如案例中通过个人来兜售的策略，也是值得嘉许的。也许，众多单独的捐款人可以通过捆绑捐助的方式充分扩大政治影响，集众人之财可以与财大气粗的个人或大企业相抗衡。州级或者全国范围的竞选活动，不管成功与否，所需的资金越来越多。如果竞选人不是腰缠万贯，或是缺少选民主动的捐款，竞选者将无力承担在媒体上的花销或是自身形象设计的费用。

不过，向他人兜售捆绑捐助的募款人也存在着诸多问题。想一想罗尔斯的公平原则吧。根据罗尔斯的要求，候选人应该对具体的捐助者并不知情，但是事实上，对捐款人身份的认证非常重要，以至于很少有政治家会按照罗尔斯的要求来做。如果与政治决策者接触都由捐款数额来决定，那么那些没有捐款或无力捐款的人将无权参与政治活动，而那些想在政坛施加影响的人所付出的代价则会持续增加。那些未能组织捐款的机构团体，是否会被忽略？或者，他们与候选人的接触程度与捐款数额成正比？如果那些捐助大量款项的人士、团体与总统来往密切，又能在政坛施加影响力，而那些更小、组织松散、资金匮乏的团体或者个人的声音就可能被那些财大气粗的团体和个人所湮没。批评捆绑捐助不良影响的人一定得想想，是否有其他的方式来赞助选举。比如，由公共资金来赞助选举活动，是否更合乎情理？但是，这样做是不是又会引起任期长短、税收多少、人民赞同与否等一系列问题呢？

2010年，在美国最高法院对联合公民诉联邦选举委员会案作出判决之后，上述问题显得更加重要。法院的判决推翻了先前的两个判例——限制各种企业或组织在竞选最后阶段资助候选人的政治广告。[1]虽然对候选人的直接金钱资助依然受到限制，但企业或组织的捐款仍可以用来资助广告——支持或反对候选人或者某政策的广告可以一直播放到投票开始。不过这些广告必须提供赞助人的相关信息。

捆绑捐助或者允许大公司捐款的新法案，是否会让那些拥有巨额财富、影响力和机会的捐助者获得其他捐款人的信任，或者对其他捐款人的选择施以不正当影响呢？公司和组织没有义务维持民主，而候选人或竞选活动也不必听取所有人的意见——其实，这意味着政党已经没有存在的必要。不过，自由发表自己的政见也许能促进民主发展，至少普通民众的声音不会被那些大额直接捐款人的细语所湮没。

[1] 之前最高法院伦奎斯特法庭的两个判例分别是1990年的奥斯丁诉密歇根商会案以及2002年的麦康奈尔诉联邦选举委员会案。——译者注

第十章

在公司说出实情

2009年3月,《纽约时报》报道称,歌手布兰妮·斯皮尔斯发布广告,为自己的Facebook和Twitter寻找写手。该报道同时发现,在布兰妮的个人页面上,如果不是她自己撰写的内容,就会有代笔者的署名,以澄清内容的来源。

追求真相是所有遵守道德规范的传播者的共同目标。但是公关从业者却很难做到这一点，究其原因，是因为他们的"联络人"这一身份带来了特殊挑战。不管是向内部还是向外界传达的信息，他们都近水楼台，有大把机会将这些信息加工一番。公关从业者掌控了信息传播的前期流程——从精心举办新闻发布会到微妙调整讲话稿，他们总有机会改变真相。

想想那些典型的公司网站吧。网站上的那些图表、文本、音频、视频，无一不是精心选择、巧妙设置的。有些公司网站利用动画来吸引眼球；有些公司网站的访问者只有在看过公司处心积虑编排的关键词之后，才能一览网站全貌。一个个标签将访问者带到指定的页面：经营管理、业绩表现、公司历史、核心价值、人力资源和最新动态，有时也可能提供一些档案数据。所有的信息都是从公司的角度来呈现的。虽然这些信息的准确性毋庸置疑，但是并不完整，而带有片面性。正如那些凭借通稿和新闻发布会来了解信息的人所发现的那样，访问者在公司网站上了解到的信息，是经过公关人员的"过滤门"之后才公之于众的，公司网站的访问者必须牢记这一点。机构的博客文章或者各大品牌的 Facebook 页面也与此类似。公司提供的所有信息可能是完全准确的，但是其中被删除或改写的部分，以及刻意隐瞒的赞助商或后台，使其可信度大打折扣，甚至荡然无存。

这样塑造和展现企业形象，是否具有欺骗性？这样做又是否与事实相悖？也许，大部分的情况都不是，或者，至少不比新闻把关行为更糟糕。但是，公关从业者怎样做才能最大限度地包装公司形象，而又不至于逾越雷池，公开欺骗大众呢？这其中的因素错综复杂。尖端的技术可以快速、轻易地改变或塑造受众的所见所闻所感，而信息的快速传播也使得旷日持久的验证和调查过程难以进行。受众对参与式演示没有耐心，这促使公关从业者放弃那些"无聊的"事实，转而追逐那些"伪戏剧性"的形式。在崇尚人员精简、业务重组的时代商业背景下，取悦或满足公司经理及其他重要客户的压力陡然增加。作为公司的合作伙伴，公关从业者的一腔热情其实是一个陷阱。报喜不报忧既简单又讨好，而一腔热情可能会让公关从业者显得夸夸其谈。

实际上，事实不只是讲述一个人的故事或者阐释一个人的态度。在公司里，事实是商量和讨论的结果，同时综合了各方的意见。公关从业者在工作中时常要与各个层级打交道，要传达的信息也被反复重组，这使得真相被巧妙包裹起来。在如今这个官司横行的时代，许多律师都建议机构的发言人把"无可奉告"当作挡箭牌——这句话的确属实，但是从信息公开的层面上看，却毫不可信。互联网之所以宝贵，就在于它没有版面的限制，同一事件的各方观点都可得以表达，尽管这些言论并不客观，甚至不够准确。

本章的案例主要探讨了在不同的公司组织（包括正式和非正式的）背景下陈述真相的需要。第一个案例《私人事件与公开致歉》关注的是泰格·伍兹在个人丑闻被曝光后对新闻发布会的控制。第二个案例《沃尔玛的网络战》和第三个案例《谁是老板？》则研究了公司和个人博客对信息的取舍工作在可信度方面的影响。第四个案例《给你带来这条新闻的是……》挖掘了可信度与新闻视频的关系。最后一个案例《在 Twitter 上发布实情》则探索了在像 Twitter 这样的数字化社交网络中公开作者身份的重要性。

案例

私人事件与公开致歉

泰格·伍兹可能是世界上最知名的高尔夫球手,在许多排行榜上,他都以最佳球手的身份独占鳌头。他的名字本身就是一个品牌,他代言的产品从汽车、手表到运动饮料不一而足,每年的代言收入就接近一亿美金。奥姆尼康公司旗下机构的调查显示,在最受消费者欢迎的明星排行榜上,他排名第 11 位,与比尔·科斯比不相上下。

对泰格·伍兹来说,2009 年 11 月 27 日的一个事故改变了这一切。当天,伍兹在佛罗里达州的寓所附近发生了车祸。据报道称,他的妻子用一支高尔夫球棒打碎了车的后玻璃。这也引发了全球媒体的狂轰滥炸,因为此时的伍兹正涉嫌婚外恋。尽管媒体的报道连篇累牍,伍兹却始终没有出现在公众面前。

澳大利亚联合新闻社的体育新闻为此次事件勾勒了简单的时间脉络。车祸后的第二天,佛罗里达州高速巡逻部门表示,他们尚未与伍兹或其妻子联络。12 月 1 日,佛罗里达州高速巡逻部门给伍兹开出了 164 美元的罚单。11 月 29 日,伍兹在其个人网站上发表了这样一则声明:"我是个凡人,并不完美。许多针对我的家人和我的不实恶意谣言都是不负责任的。"随后,第一则关于伍兹的婚外情新闻被曝光,许多媒体蜂拥而至。随后伍兹宣布决定不参加由他自己主办的慈善高尔夫球赛——雪佛龙世界挑战赛。

12 月 2 日,伍兹在其个人网站上发表了另一则声明,向他的家人和支持者表示歉意。他还批评了那些关于他的媒体报道,认为应该由他和他的家人来独立面对此次事件。

虽然我是一个名人,作为职业体育运动员也有所作为,对于小报的报道及其背后意图,我仍感到十分沮丧……但是,不管公众人物能引起多大的兴趣,在危难之际,有一条重要的底线却不能逾越,那就是要简单、人性化地保护隐私权。我清楚,在这一问题上,很多人对我的观点不以为然……个人的罪过不应该公之于众,家庭内部的问题也不应该向公众坦白。

几天之内,数千条评论对伍兹的声明作出了回应——有些是支持的,有些是批评的。

之后的一周,与伍兹有染的女性浮出水面,媒体报道激增。12 月 11 日,伍兹宣布无限期离开高尔夫赛场。两天之后,埃森哲公司宣布,伍兹不再担任该公司的代言人。12 月 31 日,AT&T 公司也终止了与伍兹的代言合同。其他公司也不再播放或刊发以伍兹为代言人的广告了。

2010 年 1 月,有报道称伍兹已经开始接受治疗,但是他始终没有公开回应,直到 2 月 19 日他在位于佛罗里达州庞特维德拉海滩的锯齿草 TPC 球场举办新闻发布会。他的母亲也位列听众席,但妻子并不在其中。不到 40 人包括其他家庭成员、朋友、美国职业高尔夫锦标赛的官员和商业伙伴也出席了新闻发布会。当天只允许一台摄像机进场拍摄,只允许美联社、彭博社和路透社各一名记者入内,且不能提问。美国高尔夫作家协会的三名成员被邀请出席此次发布会,但是协会经过投票表决,决定抵制此次发布会。协会主席沃坦·库佩里恩向CNN记者表示："如果我们无权提问，只允许我们像道具一样站着，我们就坚决不出席。"位于杰克逊维尔的《佛罗里达联合时报》报道，大约一公里外的一个酒店内，来自佛罗里达州各大报纸、四大高尔夫杂志、电视台和网站的100多名记者聚集在一起收看伍兹的致歉。这次发布会也通过流媒体技术将画面传送到网络用户面前。举办发布会时，在亚利桑那州举办的埃森哲比洞锦标赛也正在进行中。

在新闻发布会上，伍兹为自己所谓的"不负责任和自私的行为……让你们失望"而道歉。他承认，很多群体都因为他的行为受到负面影响，包括家人、朋友、球迷、雇员、基金会合伙人和商业伙伴。伍兹提及了基金会所做的好事，并承诺将善行继续下去。他为自己的妻子辩护，认为她被外界不公地批评了。伍兹同时承认，自己自去年12月就开始接受治疗。他还批评了一些媒体的报道，认为媒体不应该在上学的路上跟踪他女儿，以及监听他妻子和母亲的电话。"有些人写到了我的家庭，"伍兹说，"尽管我犯下了错，但是我始终认为保护我的家庭，不让他们出现在镁光灯下是正确的。又不是他们做了这些事，是我做的。我一直试图保护妻女的私人空间。"

伍兹表示，他将选择4月的大师赛作为自己复出的首站比赛。正当他为复出做准备时，耐克公司也开始播放一则伍兹的黑白广告片——伍兹一脸阴沉地面对镜头，已故父亲厄尔·伍兹的声音在回荡着，询问他学到了什么。这个问题也值得伦理学家来思考。◆

这个案例需要从两个层面去分析：微观上，我们要分析泰格·伍兹所面临的道德抉择——当他的性爱史被公之于众，不管是丈夫的身份，还是商业代言人和体坛英雄的地位都岌岌可危；宏观上，我们要分析的是为什么此次事件吸引了这么多的社会关注和媒体报道。

泰格·伍兹的个人生活变成公共话题。作为一名高尔夫球手，伍兹一步登天，成为耀眼的明星，同时，作为品牌代言人，伍兹的事业也是高歌猛进。当他参加巡回赛时，收视率便会一路狂飙；若他不参加巡回赛，收视率就一落千丈。参加各项比赛可以赢取高额的奖金，出演广告和代言产品也带来了丰厚的回报，这着实让伍兹名利双收。和睦的家庭关系，循循善诱的父亲，靓妻爱女，这些都是伍兹精心建构的个人形象的一部分——直到11月27日晚，他对汽车失去了控制，也对自己的形象失去了控制。

接下来伍兹该做什么呢？自己的个人丑闻已成为公众话题，对于这位体坛英雄来说，留给他的是怎样的道德选择呢？亚里士多德的思想可以为此时的决定提供方向吗？面对这样的情况，中间之道又在何方？将实情和盘托出是否过分？有些新闻报道就是这样做的——生动描写了性行为的细节，部分与伍兹有染的女性也成了名人。伍兹本可以选择坦白一切的：在自己的官方网站、某家通俗小报，抑或是在《60分钟》节目中出镜，或者将自己家庭处理该事件的细节公布，或者曝光自己接受治疗的细节。

相反，当披露的真相少之又少时，会发生什么呢？伍兹在个人网站上的第一则声明意在打消人们的质询和怀疑，而非承认事情的真相。第二则声明则更像是诚恳、坦白地承认自己的所作所为。但是这两则声明都是在伍兹自己的网站上发布的——这个网站由伍兹控制，并且不开放公众提问和个人留言的功能。公开接受褒扬或批评的评论，才是值得称道的社会协调话语机制，而被动地接受媒体的访问则严重限制了直接的交流和解释。

伍兹在发布会上道歉，并通过电视直播，这样的做法行得通吗？在当时的情况下，这种做法可否算是中间之道呢？也许吧，但是如此处心积虑地安排发布会，限制记者的入场，也不允许提问，让人不禁怀疑其中还有更多不为人知的内幕。新闻发布会本应让信息自由流通，记者可以自由选择提问或不提问，报道或不报道。若是在这种情况下，伍兹应该了解记者的期待，而且尽力满足他们的要求。新闻发布会的举办，并不该是应公关公司的要求，或者为了表明自己的道德立场。即使他没有选择召开发布会，而是利用公开声明甚至新闻通稿，受众也会乐于听到他的讲述，曝光率也会更高。讲述事实决不仅是简单地把真相表达出来，也由情境决定。允许更多记者进场，给予他们更多的提问机会，可以使信息流动更加公平，从而达到此次传播活动的目的——修复伍兹已受损的形象。不过，从这次的安排与结果来看，伍兹的发布会显然没有达到目的。

但是，我们应该承认，媒体和受众对于信息贪得无厌的天性也影响了伍兹对于地点的选择，毕竟公开道歉的用时更长。淫秽的性爱细节，性伴侣们的美妙胴体，再加上伍兹自身的影响和权势，使得这一个人事件变得如此公开化。搜寻伍兹每次性爱细节不仅过分，而且也有窥淫癖之嫌。不管怎样，英雄走下神坛的故事，还是会引起人们的失望和不解，受众的兴趣也因此而高涨。无论是球技、天赋还是品格，伍兹都被人们视为典范。他的公众服务精神和优雅风度，让体育圈外的人都交口称赞。当英雄的形象轰然倒塌，即使平时不怎么关注小报的人，也会想方设法寻找事件的原因和详情。

波音特学院的罗伊·彼得·克拉克认为，此次事件为"并行新闻"——这种合乎道德的报道方式提供了舞台，可以用于报道其他的大事件。对于这样的报道方法，他说："在试图报道当前事件的同时，将事件纳入具有社会意义、政治意义、文化意义等更宏观的框架之中。"在伍兹事件当中，他认为并行新闻应当探讨其他报道中所呈现的性别差异和人们对此的反应，或者在此次事件及其后续发展中，探讨权力和社会地位在法律方面的体现。这样的报道方式将让读者和记者突破那些隔靴搔痒的表面文章，探索此类新闻更深层次的意义。

案例

沃尔玛的网络战

驾驶着休闲车的劳拉和吉姆，想在沃尔玛超市的停车场免费整夜停车，因为他们的三个孩子搬到了美国的另一端居住，为了探望自己的孩子，他们想驾车跨越全国。在

2008年，沃尔玛的品牌标识从Wal-Mart变为Walmart。当这对夫妇与沃尔玛联络时，沃尔玛敏锐地洞察到这是一个展现公司"支持和睦家庭"的好机会。沃尔玛公司随即将这对夫妇接到了拉斯维加斯，并赠予他们一辆全新的休闲车，车身印有"为沃尔玛工作的家庭联盟"标志。夫妇俩启程前往佐治亚州，开始他们的"沃尔玛跨越全国"之旅。在沃尔玛免费汽油的支持下，劳拉和吉姆完成了这趟2 843英里的旅程。在旅途中，劳拉每抵达一站便会更新博客，其中提到的沃尔玛员工都是形象良好的，当然，这个博客是有酬劳的。

旅程尚未开始，博客背后的利益链条和种种安排就被曝光，许多博友提出了质疑——倘若没有沃尔玛的赞助，他们是否还会进行这次旅程。当这对夫妇真正开始跨越之旅时，幕后的策划——爱德曼公关公司也随之浮出水面。这进一步引起了质疑——为什么不早点公布赞助商的信息。作为回应，在"沃尔玛跨越全国"的最新博客文章中，劳拉坦陈，自己的哥哥就是爱德曼公关公司的雇员，而该公司正是"为沃尔玛工作的家庭联盟"的代理。劳拉曾与哥哥联络，探讨该旅程成行所需的批准条件。她写道："沃尔玛公司不仅批准了此次旅程，甚至表示愿意赞助此行！"所以，劳拉解释道，边旅行边记录，同时宣传"沃尔玛为人们所做的好事"。

许多人把此举当作公关公司欺骗大众的伎俩，劳拉的解释也难消众怨。爱德曼公关公司的首席执行官在公司网站的个人专栏里为信息不公开而道歉。

劳拉的哥哥是该公关公司的工作人员，事实上吉姆·斯莱舍本人就是《华盛顿邮报》的专职摄影师。根据《商业周刊》的报道，此事一经曝光，《华盛顿邮报》就要求吉姆·斯莱舍将所得资助退还，并从博客上删除自己的照片。在爱德曼公关公司的指导下，沃尔玛通过诸多渠道建立自己的良好公共形象，此博客只是其中之一。此前，沃尔玛的劳动和经济政策被人诟病，"为沃尔玛工作的家庭联盟"明显是为了反击这些批评的声音而建立的，尽管该组织与沃尔玛的关系不为人知。

网络平台让针对零售业巨人各个方面的褒贬十分活跃。"为沃尔玛工作的家庭联盟"的网站上刊载着沃尔玛为社会做出积极贡献的新闻，希冀反驳名为"沃尔玛醒醒吧"网站上的负面消息。"沃尔玛醒醒吧"网站建立于2005年，由食品与商业联合工会资助，类似的网站还有"沃尔玛观察"，它是由国际服务业员工协会资助的。2006年，网络战不断升级，"为沃尔玛工作的家庭联盟"建立了另一个网站"有偿批评网"，以反击"沃尔玛醒醒吧"网站上面的言论。作为回应，"沃尔玛醒醒吧"网站也建立了一个名为"一群为沃尔玛工作的贪婪右翼骗子"的网站。

根据《纽约时报》的报道，爱德曼公关公司把公关目标对准那些倾向保守的博主，向他们提供沃尔玛的相关信息。沃尔玛的发言人莫纳·威廉姆斯告诉《纽约时报》，沃尔玛自2005年起就开始与博主合作。她这样解释了此举的动机："随着越来越多的美国人上网寻找各种可信的信息来源，沃尔玛将参与网络对话机制当中。"

这场网络战是在公众监督下进行的，但是沃尔玛不仅仅是依靠网络来树立自己的良好形象。在卡特里娜风灾后，沃尔玛慷慨解囊，捐助了大量的现金和物资，并为员工进行工作调动。沃尔玛还宣布，公司将在经济不景气的社区开设50家新店，促进当地小企业与之良性竞争，它将在当地投放印刷品广告和广播广告，并向当地的商业委员会捐款。为了扩大影响，沃尔玛在美国国家公共广播电台的广播稿中植入软文，并聘任哈里特·亨特吉斯负责环境保护方面的宣传，她曾是一名修女，目前以高级管理人员的身份负责利益相关方的参与管理。◆

打造公司形象在道德上并无不妥，公司在公共事务上传达自己的声音亦合乎道德。网络使信息得以广泛传播，同时也让监督和调查变得简单起来。在塑造公司形象的活动中，因为没有披露活动背后的赞助商，人们由此更关注此举的动机和可信性，这与公司原本的希望背道而驰，而负责执行活动的公关公司和工作人员也因此备受质疑。这趟跨越全美之旅，再加上持续更新记录沃尔玛员工的博客，如果在公布赞助商的前提下进行，那么收效可能更好。向公众传播这些正面的故事，在道德上亦情有可原。相反，缺少信息公开，则让人们对其背后的秘密满腹质疑。

同样，赞助对公司满意的顾客，让他们支持公司，这也无可厚非。通用汽车公司赞助了自己的"土星会员网络"以及他们的"回家"活动，收效理想。合乎道德的行为是可以盈利的。但是，还是要重复一遍，没有披露赞助商的信息将使人们的关注转向。披露给大众的信息，可能是完全真实的，但是，未披露信息的存在大大降低了活动的可信度。

亚里士多德的分析法适用于这个案例。商业推广并不是什么罪行，没什么好遮遮掩掩的。如果完全不加推广，对批评之声也不予以反击，企业因此倒闭并造成负面的社会影响，这可不是什么好事。可行之策是诚实地推广——尽管有些生硬，但至少是公开透明的。广告就是广告，赞助就是赞助，植入式广告就是植入式广告。反击批评可能同样火药味十足，但必须是在真实可信的基础之上。那些公关顾问应该牢记，一定要在客户需求和诚实面对公众之间保持平衡。

案例

谁是老板？

一个名叫"Rahodeb"的网友，在雅虎财经留言板上发表了一篇帖子，对全食超市表示肯定，并且对野燕麦超市的前景感到担忧。这件事本身并无异常，但是，这名网友的真实身份却是全食超市公司的首席执行官约翰·麦基，他正计划并购野燕麦超市公司。"Rahodeb 的话有时是我的真实想法，有时不是。"麦基说，"我只是享受扮演'魔鬼代言人'所带来的强烈乐趣。"这些话援引自一篇刊登在全食超市网站上的路透社文章。

2007 年 2 月，全食超市公司宣布以 5.65 亿美元的价格收购野燕麦超市，联邦贸易委员会宣布，他们将于 3 月着手调查这起并购案。同年 6 月，联邦贸易委员会叫停了此次并购。Rahodeb 在网络上的评论，成为并购终止的原因之一。

针对联邦贸易委员会对两个公司并购案的调查，麦基利用网络平台，于 6 月 19 日在公司网站的个人博客上写了一篇措辞激烈的长文，表达自己对于联邦贸易委员会判决的看法——"直到现在，联邦贸易委员会也没有履行自己的职责，尤其是他们对产品价格、品质和商业服务水平的职责。对于这个由纳税人养活的机构对全食超市的侮辱行为，我亦有所觉察。"

随后，在 2007 年 7 月，证券交易委员会宣布对这些帖子发起非正式调查。全食超市公司也表示，会"全面配合证券交易委员会的工作，在调查结果公布之前，不会先发表评论"。全食超市公司的董事会成立了专门小组，进行内部调查。当天，麦基作出了如下声明："我向所有全食超市的利益相关方诚心实意地道歉，对于自己在财经留言板上匿名发帖所犯下的错误，我非常抱歉，恳请诸位原谅。"

全食超市于1980年在得克萨斯州奥斯汀开张，这家专营天然和有机食品的超市自成立以来发展迅速，已在北美和英国拥有197家分店。其网站上也说明了企业的目标："所售产品都经过我们严格的选择，我们的质量标准几近苛刻，并始终坚持可持续化的农业发展之路。我们相信，食物链、人类和地球母亲可以良性循环，互相依存，和谐共生。"到2010年，在《财富》杂志评选的"百大最佳雇主"排行榜上，全食超市公司已经连续13年榜上有名。◆

为了与重要的利益相关方，例如股东和消费者进行沟通，企业的首席执行官对于博客这一媒介的使用越来越普遍。根据《公关周刊》2006年的数据，至少有29位世界500强企业的首席执行官在写博客。在戴尔公司的博客上，不同部门的员工利用博客文章与消费者沟通。美国公共关系协会联合道·琼斯公司发起了一项调查，参与调查的482名美国公共关系协会和美国公共关系学生会的会员都相信，采用博客和其他数字化沟通方式，为公关从业者提供了不少机遇。但是他们表示，博客带有与生俱来的不可控性，社交网络也呈现出一些对商业公司不利的苗头。

正如进行公开贸易的公司职员所意识到的那样，商业言论比公共传播中的任何一部分都规范。麦基匿名评论自己的公司和主要的竞争对手——特别是当两家公司的并购谈判正在进行之时，证券交易委员会的介入毫不稀奇。博客为个人表达、提问和构建关系网络提供了无穷无尽的机会。当然，企业的管理者必须在表达个人观点时拿捏有度。尽管直抒胸臆的乐趣不小，但是管理者肩上的责任更加重大——他们是公司资产和市场的管理人。随意使用匿名或笔名很容易引起道德问题，当然，这些案例的查处也促进了商业言论的进一步规范。康德的绝对律令思想可以为此类问题提供指导。根据康德的理论，传播活动应该完全真实，毫无妥协之余地。如果这样的话，用假名来掩盖说服性和利己的言论，就应该算作不真实的表现。但是，使用数字化信息的传播者，尤其是那些对股东负有经济责任的管理层，是否希望这种要求在各种情况下都适用呢？

麦基在公司网站上发表充满争辩意味的署名文章，也许无法让联邦贸易委员会回心转意，但至少向大众公开了信息来源。那些在网络社区中阅读过 Rahodeb 的帖子或者与他互动过的网友，是否也应享受相同的待遇？网络的匿名性让我们很难发现发帖人的真实身份。所以，网络使用者和网络社区成员有着同样的责任——对网络上的信息保持怀疑态度，在转发或把信息当作决策依据之前，应该小心查证信息发布者的身份。

案例

给你带来这条新闻的是……

你是否见过以下公关信息公开播出？如果看过，有没有人告诉你是谁赞助了活动，是谁撰写了文本，又是谁编辑了视频？

● 一则质疑全球变暖真相的新报道。
● 一个关于《不让一个孩子掉队法案》的片段。
● 一条与儿童安全座椅有关的新闻。
● 一段提醒公众手提电脑被盗后个人信息可能丢失的专题节目。

媒介与民主中心对各电视台使用视频新闻通稿情况的追踪显示，当你在收看视频新闻通稿时，电视台很有可能不会告知你这段视频的赞助商。这些所谓的"新闻"被逐字播出，其实在背后买单的是某家公司，甚至是联邦政府机关。该中心追踪了一些特定的视频新闻通稿，看看电视台是否使用以及如何使用这些视频新闻通稿，并由此发布了两篇报告：《虚假电视新闻》和《依然不是新闻》。在《欧德怀尔公关报告》任高级研究员的戴安娜·法赛特是这两篇报告的合著者，她说："我们的两篇报告追踪了140则已播出的视频新闻通稿，其中只有两则向观众明确公开了视频脚本的来源。"《依然不是新闻》一文的摘要刊登在公关观察网上，这份摘要显示："在12个案例中，电视台将原本内嵌在视频新闻通稿中的字幕和声音提示删除，向观众主动否认视频的来源。"研究人员发现，使用这样巧妙的编辑伎俩的并不是那些乏人问津的小电视台，而是尼尔森市场研究排行榜上排名前50的大型电视台。

根据广播电视新闻导演协会的要求，电台和电视台在使用非正规编辑来源的视频和音频时，要"清晰地披露信息来源，对赞助公司提供的所有材料以及其他非编辑来源材料加以明示"。美国公共关系协会发表声明，要求生产视频新闻通稿的公司必须对此类视频加以标识，在发行时披露视频的制作方和赞助人。美国公共关系协会还表示，电视台有责任在播出视频新闻通稿时公布视频的来源，但是美国公共关系协会同时声称："政府对此类视频生产和发行的过多管制，可能会使得公共传播界噤若寒蝉，并且阻碍电视台从多个角度向公众提供值得关注的关键信息。"

面对政府资助的传播活动时——这些活动看起来说服力十足甚至有些煽动性，从本质上来看，观众是否也希望享有信息公开的权利？在乔治·W·布什执政期间，教育部就曾开展过此类活动。教育部和凯旋公关公司合作，签订了一份100万美元的合同，以推广布什政府的教育政策。他们聘请了倾向保守的评论员阿姆斯特朗·威廉姆斯宣传《不让一个孩子掉队法案》。阿姆斯特朗·威廉姆斯在自己的专栏和电视评论中宣传这一法案，并由此获得24万美元的报酬，但他并不承认这背后的安排。

教育部还出资制作并发行了视频新闻通稿，由女演员凯伦·瑞恩配音，用于推广这一教育政策。其他机构也纷纷效仿。她还为另外两则医保用药计划的视频新闻通稿配音，推广布什政府的提案。每则新闻都会以这样的字幕作结："我是凯伦·瑞恩，在华盛顿发来报道。"这些视频新闻通稿都没有披露赞助人是政府。

未公布赞助人的新闻和公关活动于2004年出现，引起公关界和白宫人士的尖锐批评，他们将此视为国家的宣传手段。凯旋公关公司声明，他们会在视频中公布赞助商。美国公共关系协会也对此作出回应：在2005年3月，他们举办了一场媒体伦理峰会，并于4月发表了一则公告。联邦通信委员会亦有所动作，它公布了一则通告，"提醒广播执照持有者、有线电视运营商和其他单位，恪守视频新闻通稿的原则"，并诚心接受对使用视频新闻通稿的批评。联邦通信委员会委员迈克尔·J·考珀斯表示，该机构已经收到了"成千上万"起投诉，要求联邦通信委员会调查为什么电视台在播放视频新闻通稿时，刻意隐去政府资助信息。考珀斯声明："在这个大媒体集团垄断的时代，新闻和娱乐几乎无法区分，合法信息和公关宣传亦难以分辨。"联邦通信委员会委员乔纳森·S·阿德尔斯坦发现了美国政府问责局和司法部法律顾问办公室在视频新闻通稿使用上的分歧，他表示，联邦通信委员会将继续深入贯彻现有的信息公开制度。

美国政府问责局应两位国会议员的要求彻查此事，并撰写了一份调查报告，《纽约时报》称之为"措辞尖锐的报告"：布什政府的教育法案推广活动是"隐蔽宣传"，这违反了美国法律。尽管司法部认为此举合乎法律——如果所报道的信息属实的话。美国政府问责局还发现，国家药品管理政策办公室和卫生与公众服务部都利用了某些技巧，使得视频新闻通稿看上去与标准的新闻节目无异（例如，由演员扮演成记者），在视频新闻通稿公开播放时也不在屏幕上显示信息来源。◆

　　对于播出单位来说，视频新闻通稿可算是一项称心如意的服务，因为视频新闻通稿可以提供媒体无法报道的事件、信息和活动。除了编辑好的"播出包"，视频新闻通稿还包括补充视频、台词脚本、旁白和画外音，以及其他附加信息。这些都使得播出单位的工作更加轻松：可以将整个"播出包"照单全播，或者稍加剪辑，使之看起来更像自己公司的采访和制作。

　　视频新闻通稿的使用总量无从知晓。当面对77家电视台播出的新闻和信息总量时，媒介与民主中心的研究只分析了一小部分播出过的视频新闻通稿。所以，视频新闻通稿的使用广度难以确定。不管怎样，制作和发行视频新闻通稿这一手段已经被公关从业者使用了20多年，所以这种媒介的传播效果必然不错。

　　公布视频或者音频的来源能够起作用吗？尽管隐去直接来源可增强报道的可信度，但使用这些材料而不标明出处，是否违背了道德？使用报纸或杂志上的材料而不标明出处，这些年来早已司空见惯。公司和机构让记者尽可能直接地找到文字材料，还有照片、图解、表格和流媒体。使用未标明出处的视频和改写未署名的文章或者有记者署名的文章之间，有什么内在分别吗？

　　有些人认为，了解视频新闻通稿的来源、作者和编辑，可以使观众在判断信息可信性，洞察事件是否被明显或隐蔽地塑造——尤其是政府作为信息来源时，得以充分获取各方面的信息，进而作出正确的判断。典型的新闻广播的互动式内容，包括熟悉的新闻播音员，还有一如往常的站立式报道，在观众和主持人之间营造出亲切而专业的气氛。如果播音员和记者在报道视频新闻通稿时，有意强调这是自己制作的，这就暗示了此条新闻与其他新闻和专题节目一样，经过了相同的把关程序。观众可能就会观看此类新闻进而被说服——在没有使用批判性提醒的情况下，这些提醒应该是用声音或者字幕提示出信息来源。但是，报纸或杂志上的文章还是会暗示，把关过程已经完成了，读者还是难逃被欺骗的命运。这样，平面媒体与电视、广播在使用通稿时并无二致。这些媒体都允许信息制造者自行决定哪些观点是可以向受众传达的。

面对上述案例，我们该如何进行道德抉择？波特图式不失为一种可行的方法。对事件的定义非常重要。比如，视频新闻通稿或文字通稿的来源是谁？这个来源是否可信？这些材料是否有其他的获取途径？是否可以再增加一些信息量？价值观则针对各个具体事件。比如，公平这一价值取向也就是允许公开讨论，各方的声音都得以表达。视频新闻通稿或文字通稿通常只是一家之言，观点相对片面，通常有商业伙伴利益混杂其中，这样处理是否客观？用联邦财政来支持制作、发行此类通稿，却不允许公众批判性的讨论，这样是否有失公允？那可信度呢？一个不容他人质疑的政府，是否影响了其消息的可信程度？通稿中信息的真伪是否可以验证？还是信息来源太过权威了，我们就可以不加置疑地完全相信它？这些价值观与媒体在现实中的价值观格格不入：使用他人拍摄、撰写和编辑好的通稿成本较低，在媒体看来，也许这比编辑的控制权和独立性重要得多。

在电视上播出未加编辑和未知来源的视频新闻通稿，或者在报纸上刊发这样的新闻通稿，将制作人和编辑们的"变节"暴露无遗。他们是与观众站在一起，还是与客户或雇主站在一起？在播出一些医学或科技信息（通常以新闻通稿的形式出现），或者政府资助的材料时，媒体是否应该践行服务公众的义务？如果信息与公众利益息息相关，明确指出来源不是会更好地体现服务公众的价值吗？从公关从业者的角度看，忠诚于客户和向公众讲实情的矛盾问题似乎难以解决。视频新闻通稿的发行人无法控制媒体编辑们的呈现和处理手法，赞助商的标志可能会包含在视频新闻通稿之中，出现在千家万户的电视屏幕之上。但平面媒体就不同了。所以，道德责任最终落在了接收者的肩上，而非发行人。

康德的推理可以洞察此类事件。绝对律令思想要求编辑和媒体管理者对视频新闻通稿和其他内容一视同仁，采取相同的标准——验证信息、保持准确、坚守客观。仅仅为了图省事或者节约成本而不加编辑或把关，是不符合要求的。康德的思想将会给视频新闻通稿的编辑带来更严格的监督，而非减少。他们也会肩负起公众服务之使命，并承认一些信息带有宣传性质。负责的传播者应真实地与观众分享重要信息，观众亦应促使他们提供此类信息，尽管要颇费周折。

案例

在 Twitter 上发布实情

Twitter 账户的真正使用人是谁？在发布框里细述事件、宣泄情绪、推广自己的，究竟是被成百上千粉丝关注的名人，还是雇来的写手？这些被粉丝关注的账户究竟是真的名人，还是由其他人扮演的虚假名人，还是某些机构出于爱慕或憎恶而建立的账户？

2009年3月，《纽约时报》报道称，歌手布兰妮·斯皮尔斯发布广告，为自己的Facebook和Twitter寻找写手。该报道同时发现，其他知名人士——从说唱歌手50 cent到总统候选人罗恩·保罗，还有大公司的高管人员都依靠其他人为他们的Facebook页面和Twitter账户进行内容更新。福布斯网站介绍了其他依靠工作人员来更新内容的名人们，同时也发现，这样的代笔行为与微博的私人化性质背道而驰。伦敦的《独立报》发现，"有许多名人在雇佣机构、社交媒体专家和其他工作人员从举止和言谈礼貌的角度来过滤他们的微博"。但是，《纽约时报》也发现，在布兰妮的个人页面上，如果不是她自己撰写的内容，就会有代笔者的署名，以澄清内容的来源。

如果不是授权出了问题，而是名人或者机构的账户本身就是假冒的，那么该怎么办？根据媒体报道，利用虚假用户创造和发布内容并不鲜见。托尼·拉鲁萨是圣路易红雀棒球俱乐部的经理，他在2009年起诉了Twitter公司，理由是一个使用他姓名的假冒账户给他带来了巨大的困扰。此案最后以庭外和解告终。根据美联社的报道，散播虚假消息的假冒账户也困扰着其他名人，包括德马库斯·维尔和本·罗斯里斯伯格。《哈特福德新闻报》在2009年10月的一则社论中提到，共和党为一些民主党籍的著名政治家建立了假冒账户，散布不实消息。这则社论总结道："真相？共和党此举在创新上可以得最高分，但是在道德上却不及格。"

在2010年墨西哥湾漏油事件期间，希冀从BP公司获得新进展的人们开始关注一个名为"BP全球公关"的假冒账号，而不是关注"BP美国"这一真实账号。据称，假冒账号的关注者数量是真实账号的四倍之多。假冒账号也没有刊登任何免责声明。

2010年春，Twitter试验了一种验证用户真实性的方法——用"已验证用户身份"来标记那些已经通过Twitter验证的用户。但是Twitter表示，对所有用户一一验证是不可能的。Twitter建议那些质疑名人账号真实性的用户，可以先去查看该名人的个人官网，看看官网上有没有其个人的Twitter链接，以确认用户真实与否。Twitter还表示，尽管有的用户已经通过验证，但这并不能保证发信息的就是该账号真正的主人。◆

什么时候使用影子写手才是道德的？公关从业者多年来一直扮演着演讲稿写手的角色，替政客、领导和明星传情达意。其他人为新闻通稿或出版物撰写引语，通常，这些引语在公布前都要征得发言者的首肯。广告脚本必须为赞助商的利益服务，还要突出其卓越的特点，在征得赞助商同意之后，才能由魅力十足的代言人倾情演绎。

这些公关手段都是骗人的吗？代笔人替发言人或署名人撰写了全部或部分内容，什么时候才需要澄清这一点，从而使信息看起来更加可信呢？建立假冒的Twitter、Facebook账户、博客或者网站，明显是不道德的。即使是讽刺挖苦或者搞笑模仿，也应该有所标示。但是，当账户身份已经确认后，是否授权由他人代写具体内容已经无关紧要，在这里，信息准确与否对账户可信度的影响更大。读者在阅读公司简介的小册子时，并不希望每个部分都出现撰写人的署名；而在股东大会上，听众亦不想从首席执行官的发言中时时听到撰稿人的名字。事实上，许多通讯社的新闻报道没有单独署名，通讯社的可信度保证了新闻内容的真实性。

也许，社交媒体的即时性给读者、朋友和关注者造成这样一种假象：没有中间人帮助名人们修饰语言或者传情达意。微博的短小精悍和博客文章的及时更新也暗示，在发布者和受众之间，并没有人介入。布兰妮的 Twitter 账户上，每则微博都带有署名，不失为良策；另一种办法则是由账号主人在简介中写明发布和更新微博的负责人。

从机构的角度来看，Twitter、其他微博客户端以及用户生产内容的各种网站都试图让用户相信，自己站点的用户都是经过准确验证的。快速发展的网络数字环境带来了无穷无尽的变化，身处其中的关注者、朋友、读者必须理解，任何网络上的发布者都可能是未经查证的。只有靠不断的实践才能检验某个网站或者某个信源的可信度。最后，不仅是内容还有内容作者都必须遵守道德准则——坚持真实、恪守公平、公布来源、语言得体。

第十一章

忠诚冲突

《感谢你吸烟》电影海报。作为烟草研究院的公关发言人,尼克·内勒应该忠诚于谁?

想想下面的情境吧：
- 一家大型公司决定裁掉几千名员工，要求公关部门必须披露此事。
- 一家公关公司决定接受饱受争议的新客户，尽管该公司的老客户或部分员工对新客户心存反感。
- 一家咨询公司将为一名参政候选人出谋划策，但是候选人的政见之极端令舆论哗然。
- 焦头烂额的公共事务官员不得不向蜂拥而至的调查记者们解释该非营利机构的决定。

在上述每种情境中，公关从业者和经理们都有自身固有的价值观，而身居此职，又必须服从客户的价值观和利益，两者的冲突给公关从业者和经理们带来了挑战。

新闻伦理学家经常从新闻编辑和记者的角度分析利益冲突，提醒他们不要"吃人嘴软，拿人手短"，要求与消息来源保持恰当距离，避免加入任何群体或激进组织。尽管这些提醒与公关从业者有一定的关系，但他们实际工作中遇到的挑战却截然不同。客户们希望公关从业者忠于品牌和公司利益，而社会道德希望公关从业者的行为公正得当。代理公司对公关从业者寄予厚望，希冀他们可以代表公司的领导层，同时成为公司与其内外各类利益相关者之间的中介，使公司与他们形成和谐互利的良好关系。这势必会引起利益冲突。

在公关伦理早期的研究中，阿尔伯特·J·沙立文发现，利益冲突其实是两种价值观的冲突，即"同党价值观"和"共同价值观"。"同党价值观"是"高度个人化的，是衡量企业经理和公关从业者关系的尺度"。而"共同价值观"是指每一个群体的权利和义务都得到"认真界定"和尊重，管理方不过是其中要考虑的群体之一。沙立文说，通过共同价值观这一体系，"公关可以被称为……机构的良心"。同党价值观要求奉献、信任、忠诚以及服从管理。沙立文警告说，如果公关从业者太过倾向于同党价值观，则会陷入"不分好坏、盲目热爱"的境地，道德上变得功利，传播方式也变得单向。沙立文说，共同价值观确保了每个人对真实信息的知情权得到尊重，对于影响自身的决定亦有权参与其中。

在如此复杂的专业环境中，公关从业者如何才能秉持与重要受众互利共赢的价值观，而不是日常工作中个人化或片面化的价值观？如何才能将这些忠诚冲突处理得恰到好处呢？使用什么样的原则才能得到一个合乎道德的解决方法呢？

本章中的案例有虚构的，也有真实的，讲述了公关从业者、客户、行业协会和公司是如何努力平衡忠诚和价值观的冲突的。案例《新客户》阐述的是选择客户给公关从业者带来的压力；案例《指控腐败游说》探讨了客户利益与法律规定和公共权益的冲突；案例《加速召回》介绍了一家公司通过代价不菲的产品召回赢得了忠实的客户群；案例《感谢你吸烟》通过研究同名电影，讽刺地分析了个人利益被允许凌驾于对消费者的承诺和利益之上的长远影响；案例《矿难悲剧》细述了人为灾难发生时所亟须的价值观和忠诚。

案例

新客户

在以下两个虚拟场景中，公关从业者都面对着忠诚和价值观的冲突。

场景 1

大使开腔道："我知道，贵公司从未开过这样的先河，施耐德女士。但是，过去几个月，我们认真分析了贵公司的工作成果。你们的推广活动创意十足，令我们印象深刻。高科公司也向我们力荐贵公司，他们正在与我们国家合作，推动我国通信产业的换代升级。他们说，贵公司深谙高效游说之道，在华盛顿，贵公司可谓是无人不晓。"

"我国的经济重建需要美国的帮助。三边贸易协定的通过可以让我们的经济和政治重获新生。在国会审议协定之前，我们要接触许多媒体，还有政治上的见面活动。"

"当然，你们提供了极好的服务，所得的报酬自然会高。请告诉我们，你们会接受我国成为贵公司的客户。我们需要你们的专业经验，明天之前答复我，可以吗？我们会为日后的合作竭尽所能。"

施耐德女士在这一领域已耕耘了12年，将这家公关咨询公司成功打造为政府事务方面首屈一指的专家机构。因为其工作性质，施耐德—霍莱茨公司的名号在华盛顿之外并不太著名，但是在圈中，它可算得上是值得托付又谙熟行规的专业公关公司。在过去的几年当中，这家规模不大的公关公司代理了各种各样的客户：贸易联盟、商会、大型的专业协会，当然还有高科公司。当大使表示了解自己公司的时候，施耐德真是受宠若惊。她很清楚，有大把的大规模、多领域的公关公司对这块肥肉垂涎欲滴。

但是，对于接受与否，施耐德还是犹豫不决。尽管该国政府目前处于稳定状态，但是也只不过刚刚执政了九个月。上一任政府对美国的态度极为强硬，而国会山上的人们当然记得前任政府的恶劣言辞，对于新政府的诚意和意愿亦持保留态度。从专业的角度看，这对"三边贸易协定"的通过可不是什么利好消息。不仅如此，施耐德总觉得代表别国政府进行游说，道德上似乎有些不妥，尤其是之前与自己祖国公开交恶的国家。现任政府还会继续执政吗？如果可以的话，他们会恪守"三边贸易协定"，履行自己的义务吗？她了解代理别国政府的相关法规：自己的公司不会受什么牵连。施耐德只是不知道是否该接受这个新客户。

她优雅地感谢了大使的赞美，告诉他明天会给他答复。随后，她坐下来思考自己的选择。◆

公关从业者代表其他国家去说服国会，这合乎道德吗？这种游说活动会不会逾越服务公众的底线？施耐德的公司在本领域表现活跃，但是她要代理的客户总该有值得游说的理由，或者至少值得让国会山上的人们洗耳恭听。她知道有些公关公司代理过国际客户，而且成绩不俗。事实上，有些公关公司正是因为在政治危机期间与别国政府合作而获得表彰。如果活动策划得当、实施顺利，公关公司的客户就会增加。但是，如果两国关系恶化，她与别国政府的联系以及曾经的代理关系，可能会为公司的名誉蒙上一层阴影。

施耐德自己对这个协定并不反对。与美国增加贸易往来，可以帮助该国，发展经济比起短期的援助要更为有效。增进贸易往来也可以使美国从中受益。

一番权衡之后，施耐德发现自己的犹豫是多余的。她分析认为：代理这样的客户，既不会干涉政府的办事程序，也无背叛祖国之虞。她会继续遵循公司一贯的推广程序，恪守职业道德，尽全力避免任何的误读和欺骗。推广活动的结果对美国及其盟友没有任何不利，实际上，合作带来的是利好。施耐德—霍莱茨公司决定将"双赢"定位为此次公关计划的亮点。她决定明天就打电话给大使，告诉他自己接受这桩代理。而该国正焦急地催促着"三边贸易协定"尽快通过。

案例

场景 2

比尔已经在这家公关公司工作一年半了。其中的 16 个月，他的职位是客户助理。如今，他已晋升为客户主管，肩负的责任更多了，公司指派他负责一个新客户，这让比尔非常兴奋。但是，当他看到新客户是蓝色山谷酒庄时，兴奋感却少了大半。这个酒庄于三年前在市郊开业，比尔听说，酒庄的业绩不俗，声誉颇佳。现在，酒庄老板想找一家公关公司，策划一个地区性的推广活动，提升酒庄形象，使其成为一块金字招牌，同时把酒庄打造成旅游胜地。

刚刚当上客户主管就能负责新的客户，比尔应该对公司给予自己的信任感到兴奋，但是他没有。作为酒精成瘾症康复者的孩子，比尔对酗酒的危害一清二楚，而眼前的工作竟然是帮助酒类产品提高销量、打造品牌，比尔自然很不舒服，即使这只是一个地区性的酒类公司。他将自己的顾虑告诉副总，副总对他说："这只是个酒的牌子而已。比尔，这又不是向儿童推销伏特加。这个公司生产的是餐酒，市场定位是为成人的用餐助兴。这家公司的人对于广告内容很负责任，希望我们也能负责地处理该公司的公关事务。这次推广活动的主要目的是把酒庄打造为旅游胜地。小镇也打算借此吸引更多的游客。"◆

与副总谈话之后，比尔整晚都陷于沉思。他很清楚，对于一个在自己良心上过不去的客户，他必须决定是否要代理以及如何代理。一方面，自己对于酗酒有根深蒂固的反感；另一方面，自己的公司又想尽可能满足客户的需求，比尔必须将两方面好好权衡。不管怎样，他必须找到解决问题的最佳办法。比尔知道，自己经历的是饮酒的极端情况。他承认，自己"饮酒必酗酒"的论断太过极端了。

他想出了一条两全之计。他决定将客户的推广活动一分为二，比尔主要负责推广酒庄（及其所在的小镇），将其打造为一处新的风景名胜，这样就可以避免直接推销酒类产品。既然副总都说推广旅游才是此次公关活动的目的，那么对打造旅游胜地倾注全力既可以满足公司，又可以服务客户，比尔想道，这样还可以避免直接推广让自己别扭的东西，减轻自己的心理负担。当然，越来越多旅游者的到来势必会提高葡萄酒的销量。所以，这很可能不是他心中的最佳选择。

比尔思忖着，除了自己，还有谁能够负责这次推广活动呢？也许正是因为他对酗酒的危害非常敏感，他才比任何人都更加胜任这项工作。他可以利用此次推广活动提高爱酒人士的责任感，让他们成为明智的消费者而不是酒鬼。比尔对其他酒类品牌的推广方式恨之入骨，他相信，自己负责的活动能与那些推广相抗衡。副总也表示，蓝色山谷酒庄想把品牌定位为"美味的社交饮品"，这样一来，酒庄所提倡的理念也不是过度饮酒。所以，这种方法是可行的。

"我同意当蓝色山谷酒庄的客户主管。"比尔第二天早晨告诉了副总，"我相信自己会制订一个负责任的推广计划，我也相信蓝色山谷酒庄会与我们合作，传达品牌和酒庄的正面形象。我们什么时候能着手开始计划呢？"

这个决定让比尔的心里舒服了不少。他的决定是经过分析的结果，还是基于道德的判断？倘若他的新客户不是酒庄，而是啤酒公司或酿酒厂，或者客户的定位与蓝色山谷酒庄不同，比尔会不会作出不同的选择？或者，想象一下这样的情景：比尔的父亲或母亲死于肺癌，而他的公司却要为一个烟草公司做策划，赞助一系列的体育赛事。在决定是否接手这种推广活动时，比尔又会怎样权衡价值观和忠诚？

案例

指控腐败游说

杰克·阿布拉莫夫曾是当代华盛顿最有影响力的说客之一。2006年，阿布拉莫夫承认了法院对自己的指控，这宣告了他显赫的游说生涯至此终结。《华盛顿邮报》的记者苏珊·施密特、詹姆斯·V·格里莫蒂和R·杰弗瑞·史密斯凭借揭露此次丑闻的调查性报道荣获普利策奖。报道中，他们着重叙述了以下几个时间点发生的故事：1994年，杰克·阿布拉莫夫加盟了游说公司——环球普盖茨法律事务所，并与得克萨斯州的共和党议员汤姆·迪莱建立了政治上的关系。两年后，密西西比州印第安乔克托族部落在其拉拢下成为该公司的客户。1999年，阿布拉莫夫雇佣拉尔夫·里德在南部地区开展反赌博活动，为乔克托族部落的赌场减少竞争压力。

1997年，阿布拉莫夫为部分国会议员及其随行人员安排了赴马里亚纳群岛的旅行；2000年，他又为议员汤姆·迪莱安排了为期一周的英格兰和苏格兰之旅，使用的是公司的飞机。第二年，阿布拉莫夫跳槽到了另一家游说公司。他和他的伙伴斯卡隆向乔克托族部落收取额外费用：阿布拉莫夫、斯卡隆与里德合作，共同游说得克萨斯州政府关闭一家由乔克托族部落经营的赌场，转头又说服该部落给他们420万美元的游说经费，说服国会将其重开。阿布拉莫夫的狡诈可见一斑。2003年路易斯安那州考沙塔部落的内部审计显示，其每年花费在游说和法律事务上的资金有1 800万美元。这些钱大部分都装进了阿布拉莫夫和斯卡隆的口袋。

阿布拉莫夫利用慈善来掩饰自己的罪行。他常要求客户把钱捐到他名下的慈善组织和非营利机构，而不是交给游说公司或者政要名下的慈善团体。他还经常在位于华盛顿的私人饭店为国会议员们举办筹款晚会，并且在体育馆内的豪华包厢举办其他的宣传活动，这都是由印第安部落来买单的。2005年12

月，同时担任科普利新闻社专栏作家和卡托研究所高级研究员的道格·班多承认，自己拿了阿布拉莫夫的钱，撰写对他的客户有利的评论员文章。

根据《华盛顿邮报》在2004年2月的报道，阿布拉莫夫和斯卡隆靠赌场盈利和盘剥部落，至少得到了450万美元。报道刊发一周后，阿布拉莫夫从游说公司辞职，国会议员约翰·麦凯恩（亚利桑那州的共和党议员）发起了针对印第安部落游说案的调查。2005年8月，阿布拉莫夫和斯卡隆在佛罗里达州被起诉，两人涉嫌在一次赌场的购买中合谋诈骗。三个月后，斯卡隆向法庭认罪，承认与阿布拉莫夫合谋，贿赂了议员和其他官员，并同意退回从部落收取的200万美元。2006年1月，阿布拉莫夫承认了诈骗、逃税、合谋行贿官员等罪名，并同意协助后续的深入调查。他被判处5年10个月监禁，并处以罚款。

涉嫌参与阿布拉莫夫事件的人也面临着指控。2006年5月，国会议员罗伯特·W·奈伊（俄亥俄州的共和党议员）的助手承认，自己与阿布拉莫夫合谋。同年10月，在被指控之后，罗伯特·W·奈伊也承认自己在多项政治活动中得到了政治献金、免费旅行和其他贵重物品。6月，白宫的助理人员大卫·H·萨法维恩因为参与多起阿布拉莫夫的交易，以伪证罪和妨碍司法公正罪被指控。国会中的很多人都被调查、起诉，他们退还了阿布拉莫夫及其同伙赠予的献金，或者将其捐助给慈善团体。◆

尽管阿布拉莫夫及其同伙的道德和法律过失显而易见，但这个案例还是值得我们讨论。阿布拉莫夫和他的同伙试图通过迷雾重重的筹款和影响力来颠覆原有的政治秩序。这将他们对金钱和权势的追逐心态暴露无遗，这些败坏的价值观明显是打败了做个好公民、保持诚信的道德标准。阿布拉莫夫及其同伙盘剥像印第安人部落这样的客户，替他们与庞大的联邦政府交涉，双方的社会地位高下立判，这与罗尔斯倡导的社会公平原则背道而驰。同样，使用或真或假的慈善捐助来掩饰暗箱募款和游说，也违背了罗尔斯的公平正义原则。

当然，犯下重大道德和法律错误的，不只是阿布拉莫夫、斯卡隆和他们的雇员，在位的政治家和他们的助手也都愿意与说客们合作，他们的忠诚和价值观也是扭曲的。尽管州一级或全国范围的宣传推广活动都面临着日益增长的筹款压力，但是，政客们用自己的影响和名誉作为交易筹码，换取旅行、专款或是献金，却不能完全归咎于此。在民主社会中，人民选出来的官员一定要自始至终保持自己的诚实。诚实是千金不换的，即使是面对上述案例中那样巨大的数额，也不该用自己的诚实当赌注。

如果一个政府纵容甚至褒扬弄虚作假、盘剥欺诈和贪污腐败，那么这样的政府肯定会为媒体和民意所诟病。2007年8月，国会通过了控制游说行为的新法案，试图约束议员及其工作人员拒绝接受价值不菲的礼物、宴会和度假机会，并且对提供这些的说客们出台了严苛的罚款和制裁。也许，法律对于游说行为的关注可以进一步提升游说的道德。

这些条款通过法律的形式将诚实守信的道德标准加以重申，而违反者将受到法律严惩。如果我们遵循康德的原则，那么即使在华盛顿发生的最机密交易，在道德的监督之下也不会逾越绝对律令的底线。实际上，政府在行使权力时不能违背其道德准则——在开放、平等的民主社会中服务大众。公关从业者常常要应对错综复杂的利益关系，他们必须把道德当作工作的第一要务。他们的任务不是为了追逐客户的或自己的利益而忽略道德，而是帮助客户和赞助人认识并履行对大众利益的共同义务。

案例

加速召回

当一家公司深陷一系列负面新闻当中时，它该如何权衡以下三者对监管者的责任、对消费者和员工的忠诚和对股东的回报？

公司在通报负面事件时，又有哪些道德选择？

国际汽车制造商丰田公司就面临这样的抉择：2007年到2010年丰田生产的最畅销车型被曝光存在安全隐患，当时丰田的国际销量如日中天，达到历史新高。

《华尔街日报》曾详细介绍了2007年至2010年间与汽车加速器有关的召回事件。2007年3月，美国国家公路交通安全管理局开始着手调查当年发生的五宗和雷克萨斯ES350油门踏板有关的投诉案件。在这五宗案件中，似乎是踏板导致了汽车的突然加速。一辆2007年生产的凯美瑞轿车发生了致命事故，美国国家公路交通安全管理局提醒丰田公司，应该召回全天候脚垫，理由是脚垫使得驾驶者无法正常操控油门踏板。2007年9月26日，丰田公司宣布召回全天候脚垫。然而，事情还没有结束。两年后的2009年9月，一名加利福尼亚州的公路巡逻员驾驶着雷克萨斯ES350汽车，发生了惨烈的事故。当时车上还载有他的妻子、女儿和内弟，四人无一生还。事故的原因正是汽车多次加速到每小时100英里时，速度过快的汽车失去控制，发生碰撞。2009年9月25日，美国国家公路交通安全管理局提醒丰田应当为加速器问题做出更多的解决工作。10月5日，因为脚垫可能会影响油门踏板操控，丰田召回了近400万辆轿车。

2010年1月，丰田发现踏板设计可能存在缺陷，并将这一情况向美国国家公路交通安全管理局汇报，同时敦请管理局快速行动。1月16日，丰田宣布再召回230万辆汽车。美国国家公路交通安全管理局要求丰田停止销售可能存在缺陷的汽车，丰田公司遵守了这一要求，召回汽车的数量又增加了110万辆。不久，管理局认定丰田至少在2007年9月29日就已经知道踏板存在问题，并通知了欧洲的分销商，但是对美国分公司隐瞒了这一情况，导致问题踏板继续在车上安装，尽管美国消费者已经就此问题进行投诉，丰田公司依然没有向美国国家公路交通安全管理局或消费者通报这一隐患，经过调查，管理局对丰田公司处以1 640万美元的罚款。这可能是史上数额最大的罚单，5月，丰田缴纳了这笔罚款。在美国，许多针对丰田的起诉接踵而至。

但是，丰田汽车的安全问题还在继续。2010年4月，丰田召回了2010年生产的雷克萨斯GX460，因为《消费者报告》杂志曝光了这一车型的稳定控制系统存在问题。1个月后，丰田宣布将召回2010年生产的雷克萨斯LS系列汽车，因为其转向控制系统存在问题，亟须修缮。

很明显，对于公开产品问题的时机，丰田公司内部也有过争论。根据美联社的报道，负责公司环境和公共事务的副总裁伊夫·米勒曾经告诉负责公司信息传输的执行协调员，公司应该先将产品问题公之于众，过几天再宣布召回的决定。美联社还披露了米勒所写的一封邮件："我们保持沉默不是在保护消费者，根本就没时间再隐瞒下去了。"

对于丰田召回事件，传统媒体的报道连篇累牍；在社交媒体上，关于召回事件的讨论和帖子也是铺天盖地，而且大部分都是负面消息。2010年2月6日，丰田公司的主席丰田章男终于在名古屋的新闻发布会上现身，为产品的安全问题向公众致歉。安全问题影响了公司的股价，他还就股价下跌向公司股东道歉。2月24日，他出席了美国国会众议院监管和政府改革委员会的听证会，在事先准备好的陈词中，他说：

> 我们所追求的发展速度，超过了我们员工和企业当前能承受的极限，这一点我们必须牢记在心。由于我们片面追求发展速度，而导致召回事件中出现的种种安全问题，对此我追悔莫及。对于驾驶丰田车而发生事故的司机们，我也感到深深的歉疚。

丰田把问题单纯归咎于汽车加速系统，招致了一些批评，丰田也很快对此作出回应。美国广播公司在2月22日的新闻节目中播出了一则布莱恩·罗斯报道的调查性新闻。丰田指责该报道中出现的丰田车上的流速仪画面是嫁接的。美国广播公司随后也承认，新闻中出现的读数很高的流速仪是从另一辆车上拍下来的，两车情况完全不同，在剪辑时把这个读数高的流速仪的画面插了进去。丰田在一份新闻通稿中表示，美国广播公司的做法是在误导大众。

不仅如此，丰田还试图对肖恩·凯恩和大卫·吉尔伯特的批评进行回击。肖恩·凯恩是一名安全顾问，大卫·吉尔伯特是南伊利诺伊大学汽车技术系的教授，他们在2月众议院能源和商业委员会的听证会上作证。凯恩请吉尔伯特做一个实验，试图证明丰田车的加速器问题可能导致车内电力系统问题，而不是踏板卡住的问题。丰田公司向委员会汇报，指出丰田已经聘请了专业从事测试的毅博公司来调查此事。毅博公司出具了一份56页的报告来为丰田辩护，丰田也在官网上播放了毅博公司的视频信息。但是，《纽约时报》报道称，毅博公司其实在此之前就受雇于丰田的法务部门，负责研究公司面对法律诉讼时保护公司的最佳对策。2000年到2009年，毅博公司向丰田收取的咨询费用有1 100万美元之多。

丰田公司还聘请了RLM公关公司作为顾问，并委托该公司进行一项民意测验——"凯恩与吉尔伯特揭露的事实是否可信"，随后，众议院能源和商业委员会要求查阅所有与民意测验相关的文件，因为委员会怀疑该测验意在恐吓两位证人。

丰田也在处理新增的消费者投诉。根据《洛杉矶时报》的报道，丰田公司与"快速市场分析与研究团队"进行合作，共同调查、解决消费者的投诉。一位普瑞斯的驾驶者向丰田投诉突然加速问题，"快速市场分析与研究团队"把媒体邀请到圣迭戈的高通体育场，见证这款汽车并无问题。在纽约，该团队也用这种方式回击了对普瑞斯汽车的质疑。但是，在另一桩凯美瑞汽车投诉中，消费者获得了胜利：该消费者的凯美瑞汽车被召回后，本应完成的修理工作却没有完成。

一系列召回事件迫使丰田公司的诸多车型停止销售，丰田公司急于重新拉拢消费者。一场全美范围的宣传活动出现在平面媒体和电视上，该活动意在告知那些拥有丰田座驾的车主该如何行动以修缮汽车。2010年1月31日，丰田在全美各地发布广告，宣布召回的各车型已暂停销售。2010年2月5日，丰田又在各大报纸上刊登整版广告，随后还在油门踏板出现问题后进行了系列宣传:"目前,人们对召回事件议论纷纷,这是我们向消费者坦陈的事实。"广告解释了丰田公司针对加速器卡死和油门踏板投诉的"四步解决方案":(1)向出现问题的八款车的450万车主发送信件,请他们与经销商安排时间见面;(2)延长经销点的营业时间,加快修理速度;(3)向经销点的工作人员提供维修指导和培训;(4)停止生产被召回的车型。

丰田还利用新媒体与用户交流。2010年2月9日,丰田汽车公司美国区销售总监吉姆·林茨参与了一场网络访谈,并回答了10个问题。这10个问题是由Digg新闻挖掘网站的用户在提交的1400个问题当中投票选出的。五天之内,这场线上访谈就吸引了超过100万次的点击。

TweetMeme是一项针对Twitter的加强型服务,它运营着"对话丰田"服务,向用户提供丰田官方以及与此事件有关的其他Twitter账号订阅,并提供新闻报道的链接。丹尼斯·莫里塞是丰田汽车公司美国区销售部社交媒体团队的成员之一,他解释了设立"对话丰田"的初衷——"既是倾听消费者声音的平台,也为对丰田车感兴趣的消费者提供对话的空间"。丰田还利用Facebook、Twitter和YouTube账号与客户沟通,在公司网站的首页上,还设置了召回专题网站的链接。

2010年3月,丰田宣布建立"全球质量优先委员会",促进公司在安全方面的沟通。3月,丰田提供了多款车型的"0首付"购买活动,同时也降低了其他车型的租赁费用,消费者反应热烈。自2月起,销售额上升了70%,回到了召回问题车型前的正常水平。◆

丰田在美国遇到的安全问题该如何向公众传达?使用波特图式来分析,可以厘清道德上的选择。情况非常复杂,快速扩张使得丰田成为世界汽车制造业的领军企业,其品牌早已成为品质的象征,但是其产品的安全问题却持续、反复地出现。美国的执法部门提醒丰田要履行其义务,丰田也迅速在欧洲业务上做出改进。在这件事情当中,最重要的价值观必须与实际情况相结合:全球经济增长放缓,盈利和品牌公平性带来的经济价值更加重要,尽管诚信和其他的因素亦须考量。

忠诚冲突可能会影响价值判断。日本员工对于国家荣誉感和公司名声的重视,以及全球股东对利益的要求必须和全球无数购车者对丰田的信任以及美国消费者安全法规的要求相平衡。丰田公司的美国雇员也都依赖着公司:不仅是因为丰田支付着他们的薪水,还因为这些员工长期的生活是受丰田保障的。

当公布事实会影响人身安全和其他人的经济利益时,丰田该向谁负责?根据康德的绝对律令理论,公布事实并且对他人负责才是第一要务,丰田肯定会在第一时间公开问题,不计经济代价。最终,丰田的选择比如问题解决前停止销售新车,是值得赞赏的。在初次大规模召回之后又发现新车型的问题,丰田反应积极,快速召回了新车型,此举也应该支持。相反,丰田迫于执法部门的压力才向消费者公布问题之所在及其原因,这种做法并不恰当,而且,只有在为了事实更清楚的前提下才可以回应社会的批评。

有趣的是,功利主义的分析也会得到相同的结论,推崇类似的做法。根据约翰·斯图尔特·密尔的原则，处理问题越快，解决问题就越快，公司也能越快脱身——此举可以惠及消费者、股东、雇员和管理团队。而延迟公开问题则会加重事态的严重性，加重对各方潜在的伤害。但是，当召回正式开始后，丰田利用各种渠道与消费者沟通，鼓励他们将车辆返厂检修，是一种减少伤害的道德之举。

召回事件之后，丰田比以往更加努力地在消费者和执法者心目中塑造自己负责的形象。公司首席执行官丰田章男在危机开始时并不愿意参与对话，但在阐明公司立场时变得越发积极，面对汽车加速造成的问题，他在不同场合向不同受众道歉时，也表现得足够谦卑。在庞大的跨国公司中改变沟通上的积习，其困难可想而知，但是丰田证明，这种改变是可能发生的。

案例

感谢你吸烟

你看过这部电影吗？

英俊的公关发言人出席一场脱口秀节目，同时参加的嘉宾还有一名年轻的癌症患者。而发言人面对这位癌症病人时，提出的问题却是为什么烟草业要害死自己最好的客户——年纪轻轻，还有大把的岁月与香烟为伴。这位公关发言人就是尼克·内勒，他所代理的是烟草研究院，一个本应致力研究烟草与健康但实际上是游说机构的公司。尼克的工作就是反对一项全国性法案——在烟草包装上印制骷髅图案。

为了反对这一法案，尼克·内勒选择了行贿——用一整箱的现金——给那位罹患癌症的牛仔，他的形象已经成为烟草的代名词，尼克通过行贿让他撤销了诉讼。尼克还说服了好莱坞的一位知名导演，使得吸烟镜头频频见诸银幕，以使烟草获取更多的支持，尤其是年轻人的欢迎。与此同时，尼克·内勒每周还和另外两位代理人共进午餐，一位经营酒类，另一位贩卖枪支——他们把自己称作"谋财害命小组"。在与印制骷髅图案烟盒的支持者进行了一场电视辩论之后，尼克被人绑架，几乎丧命。若不是因为尼克长期嗜烟如命，浑身被犯罪分子贴满尼古丁药包的他恐怕早已命丧黄泉，如果再接触尼古丁，哪怕是一根烟，都会要了他的命。

尼克·内勒毫无节操的做法被一家报纸完全披露，而文章的作者正是尼克的前任情人。烟草研究院颜面扫地，解雇了尼克，但尼克没有因此一蹶不振。就像绑架没有毁灭他的躯体一样，失业也没有阻碍他事业的发展。他和旧情人撕破脸皮，将他们的关系公之于众，完全毁掉了后者的记者生涯。在国会关于香烟包装的听证会上，尼克演技出色，声讨着现行的法规，为自由主义摇旗呐喊。影片的最后，尼克恢复了声誉，重新担任一家公关公司的领导，为其他客户继续工作。

这些都是2006年上映的电影《感谢你吸烟》中的片段，由贾森·雷特曼导演、大卫·O.萨克斯担任制作人，影片改编自克里斯托弗·巴克利的小说。该片获得了金球奖提名。◆

这部电影展现了一个讽刺的也有些黑色幽默的视角，让我们了解游说、公关、健康传播、报纸信源之间相互交织的利益关系。当企业、个人不计代价地推销威胁生命的产品时，个人野心、客户利益与公众利益冲突尽现，这是影片的另一主题，它可以从公关和社会责任两个层面来分析。

衡量影片中的公关行为是否合乎道德时，我们可以用波特图式来分析。我们很容易就能定义特定背景。作为公关从业者，尼克·内勒要忠诚于谁？尼克的行动展示了他对客户和"谋财害命小组"的忠心。但是对前任情人（也就是曝光他底细的那位记者）忠贞不渝，则不是明智之举。影片中，尼克还对谁忠心呢？尼克的价值观是怎样的？他明显更贪恋钱财和名望，但口口声声说自己珍视自由选择的权利。是怎样的哲学在指导他的行为？他是信奉功利主义，认为只有保证市场自由选择，才是大善？还是他坚决反对功利主义，因为烟草销售增长，尤其是年轻人的购买，极有可能损害健康，而且代价高昂？还是尼克·内勒心中自有权衡——以告知风险的方式接受对代理的客户产品的监管，但是对警告或者进一步的监管却持否定态度？

关爱的理念、对人类尊严的尊重在本片中不复存在，这不得不引起我们的重视。整部影片当中，尼克都操纵着那些追逐经济利益的人，或是被这些人操纵。对于牛仔们真正的医疗和金钱上的需要，不管是尼克还是他的老板，都不会真正的关心。他们给牛仔的钱只是贿赂，而非真正的同情。记者更不惜靠出卖自己的身体来换取报纸上自己大大的署名。

电影本身也在传递公关信息，其影响也值得我们好好分析。电影的主题——人们有自由选择的权利，即使是有害的选择，只要愿意就行——却排除了其他的讨论：那些不抽烟的人却因为被动吸烟而生病受苦，烟民生病之后，也给自己不吸烟的家人朋友带来医疗负担，此外，未成年人和成年人做出正确决定的能力也有所不同。如果用亚里士多德的方法分析，罪行、美德的定义和所在可能的展现会被情绪左右，随着剧情推进，观众们越来越同情毫无节操的主角，而那些所谓的"正面角色"，比如具有十字军般情怀的立法委员，还有道貌岸然的记者，逐渐暴露其丑恶的嘴脸。在《感谢你吸烟》中，没有任何一个团体履行了服务公众的义务——政治家、记者、实业家和公关从业者都没有。

案例

矿难悲剧

2006年1月2日，如同闪电划破天空一样，一场爆炸发生在西弗吉尼亚州提尔曼斯维尔的萨戈煤矿，根据州长乔·曼钦的报告，12个矿工丧生，另有一名矿工重伤。尽管美国矿工协会置疑矿难发生的原因，但更加严重的是，假新闻的散布加剧了事态的严重性——不管是在当地，还是全国其他地区，错误的报道都说有12名矿工获救了。

爆炸发生近11个小时后，搜救小组于下午5点开始工作。1月3日晚21时10分，搜救小组找到了第一具尸体。几个小时后，搜救小组发现了更多尸体。在井下两英里处，搜救队员发现了一名重伤矿工，而他的11名工友已经殒命。这一消息是通过井下的五台对讲机接力传送的，因为无线电无法穿透岩石。悲剧的是，消息在这样的接力传话中失真，以致危机控制中心收到的信息是"12人生还"！

危机控制中心并不是什么保密机构，所以信息在证实之前亦不会对外保密。CNN直播了"12人生还"的消息。这一喜讯很快通过手机传到了矿工的亲朋好友聚集的萨戈浸信会教堂。州长接到报告称，矿工家人接到了错误的消息，以为矿工们获救后会送到教堂接受治疗。他们还在教堂中苦苦等候着。

不到一小时后，危机控制中心又接到了搜救队员的报告，称只有一名矿工幸免于难。过了几个小时，矿工家属才接到了这一消息。凌晨3点左右，煤矿公司主席本·哈特菲尔德在西弗吉尼亚州国民警卫队的陪同下，来到教堂，向矿工家属们宣布这一消息。听闻这令人悲恸的消息后，矿工家属们离开了教堂，其中不乏对煤矿公司和媒体咆哮的亲属，还有一些人则失声痛哭。第二天，哈特菲尔德向记者们承认，消息被误传后的20分钟内他就已经知情，之所以没向矿工家属汇报，是因为他还不知道伤亡情况的准确程度。

凌晨2时45分，CNN更正了报道，也是第一个更新实时消息的媒体。全美各大早报的标题全部是错误的消息，各大早报也不得不在次日及时更正。

州长的报告要求救援人员应该更加细心，在公开消息之前务必确认清楚。根据这份报告，煤矿和健康管理局、西弗吉尼亚州矿工安全健康和培训办公室没有指派任何工作人员向矿工家属说明情况。报告指出，"在任何救援进行之时，联邦、本州和公司的最高领导必须亲自负责与矿工家属沟通，向他们及时通报正确的、已经证实的消息"。很明显，该煤矿公司没有新闻发言人，公司主席本·哈特菲尔德不得不亲自出马负责召开新闻发布会。◆

对任何一个机构来说，面对悲剧都是一个巨大的挑战。传达悲惨的消息已经非常困难，更何况是案例中这样的情况。但是，煤矿公司和政府在传播工作上的失误，无疑加深了矿工家属们的痛楚，同时也存在道德问题。

博爱原则要求身处危机中的每个人都应当被尊重；操作原则亦要求每个人都进行换位思考。从道德角度讲，煤矿公司和州政府的作为和不作为都有问题。已经得到确切消息，却隔了几个小时才赶赴教堂通知家属，是不合乎道德的。若企业忠实于自己的员工及其家属，他们就应该早些通知家属，向家属们提供获取真实信息的渠道也可以彰显企业的同情与诚实。为记者们提供等候地点，定时向他们通报进展既可以保证报道的真实性，也让沉浸在巨大压力和悲恸中的家属不会被记者打扰。

尽管当时还不知道伤亡的确切数目，但是报喜的假新闻问世，无疑会燃起无谓的希望，反而加重矿工家属的悲痛和愤怒。"把伤害降低到最小"的要求让我们对救援的整个过程和部署产生了疑问，他们考虑的是谁的利益？矿工可以算是最危险的职业了，为什么明知有危险，准备却如此不足？"关爱"这一道德标准要求政府和企业下大力气进行预案规划和部署，这样在悲剧发生时就可以更加准确地应对，同时展现对员工的尊重和同情。为危机制订传播计划需要企业对信息进行把关，只有正确无误的信息才能被公布。通常，危机传播计划还需要指定新闻发言人，召开说明会，并且设立专门的新闻中心以控制信息。关于人员生死的报道不应该因为对危机缺乏有效、有爱和专业的准备而发生错误。在萨戈煤矿爆炸后，整个国家为之祈祷，而矿工的家庭亦风雨飘摇。对于矿工和他们的家人来说，每则新闻的价值都无法估量，媒体应该负起责任，传播准确的信息。

第十二章

社会责任的要求

效益出众且对社会负责的公司有可能存在吗?

也许，公关从业者面临的最棘手的道德困境就是如何定义"公众"。有些人对于公众的定义十分狭隘：在他们眼里，公众只是公司或是客户最重要的利益相关者——相互依存的关系网络、各取所需的互利共赢，这些都要顾及和关注，且有赖于资源上的支持。但是，我们必须承认更广义的社会公众或者社会的存在。公关从业者的道德标准要求他们必须以"善"作为一切行为的出发点，这项义务通常被行为准则和从业者们列为第一要务，并且时常与公民责任相提并论。但是，为狭义的还是广义的公众服务，其中的界线不甚明晰，这促使公关从业者寻找两者之间的平衡，或者兼顾两者的需求。

为了平衡两者的利益，公关从业者和公众必须权衡以下情境：

● 当公众利益的实现不得不让公司、非营利机构和客户付出巨大代价时，公关从业者在道德上应有哪些考虑？

● 时间或者金钱上的限制，是违背道德的理由吗？换句话说，在作出决定时，这些因素的影响有多大？

● 在日趋多元化的社会中，公关从业者该如何界定公众，为公众的利益服务？

我们可以把这种道德困境视作康德与密尔原则的交锋。公关从业者必须考虑清楚在什么时候、什么情况下让这两种原则相互交叉或替代。公关从业者该在什么时候让"大多数人的最大利益"成为自己行为的绝对律令？他们的选择对公司或者客户又有哪些影响？仅仅是这样的提问，便意味着有可能及时预计公关从业者代表个别公众或与个别公众一道所采取的行为将对一般社会公众造成的后果，从而通过改变或制止不当的行为，来减少损害或者增加福祉。也有人认为，履行社会责任需要企业和个人都将关爱当作最基本的义务。重视个人尊严和价值的行为肯定会得到对社会负责任的结果。

本章中的案例启发读者从多种哲学和道德角度审视不同的社会责任。《买一捐一：让消费者变成英雄》阐释了TOMS鞋业如何用慈善事业增进与消费者的关系。《推广"现在，给海地希望"》讲述了个人不图名利，追求更美好社会的善举。后两个案例则研究了公司面对危机时的抉择。《百事可乐陷于流言》是一个经典案例，回顾了百事可乐公司是如何面对产品质量的谣言的。《被风暴席卷》记录了红十字会在应对卡特里娜飓风中遇到的诸多挑战。

案例

买一捐一：让消费者变成英雄

"您每购买一双TOMS鞋，我们就捐出一双新鞋给需要鞋穿的孩子。买一捐一。"

您买一双，我捐一双。消费者每买一双TOMS鞋，TOMS公司就会向一名需要鞋子的儿童捐出一双。这项活动叫作"投送鞋子"，消费者志愿参加，以"TOMS之友"的身份进行现场捐助。TOMS公司的网站上这样写道："多谢自觉资本主义带来的情感回报，消费者不再是单纯的消费者，他们是英雄。"

到2010年春天，TOMS公司已经为15个国家的儿童捐出了60万双鞋。TOMS是"明天的鞋"的缩写，主要经营帆布鞋和便服鞋（懒人和系带两种款式）。鞋子的生产工厂位于阿根廷、中国和美国。TOMS公司在网站上声明："我们要求加工厂为人们提供稳定的条件、合理的薪水，并遵守当地的劳动法规。"TOMS产品在公司网站上销售，消费者亦可到百货公司和精品店选购。

布雷克·麦考斯及其阿根廷籍合伙人阿莱乔·尼蒂在2006年创办了TOMS公司。布雷克·麦考斯从大学时就展现出了经营才华，并曾参加真人秀节目《极速前进》。麦考斯说，他建立公司和慈善基金的想法来自于自己的见闻：他听说有人因为赤脚步行感染寄生虫，罹患严重的疾病，并且看到了一份第一手的数据：世界上没有鞋穿的大人和孩子的群体十分庞大。2009年，他在接受香港《南华早报》采访时说："我看到一则数据，世界上有10亿人存在患病的风险，一双鞋可以为他们提供最好的保护。"

同年，麦考斯在接受CNN采访时说，鞋子不仅是健康的保障，对于贫困的孩子来说，没有鞋穿便无法搭配校服，没法到学校上课。当被问及"投送鞋子"这一活动的反响时，麦考斯说："拿到鞋的孩子和家长都觉得，鞋子为他们开启了更好的生活，这是我们得到的最普遍的回应。"

社会企业家麦考斯凭借自己的创意和实践为人称道。2007年，麦考斯获得了史密森·库珀—休伊特国家设计博物馆颁发的人民设计奖，该奖项每年颁发一次，用于表彰可持续发展的设计成果。2009年，TOMS公司获得了美国国务院颁发的杰出企业奖，该奖项每年由美国国务院颁发，奖励那些展现出优秀企业精神、促进创新，并在全球推进民主进程的美国企业。

其他品牌也受到了TOMS的启发。为了让更多人意识到贫困人口对鞋的需要，TOMS邀请个人和团体参加每年一度的"一天不穿鞋"活动，受邀者在这一天赤脚生活，体验没鞋穿的种种痛苦。TOMS也鼓励大学生组织社团，推广慈善活动。在TOMS公司的网站上，还有"一天不穿鞋"的工具包可供下载。至少有两家公司与TOMS公司合作，继续发扬着"买一捐一"的精神：拉尔夫·劳伦与TOMS联名推出的橄榄球系列，也开展了"买一捐一"的活动；而每次消费者在Element购买一块Element滑板和一双TOMS鞋，Element公司就为南非德班的英迪格滑板训练营的孩子捐赠一块滑板。◆

许多公司都公开标榜自己的社会责任，对它们来说，用心经营就是行善，但是TOMS是一个值得大书特书的案例，因为公司发展业务的同时履行着社会责任，正如麦考斯解释的那样，这样的慈善是可持续的，因为它建立在公司盈利的模式之上。在经济环境不甚稳定时，公司通过这样公开的方式来行善会更加容易。向欠发达地区捐赠鞋子而获得的报答，只能算作间接的，但不管怎样，TOMS的实践证明，企业的公民精神可以和经济利益有机结合，而行善可以驱使消费者不断购买其产品。事实上，TOMS已经证明，这种商业模式不仅可以促进个体消费者投身慈善，也可以让许多大公司参与其中。

企业或机构选择服务社会，而不是仅仅服务股东和雇员，这是公民精神的最佳体现。以公司声明的价值观为己任，公开举办活动，展现了"说得真，做得真"的道德承诺，也就是亚里士多德"实践智慧"的理想：既明白什么是美德，又知晓如何践行美德。

认识到类似公司的善行在道德上亦有裨益。当今社会中，企业唯利是图的负面新闻层出不穷，发掘这种效益出众同时肩负社会责任感的公司让我们有理由继续相信，对社会负责的公司是有可能存在的。

案例

推广"现在，给海地希望"

2010年1月12日，海地发生了7级地震，约有20万人不幸遇难，伤者不计其数，房屋大面积损毁。亟待救援的海地让好莱坞演员乔治·克鲁尼行动起来，他组织了一个全球范围的电视直播节目，全力支援海地救灾。这个名为"现在，给海地希望：全球帮助震后救灾"的活动，让全球的名人和普通人都可以向海地伸出援手，抚平地震给灾民带来的伤痛，重建损毁的家园。

2010年1月22日星期五，当天晚上，在卫星电视、有线电视、广播、移动终端和网络公司的合作下，这个节目在全球同步直播，共有8 000万人收看，其中有2 400万美国观众。美国的四大电视网、加拿大电视网，以及许多有线电视频道，包括HBO电视网、音乐电视网和美国公共电视网都进行了同步直播。其他国家的观众可以通过BET国际频道、CNN国际频道、国家地理频道和MTV国际频道收看节目，这场晚会亦通过YouTube和Hulu等视频网站播出，移动终端和广播用户也不会错过这场演出。捐款方式多种多样：可以通过http://www.hopeforhaiti.org进行在线捐款，也可以用手机发送短信"捐赠"到50555，亦可通过邮寄进行捐助。

许多名人在这次晚会上登台，鼓励观众们进行捐助。麦当娜、布鲁斯·斯普林斯汀、史提夫·汪达、泰勒·斯威夫特、艾莉西亚·凯斯、酷玩乐队和斯汀等众多音乐人登台演出，其中还穿插播出一些海地的视频片段，这些视频片段由许多名人介绍并播放，讲述震后的惨状和海地人民的勇敢，介绍视频的名人包括美国前总统比尔·克林顿、梅丽尔·斯特里普和哈莉·贝瑞等。晚会现场与CNN的知名记者安德森·库珀连线，展现海地的即时报道。捐助者通过电话银行捐助时的通话片段也在现场播出——超过100名演员、运动员和音乐人负责接听电话，这些接线员包括茱莉亚·罗伯茨、史蒂芬·斯皮尔伯格、瑞茜·威瑟斯彭等等。只有少数的接线员被直接听出，他们的着装和行为都十分低调。《纽约时报》称之为"低调的明星效应"。其实，很多明星的善行并没有公开被播出或报道，比如，克鲁尼本人就捐助了100多万元。

演出落幕，善行不止。晚会上演唱的曲目被制作成数字音乐专辑，根据美联社的报道，专辑一经发行就拿下了"公告牌200排行榜"的头名。仅仅两天的时间，这张专辑在iTunes上的销售额就达到300万美元。专题网站http://www.hopeforhaiti.org提供了各种捐助和志愿服务信息、震后救援的新闻信息以及善款的具体去向。

晚会筹集到的6 100多万美元被移交给非营利机构娱乐产业基金会。八名成员组成的顾问小组与基金会共同负责善款的分配，这八人中包括其他基金会的主席，例如洛克菲勒基金会和基金会理事会的主席。这些善款将捐赠给健康之友、美国乐施会、联合国儿童基金会、红十字会、联合国粮食计划署、YELE海地基金会和克林顿布什海地基金。

到 2010 年 2 月底，首批 3 500 万善款已经发放，解决了海地的燃眉之急。◆

像海地地震这样的巨大灾难，可以催生希望，或者绝望，或者冷漠，就像有些人所说的那样，"反正我做的事情也改变不了什么"。关爱这一道德需要我们的实际行动，需要我们更看重"关爱"而不是"独自承受"。这场募捐演出及其相关的赈灾活动提供了多种表达关爱的渠道，而明星们低调的做法则显示了自己的影响力对他人也有所裨益。

明星们从 1966 年就开始与大众媒体的直播晚会结缘。那一年，著名喜剧演员杰瑞·刘易斯为肌肉萎缩症协会主持了一场全国直播活动。但是，真正将全国性募捐扩大为全球性事件的是 1985 年举办的一场旨在为非洲饥荒募捐的音乐会。这场名为"四海一家演唱会"的音乐会的举办让人们认识到，众多明星的联袂演出可以带来巨大反响，并且能为值得捐助的事业募得款项。音乐会的主办人鲍勃·格尔多夫爵士一直为社会正义事业奔走呼号，在国际上也颇具影响力，凭借多年的积极工作，他还获得了英国皇室授予的骑士爵位。格尔多夫的做法启发了美国音乐人威利·纳尔逊和约翰·麦文盖博，他们也效仿举办了一年一度的"农场援助"音乐会（同时也是一些激进分子的集会），旨在让人们意识到美国小农场主所面临的经济和政策问题并筹措资金。

但是，参与这样大型的募款活动，也需要从道德上进行分析——不管是出面号召捐款的明星，还是每个单独的捐助者。从波特图式的角度来分析，也许情景的定义已经非常明晰，但是价值观和忠诚归属要从哪几方面来考量呢？几乎在每一个案例当中，个人的经济得失和专业的承诺都要与无私和共产主义这样的价值观比较一番。每位参与演出的音乐人和其他的参演者都有合同在身。电视台等播出机构也得权衡一番——是否会损失广告费和节目经费，会不会违背节目合同而有悖于股东的利益等。而那些接听电话并且与捐赠人聊天的明星们，不再为了自己的事业光鲜亮丽地在台前出现，而是默默无闻地服务大众，这也少不了道德上的考量。尚未捐款的人还得考虑这家慈善机构和其他捐款人的可信程度。当代社会赋予明星的意义也值得深思熟虑：捐助人捐款的动机到底是为了真正帮助他人，还是只为了能和明星聊天，并且被公开播出？

当然，最合乎道德的选择有时候也是最专业的选择。活动中使用的媒体多种多样，组织者熟练地将新旧媒体结合，以求获得更多受众的关注；表演者和参与者的年龄、民族和种族各不相同、兼容并蓄；观众也有各种不同的机会践行高尚道德。在短短的时间里组织起这样大规模的演出更让人印象深刻，同时也表明用最高规格的演出来关爱他人并非只是停留在"可能"的阶段，而是"可以做到的"。

乔治·克鲁尼作为此次活动的组织者，并没有给活动冠上自己的名字，在直播过程中，表演者和发表讲话者的名字也没有出现。那些特别著名、能够被观众一眼认出或听出的表演者自然能从中获益，树立自己服务公众的好形象。更多的曝光也强化了这些明星的口碑。在这样全球播出的晚会上登台表演，并且展现自己的社会责任感，自然会给明星们的形象加分，并且促进相关产品销量、提高票房。但是在晚会上，没有一个人举着巨大的支票展示板来显示捐款数额，也没有任何明星夸耀自己捐款的多少。在整个直播中，主角都是海地人民和救援者。

《纽约时报》对这场活动的评价是"太过低调"——当今社会，很多明星的名字本身就已经是一个品牌，或者一个事件，这样低调的活动着实罕见。这场活动关注的只是灾难本身，以及需要帮助的灾民们，并不是提供帮助的人。"现在，给海地希望"确确实实带来了希望——不仅电视直播募集到的款项造福于灾民，对于观众和表演者来说，他们再次看到了大公无私的精神。

案例

百事可乐陷于流言

整版广告上这样写着："百事可乐公司很高兴地宣布……一切正常。"1993年6月，百事可乐公司在全美各大报纸上刊登的这则广告，将该公司为期一周的谣言控制活动推向高潮。这场危机始于1993年6月10日。这一天，华盛顿州的一对夫妇声称在一听无糖百事可乐里发现了注射器。第二天，附近某城市的一位妇女在一听百事可乐里发现了注射器的针头。短短几天时间里，从纽约州到路易斯安那州，各地都有百事可乐里发现针头的消息。接连不断的消息以及美国食品和药品管理局发布的警告，成了全美各大媒体的头条新闻，在黄金时间播出的晚间电视新闻对此事也非常关注。

第一天，百事可乐公司并没有对此进行公开回应，几日后才有所动作。由公司首席执行官克雷格·韦泽厄普带领的危机管理团队着手在公司内部调查此事，首先调查的就是位于西雅图的灌装工厂。不到两天时间，百事可乐公司就发布了关于灌装过程的内部报告，在危机时期，公司一直向员工披露这些信息。

百事可乐公司随即开始了猛烈的媒体宣传战，四条视频新闻通稿在全国各地的电视台播放，包括灌装过程、第一次拘捕谎报者的行动，以及一家便利店的监视摄像头拍下来的一名妇女正往一听已打开的无糖百事可乐罐中塞注射器的画面。这些视频新闻通稿在超过300家电视台播放，收看的观众超过3.65亿。

韦泽厄普和公司的一位安全专家在各家电视台的晚间新闻节目和脱口秀中出镜，反复强调灌装过程的安全性，以及公司在危机中坚持信息公开的决心。美国国家公共广播电台记录了韦泽厄普的话："我们必须把知道的一切信息公之于众，不仅要告知美国食品和药品管理局，还要告诉所有的美国大众，让他们知道我们显然是异常严肃地对待这件事的。"在调查过程中，百事可乐公司与美国食品和药品管理局及其他政府部门通力合作。事实上，韦泽厄普与美国食品和药品管理局局长大卫·A·凯斯勒一起出现在了美国广播公司的《夜线》栏目中，在这档节目里，美国食品和药品管理局表示百事可乐公司没有召回产品的必要。

1993年6月17日，这场危机宣告结束。美国食品和药品管理局决定对谎报者展开调查，最终有20多名嫌疑人被捕。而百事可乐公司的反击还远未结束。公司通过广告宣传了7月的打折促销活动"感谢美国"，整个夏季百事可乐的销量大幅上扬。百事可乐公司巧妙利用视频新闻通稿，在危机传播中表现优异，不仅没有把小事故变成全国性灾难，反而化危机为商机，从而获得了1994年度美

国公共关系协会颁发的"银砧奖"。◆

对于制造商来说，产品出现质量问题无疑是自己道德和信誉的梦魇。只有消费者源源不断的支持和购买才能使企业生存。不管是确实存在的问题还是无中生有的谣言，都会动摇消费者对产品的信赖。公司和个人的本能总是想让公司避开舆论的风口浪尖，但是，对公众负责的义务要求公司必须直面问题，找到解决方案。

在这起事件中，百事可乐公司在面对最初的谣言中伤和后续的指控时有多种选择。公司可以选择回避媒体的一切问询，把律师建议的"无可奉告"当作厚厚的挡箭牌；也可以不顾指控，开展一场全新的市场推广活动来掩人耳目；还可以把打折促销活动时间提前，转移公众的视线。公司可以选择不太著名的员工来带领危机管理团队，使首席执行官不必被媒体的长枪短炮围攻，不必饱受公众的监督和质疑。公司也可以选择逃避政府的追问，希冀事件可以慢慢平息，或者让电视台沦为替罪羊——公司可以谴责电视台播出的胡作非为者的画面带来不良影响，这些画面给模仿者提供了可乘之机。上述的每一种选择都能多少转移公众的视线。

相反，百事可乐公司选择践行信息公开的义务，热切地欢迎媒体和公众的监督。通过视频新闻通稿，百事可乐公司邀请公众参与，使公众对于整个灌装过程和司法进展一目了然。公司的管理层作为员工代表，积极为员工辩护。首席执行官克雷格·韦泽厄普积极接受美国有线新闻网、美国广播公司和美国公共电视网的访问。这种积极的态度彰显出对产品质量的自信，对于公众的监督亦无畏惧。与政府的调查人员合作也佐证了公司产品的安全性。百事可乐公司赢得了这场危机传播战。当然，灌装流程的安全性确保了饮料的质量，也使得流言蜚语不堪一击，这样公开的宣传方式也向不同受众保证了事实的可信度。这一事件也表明，诚实公开的回应不仅合乎道德，也能有效调和企业与公众的最大利益。

案例

被风暴席卷

卡特里娜飓风和丽塔飓风给墨西哥湾沿岸地区带来了令人心痛的灾难和巨大经济损失。这场灾难也考验了美国红十字会面对更大灾难时的能力，虽然其表现可圈可点，但也不是完全没有问题。

飓风的肆虐程度和破坏力史无前例。从犹他州到佛罗里达州，12个州都有灾民无家可归。红十字会有25万多人投入到救灾当中。它一共向400多万人发放了约15亿美元的救济金，为50多万幸存者提供了临时避难所。这些努力离不开社会各界的慷慨捐助。为了这次救灾行动，红十字会筹集到了近23亿美元，虽然红十字会也是历史上第一次向外借款——借了3.4亿美元用于救灾开支。美国红十字会并没有一个国家级的集中式财务管理系统，这也给整合救援资金和审查资金流向带来了麻烦。甚至接受捐赠也有麻烦——在线捐赠系统无法显示个人已经捐出的数额。

救援行动的广泛性也许是此次救援面临的最大挑战：第一次飓风经过，河堤垮塌，然后是第二次飓风；随着时间推移，越来越多的居民流离失所；国家、州和地方政府发布的信息内容迥异。可以想象，红十字会在救灾过程中肯定会遇到各种问题，正如红十字会于2006年发布的一份内部报告指出的那样——分发物资，协调物流，志愿者的使用，对弱势群体的关心，等等，各个方面都遇到了问题。在受灾地区，各个临时避难所的情况并没有收录到集中的数据库中，所以红十字会无法及时了解各地的情况和需要。有些需要帮助的灾民并未得到救助，至少没有得到及时或正常的救助。而那些不太需要救助的人却趁火打劫，捞上一笔。有些人因为虚报受灾情况而被调查，至少有49人最后被起诉。也许，这场飓风把某些人的道德节操也卷走了。

尽管美国红十字会在救灾工作中居功至伟，但是批评之声仍不绝于耳。不仅路易斯安那州和位于墨西哥湾沿岸的其他各州对美国红十字会不满，连英国红十字会和国际红十字会也颇有微词。美国红十字会作出了回应：在网站上增加了一个链接，用于民众揭发虚报、浪费和滥用救济金等不当行为，并且公布了一系列的行为准则，例如，禁止任何人以获利为目的与美国红十字会进行合作。

根据《慈善纪事》的报道，红十字会接受了这些批评，并改革管理模式。红十字会的首席执行官玛莎·J·埃文斯于2005年12月辞职。2007年4月，红十字会任命美国国税局前委员马克·W·艾弗森为新的首席执行官。2007年4月，国会通过了一项法案，要求红十字会在2012年之前将理事会的成员缩减到20人，希冀由此可以简化决策过程，减少疏忽和失职。国家对红十字会的定位亦有所转变。在国家应急计划实施后，红十字会将不再负责协调帐篷、食品和急救用品等救灾物资的分发，联邦应急管理局将会担此重任。红十字会将与其他应急部门紧密合作，为可能发生的灾情做好预案，而不再独自处理灾后救援纷繁芜杂的各种问题。

但是红十字会不愿意放弃自己的人道主义使命。它下定决心提高管理水准，从卡特里娜飓风和丽塔飓风救灾中汲取教训，为未来的灾难做好准备。《亚特兰大宪法报》报道，红十字会斥资8 000万美元，将灾后急需的物资和食品转移到易受飓风影响的沿海地区，并且把遍布全国的各个仓库都扩大了三倍。红十字会还准备了100万张借记卡，可以在灾后快速发放给灾民。热线电话也进行了扩容。志愿者队伍也在不断扩大，各民族、种族及年龄段的志愿者都在积极参与。◆

当灾难来临时，急需救援的灾民让无私大爱瞬间迸发。在这种时刻评判红十字会的效率和决断力显得有些不合时宜——也许有点不太相干。在这样危急的情势之下，必须把灾民的安危放在第一位，做出道德上的选择时也要以此为基准。我们不能因为受灾者的境遇不同就厚此薄彼，也不能机械地或者毫无感情地送去关爱。不管是个人还是团体，在紧急驰援灾区的时候，都一定要秉持高尚的情操，并付出努力和做出牺牲。但是，我们又很难做到尽善尽美，毕竟生理上、经济上和情绪上的疲劳都有可能造成不利影响。

卡特里娜飓风带来的灾难着实惨烈，对各级机构和领导都是严峻的挑战。有很多机构和领导面对灾难时毫无准备、不知所措，囿于官僚主义的桎梏。但是，英勇的救灾行动又重新燃起了我们的希望。尽管有这样那样的问题，红十字会还是在卡特里娜飓风期间努力地帮助和协调救灾工作，提供各种救灾物资。如果成千上万的志愿者们都不想参与救灾，那么结果会如何？红十字会正是这样一个机构——知名度高，值得信赖，捐赠者、志愿者、居民和官员都可以通过红十字会集合起来，共同行动，应对灾难。

破坏力惊人的灾难也带来了各种道德上的问题。谁得到了帮助？在整个救援系统都面临着巨大压力，超负荷运转时，怎样才是最好的救援方式？当时间紧迫，任务繁重时，我们又该在监控和审核救援质量上花多大精力？人们都希望看到，在社会秩序混乱不堪时，红十字会能够挺身而出，高效运转，而不犯那些优柔寡断、管理混乱和自私自利的错误。红十字会是生命和帮助的象征。在这种情形之下，美好的象征该如何不负现实的重托呢？

在灾难之后，红十字会负责地展开了内部调查，并将调查结果公之于众。红十字会与法务官员合作，寻找并追查那些滥用救助他人权力的人。此举显示出红十字会讲真话的承诺，即使真相多少有些让人痛苦或者难堪，同时也表现出其为进步而改变的决心。

这个案例有诸多方面供我们探讨，从组织和个体的角度都能提出很多问题。作为一个依靠志愿者和捐助者的社会服务组织，它肩负着怎样的道德义务？这样一个组织该选择怎样的方式和时机承认自己的缺点，而又不会失去大众的信任？在面临特大危机时期，它应该如何衡量自己的义务？如何为公众谋求更大福祉？当志愿者工作时，组织该如何最大限度地确保志愿者们能表现诚实，并全心全意服务公众？与核查相关的道德问题亦应继续探究。志愿者该如何以"受灾民众想被对待的方式"对待他们，同时保证信息的真实性？

这个案例显示了美国红十字会所面临的问题；其实，任何致力于志愿服务或者援助救灾的人都应该意识到其中的道德问题。在捐款、捐物、出工、出力之前，应该问问志愿者或者捐助者哪些问题？他们应该拥有怎样的知识？对愿意参加志愿服务的人又该有哪些道德上的要求？

在救援过后，行动的价值才会被仔细审视。关注其他的方面，这本身也是救援行动的一部分。像红十字会这样的机构，数十年来都被视为楷模，因为不畏艰险，甘于奉献，即使是像卡特里娜和丽塔这样的飓风也无法动摇其誓言。

公共关系道德问题的核心

在公共关系实践中，关系无疑是最核心的内容。在很多情况下，相同的性格特点和处事方式可以建立和维护健康的、彼此支持的人际关系，这也是合乎道德的公共关系所要求的。谁希望被自己的朋友欺骗，或者任由朋友诋毁自己的形象呢？没有人会这样。当我们把一家公司、一个非营利机构、一位明星或是一位政客当作私人朋友时，我们希望这些公司机构和人物在和我们沟通互动时能够平等、公平，并且尊重我们。然而，我们不会把客户或雇主当作传统意义上的朋友，但我们一旦以公关从业者的身份和他们交往，就必须肩负起照顾他们的道德责任，将他们的需要、权利和期望当成自己的一样。

公共关系与市场营销不尽相同，尽管市场营销是其中的核心和重要部分。市场营销只注重销售产品、货物和服务这些商业行为，而公共关系却不一样。通过界定"公众"，公关从业者认识到，与客户的交往不仅仅是商业上的交易，还要兼顾相互的利益。要维护好双方关系，就必须以满足彼此所需为前提，不管是利益、服务、知识、名誉还是价值。这样的关系是有风险的。对各方都保持忠诚也多少有些困难。比如，公关从业者很有可能太过于关注某个客户的需求，而没有关注其他群体，或者无法履行我们对于职业、国家的义务，甚至无暇完善自我。那么，合乎道德的公关行为到底有哪些特点呢？

（1）诚实。践行行为道德的公关从业者所参与的公关活动，必须是准确、诚实的，公关从业者必须了解其中的来龙去脉。公关从业者还必须公开信息来源，而对于信息来源，公关从业者也要以诚相待。作为客户的伙伴，帮着客户说话，这没什么好丢人的，但对公众要开诚布公。公关从业者应该尽最大努力提高活动的透明度，不搞诡谲的花招。只有在适当的情况下才使用夸张的说法，而且这种夸张应该能够被公众所理解，也不能有任何人受到伤害或者误导。在参与公关活动时，从业者道德的核心就是掌握和分享真相。

（2）人道。你只是发言人或者代表，并不是公司或者客户本身，千万不要混淆这两个角色。公关从业者一定要乐于倾听他人的建议，对批评之声也要予以回应，不管是来自客户、上级领导还是思想家。媒体日趋多样化、窄众化，同时，媒介融合也在进一步加深，在这样的背景下，要得到媒体的关注并非易事，所以千万不要过分吹嘘自己的能力。公关行业是典型的难以出名的行业。公关活动的核心就是甘心关注他人，而不是自己。

（3）尊重。要清楚你参与的公关活动和服务的公司的巨大能量。劝服和影响力都是有力的武器。公关活动对于政治和公共事务、非营利服务、工业和商业都有着实实在在的影响。要认真对待你的工作和你自己。受众中的每一个人，确切地说，利益相关团体或是你的受众中的每一个人，你都应该尊重。尽管每次公关活动都由你主导，但他们需要在活动中发声。你所策划的活动也许创意十足、妙趣横生，但是千万别让其中的桥段带有任何的讽刺和歧视。公关活动的核心就是理解你所做工作的价值，以及你为之付出的受众和与你一同努力的人，这是公关活动带来的更高价值。

媒体的良心

娱　　乐

第十三章　暴力

第十四章　利润、财富和公信力

第十五章　媒介视野与深度

第十六章　审查

"电影工业是不是媒介的一部分?"当这个问题摆在哈钦斯委员会(报刊自由委员会)面前时,许多与会学者的第一反应是:"垃圾。"在他们看来,电影只为移情避世,愚不可及,怎么能算是现代媒介的组成部分呢?

幸运的是,更有远见的意见占据了上风。电影是文化的重要组成部分,需要好好研究。哈钦斯委员会邀请了美国电影制片人和发行人协会(即后来的美国电影协会)会长威尔·海斯来讲述行业自律的案例。最终,好莱坞的道德准则和行业自律被哈钦斯委员会确定为社会责任感在民主社会中的最佳体现。

在娱乐媒介的重要性及其对公众的责任方面,哈钦斯委员会于1947年发布里程碑式报告《一个自由而负责任的新闻界》展现了充分的智慧。新闻和消费信息对于民主至关重要,但是很明显,娱乐在广播、电视和平面媒体所占的比例亦十分可观。我们从这些媒体获取基本的线索,它们告诉我们该相信什么,该如何行动。娱乐不仅具有消遣的功能,对于教育公民和社会化进程亦功不可没。

娱乐节目适用于伦理分析吗?作为知名的人类学家和哈钦斯委员会一员,罗伯特·雷德菲尔德主张,我们所有的社会生产都应该指向思想与制度的一种"新融合",一种新秩序。在这一秩序当中,"我们表达具有象征意义的符号、习俗,并遵循它们,从而产生一致的新认识",并且由此衍生出一个"范式社会",这个社会"将鼓舞各地自由民族的信心"。雷德菲尔德并不是一个只会空想的沙文主义者,他认为社会制度(如媒体)与社会信仰(如尊严)之间存在着相互依存的关系。是的,他肯定,娱乐节目必须接受伦理分析的考验。

雷德菲尔德的主张为20世纪80年代的伦理理论化拉开了序幕。当时的叙事话语和叙事群体在杜克大学理论伦理学家斯坦利·哈弗罗斯的著作中成了重要的概念。哈弗罗斯认为,文化建构在故事之上,这些故事明善恶、辨忠奸、论成败。正因为故事如此重要,一个群体若想在众多群体中负责地生存下去,就必须以真实的叙事为指向,否则社会道德便会背离理智主义。

我们根据伦理学上的一些重要问题来安排本部分的学习:个人与社会道德之间的关系,群体中个人存在的意义和状态,自由与平等,仁爱与公平的关系。这些都是分析群体中社会道德的重要门类。群体的形式和实体都依赖于叙事,所以,"社会道德"必定与群体叙事中的相应内容有关。美好、公正的社会需要这样的叙事:能帮助人们了解自身存在的真相,并且与自欺的持续诱惑进行斗争。

哈弗罗斯对叙事伦理的研究始于他对《瓦特希普高原》的长篇分析。《瓦特希普高原》讲述的是一群兔子的故事,该文传达出复杂的政治信息。哈弗罗斯通过虚构的叙事帮助我们发展自己。建构新闻叙事、公关信息、广告和娱乐节目涉及各种过程、传承、想象、约束、利益和权力。我们的目标是从道德维度审视媒体叙事,并找到合理的解决方法。

乔治·格伯纳在美国顶尖的传播学研究所(伊利诺伊大学厄本那—香槟分校传播学研究所)成立40周年的纪念讲话中强调这种审视的重要性:"我认为,传播活动是最大的叙事过程，它指导着我们彼此的关系以及我们与世界的关系。"后来，他警告说："孩子一生下来，就被这样的环境所包围——在绝大多数时间里，由少数几个大公司远程操纵，向绝大多数人和他们的家庭讲述着绝大部分的故事。"格伯纳认为，媒体叙事领域亟须开展更为深入的研究，首当其冲的就应该是娱乐信息，以及娱乐信息的文化和道德基础。

在20世纪90年代，对于叙事和真实性的研究逐渐成为主要趋势。当时的哲学家和评论家，例如分歧明显的理查德·罗蒂和温德尔·拜瑞，开始研究群体如何组成，人们如何联络彼此，以及怀疑和不信任是如何取代慷慨成为个人交往中的第一反应的。

在未定义的"公众"和私密的个人之间，拜瑞写道，正是群体的所在。群体是由相互的利益促成的，而"信任、友好、忍耐、自律、同情和原谅的美德"，使得群体更加高贵。但是，他补充道，电子媒体天生就使"公众和群体之间的界线日渐模糊，最终不复存在"。比如，电视"是有史以来对于性的最不敬者和最大破坏者"。我们的叙事变得疯狂，实质是走向自我毁灭，并且泯灭了人性。

自从雷德菲尔德对后来的"撒野分子"表示忧虑之后，我们所能做的充其量就是引用斯蒂芬·卡特在他书中所写的那样，要求所有人都在以下方面做得更好：（1）分清对错；（2）即使付出代价，也要按自己的判断行事；（3）公开声明我们是按道德行事的。他把这本书命名为《融合》。

2001年的"9·11"恐怖袭击为电视媒体提供了有史以来最夺人眼球的实时消息。风声鹤唳的一天之后，那些画面和新的世界局势对娱乐业有所影响。原本计划发行的电影不得不延期，或者返工调整、重新谋划。因为这一变化公众要承受多少恐惧？整个世界要承受多少痛苦和仇恨？

本书后面几章只是提出了一些伦理道德问题，并提供一些解答。暴力是一个迫在眉睫的问题。暴力行为对社会秩序的冲击是即时的、巨大的，在美国，每周大约有500人死于枪口之下，许多是自己不慎造成的，但也有是意外酿成的悲剧。其中，许多死亡源于朋友或亲属交往时的一时冲动。有人认为，媒体上出现的暴力，与实际的暴力行为别无二致。虽然在实际效果上差一些，但是其潜在的威胁远胜实际暴力百倍。普渡大学的研究员格伦·斯帕克斯发现，电视上的暴力画面应为社会失当承担责任，其对儿童的影响尤其明显。当研究人员在讨论受众影响时，伦理学家想问的是暴力在媒体上出现多少才是可以接受的，即使只有一个人或者没有人被影响。

大型媒体集团追逐巨额经济利益又带来了哪些问题？收视率的锱铢之差影响着一大群人的收入和前途。所以有很多人质疑，伦理分析在娱乐产业上的发言权——只有钱说了算。

娱乐节目中的其他问题不如暴力和贪欲这样明显，但也有必要正视，比如，对于种族、年龄、地域和信仰的刻板印象和刻板扮演，对于社会上小众文化缺乏必要的叙述而造成的偏见，将色情和犯罪袒露无遗的视频和检索工具带来的反感，或是千篇一律的预录笑声和无休止的重复。随着研究深入，我们明显看到，娱乐产业上的每个层级——制片人、演员、作者、观众——都面临道德抉择，都需要慎重对待。

想让公众免于观看媒体暴力画面的人士曾与支持媒体对暴力画面不作删减的人有过激辩，但近几年来，辩论的话题已经从"我享有的第一修正案权利"转变为"我们共同的繁荣生活"。自"9·11"后，我们不再为无限制的言论自由而呼号，我们更愿意思考什么样的文化才是我们想要分享的。罗伯特·弗特纳发现："如果媒体不能为群体的持续发展增进对话……进而加强成员间联系的话……媒体就变成压迫、宣传和利己的工具。"过去，压迫者总是以道德决策者的形象出现，自以为知道什么是对大家最好的。如今，我们可以识别出谁是压迫者，从而消解他们激进的辞令。但是，当暴力画面和描述看起来不那么恐怖、不那么疯狂、不那么失常的时候，我们便很难觉察到那些试图改变文化和公众态度的暗箱操作。

第十三章

暴 力

现在的人们被各种媒介内容所包围。影视作品中的暴力画面像蜜糖吸引蚂蚁般吸引着媒体改革者的关注。

电视和电影中的暴力画面像蜜糖吸引蚂蚁般吸引着媒体改革者的关注，不过，这只是他们一厢情愿的忧虑而已——其他人并不以为意。至少在1999年科罗拉多州哥伦拜恩中学校园枪击惨案发生前是这样。枪击案诡异且残酷。每个人都在问："为什么这些青少年密谋杀害自己的同学，然后选择自杀？"

媒体对这次枪击事件的报道更像是一出超现实的戏剧，尽管所使用的图像是真实的。我们——美国民众——有这样的暴力文化吗？是不是媒体上出现的暴力画面使得现实中活生生的暴力场景屡见不鲜？

哥伦拜恩枪击案发生三个月后，两个少年在洛杉矶刺死了一个男孩的母亲。他们声称自己的行为是受到电影《惊声尖叫》的启发。我们不得不再次扪心自问："我们就是这样的吗？我们真的这么容易受影响，这么天真，这么冷酷？一部B级恐怖片就能让我们泯灭人性、丧失理智，让美好的家变成屠宰场？"

暴力画面在戏剧中的出现总是在所难免，即便是喜剧和传奇故事中也会有暴力场景出现，比如蜘蛛侠就痛扁了阴险狡诈、气焰嚣张的绿魔。但是，真实生活中的犯罪率居高不下，其中就有不少青少年作奸犯科，他们的行为与电脑游戏和网络存在密切的联系。有人说，青少年极有可能将见闻转化为行动。因为社会无法承受高犯罪率带来的混乱，所以青少年犯罪的根源必须得到解决。

对暴力画面的审查遇到了阻力——身经百战的自由主义者们坚持，所有的话语权都应该受到保护。他们认为，带有暴力画面的节目或许会引起暴力行为，也有可能不会，但是审查和删减会使民主社会倒退到封建社会，公民将会像是生活在中世纪的修道院中，言语被控制，政治选择亦被操纵。自由主义者们认为，这样的做法糟糕透顶、万劫不复，给予人们过多的自由虽有风险，但是为了避免社会倒退，也是值得的。

现如今，关于娱乐产业中暴力画面的大部分讨论都源自全美范围的调查，调查者是米斯委员会，当然，反对之声不绝于耳。1985年，时任司法部部长的埃德温·米斯组织了这个委员会，旨在"判断色情电影和书刊的本质、程度以及对美国社会的影响"，最终的报告称："宪法是允许色情书刊和电影存在的，两者并行不悖。"委员会使用的研究方法包括内容分析法、参与式观察、案例分析、访谈和实验法。研究的结果支持了先前乔治·格伯纳和其他学者所做的研究，有些研究还显示了色情制品与某些人进行性犯罪之间更直接的联系。委员会给出的92条建议几乎全是支持现有的管制色情的法规的，并支持更严格地执行这些法规，尤其是儿童色情方面。控制色情制品、执行相关法规的依据是人们的共识——观看和阅读带有性暴力情节的图文音像制品容易使人们生成性犯罪的冲动，在某些人的心里建立起性和暴力的联系，在特定情境下，他们可能会犯罪，危害社会。

从委员会的第一次听证开始，"强烈反对有伤风化的文艺作品"（对安东尼·康斯托克在19世纪80年代发起的反色情运动的戏谑称谓）就成为反对者们攻击的目标。美国公民自由联盟总结批评了委员会的做法并将相关材料印刷出版，娱乐界人士也组织起来，抗议委员会删剪电影画面的意图，记者们也对委员会穷追不舍，揭露委员会使用了一些诡异证据，同时，专栏作家们也直指委员会报告暗藏的"黑暗的疯癫感"和"潜在的危险性"。反对的声音可以大致归结为以下五点：

（1）艺术自由和审美连贯性需要政府采取放任的态度。政府无权指挥作家和导演。

（2）目前还没有任何证据能证明色情制品和犯罪存在直接联系，也没有案例被记录在案。即便色情制品有间接的影响，也是每个人生活中各种信息综合影响下的结果，并不能当作犯罪的根据。

（3）暴力是一个社会问题，也是一个历史问题，并不是暴力电影或电视节目造成的问题。如果必须归咎于电影或电视，越南战争就是约翰·韦恩造成的。

（4）对媒体暴力的忧虑源自于我们对于社会转型的恐惧。审查打压电视节目和电影其实是强迫我们接受传统意义上的家庭、友谊和婚姻，但当下这些概念正在急剧变化。

（5）新闻和娱乐节目的界限含混不清。新闻类的电视节目对任何画面都如饥似渴（即使是要反复播出的那种），编导们将这些画面包装为"调查"。在市场充分开放的背景下，严肃的新闻节目不再享有特权，它必须和娱乐节目平等竞争。公众有权知道真相。

真实的犯罪一桩接一桩出现，面对罪行的原因和解决的对策，上述的论点显得如此苍白。有一位作者建议媒体暴力应该和色情等量齐观，在某些情况下会剥夺第一修正案赋予公民的权利。伦理学家西塞拉·博克比较了现代媒体的暴力画面和古罗马时期的角斗表演，惊异于为什么文明人会允许不文明的娱乐方式出现。克林顿政府号召行业自律，并要求媒体传达亲社会的信息，为下一代造福。制作人和电视台主管不再高调宣扬暴力，而是尊重那些被杀害的遇难者。密歇根州议会还通过了一项法案，要求在电影票上和电视广告中对暴力、色情内容提前警示，表演者在表演时也要警示大众。这些小举措可以发挥大作用。

本章中的案例都在探讨追求自由的冲动以及自由的道德边界。第一个案例讨论的是媒介效果：听带有暴力内容的歌曲，就会有暴力行为；看暴力节目，就会有暴力犯罪。不管是自残还是伤害别人。

倘若这些暴力行为假道德之名而行，自身的暴力性质就能洗清吗？第二个案例坚持认为，暴力是带有目的性的。我们不能脱离人类的生活经验去解读暴力，不能因为娱乐节目对暴力的呈现方式而无法正确理解现实生活和历史中的暴力。

第三个案例是《给大儿童看的漫画》，阐述了娱乐媒体中长期存在的暴力问题。

最后一个案例关注的是电脑游戏。

参议院议员约瑟夫·利伯曼对时下流行的电脑游戏无比失望，比如《真人快打》和《午夜陷阱》之类的游戏，其中充斥着各种血腥的屠杀场面，他曾经要求国会禁止此类游戏在市场上出售。他说："我们发现这些游戏在美化暴力行为，唆使儿童去享受各种极其残忍的暴力手段。"但是同时利伯曼也承认，这些游戏是被宪法所保护的。如果真的立法禁止此类游戏，可能会面对不小阻力——对娱乐节目自由的强力保护可谓由来已久。面对这些法律上的障碍，我们应该首先厘清一些道德上的问题。

案例

听吧，感觉吧，去做吧

十月的一个星期五晚上，19岁的少年约翰·麦科勒姆独自在家。约翰是歌手奥齐·奥斯本的死忠粉丝，他打开家中的立体声音响，乐声震天，奥斯本的歌声在房间中回荡。第一首歌《我不知道》用重金属的方式表现人类社会的喧嚣和混乱。第二首歌《疯狂火车》直指民众的无能所带来的疯狂和错乱感，很多生活中的矛盾我们都无力解决。第三首歌《再见，浪漫》倡导与过去的生活割裂，重获自由和新生。最后一首歌是《自杀解决》，歌词中充斥着虚无主义的厌世观点——即使通过使用毒品也无法解决。怎样才能走出这种绝望的处境？奥齐·奥斯本给出了明确的答案：抑郁绝望的灵魂已经没有继续生存的理由，唯一也是最后的选择就是结束生命。随后，这首歌在28秒内没有任何乐声，只有人说话的声音出现，这其实是歌词，听起来像是支持人们赶紧拿起枪了断自己。

约翰·麦科勒姆关掉了家中的音响，径直走进自己的卧室，拿出另一张奥斯本的专辑《谈谈魔鬼》播放。他调大声音，戴上耳机，躺在床上。枕边是一把0.22英寸口径的手枪。伴随着音乐声，他用小小的枪口抵住自己右侧的太阳穴。枪声湮没在轰鸣的音乐声中。

麦科勒姆的尸体第二天早晨才被发现，被发现时他还戴着耳机。音响的指针还在黑胶唱片上游移着。麦科勒姆有酗酒的恶习，并伴有其他的情绪问题，但是在麦科勒姆家人控告奥斯本和哥伦比亚唱片公司的诉讼中，他们声称：这些歌词日积月累地影响着麦科勒姆这样易受左右的听众；这种影响不断地强调绝望，崇拜魔鬼和自杀；而唱片公司在发行时也刻意把奥斯本塑造成"疯子"的形象并从中获利。原告宣称，奥斯本的音乐也许是解释麦科勒姆决定自杀的最为接近的理由，因为哥伦比亚唱片公司在发行时疏忽大意，导致"帮助、建议或鼓励麦科勒姆自杀"的后果。歌曲的节奏和歌词让麦科勒姆有"无法抑制的冲动"去自杀，这种结果完全是可以预见的，所以原告认定哥伦比亚唱片公司涉嫌故意杀人。麦科勒姆的家人坚持认为，塑料唱片上一圈圈的凸起背后，是逼迫孩子自杀的压力，而无良的唱片行业根本不在乎这些，还继续制造、兜售着这种唱片。◆

媒体会引起暴力罪行吗？1977年发生了一起举国震惊的谋杀案——一个佛罗里达的少年罗尼·扎莫拉开枪杀死了82岁的女邻居，从她家中翻出415美元，和朋友们去迪士尼乐园逍遥了一番。扎莫拉的辩护律师解释，他的客户是"非自愿电视中毒"的受害者。在不知情的情况下滥用药物或是中毒的人，并不负担法律责任。律师强调，15岁的扎莫拉已经在电视上看过50 000多起谋杀案，在朝被害人开枪时，他无法分辨自己是在看电视还是真的在犯罪。但是陪审团可不这样认为，最终，扎莫拉被判刑了。但是类似的案件还在不断涌向法庭。

媒体上的暴力画面会引起自残行为吗？如果是的话，那么谁应该对此负责？约翰·麦科勒姆反复听摇滚乐而自杀和发生在十年前的另一起举国震惊的"《我本清白》事件"

有相似之处。1974年，全美广播公司向其附属各电视台推出了一部影片。《我本清白》由琳达·布莱尔领衔主演，讲述一个女孩是如何在女子少管所中失去自己清白的故事。因为这档剧目带有暴力镜头，可能会让部分观众不适，于是全美广播公司在影片开头播放了一则启事："《我本清白》的展现手法真实直接，详尽记录了问题少年在接受管教期间的举动，以及管教对她们人生和性格的影响。我们建议你考虑一下这部电影是否适合年轻人观看，是否会引起其他人的不适。"15家赞助商预见了影片开播之后的麻烦，在播出之前迅速撤资，取消赞助。

《我本清白》的确引起了观众们的反对。全美广播公司的各地分部接到的观众来电来函有如恒河沙数——仅纽约站就接到了700个投诉。只有一些人对全美广播公司的做法表示了赞赏——值得注意的是，这些人都是对管教所非常熟悉的社会工作者，他们认为《我本清白》真实地记录这一具有普遍性的社会问题。影片中最具争议的镜头是布莱尔被她的女性狱友们用管道疏通器性侵的画面。布莱尔腰部以上部位完全裸露。

《我本清白》和它直截了当的现实主义手法原本只应该停留在荧屏之上，但是三天之后，现实中就上演了真实的一幕。在旧金山附近的贝克海滩，9岁的奥利维亚·涅米被四个孩子用啤酒瓶子实施性侵，方式和《我本清白》的镜头如出一辙，四个孩子的年龄分别是9岁、12岁、13岁和15岁。涅米的母亲把全美广播公司和KRON电视台的所有者告上了法庭，认为全美广播公司不负责任地在全家看电视的时间（西海岸时间晚八点）播放这样的节目，并索赔1 100万美元。其中一名肇事者在被捕时的确提到了《我本清白》。

电视上的暴力和现实中的罪行并没有严格意义上的因果关系，但是全美广播公司没有做好充分的预警工作，低估了影片对青少年观众可能造成的影响。在青少年问题专家的案例集中，并没有类似的性侵行为，这使得事态进一步加剧。如果攻击涅米的人是此类犯罪的始作俑者，那么播出在先的影片很有可能是教唆他们的老师，也是他们犯罪的原因。

全美广播公司拒绝评论此事，代劳的是公司的辩护律师弗洛伊德·艾布拉姆斯。他声称，全美广播公司受宪法第一修正案的保护，对于节目造成的后果不负任何责任。加利福尼亚州的高等法院法官约翰·厄尔托拉同意了这种说法。1976年9月，法庭在未召集陪审团的情况下，作出了对全美广播公司有利的裁决，"加利福尼亚州不会让疏忽大意成为停止艺术创作的理由"。

但是加利福尼亚州上诉法院扭转了判决结果。上诉法院认定，涅米有权召集陪审团进行听证。

在听证之前，全美广播公司要求美国最高法院平息这场纷争。在紧要关头，全美广播公司声称，这是宪法赋予自己的基本权利。与全美广播公司立场一致的美国图书馆协会提交了一份顾问报告，认为上诉法院的判决可能会引起一系列的上诉——各类出版图书中叙述的罪行的受害者们可能会把协会告上法庭。美国作家协会也谈及了这次听证会可能会让流行剧作"噤若寒蝉"。本着对涅米负责的态度，加利福尼亚州医药协会上交了一份"法庭之友"的报告。最后最高法院决定不介入此事。

　　双方都对法庭上的交锋做好了准备。全美广播公司坚称,在《我本清白》播放前已经给予了必要的警示,而且四名罪犯都是有前科的"问题少年",而且证词也表明,他们当中没有一个人看过《我本清白》。导致犯罪的直接原因不是电视,而是严重的心理问题。比如,其中一人曾被自己的父亲性骚扰。全美广播公司认为,从理论上讲,原告的诉讼将被告转移了,原告没有起诉那些真正的肇事者,反而起诉了电视台。

　　涅米的律师可以这样辩护:《我本清白》中的性侵镜头全然不顾全美广播公司自己的制作原则,并且对全美广播业者协会禁止暴力画面的规定置若罔闻。其实性侵画面在第一次播出后就被删减了。原告坚称,没有任何人能在第一修正案的庇护下拒绝履行公民义务。

　　根据康德绝对律令的要求,各大商业电视网很难为自己的行为正名。没有哪一个正常人愿意让暴力画面成为电视必不可少的部分,因为正常人不会追求无缘无故的痛苦。这里尚有讨论的余地。靠引发或感觉痛苦而获取欢愉,是病态的表现,或者是有疯狂的犯罪心理。正常人不会逃避所有的痛苦(比如,冲进火场救出小孩),但是毫无目的的痛苦(比如,只是冲进火场,却什么也不做;或者把别人推进火场)却是有悖常理的。同样,假定人的所见和所为之间只有微弱的关联,媒体连续播放暴力或痛苦画面也是非理性的。

　　值得注意的是,康德(义务履行者)和边沁(快乐计算者)在这个问题上的看法非常相似。现代功利主义之父边沁这样写道:"自然将人类置于两个强有力的控制者之下:它们是痛苦和快乐。只有它们能指出我们应该做什么,并且决定我们该采取怎样的行动。"如果人们对追寻快乐还是痛苦都含糊不清,康德的理性义务就无从谈起。这里,让我们假定人类文明的历史不是马马虎虎写就的:避免无缘无故的伤害是每个正常人的正常反应。

　　但是,《自杀解决》只是单纯的一首歌,《我本清白》只是单纯的一部电影,性侵的一幕也只是该影片中的某个镜头。这可算不上是趋势,当然也不是删减版的杀戮和流血。

　　但是,这样描述问题的话,连功利主义原则都无法适用。当代功利主义学者汉斯·乔纳斯认为,核屠杀造成的结果是无法计算的,所以,我们必须将目标明确为降低其发生的可能性。(注意,康德式的对人类生存合理性的思考暗含其中。)这个论点也支持减少电视上的暴力画面。如果存在现实暴力增加,或者对暴力敏感度降低的可能性,且避免此类可能性的做法既可行又不麻烦,那么正常人会选择这些方法——应该采用这些方法,因为暴力总归是有害的。

　　现在有什么可行办法避免电视上的暴力画面呢?当然,观众可以选择不去观看,这也是电视台比较推崇的办法,也把其责任推得一干二净。让消费者自觉吧!

　　从另一个方面说,国家可以像限制烟草和烈酒广告那样限制电视节目中的暴力镜头。(有没有禁止不安全药品广告的禁令?)

　　或者,我们还是回到电视工业上,本案例中的全美广播公司可以制定自己的要求,因为现有的证据已经表明电视暴力至少创造了怀疑和恐惧的文化，而且暴力从来不是正义的。联合专栏作家苏珊·菲尔斯认为，这可是一项浩大的工程。她指出，媒介暴力与经典文学作品中的暴力不同，媒介暴力出现在"道德真空"当中。大部分的电视暴力画面有什么意义吗？什么意义也没有。菲尔斯认为，《奇幻森林历险记》都比电视暴力画面更有意义。

1993年，美国的四大广播公司（美国广播公司、哥伦比亚广播公司、全美广播公司和福克斯公司）达成协议，在播放含暴力内容的节目前，对观众进行警示。此决定公布之日，正是国会就家长禁播暴力节目的听证会的前一天。此项协议让电视工业的自律和责任感又前进了一步。"为儿童电视行动"项目的成员佩吉·莎伦将此举形容为"不痛不痒的办法，不足以解决问题"。当1996年12月，电视工业首推新的电视节目分级制度时，"当今儿童"的项目主管路易斯·萨里斯波瑞也有着相同的回应。

麦科勒姆案与《我本清白》案有着重要的不同。第一，约翰·麦科勒姆没有持枪走上街头，去"解决"其他人。承受痛苦的是他和他的家人，这种伤害只针对自己。第二，引发约翰·麦科勒姆暴力行为的歌曲备受指责，其形式很容易重复多次，而收看《我本清白》却不是如此。伤害涅米的肇事者可能只看了一次节目，而约翰·麦科勒姆却可以完全沉醉于奥斯本的音乐中，音量大小和播放次数完全由自己掌握。第三，营销人员和公关写手塑造的奥斯本的颓废形象，再加上他本人的配合，都与他音乐的消极主题十分契合。而浴室暴力与琳达·布莱尔或全美广播公司的形象没有任何关系。第四，全美广播公司播放了警示信息，而哥伦比亚唱片公司则没有。

暴力之下，自己受害、他人幸免所受到的道德谴责是不是轻一些？从数量来说的话，是这样的。试比较一名恐怖分子在飞机上引爆炸弹造成的伤害和在街头自杀式爆炸的伤害，我们肯定选择后者。但是约翰·麦科勒姆本身就有情绪和行为问题的病史，对这些人，我们应该肩负起帮助他们的责任，而不是推动那些自毁的消极行为。自杀并不能消除个人的种种焦虑，而音乐、电影和话语中的此类暗示，无疑是在散布谎言。奥斯本并没有举起手枪对准约翰·麦科勒姆，但是他的音乐却对自杀推崇备至，认为除此之外，别无他法。在演唱《自杀解决》之后，他也没有任何关于自毁行为在道德上是错误的陈述。在自杀这一众说纷纭的道德议题上，约翰·麦科勒姆只听到了最为不当的一面之词。

如果我们对简单中立的信息进行过多的道德谴责，是否将影响艺术的完整性？全美教育协会的罗克姗妮·布拉德肖对媒体暴力发表了评论："我们对审查不感兴趣。我们感兴趣的是重新教育我们和孩子们对于电子媒体的态度。"媒介经营管理者和艺术家们没有任何理由不去投身布拉德肖所提到的任务。观众或听众越是易受伤害，媒体从业者乃至公众通过交谈、干预和开导他们重回正轨的责任就越大。

加利福尼亚法院在庭审中豁免了哥伦比亚唱片公司和全美广播公司的责任。尽管原告满腹委屈，但是第一修正案不容任何侵犯。不过，互惠互利、相互帮助彼此避免无意义的伤害是人类的责任——犹太教与基督教所共有的道德，也是康德所提倡的——并没有逾越宪法。全美广播公司不该将性侵的工具和技巧展示得巨细无遗。奥齐·奥斯本也不会傻到亲身实践自己宣扬的内容，而哥伦比亚唱片公司靠这样的歌手的才华来牟利，在道德上也是站不住脚的。不管怎样，如果公司在表达上述情形时遵守法律法规，使用一般的警告——如果不是直截了当的免责声明的话——也会引起消费者和受众的注意。易受伤害又遭受重重困扰的媒介使用者身边最亲密的人，也可以充分了解媒体内容再作出决定。就眼前的案例来说，我们的目标是不让奥斯本音乐的谎言成为约翰·麦科勒姆生命的休止符，或者，我们更不愿看到的情形是，另一名迷惘的少年只是因为难以泅渡焦虑的情绪暗河，便举起枪对准了自己的同学们。

受影响的不止观众，还有演员，但是这里的责任划分就非常明确。当希斯·莱杰因为过量服用药物而突然离世时，整个娱乐圈为之震惊，电影观众们都在怀疑：是不是他在《黑暗骑士》中的角色太过阴暗了？是不是希斯·莱杰为"小丑"这一角色夙夜匪懈地准备工作，让他忘却了自我，以戏中人的方式生活？希斯·莱杰将自己高度投入的工作操守描述为：把自己的嘴巴"锁了起来"，将自己变成剧中人，用角色的方式来说话，他还想让脸上的笑拿捏得恰如其分。在接受采访时，希斯·莱杰说，在这个过程中，自己发现并体验了精神变态者的心理状态。他的家人代表他领取了奥斯卡最佳男配角奖，还有无数个在他去世后颁发给他的奖项，其中还包括金球奖的最佳男配角奖，但是，这一切都无法挽回猝然离世的天才。但是，剧中角色与药物过量并没有什么直接的关系，其中的因果联系也只是我们的猜测。但无论如何，专业演员都知道自己除演艺事业外还背负着个人情感的重担。他们可以寻求帮助，或者就此解脱。

案例

暴力中心

2006年，奥利弗·斯通的一部电影《世贸中心》震惊影坛。影片讲述的是2001年9月11日当天，纽约市港务局的两位警员被埋在世贸中心废墟之下的故事。拥有23年工作经验的中士约翰·迈克劳林和第一年入职的威尔·吉梅诺从废墟中生还，并成功获救，脱离危险。被救时他们已经分别在废墟下被掩埋了22小时和13小时。这场营救恐怕是希望最渺茫的一次，但也是最英勇的一次。在影片《世贸中心》中，奥利弗·斯通把两位当事人的真实故事搬上银幕，直接还原了事发现场，并没有附加任何的政治话题。影片不仅讲述了两位获救警员的真实故事，还探讨了这次营救对于我们的意义。

暴力贯穿于整部影片的始终。最终，2 769人在灾难中殒命。极端的暴力夺走了他们的生命——恐怖主义的暴力行径、航油的燃烧、被撞击的大楼；扑朔迷离的暴力原因、怀疑猜测、传播失灵、鲁莽的勇气；救援的机会越发渺茫，暴力瓦解着救援的希望。那一天，所有的故事都和暴力息息相关，"9·11"已经成了暴力的代名词。

导演奥利弗·斯通何其幸运，两位主演——尼古拉斯·凯奇和迈克尔·贝尼亚——成功刻画了迈克劳林和吉梅诺两人在生死一线间的情绪变化。《世贸中心》并不是一部纪录片，而是叙述了在巨大悲痛的日子里重生的故事。奥利弗·斯通让故事自己展开，辅以摄影角度、灯光、声效和精心安排的叙事顺序，将发生在纽约的营救置于全球背景当中。《新闻周刊》发现电影中着重刻画的是"联系彼此的纽带让我们继续前行，在那一天，善成为抵抗恐怖的中流砥柱"。《滚石》杂志在一篇乐观的评论中这样描述《世贸中心》，"向那些原本可以轻松走开的英雄致敬"。这里说的是大卫·卡恩斯和杰森·托马斯的救援行为。当天他们两人目睹了灾难全过程，用自己坚强无畏的行动反击暴力，他们爬进瓦砾中，将迈克劳林和吉梅诺从死亡线上拉了回来。◆

我们首先想到的是，暴力是有害的。公路暴力是在高速路上自由驾驶的恶果。伤害对方是建立不良关系的恶果。用致命的武器攻击对方是争论的恶果。避免这些不幸——找到除暴力之外的其他方法——是我们在道德上向善的路径。但不是所有的暴力都是坏事。有些暴力是必要的，是用以避免更严重暴力的手段。警察用暴力逮捕罪犯。竞技队伍用暴力来娱乐大众。有些暴力是无法避免的，或者是意外发生的。滑雪者因为雪崩而丧命，这是自然的错，但是我们无法责怪自然犯下的道德错误。人类也犯错，也会受到伤害。有时候我们必须用"真是个悲剧"来概括，但没有人因此受到责备。有些暴力是幽默的，自从米老鼠动画片问世之后，儿童动画片中的暴力就充满了喜剧色彩。即使是贺曼电视台播放的催泪影片，也是依靠暴力来创造戏剧冲突和两难境地的。那么，没有暴力，就没有故事吗？

为暴力而暴力所带来的伤害，在道德上应该予以谴责，而毫无同情的暴力行径也是我们声讨的对象。阿道夫·艾希曼是第二次世界大战中犹太人大屠杀行动的执行者，在他身上，这种"平庸的恶"暴露无遗。在阿道夫·艾希曼接受审判时，汉娜·阿伦特"被他明显的浅薄所震惊……真的是因为这种浅薄，艾希曼遗臭万年的恶行难以找到更深层的原因和动机……在他身上找不到任何坚定的意识形态或具体的犯罪动机……除了煞费苦心谋求更高权位，艾希曼没有任何动机"。艾希曼的暴力没有任何道德上的借口。"服从命令"和"我不知道"并不能减轻道德上的错误。

但是，影片《世贸中心》里的暴力绝非平庸、漫无目的和无中生有，影片中伊斯兰教"圣战士"夺走了普通美国人（不是战士）的生命，并葬送了自己，只是为了"圣战"。影片简短叙述了血肉模糊的受害者逃出大楼、倒在路边的男子、为避免葬身火海而选择跳楼的人那令人窒息的恐惧，还有低飞的飞机在撞击大楼前投射在街道上的不祥阴影。

《世贸中心》大部分的暴力场景集中在港务局警察小分队身上，他们在当天早晨冲进现场进行救援。其中，最棘手的当属警官多米尼克·佩祖罗的死。佩祖罗在南塔倒下时幸运生还，却在营救废墟下的吉梅诺时失去了生命。在生命的最后时刻，是佩祖罗主动放弃了生的希望，还是想在黑暗中开枪来吸引救援队的注意？我们不知道，而且再也无法知道。电影中的佩祖罗死得惨烈，还原了真实的现场。

很明显，《世贸中心》没有把劫机者的暴力行径当作故事的主线，既无评论，也无关注。影片中的暴力其实是从受害者的遭遇来叙述的，而不是犯罪者的角度。营救迈克劳林的消防队员就是受害者。我们看到，尽管困难重重，他们还是为生的希望努力着。

古代的传统美德将暴力视作人类经验的一部分，依凭勇气面对暴力也为传统美德所称道。不仅如此，亚里士多德的中道哲学为暴力划定了界线：只有需要暴力时才使用，必须妥善适度，且没有其他将暴力包装成正义的方法。在公元3世纪，奥古斯丁将这些条件和界线纳入他"正义战争"的理论当中。虽然奥古斯丁所倡导的"正义战争"和基督教教义中耶稣的和平主义传统有所冲突，不过，在暴力的道德边界问题上，"正义战争"理论始终是最广为接受的一个，这很大程度应归功于雷茵霍尔德·尼布尔，因为他坚持"基督教现实主义"明显需要一定程度的暴力来对抗不道德的暴力（比如，纳粹发动的战争和种族灭绝）。

功利主义不会放弃所有暴力，"无知之幕"在条件允许时也会选择暴力。康德的绝对律令从不提倡坐以待毙，《古兰经》也因为在一定条件下允许暴力而闻名。

《世贸中心》里的暴力是防卫性的。只有一架班机的阴影暗示了暴力行为的非正义性，对恐怖行动的判断全球已有共识，奥利弗·斯通亦没有多费笔墨。即使在"基地"组织内部，撞击世贸中心的举动也被认为是欠考虑的，如果不是完全错误的话。《世贸中心》中的暴力扣人心弦，且是从当事人的角度展开的，对他们来说，快速离开现场是理智的，也是合乎本能的反应，但是他们却选择为营救其他受困者留在现场，这需要勇气。

有些观众认为，即使是以这样的方式呈现暴力，未免也出现得太早了，毕竟真正的灾难刚刚过去，拍电影（赚一大笔）是对死者的不敬，他们的家人还处在悲痛之中。道德上兼听则明的电影制作人必须留意这些意见。毕竟是五年不是五个月，但是不同的伤痛其愈合速度也不同，有些伤口永远无法愈合。当然，世界上有不少恪守道德、制作精良的影片讲述纳粹屠杀（尽管幸存者们还活着）以及距离我们更近的卢旺达种族灭绝惨案。珍珠港事件和诺曼底登陆让成千上万的人失去了生命，但是电影制作人让公众对这些恐怖的事件充满迷恋。奥利弗·斯通原本可以再等上五年，但是在许多纽约公民的支持下，相对宽容的道德空间让他得以拍摄本片而免受非议。

《世贸中心》的观众也不是完全没有选择。没有人强迫观众一定要看这部电影。即使是当时神秘的救援者——一直保持神秘，最终被认出是海军陆战队中士的托马斯——也表示自己没有看过这部电影。"我还没准备好，"杰森·托马斯告诉记者，"我不想重温那些事情。"总的来说，他在"9·11"时展现的勇气值得整个社会的感激，尽管他不愿意去看自己是如何被塑造的。托马斯不看电影的选择，每个人都可以采纳。

大部分看过《世贸中心》的观众都被影片中的暴力所震惊，但并不会在道德上觉得反感。观影时的畏葸提醒着我们，这个艰难、好战、世风日下的社会有时需要更合乎道德的行动，需要为了他人不惧危险，将自己的生死置之度外。因勇气而产生的暴力行为是有目的且有益的，虽然，如果可以的话，我们还是应该将暴力扼杀于摇篮之中。

案例

给大儿童看的漫画

英雄类漫画《复仇者》讲述的是一个患有精神病的杀手将警察作为目标的精彩故事（如果你同意作者的简介的话），尤其是那些依法办事、循规蹈矩，还有"笃信天主教、重视家庭"的警察更容易成为他的目标。杀手每次疯狂射杀之后，警察必定伤痕累累。而且复仇者总是会提前告知受害人，从不失约。

漫画公司也把虔诚的宗教信仰当作作品的噱头，漫画《金并》就讲述了门诺这个杀手（他只使用自己所信仰的宗教允许使用的武器，比如大锤）与村子里持枪歹徒们一决高下的情形。看起来十分落伍的杀手却能力非凡。他可以逃脱彪形大汉们的街头追击，这可让帮会成员们很不快活。

在《飞侠哥顿》漫画的封面上有一个大大的"M"，代表着"适宜成人阅读"，很难说这是一个销售的噱头还是一个单纯的警告。故事从蒙戈星球开始。蒙戈星球的邪恶皇帝名叫"王"，他试图用"邪恶射线"毁灭地球。在美貌的黛儿和胡子博士查可夫的帮助下，哥顿成功摧毁了邪恶皇帝的阴谋，拯救地球于水火之中。故事虽然简单，印刷也是黑白的，但读者们还是对漫画中大量的双关语议论纷纷。

反观《恶魔厄尼》，则充斥着各种颜色。大量的红色，是血。大量的绿色，是黏稠腐败的物质和毒药。还有大量的黑色和白色，而且总有美丽的女子丧失理智。就像在漫画的某一格里美丽的黑发女子玛丽说的那样——"我觉得好恶心。"这似乎是厄尼最大的诉求——你看漫画的时候感觉越恶心，这本漫画就越成功。

《重金属》是一本漫画杂志，其主题大多与性、技术和死亡有关，既有将犯罪当作原动力的魔鬼，也有对狂欢后余兴的称颂。描写生动的小说《魔鬼记号》囊括了上述的全部因素，再辅以危险、痛苦、尺寸异常的胸部、冷酷无情的恐怖生物和读者们的激情，这部小说可以让你置身只属于你的梦幻岛。

如今漫画作品的定位日渐趋向于七岁以上的读者。当然，在这些漫画书阴暗色情的世界中，一丝一毫关于童年的迹象都不会出现。漫画界也对作品作出评判：有些作品是拙劣的，有些作品则画工精良，文字也同样出色。但总体观之，所有的漫画都是逃避现实的、可怕的、邪恶的。◆

漫画作品被暴力所占据。研究员约翰·迪法齐奥研究了漫画是如何呈现美国的14条价值观的。他的研究显示，"和平处理冲突"是漫画中最少出现的一条价值观。我们不妨快速回想那些漫画的桥段：女子为了从恶魔手中救出婴儿，不惜开枪自杀；巨石击中独眼巨人的头盖骨；美国正义联盟又有新队员加入，似乎让爱国主义成了漫画中最后的道德底线。对于当代漫画内容带来的毒害，弗雷德里克·魏特汉早就在1954年在其著作《诱惑无辜》中揭露无遗，我们几乎可以听到弗雷德里克·魏特汉对当时那些贬低他作品的无数批评家们嘲讽说："我早就告诉过你们了。"

并不是所有的儿童文学作品都有这样毫无节制的暴力情形。比如，颇受欢迎的侦探故事《少女妙探》就坚持对暴力有所限制，詹姆斯·罗恩斯这样写道：

《少女妙探》中其实有不少的暴力情节，但是呈现方式都有所限制。棒打、撞毁、攻击和殴打都是司空见惯的。各种各样的攻击者都把南希当作攻击的对象。尽管有不少暴力，但是没有人死去。罪犯在作案时也仅限于殴打，并没有逾越这一界线。在20世纪20年代，发生了许多骇人听闻的绑架案，但是剧中的绑架都以大团圆方式结束，被绑架的人都没有遇害。尽管剧中也使用了枪支，但是只是用开枪作为警示或者用枪托来击打，并没有对人开枪。

弗雷德里克·魏特汉用案例分析展现了漫画产业令人忧虑的内幕，而20世纪80年代的评论家也对漫画的影响忧心忡忡。乔·昆南在《纽约时报杂志》发表了这样的评论：

在过去的十年中，漫画放弃了装模作样的嘴脸：古怪复杂的故事、持续恶化的暴力情节与日俱增。《绿箭侠》中，女子的眼睛被秃鹰啄走了。《蝙蝠侠》中，狼把七个人撕成了碎片。《金刚狼》的尾页总是一张嘴角滴着血同时吐着烟圈的照片……《黑兰花》的开头就是放火烧一名被绑缚的女子，随后还有虐童情节、生吃老鼠的变异物种和被囚禁的杂交生物——一半是女人，一半是植物——她没有被强奸只是因为狱卒觉得她太恶心了。

动漫产业每年都赚得盆盈钵满，行业的领头羊是DC漫画公司和惊奇漫画公司，紧随其后的还有阿奇漫画公司，以及近200家小型的漫画公司。这些小型漫画公司对大公司所遵守的编辑道德方针置若罔闻（尽其所能地突破底线）。一位发行人解释道："我们的读者是青春期的男孩子，他们有许多被压制的愤怒，无处发泄。他们正在度过自己的青春期，他们乐于看到动漫人物把他们自己的愤怒发泄出来。"

若想简单地对暴力漫画进行道德分析，有些人可能又会用第一修正案来盖棺定论。但是，即使法学家也认为，第一修正案适用于促进民主进程的政治言论，而不是漫画书中用于个人娱乐的内容。如今和言论自由联系更紧密的议题是政治献金和职业安全，而不是描绘细致的小说或者漫画书。美国最高法院大法官史蒂芬·布雷耶认为，第一修正案是实现"积极自由"的工具，而不是个人肆意表达的借口。第一修正案的狂热拥护者对此可能有所异议，但这个话题的核心必须从道德上去分析，而不是法律。

年纪较大的读者能够区分现实和虚幻，这是一个合理的论点。读者的年纪越大，他们就越能理性地阅读虚构故事。由此，漫画书两维平面上的静止暴力比起电影中扣人心弦的动态暴力更应该接受审查和分级。有人就此可能会说，应该给号召力较小的媒体更大的自由空间。

热衷成人漫画的读者们，和热爱其他挑战传统价值的媒体从业者一样，必须面对忠诚问题。暴力、色情内容所激发或满足的想象世界是有助于还是有碍于读者成为基本社会群体（朋友、家庭、社区）中负责任的一员？也许，测试其是否道德的终极方法就是看你能不能与他人自由地谈论你所阅读的娱乐作品。你能把这部分体验与你最亲密的人分享吗？

当然，我们不会把自己想到的每件事都与人分享。不被人窥探隐私如今已成为人们的心理或感情需要——这是对的：我们应该对人对己都负责任地独立（而不是两面地）生活。你愿意戴上面具也无妨，但是你无法将多面的自己统一起来。你在他人面前的样子应该也是你所了解的自己的样子。忠诚就建立在这种统一之上，用波特图式来分析的话，忠诚让我们与他人的道德生活联系在一起，并且是我们自己的精神支柱。

将愿意与你爱慕和尊敬的人公开讨论漫画作为娱乐的一部分，才是忠诚的选择。

案例

游戏即杀戮

《现代战争2》发布于2009年11月，是一款第一人称射击游戏。这款游戏融合了绝佳的视觉效果，完美的操控性，逼真的单人和多人动作，受到了玩家和测评人员的一致认可。令人难以置信的逼真互动效果和故事情节让玩家们无法自拔。《现代战争2》在刚刚推出的24小时内就售出了470万套，销售额达到3.1亿美元（这还只是北美地区），一家网站将其评为"史上最成功的娱乐产品"。网站还引用了暴雪公司首席执行官博比·考蒂克的话："数百万消费者选择了《现代战争2》，始料未及的投入程度远远高于其他媒体，说明这款游戏的成功重新定义了娱乐。"很明显，游戏自发行以来大获成功、好评如潮，这也是对游戏设计者的肯定。但是，在这些溢美之词之外，游戏却因为一处特别令人反感的暴力场景而成为众矢之的。

游戏中的一项机场任务"没有俄罗斯人"让人格外不安。因为游戏强行设定了玩家的角色和任务——必须选择射杀无辜的平民或者尾随着朝平民开枪的俄罗斯士兵。那些挥手投降的平民就被射杀了。士兵们走过血流成河的大屠杀现场。即将被滥杀的平民们集体发出惨叫和哀嚎。奄奄一息的伤者亦痛苦地呻吟。通过滥杀，玩家感受到恐怖主义行为（或支持恐怖主义）带来的罪恶感。任何阻挠俄罗斯士兵的行为（由玩家秘密进行）都会导致任务失败。为了完成任务，无辜的平民必须死。

另一个饱受批评的游戏是《侠盗猎车手》。与《现代战争2》不同，《侠盗猎车手》选择以都市作为场景。背景都是临近的街区，而不是战地。反对这款游戏的人认为，尽管游戏产业普遍存在严重的暴力问题，但《侠盗猎车手》可谓暴力中的暴力。贩毒者被人用棒球棍毒打，汽车在人行道上恣意飞驰，用火箭炮、刀和链锯杀害他人，对女人实施性暴力还会获得奖励。

《侠盗猎车手》的极端暴力招致了很多家庭和政治家的强烈反对。康涅狄格州参议员约瑟夫·利伯曼称之为"恐怖"。他这样描述道："（《侠盗猎车手》的）玩家因为侵犯女子而获得奖励，把她推倒在地，反复踢她并最终将她踩踏至死，对她一次又一次地开枪。"

2005年夏天，关于《侠盗猎车手》的争议沸沸扬扬：程序员帕特里克·维尔登伯德在个人网站上发布了一个启事，向其他玩家介绍了如何打开该游戏"圣安地列斯"中隐秘的一关。在这一关里，玩家可以参与色情小游戏，其中还有模拟的性动作。起初，《侠盗猎车手》拒绝承认他们在游戏中隐藏了这样的内容，但是，公众的抗议越发强烈，大型的零售商如沃尔玛停止销售这款产品，政治家们要求彻查此事。比如，2005年7月14

日，时任纽约州参议员的前第一夫人希拉里·克林顿说："《侠盗猎车手》和类似游戏中令人担忧的内容，正在盗走我们孩子们的纯真，也让做家长变得难上加难。"最终，《侠盗猎车手》的制作方推出了没有隐藏关卡的升级版本。但是，那时已经有超过100万人下载了维尔登伯德的破解方法，打开了隐藏关卡，看到了详细内容。◆

　　银幕上的屠杀事件让你潸然泪下，作者明白这些，因为影视剧其实比我们想象的更贴近生活。暴力游戏的支持者可能会说，玩家在打游戏之前已经被提示过了，《现代战争2》顾名思义，肯定会有伤害和杀戮的内容。备受质疑的机场屠杀画面尽管血腥，但并不是与发生在游戏中毫无关系。除此之外，没有人是被逼无奈才打游戏的。有人若对此画面感到不适，则可以选择不再玩这款游戏。每个个体都应该为屏幕上的野蛮和伤害负责，而不是要游戏产业来负责。令人稍微心安的是，研究者大卫·沃丁顿写道："没有证据表明电子游戏暴力和现实暴力存在因果关系。"

　　但是有的人对这些说法并不满意。《盐湖城论坛报》的编辑堀内文斯好奇，为什么玩家们一定要面对这样血腥的屠杀任务。他认为，玩家在毫无互动的场景下变成担惊受怕的看客。手无寸铁的人们却要面临枪林弹雨，玩家还参与其中，这引起了堀内文斯和其他人的担心。数百万玩家沉醉于故事情节中，有的人担心，玩家向无辜平民施以残酷的反人类行为却受到奖励，这样的暴力场景反复出现，会让玩家对此类暴力熟视无睹。这样的话，利益相关人群也扩大了，玩家并不是唯一受到游戏影响的人。

　　有人可能会说，《现代战争2》的杀戮是制裁性的。至少"正义战争"的理论是允许杀戮的。但是《侠盗猎车手》的环境设定完全是城市。城市是人们生活、工作和娱乐之处。家庭居住在城市中，人们见面的原因多种多样——见朋友、谈生意、组织小型联赛、单纯在公园散步或在雕塑附近走走。城市中出现杀戮是异常的，也是不该出现的。

　　《侠盗猎车手》的反对者将这款游戏称为"真实犯罪模拟器"。即使消费者可以选择买或不买，游戏的负面影响还是会扩散开来。游戏将冲突塑造得过于理想化，给城市蒙上一层恐怖的阴影，真实城市所存在的问题在游戏中根本看不到。克莱格·安德森发现，电子游戏的暴力研究是相当一致的：这些游戏与重度上瘾玩家与日俱增的攻击行为和想法有"相当大的联系"。

　　波特图式会给我们怎样的建议？充斥着暴力的电子游戏所输出的价值观与支持社会发展的必要价值观相悖。电子游戏总是对生命毫无敬畏、鄙视女性、崇尚无法制状态。对社会忠诚的人以及保护社会免于灾祸的人反被打入冷宫、不受信任。但是，一旦接受了这种诱惑，玩家们自己——当然这数百万玩家已经逃过了家长的法眼——会发现，这种将人引入歧途的消遣方式占据了自己更好、更易于满足的所有玩乐时间，最糟糕的是，它公开了两极的道德原则："游戏时暴露你最邪恶的一面，生活中展现你最善良的一面。"这只适用于那些拥有双重生活的人，而且不被道德系统发现。合乎道德的玩乐检验了道德边界，有时甚至炫耀这些道德，但是把暴力和破坏社会行为当作道德核心是站不住脚的。波特图式（比如，道德责任）也没有逃避这个问题："出去玩吧，一个小时内回来。"

第十四章

利润、财富和公信力

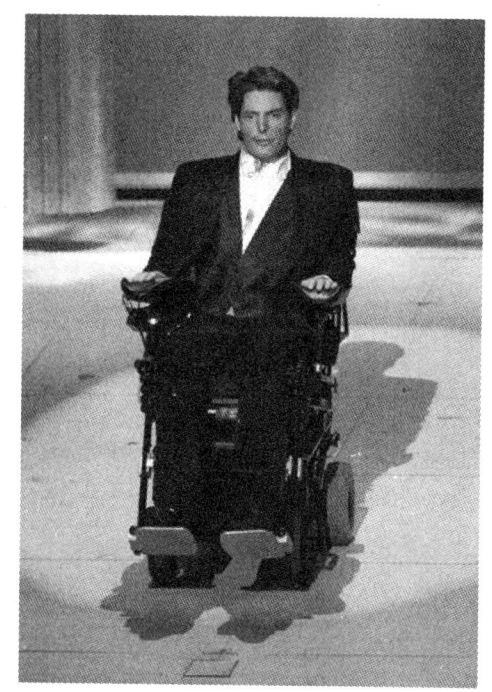

克里斯托弗·里夫因主演《超人》系列电影而风靡全球。1995年，他不幸在一次马术比赛中坠马，摔断了脊椎的前两节，脊髓组织严重受损。"超人"在瘫痪后四处游说，孜孜不倦地推动医学事业的进步，尤其是颇具争议的胚胎干细胞研究。他相信干细胞最终可以治愈像自己一样的瘫痪病人。

左图为《超人》电影海报，右图为克里斯托弗·里夫在奥斯卡颁奖典礼上。

美国的众多娱乐媒体中，九成是商业媒体，只有一成是公共服务。甚至还有人怀疑，这个数据还夸大了服务公众的媒体的数量。著名的辩护律师盖瑞·史宾斯坚持认为："电视台关心的只是收视率，不是自由，也不是真相。如果销售谎言和谬误能为美国的电视台带来更多利润，我们连一个字的真话都听不到。"只有那些最执迷不悟的理想主义者才会认为大部分娱乐媒体在决策时把社会责任当作主要考量的对象。如果某个娱乐产品能给社会带来福祉，但是效益上却连连亏空，那么不管它对社会有多大的贡献，都会让制作人、导演、编辑或录制方叫苦不迭。在娱乐产业的决策中，利益永远是最重要的考量。甚至有些观察家认为，利益是唯一的考量。

正如本书前半部分所提到的那样，利益得失的底线影响着各种媒体，但是娱乐媒体受到的影响最为直接。一项针对电影公司主管的调查确认，媒体系统确实将"无道德原则"当作了原则。一家著名的制作和发行公司的副主管评论道："在电影生意上，任何道德决定都是无稽之谈。一句话，利益的驱动让道德原则统统靠边站。唯一的对抗性力量来自某些人群，而且是非常珍贵稀少的人群，他们有更高的标准，恪守着自己的生活原则。"

本章的第一个案例《版权战争》同时提出了两点顾虑：首先，盗版制品违背了道德；其次，《版权法》的实施剥夺了大部分人接近主流文化的机会，这样的法律是否有违道德。《哈利的大麻烦》细述了女演员琳达·拉弗蕾丝在从未得到好处的背后，其实付出了巨大代价。《超级漫画》则讲述了一则带有人文关怀的公平案例，尽管法律对此并不要求。之后一则案例则穿越了数代超人，讲述了超人扮演者克里斯托弗·里夫的故事。我们的特约作者克里斯托弗·斯密特（研究残疾人与传播的专家）提出了这样的问题：里夫真的理解残疾人士的困境吗？还是靠斐然的声誉和个人魅力宣扬自己的道德理念，但同时却不被残疾人接受？本章中的最后一则案例探寻了在市场不被看好之时，真正出色的电视剧能否拥有一席之地。

案例

版权战争

新发行的DVD碟片令你垂涎不已，根据包装的不同，碟片价格在18到60欧元之间不等。你所期望的CD则便宜一些，如果能接入互联网，从网上下载的价格将会更低。这是享受别人的创意所要付出的代价。时薪10欧元的劳动者可以每月两次将一下午的工资花费在这些娱乐产品上。如今的市场机制让每个车库里的业余乐队都有了实现明星梦的可能，而对于那些真正有才华的人，是的，他们的收入确实不菲——一个人一辈子也花不了那么多钱。消费者也很开心，他们可以无限次地反复使用光盘，唯一的限制只是封套上小小的提示：只限家庭使用。

但是，在世界上的每个大城市里，你都可以买到仿造品（未经授权就发行的侵权仿冒制品），而且类型多种多样：从高露洁牙膏、计算机软件到本周好莱坞刚刚发行的新电影。尤其是中国的假货，对美国市场是巨大的冲击。在美国边境查获的侵权制品当中，三分之二是来自中国的。北京的很多商店，尤其是秀水街，一张DVD的价格还不到两美元。2006年，中国国家主席胡锦涛访问美国时，中国的假货泛滥问题就是重要的议题。这不单触犯了国际法律，仅在中国这个巨大的市场中就攫取了大量非法收入。美国的娱乐业巨头们都鞭长莫及，除非造假的成本高于遵守版权法律的成本。目前中国在制定新的法律纠正这一现状。◆

美国宪法的第一条第八款保障著作家和发明家对其著作和发明在限定期间内的专利权，以法律形式赋予了国会"促进科学与实用技艺的发展"的权力，这种保护方式被我们称为"版权"。任何人都能以此为依据，保护自己的创意和原本的表达，自行开发属于自己的知识产权价值。版权是我们政府发明出的最简单的东西之一。要把版权保护付诸实践有些困难，但是有许多的发明者成功地做到了这一点。

这种保护的核心就是发明者或创造者能够自行独立决定自己作品的发行。这种保护已经在多个领域取得了显著的成功：全球的电影、电视、出版、写作、歌唱、表演、绘画、雕塑、舞蹈和作曲等市场都十分活跃——我们可以从世界的整个发展历史中看出一二。这就是美国梦：有机会创造新的东西，并将其转化为金钱。若没有版权保护，那些居住在好莱坞、拉斯维加斯和纽约的超级富有的明星们，恐怕要另谋职业了。

但是版权保护系统也存在巨大的漏洞，但这种漏洞并不是指盗版制假在各地都能轻轻松松、成本低廉地翻录自己朋友的CD唱片或者复印高价的教科书。尽管存在这些问题，版权保护系统还是能够正常运作的。真正的盲点是不同经济体之间的巨大差异，富庶的西方和贫困的中东地区，还有其他任何地区。

西方的标准以市场利益为指向；版权，包括国际版权，从法律上剥夺了大量受众享受文化产品的机会。如果你每天只能挣差不多1.5美元的话，你便没有机会聆听凡·克莱本演奏的柴可夫斯基第一钢琴协奏曲，因为你负担不起24美元的CD，或者花上75美元买最后一排的演奏会门票。

弗雷德里科·梅耶尔在世纪之交回顾发展中国家时，对该问题有更为明晰地表达：

> 足够的版权保护当然会支持发明和创造。但是，过度的版权保护可能会违背版权所有者和使用者的利益。过于严苛地保护知识产权会带来稳定的收益，但是也会带来罔顾公众利益的垄断行为。

然而，这种说法并不适用于路易·威登和其他四个国际设计师的案例。最近，他们雇用了贝克·麦肯思国际律师事务所，准备将北京的制假者告上法庭。他们希望借此诉讼停止侵权制假行为，中国也在这方面做出了努力。由六个人组成的知识产权调查小组被纳入了中国公安部的警力队伍。位于北京的中国人民革命军事博物馆也举办了知识产权保护的展览——这是一种象征性的赞同，至少说明中国愿意与其他国家携手促进"实用技术"的发展。

但是，梅耶尔并不认为加强监管和稽查是长久之计。他坚信，我们应该"扩大公众所有这一概念，摒弃眼前的条条框框，以促进自由竞争、创意的自由流通和所有文化的创新"。他提倡"反版权"[1]这一概念，著作者或发明者应该把自己对版权的控制降低到"道德权利"的层面，这是一个英国判例法中的术语，表示作者有权保持自己作品的完整性，包括作者创造或赋予其的含义和角色。在梅耶尔看来，穷人还是需要为这些创意产品付费的，只不过价格应该与他们的收入相匹配。

一方面，创意产品需要公平的回报；另一方面，国民生产总值较低的国家对创意产品的需求不断上升，用道德理论来分析这个问题，并非太过棘手。没有任何一种道德理论教导我们放弃自己的所有权利，也没有任何道德观点要求市场完全免费，并赞同恶性竞争。美国的缔造者们在创始之初就发现了知识产权保护存在一定局限，他们为知识产权保护设定了一个期限。不幸的是，那些不愿意放弃知识产权的公司将期限无限延长。因为迪士尼公司不愿让米老鼠形象的版权进入公众领域，因此才会有《索尼·波诺著作权期限延长法案》的出现，它修正了1976年的美国《版权法》。此法案一经出台，那些公司就将版权的享有年限再延长20年——通过控制版权获取利润。为发展中国家代言的梅耶尔会敦促我们拒绝接受这种做法。他认为，在知识产权属于公众之前，其持有年限应该缩短。

梅耶尔建议，我们应该重新划定利润和公众利益之间的边界，发明者可以享有发行权，拥有市场，但是不能让文学和艺术的享受者仅仅是罪犯或者富翁。公平使用知识产权的黄金中道可以包括：根据地区的经济水平调整发明者和发行者的所得，或者通过某些机构为底层人民服务，提供"公共版本"给他们使用。

同时，非法盗印受版权保护的材料在美国高校中非常猖獗，这在道德上不可原谅。这些从事着非法勾当的人拿到的小钱，往往比世界上大部分工人的周薪还要高。只有贪婪才会促使这些人滥用科技，践踏版权的真正意义。

案例

哈利的大麻烦

不管从哪个角度审视，《深喉》都是一部色情片。影片在性解放运动进行得如火如荼之时问世。影片中，一位沮丧的年轻女子（琳达·拉弗蕾丝饰）一再地更换性伴侣，却无法通过普通的性行为获得高潮。她向一位心理医生（哈利·雷恩斯饰）咨询，诊断的结果却骇人听闻：她的阴蒂长在了喉咙里。原本就生活放荡的医生也和其他寻欢作乐的人一样，从琳达饰演的年轻女子身上获得满足，《纽约时报》称其为"口交大师"。

---

[1] 允许使用者在特定条件下免费使用、修改、传播版权作品。——译者注

其实，雷恩斯和拉弗蕾丝都没有什么高超的演技，尽管《深喉》赢得了6亿美元的利润，但是雷恩斯和拉弗蕾丝却没有借此发迹。在出演《深喉》之前，雷恩斯在国家莎士比亚公司和其他剧院靠跑龙套为生，导演杰瑞·杰拉德邀请他加入了这部"白大褂"色情片❶，扮演一名古怪的医生。两场戏下来，雷恩斯只得到了100美元的酬劳，所有的编辑、市场和发行权利全部交给了电影制作方。两年之后，雷恩斯因为参与在各州发行色情片并从中获利而被起诉。他成了第一位因为艺术作品被起诉的演员——尽管有些可疑。雷恩斯在孟菲斯被判有罪，而且他的上诉被驳回（依据是美国最高法院1974年的米勒判例）。

《深喉》让拉弗蕾丝一跃成为炙手可热的"性感女王"。她所饰演的角色帮助此片成为有史以来最成功的色情片。但是，《深喉》也固定了拉弗蕾丝的戏路，终结她演艺事业的是固定的角色类型，而不是硅胶丰胸手术和治疗肝炎时输入的有毒血液。拉弗蕾丝写道："我只是一个机器人，靠做着自己不得不做的事情来活命。"出演《深喉》之后，拉弗蕾丝的第一任丈夫得到了1 250美元，而她一分钱都没见到。

拉弗蕾丝退出影坛后再嫁他人，并搬到了长岛居住。在那里，她开始重新塑造自己的生活：在小学里做义工服务，就色情问题的社会和个人影响发表演说。

她坚持认为，是为取悦男人而做的隆胸手术而非肝移植手术延长了她的生命，但这却没有给她带来幸福。她再次离婚，搬到丹佛，靠最微薄的收入维持生计。2002年，53岁的她死于车祸。在生命的最后一年，她终于把《深喉》从头到尾看了一遍。依旧想改变自己角色定位的拉弗蕾丝，对影片发表的评论是："这有什么大不了的？"◆

❶色情片的一种，因为有医生参与变得有教育意义而得以通过审查。——译者注

自由主义者们指出，在《深喉》问世后的十年间，有23个州禁止此片上映。得克萨斯州的一场诉讼尤为重要："排除妨害"政策被联邦上诉法院和美国最高法院驳回，理由是这一政策会引起事前限制，是一种危险的导向。

《深喉》究竟该不该被禁播？这既是法律问题，也是道德问题。在马萨诸塞州的一起诉讼案中，海关意图罚没该电影胶片，法庭听取了一位专家证人的说法，他认为《深喉》"大肆宣扬进一步的性解放以及更自由的性表达"，这能够帮助"许多女性"克服特定的性恐慌。但是，如果说《深喉》中露骨的色情画面是兑现了第一修正案的承诺的话，那么这可真是和普通色情的定义相悖。只有那些第一修正案的绝对论者才会认为这部电影可以随意播放，也只有真正对通俗文化有坚定信念的人才觉得《深喉》可以随意接触受众，并且多多益善。

司法部长委员会就色情制品展开了调查，在其饱受诟病的《最终报告》中，司法部长委员会给出了五个较为宽泛的分类以及相应的92条建议。第一级和第二级——性暴力影片和描写堕落、施虐、受虐或侮辱的非暴力影片——都被委员会的大部分成员认定为有害。第四级为裸露片，并无有害之嫌，其中可包括经典艺术和蹒跚学步的纯真儿童的裸体画面。第五级（"极其恶劣的儿童色情片"）过于赤裸地性剥削性质促使委员会成员出台了最强

硬的措施，重拳打击此类电影的市场，并将相关人员绳之以法。但是，三级片（既不暴力又不堕落的影片）才是最具争议的。三级片的镜头大多是两厢情愿的交合场景，或者"两对伴侣同时在做同样的事情"。尽管如此，委员会也无法给出哪些例子符合三级片的定义。也许《深喉》在委员会委员的心中，算是二级片的典型。但是，有很多人会说，《深喉》和其他非暴力的色情片只是纯供消遣，并没有伤害任何人（明显的直接伤害），吸引到的受众也是本身就对这一题材感兴趣的人，只有这些人才愿意买票观看。只要不允许那些无人监护的孩子租赁录像带，根据市场规律，就让成年消费者随意选择是否观看《深喉》吧。很明显，有不少人都想看。

对于自由市场支持者的言论，琳达·拉弗蕾丝绝不苟同。暴利的色情产业让琳达成了牺牲品，色情如同枯叶剂一般，榨干了她的身体。为了让自己保持性感，化学药品摧残着她的肉体，而精神上的创伤让她陷入了绝望。

自由市场的言论还必须面对另一个事实：此电影的巨大盈利与有组织犯罪密不可分。《深喉》的投资是2.5万美元，而投资方科隆博家族（纽约黑手党五大家族之一）的收入高达5 000万美元，其中一些利润与加勒比海地区的毒品走私有直接关系。

一个规范的市场不会剥削（在本案例中，这是一种奴役）和虐待自己的员工，更不会容许金钱与邪恶的犯罪帝国纠缠不清。色情片产业，以《深喉》为典型，把自由市场理论当作自己的遮羞布。康德认为，自由是建立在追求正确动机的前提之上的。雷茵霍尔德·尼布尔和他的支持者认为，自由，须由正义引领，以爱的方式战胜贪婪和淫欲。通过电影来探索性问题本身是件好事，但是，《深喉》这部电影实在是掠夺人性。再怎么追逐市场利益，也不应该允许泯灭人性的情况出现。

弗吉尼亚大学的帕克·艾略特·迪埃茨是一名真正的"白大褂"，也是司法部长委员会的一名成员，他在总结时陈词：

> 作为政府机构，我们应该格外小心，避免代表政府对那些特定的你情我愿的性场景或者性描写进行道德判断。但是，这种规避并不代表委员会成员全都丧失了道德判断。我个人会毫不犹豫地谴责委员会工作期间审查过的各种色情制品，因为它们是如此的低级趣味、令人作呕、下流淫秽、有伤风化……大约两个世纪之前，菲利普·皮内尔就打破了束缚精神病人的枷锁，一个多世纪以前，亚伯拉罕·林肯为美国的黑奴解开了桎梏。我想通过此番宣言，请求美国，让美国的妇女和儿童都得以解放，让他们不再受色情制品的困扰，让他们免于性虐待，不再被在一个其他方面都无比自由的国家里沦为二等公民的心魔所缠绕。

案例

超级漫画

当杰瑞·西格尔和乔·舒斯特还是俄亥俄州克利夫兰市的高中生时，他们想塑造一个全新的卡通人物：他出生在一个遥远的星球，婴儿时期就逃到了地球，在孤儿院长大，当他长大成人时，他已经不受重力的影响，能力非凡，会帮助正义之师战胜邪恶。

想出点子的其实是西格尔，他的好兄弟舒斯特喜欢画画。两位新手漫画家就开始到处兜售自己的漫画故事。经过五年坚持不懈的努力，他们终于赢得了《侦探漫画》杂志的合同，第一期《超人》漫画在1938年问世了。西格尔和舒斯特的报酬是每页10美元，每人每周大概可以拿到15美元。

合同当然对公司有利。《超人》漫画越受欢迎，西格尔和舒斯特的损失就越大。最终，他们起诉了《侦探漫画》杂志，并得到了一些钱，但还是没有拿回《超人》的版权。当判决尘埃落定，《侦探漫画》杂志解雇了西格尔和舒斯特，他们俩不得不看着别人用自己的创意赚得盆盈钵满、名利双收。之后的几次诉讼都无功而返。法律的路已经走不通了，西格尔和舒斯特没有听从律师的建议，他们把自己的故事公之于众。

他们的痛苦挣扎着实催人泪下。《超人：钢铁之躯》带来了数百万美元的收益，但是从1948年开始，西格尔和舒斯特就没有从《超人》的销售中拿到过一分钱。舒斯特双目失明，跟哥哥一起住在纽约皇后区，靠哥哥养活。西格尔和妻子蜗居在洛杉矶的小公寓里，患病的他在政府谋得了打字员的职位，年薪只有7 000美元。他们斥责《超人》漫画目前的所有者"毫无道德义务"，舒斯特说。全美漫画家协会和漫画家指导协会全力支持他们的诉求。

西格尔和舒斯特的诉求终于有了结果。当时持有《超人》电影版权的华纳传播公司表示，自己"没有法律义务"，但是"有道德义务"。在圣诞节前两天，西格尔和舒斯特与华纳传播公司签订了一份合同：每人每年都可以领到两万美元的生活费，他们的孩子也会得到帮助。两位"超人之父"的名字会出现在所有超人产品的身上。在签订合同时，一位华纳传播公司的管理人员对西格尔和舒斯特的做法表示了赞赏。他说，这份合同是"表彰他们过去的贡献，照顾他们目前的生活"。◆

给西格尔和舒斯特的钱对华纳传播公司来说不过九牛一毛。每年四万美元的支出可能比华纳处理超人销售订单的花费还少。但是，华纳此举既不是因法律强制，也不是为了维护公共关系，其体现的是犹太教与基督教共有的关爱他人的道德准则。

想想这笔奖金的意义吧！当时的经济环境十分萧条，西格尔和舒斯特不得不出卖自己的创意，而彼时，年轻的他们想要与大公司讨价还价几乎是天方夜谭。自此之后，事情有了根本性的转变。一个成了残疾人，另一个病倒了；两人的生活都已经捉襟见肘。既然法律上已经走投无路，他们坚持靠道德诉求得到一些补偿。

华纳完全可以把他们的诉求当作麻烦和累赘。不管怎么说，生意就是生意。例如，投资股票的人，不能要求获得交易结束后的其他利益。11月卖出玉米的农民也不能在来年1月玉米价格上涨时要求补贴。买方和卖方都明白其中的风险，而且都明白其中一方会成为明显的赢家。条款双方清楚，买卖交易公平。

但是合同的订立不能脱离当时的经济环境。如果西格尔和舒斯特不是在1938年出售自己创作的卡通人物，而是留到现在，他们完全可以再商定一个补偿条款——说不定他们的创意能够大卖呢。其实，他们还可以坚持，如果超人死去（看似难以置信，但超人确实在1992年为保卫地球死于怪物"末日"的手上），那么西格尔和舒斯特还能从那些超人的直接继承者身上获取收益。时逢"大萧条",经济环境也不够成熟,很难签订降低风险的附加条款。

所以,华纳给西格尔和舒斯特的这笔钱其实是人道主义的生活援助,对华纳来说,这既不是股东们的损失,也无碍公司财务平衡。也许,完整地履行"爱人如己"或是罗尔斯的"平等协商者"原则能给他们带来更多的回报,或者用人身保险为他们积累一些财富。也许是这样吧。有人会说,华纳起初闪烁其词、躲躲闪闪,直到不得已时才出手相助,这对两位贫穷的漫画家是不公平的。不过,好歹这笔钱也体现了残存的社会团结和关爱,在娱乐业这个已经没什么道德底线的圈子里,至少算是虽不和谐但充满希望的小插曲。

案例

超人重新行走

1995年5月27日,演员克里斯托弗·里夫在马术活动中意外坠马,摔断了脊椎的前两节。尽管他的脊髓并没有完全损伤,但是里夫再也无法行走,只能在轮椅上度过余生。他会这样吗?事故发生仅六个月后,还在新泽西州凯斯勒康复中心进行治疗的里夫出现在美国广播公司《20/20》电视新闻杂志上,通报了自己病情的进展。很快,1996年元月,他筹划了一场个人名义的筹款活动,为脊髓伤害研究募集资金,并提高公众对此的认识。当年5月,正在华盛顿进行游说活动的里夫表示,他能在七年之内重新行走。

里夫在遭遇事故之前早已是家喻户晓的明星。1978年他开始扮演超人这一角色,而自从1938年《超人》漫画开始连载,这位力量非凡、热爱祖国的超级英雄,已经成为美国文化想象中的重要角色。实际上,里夫在他的粉丝眼里就是超人的化身。所以,幻想与现实奇怪交织,带着事故前就已经塑造出的"超人"特点,里夫快速地把个人康复转换为一场公开宣传。里夫在银幕上展现出的英雄主义,开始在他"治愈"自己和其他截瘫患者时发挥作用。就像《旧金山纪事报》的记者所报道的那样,"曾经扮演超人的人(已经成为)自己生命中的超级英雄"。

也许,这位新"超人"最具英雄色彩和争议的举动就是参与了纽文投资公司在2000年超级碗比赛时播放的广告。耗资400万的60秒广告鼓舞了投资者们:他们的投资是合乎实际的经济决策,更是医学进步的重要动力。广告中的纽文投资公司代表高高在上,讲述着社会投资是如何推进艾滋病和癌症的治疗工作的。就在此时,里夫(电脑合成的形象)出现在广告中,他"走"向讲台,颁发"治疗脊髓损伤重要突破奖"。里夫和其他残疾人士出现在台上,他们看起来都被纽文投资公司的客户所资助的研究治愈了。

广告播出之后,各界反响不一。有很多患者因为这条令人鼓舞的消息,重新燃起了生活的希望。里夫自己把这则广告看作"肯定会发生之事的激励人心的愿景"。其他的反响既有困惑,也有不满。有很多治疗脊髓损伤的诊所被残疾人的咨询电话炸爆,他们都想知道,怎样才能得到里夫那样的治疗方法。愤怒的残疾人士认为,里夫在广告中明显否认了自己真实的身体状况。

起初，美国和国际媒体对于这条广告还是持肯定态度的。尽管如此，还是有许多记者要求里夫就自己参与拍摄广告给出解释。2000年1月31日，面对那些讨厌此广告的人，里夫出现在《早安美国》节目中，回应批评之声。里夫对主持人黛安·索耶这样说：

> 最大的问题是……坐在轮椅上太久的人……为了心理上的生存，他们必须接受，"好吧，我要在轮椅上度过余生了"。所以我拍摄了他们中的一些人，你知道，是——是我不知道自己在说些什么。好吧，我当然不是什么专家，但是我能接触到专家，他们不会说谎的。

原本想平息争议的行为却适得其反，这次采访引起了更多讨论——应该怎样面对肢体残疾。◆

即使是匆匆一瞥，我们也能发现，里夫在受伤后接受的采访都表现出他无法接受自己将终身残疾的事实。他认为自己当前的状态是暂时的，是可以通过医学进步治愈的。里夫的希望被很多人认为是虚妄的，而在其他人看来，里夫的做法是在暗示"轮椅上的人"应该挣扎着站起来，重新行走。这则广告展现的是怎样的价值观？而公众的回应又体现了怎样的价值观？

纽文投资公司的广告引起了对人类身体价值观的讨论。什么是身体？身体又应该是什么样的？里夫的想法，正如广告中体现的那样，崇尚肌体的能力，这才是生命理想的境界。在接受黛安·索耶的采访时，他似乎批评了"接受身体残疾"这样的提法，认为这种宽容其实是妨害了人"正常"和行走的渴望。

"残疾人权利运动"并不支持里夫的说法。这是一个美国团体，由有政治动机的残疾人组成，自从20世纪60年代以来一直都在提倡残疾人的主流新价值观。与里夫不同，该团体的成员挑战着传统的信条：残疾不是应该被克服的，而是应该主动接受的，正是残疾提升了他们对个人和团体身份的认知。西米·林顿是残疾人权利运动的领导者之一，她在发言中证实："我们找到了另一个表达自己声音的渠道，我们要表达的不是对自己的绝望，而是对我们目前社会地位的愤怒。我们的症状，尽管有时候会让我们痛苦、恐惧、不适，或者难以控制，但它不过是生活的一部分罢了。"

林顿的评论是对里夫和他"数字操纵行走"的理念之批评——里夫的做法迫使观众们认为，追求身体痊愈的残疾人比追求更合理社会地位的残疾人更高尚。这则广告的文本含有一种潜在的贬低——用生理是否健全把人区分为三六九等。纽文投资公司的广告对"接受残疾作为人生的一部分"的说法嗤之以鼻，反而认为带有残疾的生活绝对是糟糕的经历。正因为忠于更大的残疾群体，才会有这样的批评。林顿自己也是一名残疾人，她在写作和演讲时，为了争取残疾群体的利益不遗余力。

里夫也有自己忠诚的拥护者，也就是和他境况相同的人。这种忠诚在他2002年出版的《没有什么是不可能的：新生活的思考》一书中展现得淋漓尽致。在书中，里夫提到了一个研究项目，这个项目如果能获得美国政府的资助，就可以帮助所有"遭遇"脊髓损伤的人。这样的忠诚在纽文投资公司的广告中也展露得非常明显。

那么，为什么残疾人里夫和残疾人权利运动是背道而驰的呢？为什么里夫不能努力与残疾人权利运动合作？答案是：里夫对治愈的渴望表明，他渴望拥有健全的身体，对自己残疾的躯体非常不满。持这样观点的人是无法与残疾人权利运动合作的，该组织成员已经将自己的身份固定为残疾人，他们的目标就是让不健全的躯体融入正常的文化体验中。

西方媒体总是过度赞赏健全的肢体，推崇完美和完整的理想型人类，尽管这是不可能的。米开朗基罗的《大卫》就是理想模范。相比之下，媒体在塑造残疾的躯体时，总把残疾当作偏离正轨的特例，认为其需要处理和治疗。举个例子，我们想想詹姆斯·邦德系列电影中的反面人物：许多都有生理畸形或者残疾，其象征意义就是，这些人与"邪恶"有关。我们可以推测，因为里夫在西方媒体中扮演着如此重要的角色，既是演员，又是名人，在媒体和影迷的潜意识里，他都是完美躯体的化身。为了在媒体上保持良好的声誉以获取公众对他事业的支持，我们可以认为里夫贬低自己身体的做法是必须之举。

但是，里夫由此也失去了帮助脊髓受损者发掘自身价值的机会。换句话说，里夫靠自己的明星身份，利用媒体把自己塑造成"即使残疾，生活依然充满意义"的形象，而不是去关注亟须救治的身体。尽管在纽文投资公司的广告中重新"行走"，但里夫在现实中拒绝了这种可能，并且公开宣称残疾是一种没有人愿意接受的状态。[1]

❶ 里夫于坠马 9 年后的 2004 年 10 月去世。——译者注

案例

电视的绝缘胶带

电视评论员们还在津津乐道电视剧《迷失》的巨大成功，这部由美国广播公司推出的六季电视剧，讲述了海洋航空公司 815 航班坠落在太平洋一个神秘小岛之后的故事。现在已经家喻户晓的一班成员，不得不面对各种威胁：竹林里的北极熊，还有情感如中世纪的北欧海盗、胃口如野蛮的西哥特人的"他者"。《迷失》的剧情难以总结，因为剧情百转千回，人物来来往往，场景时空交错。你只有是从第一集就开始追剧的粉丝，或是后来完整地看了 DVD，才能充分了解《迷失》引人入胜的复杂剧情。这部电视剧非常特别，曲折的情节让它有时候看起来像永远无法完结。

尽管如此，《迷失》的问题归根结底还是迪士尼公司（美国广播公司的所有者）投资回报的降低。1983 年，《陆军野战医院》和《干杯酒吧》的大结局分别吸引了 1.05 亿和 0.8 亿观众收看。2010 年，《迷失》的观众只有 0.13 亿，这还是广告宣传和市场推广轮番轰炸好几周的结果。大结局中插播了 142 条广告（150 分钟内），每 30 秒的价格达到了 9 万美元，然而在 2004 年，《老友记》大结局中插播的广告每 30 秒就已经达到 200 万美元。在同一周中，《迷失》完结，《海军罪案调查处》的新一集吸引了 300 万观众观看。

制作人卡顿·库斯和达蒙·林德洛夫为粉丝们奉献了一部堪称完美的电视剧，只是收益上的表现不尽如人意。◆

自剧作家霍顿·富特的作品之后，还没有哪个电视节目能体现超自然力量和强烈的神秘感，并且吊足观众的胃口。《迷失》不仅囊括了以上全部的元素，还利用想象让观众们沉醉其中，让观众审视剧情，追根究底，随后又被迫放弃追寻答案的念头。观众想弄清楚的很多问题，在大结局中依然没有解答。只有一个大问题——"我们为什么在这里？"得到了回应。但随后的答案引发了更多的问题。大部分的评论都对这部六季的电视剧赞赏有加，包括在第三季时作出按时完结的决定，以免剧情一发不可收拾，尽管《迷失》当时仍异常火爆。

霍顿·富特的作品《温柔的怜悯》、《丰盛之旅》和《杀死一只知更鸟》让观众在观看时总觉得非常揪心，而看过后他们便觉得物有所值。宗教主题画面的出现，不仅仅为影片创造了文化背景，也是帮助人们理清烦恼，重新找回自己真爱的重要元素。在《温柔的怜悯》中，当罗伯特·杜瓦尔饰演的落魄乡村歌手迈克·斯莱奇遇到了黛丝·哈珀饰演的罗莎·李时，霍顿·富特直接使用了《圣经·诗篇》中的标题，整部影片的高潮正是洗礼。《迷失》与《圣经》并无关系，与其他的信仰也没有明显关联，并没有哪一种信仰明显占据主流，传达其象征意义，但是，象征性的符号还是充斥其间。如其中饮水的片段：神秘女子，随后是雅各布，再然后是杰克，都对他们信徒说了这样的话："现在，你们和我一样了。"最后几个镜头中出现的污迹斑斑的玻璃窗，展现的是一整套的各种信仰，当杰克和其他人拥抱真爱时，基督的雕像在教堂外毫无征兆地亮起，将岛上的神秘光亮与耶稣基督乳白天空的神迹联系在一起。邪恶、残忍、贪欲、诡计、物理现象、时间旅行、恐惧和最终的道德塑造了《迷失》百转千回的情节和错综复杂的剧情。剧中达摩计划的领导者，起初是压迫的化身，最终变成音乐会的主持人，其插曲按照音乐的标准来要求也许不算太好，但是对于重生和找回真爱，这首原声曲再合适不过了——达摩旅途。想把一切解释清楚？不可能，去感受吧，或者能有些许洞见。

在大结局中，硬汉迈尔斯被指派去处理飞机液压助力器的故障，被困在岛上的人都希望乘坐这架飞机离开已经遭受地震的小岛。迈尔斯用胶带绑紧飞机前支架，他说："我不信什么东西，但我信任绝缘胶带。"要是所有的电视节目都像《迷失》这样，深度与质量俱佳，观众可能就会转而去看庸俗肤浅的节目了，那些节目剧情简单，但其情节又恰好够吸引人坐在电视机前观看，明目张胆地浪费时间。但是，美国商业电视台不应该因此而放弃像《迷失》这样高投入、情节复杂、探索人类真实境况的剧集。《迷失》就像是电视界的"绝缘胶带"一样值得信任，它满足了公众对于触动心灵的娱乐产品的需求，它是制片人制作、演员出演、公司投资的结果。有时候，我们——世界上最娱乐过度的物种——也不会拒绝这样的电视节目。

第十五章

媒介视野与深度

作为电影艺术,《尼克松》无疑是成功的。然而,历史的真相到底是怎样的?

每种媒介都有自己的天平,我们可以称之为"审美天平"。天平的一头是严肃的艺术家和制作人,他们对自己作品的完整性十分在意,并坚持通过自己的作品增进观众对于有意义的人生的理解。另一头则是更在意市场的作家和出版商,他们希望自己的作品最卖座。如果说艺术家的自尊是作品的一部分的话,那么出版商对这种自尊则毫不在意,他们的全部任务就是争取吸引到最多的观众——因为如果他们不这样做的话,竞争对手就会这样做。成功都是靠畅销榜和尼尔森公司监测的排行榜来衡量的。

媒体面临的商业压力不可避免地让电视节目、电影和书籍都轻视人类正处于的困境,甚至对此避而不谈。也许对抗这种趋势的力量太过单薄,难成气候。但是,只有愤世嫉俗的人才会认为流行文化的一切都是向"钱"看的;同样,只有无知的理想主义者才会断定流行文化视钱财如粪土。

横亘在艺术追求和市场利益之间的是一系列的道德问题,这些问题每天都萦绕在媒体从业者的心头:当艺术从一种媒介转移到另一种媒介时,是否应该做出妥协?媒介上的刻板印象对真实的人物来说是否公平?商业因素对文化产品的制约应该控制在何种程度?在电视上,怎样刻画与宗教或道德相关的人物才算是公平的?

在本章的第一个案例《历史迷雾》中,尼克松总统的故事被大胆重写。在此背景下,我们必须问,如果真相从情感上都讲不通,到底什么才是真相?

第二个案例我们从《天堂酒店》这一节目入手,审视了眼下最流行的电视形式——真人秀,原本是与爱有关的节目,怎么就成了反对爱的节目,而且充斥着嫉妒和无常,年轻的激情也变了味道。这些参赛者知道自己在做什么吗?

第三个案例《轻度悲剧》探讨了一些虚构的作品是否对人类的痛苦挖掘得过于深刻。这个案例研究的其实是翻拍和改编经典作品带来的问题:这些翻拍和改编是否降低了经典作品的价值,模糊了原作者的贡献?早在电视机出现之前,路易斯·D·布兰代斯(1916 年至 1939 年任美国最高法院大法官)这样写道:"浅薄破坏了曾经健全丰富的思想和精细微妙的感觉。在这种极强的破坏力之下,热情难以孕育,慷慨难以培养。"那么,我们应该对大众媒体上的娱乐内容一笑而过——其中的浪漫桥段和简单情节——还是说,娱乐已经成为 21 世纪缓解压力的唯一办法?

第四个案例拿最受欢迎的宠儿喜剧片开起了玩笑。

本章的最后一个案例讲述的是很多人口中的"无聊消遣",并试图审视它对我们的严重(不良)影响。

案例

历史迷雾

这是美国历史上最著名的"空白"。　　　　　1972 年 6 月 17 日,位于华盛顿水门饭店的民主党全国委员会办公室闯进了五名不速之客。这起事件看似是二级盗窃罪，但最后却演变成有史以来最肮脏的政治丑闻之一。怀疑之声四起，有人认为，总统理查德·尼克松事先知道此事，甚至批准了此次盗窃。最后东窗事发：尼克松在白宫内安装窃听系统，负责水门事件的特别检察官要求尼克松上交录音带。在几个月的司法纠缠之后，尼克松交出了部分录音，其中包括1972年6月20日尼克松和他最亲密的助手鲍勃·霍尔德曼的谈话。在录音带的中间部分，检察官们发现了18分30秒的空白——正好处在尼克松和霍尔德曼关于水门的谈话中。检察官们很快就怀疑这些录音带被动了手脚。

这18分30秒的空白成为空前热议的话题，人们都在猜想这18分30秒的内容。没有人真正了解他们说了什么，直到现在。在三个多小时的纪实电影《尼克松》中，编剧和导演奥利弗·斯通揭露了被动过手脚的录音带内容，尼克松在其中坦陈自己是"福贝尔特计划"（意欲于1960年暗杀古巴领导人菲德尔·卡斯特罗的计划）的策划者和监督者。很明显，尼克松向霍尔德曼解释了这一计划，其中涉及中央情报局和黑手党的合作，但是约翰·肯尼迪当选总统后，挫败了这一计划。电影暗示尼克松在"福贝尔特计划"中的工作和肯尼迪的遇刺多少有些关系。

许多评论家都对电影《尼克松》大发雷霆，但是导演的粉丝们都对奥利弗·斯通的刻画手法不吝赞美。吉恩·西斯克尔和罗杰·埃伯特给予影片的评价是"杰出的满分作品、优秀卓越"，其他观众则给出了"无与伦比"、"引人入胜"和"脱俗超群"等赞美之辞。分别饰演理查德·尼克松和帕特·尼克松的安东尼·霍普金斯和琼·艾伦获得了奥斯卡最佳男女演员的提名。

其他的观众则没什么反应，但是，霍华德·罗森伯格猛烈抨击了电影的道德和美学基础，而其他的批评主要针对的是奥利弗·斯通对于严肃历史漫不经心的处理手法，首当其冲的便是暗杀卡斯特罗的这条线。但是，让影评人和研究尼克松的学者摇头的还不止这一点，电影中还有很多惊人的"发现"。比如，

● 尼克松在得克萨斯州沙漠与极右翼分子秘密会面。他们许诺，如果尼克松在1964年出面竞选总统，就会把他送进白宫，而在1968年，尼克松在政治上获得胜利，而肯尼迪家族也逐渐式微。

● 同一批极右势力在1972年威胁尼克松下台，当时他们发现尼克松在极右议题上显得不够强硬。

● 尼克松是个酒鬼，在助手面前满是醉话，面对公众和重要人物时却异常冷静。

● 尼克松在1960年的电视辩论中输给了肯尼迪，因为肯尼迪透露了侵略古巴的计划，而尼克松作为副总统却无法获知这一议题。

● 尼克松和妻子帕特好几次都走到了婚姻崩溃的边缘。

当舆论对奥利弗·斯通的历史修正主义大肆抨击时，他公开了剧本，其中的脚注来源有100多个，在简介部分有12篇文章为他的电影辩护，还有长达200页关于水门事件的文件以及录音的参考文献。

对于一部纪实影片来说，"讲明真相"代表着什么？很明显，《尼克松》为了戏剧效果，将很多存疑的历史细节和事件融合到了电影之中。有些情节，例如电影中尼克松的助手约翰·迪恩和窃贼E·霍华德·亨特在桥上会面的场景，纯属子虚乌有。其他情节，比如尼克松参与暗杀卡斯特罗，或者是和极端分子在得州沙漠的谈话，也很有可能是虚构的。但是，就像奥利弗·斯通所说，此类失实在这种类型的影片中司空见惯。一则影

评无可奈何地指出，艺术性地再现历史的做法，恐怕要追溯到莎士比亚的身上。面对这些评论，奥利弗·斯通的提醒不无道理：历史的所有旁观者，包括电影制作人和专业的历史学家，都是从自身的看法和经历来审视历史的。斯通坚持，重要的是讲述故事的人能正确把握"更深层次的事实"。

《洛杉矶时报》的媒介批评记者大卫·肖提出了纪实电影最危险的一个案例：哥伦比亚广播公司制作的《亚特兰大杀童案》讲述了杀童狂魔韦恩·威廉姆斯的故事（涉嫌23起谋杀案，因其中两起被判刑）。《亚特兰大杀童案》带有明显的倾向性，影片将威廉姆斯刻画为警方间接证据的牺牲品。哥伦比亚广播公司也确实在这部上下两集的"纪实影片"播出之前插入了一则启事："这不是一部纪录片，这是一部根据事实改编的故事片……根据剧情需要，部分事件和人物实为虚构。"看过这样一则启事后，观众们不得不依靠自己的知识去分辨孰真孰假。大卫·肖将此类电视产品评价为"事实与虚构的杂糅，混淆观众的视听"。

格里高利·佩恩教授是全美广播公司制作《肯特惨案》时的顾问。这部纪实电影讲述了1970年5月4日国民警卫队射杀四名大学生的故事。尽管佩恩支持此类电影，但是在描述国民警卫队成员和学生之间的互动时，他还是格外小心。比如，5月2日肯特大学校园内的后备军官训练队大楼起火的详情，从来就没有过确凿的叙述，顾问和演员们一直坚持严格依从史实，终于在影片中保持了模糊的处理方式。佩恩留意了全美广播公司在制作中所有的夸张部分〔例如，围绕四个遇难者之一艾莉森·克劳斯的爱情展开大部分剧情，尽管如此，这和詹姆斯·米切纳的《肯特大学惨案：发生了什么，为什么发生》严重歪曲事实比起来，可谓是小巫见大巫〕。

在波士顿的一次会议上，在《肯特惨案》中饰演警卫队队员韦斯利的演员里克·艾伦表示，自己所饰演的角色被催泪瓦斯击中，并从队伍中撤退的情节纯属虚构，只是为了让"坏蛋"看起来更加人性化，同时，可以为新晋演员多赢得一些出镜时间（对于年轻演员来说这非常重要）。但这部将面对成千上万观众的历史题材电影在拍摄时，导演却要求演员们即兴表演，里克对此感到非常困扰。

1988年，代孕妈妈玛丽·贝斯·怀特海德的一纸协定让出租子宫行业及其合法性成为聚光灯下的争议话题。孩子M到底是谁的？是孩子生理上的母亲，还是出钱求子且手握合同的威廉姆·斯特恩和伊丽莎白·斯特恩？（威廉姆是孩子的亲生父亲，通过人工授精使玛丽怀孕。）美国广播公司斥资600万美元制作了时长四小时的纪实影片，让整个美国来决定孩子的归属。不过，斯特恩夫妇和玛丽都拒绝出镜，美国广播公司使用了庭审的文字纪录、公开的报道和对庭审的公众心理调查来充实节目的内容。当然，在必须随片播出的启事中，包含了这样的文字，即"部分情节画面为演绎"。

1644年，约翰·弥尔顿就坚定地相信，在观点的自由市场中，真理总会浮现。尽管虚假可能会暂时占据上风，但是人类的理智终将作出判断，因为谎言无法终结世界。1985年，心理学家M·斯科特·派克开始根据自己临床观察的经验，创造出一套新词汇，因为有些人对谎言信以为真，而残酷的事实又无情地击碎了他们的梦想。也许，自由民主党信奉的人类理智，并不是那么有用。如果理智真的没用，我们的理解力又如此不堪一击，那么讲明真相是不是更像一种道德律令？纪实电影是帮助我们回忆历史文化中重要故事的有效工具，还是为了满足电视对新事物的迫切需要而炒的一盘歪曲事实的冷饭？

纪实电影也并非乏善可陈：如果没有全美广播公司制作的肯特大学惨案纪实电影（虽然是为了追逐利益），有多少学生会知道或者在乎艾莉森、杰夫、桑迪和比尔等四个学生的死，并让这座俄亥俄州东北部的闭塞小城迎来自由之春？我们怀疑，如果没有全美广播公司的努力，恐怕很少有学生知晓此事，更不用提参与其中了。而在观看了影片《密西西比在燃烧》（三位民权运动者被谋杀，但影片中联邦调查局展开调查的情节是虚构的）之后，有多少人走出影院的时候没有流泪？种族歧视带来痛苦，让社会奇缺关爱，会有人视而不见吗？记者比尔·麦那揭露了密西西比州的3K党活动，凭借对1964年自由之夏的报道，他荣获了伊莱亚·洛夫乔伊奖的"全国最勇敢周刊编辑"称号。在他看来，《密西西比在燃烧》是一种"有力的叙事"。没有亲历事件的观众，只能依靠电影来了解事实真相，而《密西西比在燃烧》"正确地把握了事件的精神内涵"。

如果一部电影能够还原事件的细节，而且亲历者也都肯定了细节和纠纷的真实性，这还不够吗？历史不只是单纯的事实，而且，没有任何一个故事是历史事件的完全再现。也许，面对那些认为种族屠杀从未发生过的人，纪实电影是最好的反击武器。不过，观众对故事的反应不尽相同，甚至让人惊异。有一名高中生在看过奥利弗·斯通的《尼克松》之后，相信林登·约翰逊是杀害肯尼迪的共犯。面对这样的解读，奥利弗·斯通回应道："我不负责解读电影，观众怎样解读是他们自己的选择。有的时候，它（电影）被误读了。"但是在上述案例中，没有人这样认为。

这其中最关键的变量就是对事件的判断。如果一部纪实电影能够尽量贴近真实的事件和生活原貌，观众就会对其中的戏剧成分表示信服。如果主人公都无法认识到自己为之奋斗的陈词滥调的爱情戏和乱七八糟的角色设置，我们则完全有理由担忧，这些日益泛滥的改编潮模糊了历史，歪曲了过去。有些纪实影片的制作人对道德十分敏感，他们增加的虚构情节都不是为了凑戏份，也不会伤害当事人的感情。

案例

他们的天堂

2003年的夏天，各大电视台都使出浑身解数争取观众。怎样才能选对年龄段和客户群，让他们老老实实地窝在家里看电视而不是出门享受阳光沙滩？福克斯电视台把泳池和骄阳搬到了银幕上，晒黑的年轻人徜徉其间，满眼的比基尼装束、接吻比赛和模糊处理的亲热场景，为了避免"离开天堂，永不回来"，参与竞争的电视台不得不取悦他人，平添了不少"紧张感"。

《天堂酒店》从7月开始播出。每周都会

有一位新的选手加入，新选手是从成千上万递交申请的观众中挑选出来的。入围后，新选手们要向住在天堂酒店的其他成员展示自己的性感，在投票决定谁能加入之前，小组的成员会从每个新选手那里套话，了解他们过往的性经验。每周，都会有一个人被迫离开天堂酒店，通常是以眼泪和虚情假意收场的，以掩盖自己被淘汰的耻辱。主持人阿曼达·拜拉姆自始至终保持着固定的风格，好像她是这11位20多岁童子军的女训导似的，这11位参赛者住在墨西哥阿卡波可市的度假胜地，除了饮酒、作乐和爱抚，整日无所事事。六女五男经过一番选择结成五对，每对住进同一房间，剩下的一人自然被淘汰，备受冷落。镜头和麦克风记录下了亲吻、打扮、锻炼和啜饮，还有占据大段时间的八卦闲谈，这些"泳池之王"们分辨着自己最重要的关系，同时为这部没有剧本的真人秀最想展示的东西——性感而辩护。其实，在每一季的开头，女训导拜拉姆都会提醒自己手下的童子军们——这些刚刚度过青春期的年轻人，如温顺的绵羊般沉醉其中，既得不到奖金，也没有任何鼓励，所做的只是展示自己有多酷——要么搞定搭档，要么卷包回家。◆

电视真人秀节目没有剧本。剧情设定的只是故事的开头，但是结局是无法预料的。在真人秀中，明星和观众并无分别，而《天堂酒店》的制作人更具匠心，观众每周都有机会成为明星。当然，必须有一些因素推进剧情，而这些因素通常是性或者财富，或者两者兼有。对于观众来说，电影中才会发生的情节成为感情的基础，多少显得有些神秘——这样的感情能行吗？对于参赛者来说，他们可以名噪一时，对有的人来说，这样可以实现自己听命于导演的演员梦。

《天堂酒店》的参赛者，既得不到奖金，也不会就此成为职业演员。那到底是什么激励着他们？很简单，11位青春洋溢的参赛者可以享用免费的沙滩，一起躺在奢华的大床之上。这样的剧情很容易让我们想起《楚门的世界》中无处不在的摄像机，但是在《天堂酒店》中，11位选手让自己的荷尔蒙快速飙升，用自己的琐事和泪水娱乐亿万观众。虽然康德不会苟同，但只要广告商同意，真人秀的制作人肯定认为这种问题不值一提。《天堂酒店》真人秀的参赛者都想达到纯洁而简单的目的。尽管大家是自由报名参赛，但是却逃避不了从兴奋（"这地方太酷了"）到失望的过程，这样的循环每周都在发生。来自圣保罗的21岁酒店女服务员说："他们把这里当作天堂，但根本不是这样。"

电视真人秀这类节目与康德的理念——每个人都应该被重视——发生了冲突，人不能为了自己的利益就让别人成为炮灰。违背这条原则，无异于"羞辱"这位18世纪的伟大哲学家。这样的做法让人与人的关系越发危险。正如《哈特福德新闻报》的社论所言："美国大众对于'无剧本'真人秀如饥似渴，折射出的是这个感官刺激过剩的时代在文化领域方面的空虚。"《费城问询者报》的专栏作家简·艾斯纳补充道："我们追逐金钱、崇尚健康、重视教育，相信它们能带来幸福；但是我们却嘲弄婚姻和信仰，不相信它们能带来幸福。我们把时间都浪费在收看这样白痴的娱乐节目上……"连业内的制作人阿伦·司派灵都中肯地说，"真人秀的风潮实在恶心"。

《天堂酒店》是一部表现"情感不设防"的年轻人荷尔蒙激增的真人秀，这些年轻人其实被误导了——他们认为阳光、冲浪和性代表了人类环境的全部。为了人类的繁荣和成熟,责任和关爱的道德标准要求我们必须能屈能伸,在逆境中寻找希望,以帮助他人为己任,间接地获取点滴幸福——无论在工作和服务中,还是在牢固、长期的人际关系中。《天堂酒店》抹杀了我们关于幸福的智慧。说是真人秀,但《天堂酒店》呈现的却是非理性的、短暂的、肤浅的假象。它根本就不是天堂。

案例

轻度悲剧

意大利导演罗伯特·贝尼尼在1998年自编、自导、自演的影片《美丽人生》获得了奥斯卡最佳男演员奖和最佳外语片奖两项殊荣,颁奖礼上,他兴奋地从椅子上跳起,很多人也为他精彩的获奖感言和电影本身激动不已。但是,也有很多人包括亲历过集中营的幸存者们,对这部用喜剧化"寓言"来讲述犹太人大屠杀的电影持否定态度。在电影首映后,各界的反应截然不同:有些影评人认为,《美丽人生》立意独特,是一次鼓舞人心的胜利;其他人反而觉得倒胃口,看过之后备受困扰。

影片的前半部分看似俗套,却依然魅力十足。主人公圭多是一位意大利籍犹太人,对多拉一见钟情并展开了爱情攻势,最终抱得美人归,圭多也当了一次名副其实的"白马王子"。而在后半部分,影片的基调剧变,正在为生日晚会做准备的圭多和四岁的儿子约书亚被送进了集中营。罗伯特·贝尼尼对影片后半部分的处理也使用了半喜剧化的手法,使得影片独树一帜,但也引起了不少争议。明明是20世纪最大的悲剧之一,但是我们却边看边笑,甚至备受鼓舞。贝尼尼巧妙的构思在于:圭多必须小心呵护儿子,避免周遭恐怖的真实世界伤害他幼小的心灵,故而他假装把进入集中营当作一场游戏,一份特别的生日礼物。

圭多告诉儿子,他们加入了一场复杂的比赛,必须和其他的囚犯展开竞争,而最终的奖品是一辆货真价实的坦克。在这样的场景设定之下,喜剧的元素比比皆是,其中一个绝佳的例子就是当父子俩刚刚进入集中营时,纳粹官员走入营房,宣读集中营的各项制度。根本不会德语的圭多急忙用意大利语翻译着这些指令,让儿子只能听到他发明的"游戏"规则。当警卫用德语宣读守则时,圭多这样翻译:"如果你做了以下三样,就会被扣分:第一条,哭鼻子;第二条,想见你妈妈;第三条,你肚子饿了吵着要点心吃……别指望吃到棒棒糖,你根本得不到。我们把棒棒糖都吃光了。"

令人惊讶的是,圭多竟然能瞒天过海。这可能要部分归功于其所在的集中营几乎没有暴力和恐怖。但在影片中,贝尼尼的确暗示了这些方面,他也相信观众能够发现。孩子的祖父被送去"洗澡"了,当所有孩子都被要求去澡堂时,约书亚完全无视这一命令才得以活命。影片的结尾处有一个场景:大雾中,圭多蹒跚地踩着推挤如山的尸体,怀抱着熟睡的约书亚回到床上。很快,我们就见到了盟军解放集中营的场景,德军陷入混乱,狼狈不堪。圭多让约书亚再躲避一次,也是最后一次,但是自己却被德军抓到,失去了生命。约书亚成了大屠杀的幸存者,但他一直认为自己经历的不过是一场游戏而已。影片中,成年的约书亚在画外音中说:"这是我父亲所做的牺牲,这是我父亲的馈赠。"当小约书亚与母亲团聚时,他兴奋地呼喊着,

因为他们是游戏的赢家。◆

观众对于影片的评价也大相径庭。有些人认为这是一部杰作，而其他人则在影评中刻薄相向。最值得注意的是犹太人大屠杀幸存者们的担忧：对于那些从未看过严肃翔实的大屠杀叙事片或纪录片的年轻观众，这样一部将死亡集中营轻描淡写的影片可能会有极大的影响。而有些幸存者则恰好相反，他们非常欣赏本片，认为影片对于集中营的死者表现出了足够的尊重。

对影片的批评主要围绕三个看似独立却又相互关联的主题。第一，人们控诉影片中暴力、恐怖和集中营内惨绝人寰的景象完全缺失。影片中的集中营更像是现实中集中营的"洁本"。孩子没有被立即从父母身边掳走，纳粹的士兵也没有射杀或者殴打被驱逐的犹太人。第二，为数不少的影评认为，在喜剧性的故事中使用大屠杀作为背景，本身就是错误的，因为这件事本身没有任何幽默可言。第三，贝尼尼想表达的似乎是只要有爱和想象力就能克服集中营内的一切恐惧，这又引起了其他人的反感。

上述三种批评都指向了同一个问题：当编剧或导演在驾驭历史题材时，尤其是那些给幸存者或死难者的亲属带来巨大伤害的事件时，他们有哪些道德上的义务？是否所有的历史事件都能以喜剧的方式呈现？贝尼尼美化死亡集中营的做法遭到了不少非议，贝尼尼对此回应道，他根本就不想导演一部完全反映史实的大屠杀电影，而是有针对性地选择了其中最恐怖的部分。在随后接受格雷厄姆·富勒采访时，贝尼尼说："从忠实历史的角度看，《美丽人生》可能有一些不确切之处。但是，它是关于爱的故事片，而不是纪录片。电影中没有详细的暴力画面，因为这不是我的风格。"

第一种批评认为，电影只能分毫不差地将集中营内的史实搬上银幕。这种批评本身就有问题，因为它认定电影肯定会歪曲甚至无法再现许多人口中的"无法描述的"事件。如果电影人无法创造个人版本的恐怖事件，反而时刻提醒自己要迎合大众对于影片的期待，我们可能就看不到任何关于犹太人大屠杀的电影。电影再现了历史，教育了大众，引发了争议，又进一步深化了教育。如果艺术家们不能自由地使用大屠杀这段历史，那么关于它的记忆便会渐渐褪色，尤其是家中没有幸存者的故事流传下来时。所以，要求艺术家们严格地忠实于历史或者还原生活细节最终会减小作品的数量。但是，把恐怖、悲剧的事件的基调改一改，转换成喜剧或者积极向上的故事又如何呢？

改编一段痛苦、恐怖的历史谈何容易。幸存者和死难者家属们都会受到新版本的影响，不仅是导演对历史的忠诚度、对历史细节的关注，还有伴随新电影而来的种种言论都会引发前者的苦痛。想呈现颇有喜剧色彩且几乎没有暴力的死亡集中营，就需要我们对于集中营的共同记忆。这对于连集中营影像都未见过的年轻观众和体验过真正集中营生活的年长观众来说，都是一个挑战，因为他们对于集中营的记忆是截然相反的。如果你在观影后认为邪恶终战胜爱和想象，并最终胜利，并把片中的影像与这一想法结合，有人会站在你的对立面：你是在用人所能经历的"最糟糕"的时刻，来提供一丝生的希望，但这似乎与集中营亲历者的经历有些出入。《美丽人生》也许只是一则寓言，但是它利用了我们对真实事件的记忆。丹尼尔·沃热尔曼是大屠杀的幸存者,他讲述了自己的父亲从奥斯维辛集中营归来而孩子却命丧集中营的故事(沃热尔曼还讽刺地说,自己的父亲没有那么聪明,能用一个好故事挽救孩子的性命)。自己父亲带着痛苦诉说生命是美好的,和贝尼尼喜剧中乐观的人生态度形成了鲜明的对比。对于沃热尔曼和其他人来说,《美丽人生》的问题不仅是幽默和死亡集中营的结合,而且对于他们所经历过的邪恶,《美丽人生》的态度显然太过随意肤浅了。

与此同时,制作这样一部有喜剧色彩的大屠杀电影,贝尼尼也对其风险心知肚明。影片支持勇气、牺牲、爱和同情这样的价值观(这些价值观被纳粹反对),观众们当然会对贝尼尼创造出这样一则寓言的能力表示赞赏。影片中还有一些带有贝尼尼个人风格的画面,这些画面展现出强烈的节制和关怀,对于纳粹铁蹄下的受害者们,没有任何的不敬。贝尼尼制作了一部孩子也能看的大屠杀题材电影——这既是一场胜利,也是一种危险。

事实上,人生既美好又凄凉,交杂悲喜。一位艺术家对于人生的演绎也许有些出格,但是,如果最接近那段历史的人确认他们从电影中看到了史实(至少,有些人肯定了这一版本),那么艺术家在道德上就是无可挑剔的。尽管贝尼尼把观众引向了一个极端,但是他并没有牺牲自己的道德情操。他的"手法",尽管并不是人人赞同,但也是正当有理的:他将复杂的悲剧呈现在银幕之上,让我们保有鲜活的记忆,避免重蹈历史的覆辙。

案例

《南方公园》第 200 集

在播放多年的成人动画片《南方公园》的第 200 集中,之前被调侃戏谑的一众角色再次出现:耶稣、摩西、摩门教创立者约瑟·斯密、佛祖和穆罕默德。除了穆罕默德,其他角色都有具体形象,而穆罕默德只能藏身于小熊戏服中。尽管如此,一个伊斯兰教网站还是刊出了这样的信息:"我们必须警告马特和特雷,他们的所作所为是愚蠢的。他们播出这一集的下场可能和特奥·梵高一样。这不是威胁,这是即将发生在他们身上的真实事件。"此外,网站上还登出了特奥·梵高横尸阿姆斯特丹街头的照片。特奥·梵高曾拍摄了一部名为《服从》的纪录片,讲述了伊斯兰教妇女所遭受的凌辱和暴力,该片的剧本出自阿亚安·希尔西·阿里之手,她因为放弃了曾经信仰过的伊斯兰教而闻名。这个网站还公布了《南方公园》制作人特雷·帕克和马特·斯通的工作室和住宅的相关信息。

美国喜剧中心电视网及其母公司维亚康姆公司避之不及,在一周后播出的下半集中将一些敏感台词进行了消音处理。在播出后的第二天,两家公司都拒绝将这集《南方公园》的视频上传至网络,同时习惯性地表示歉意。

CNN 的记者安德森·库珀就网站的恐吓内容采访了阿里。"这是赤裸裸的威胁。"阿里说。她随后解释道,她现在还活着,而梵高已经离世，主要是因为她接受了保护，而梵高没有。她也提醒马特和特雷万事小心，但是这两位声名煊赫的漫画家似乎并不担忧。在接受波音波音网站编辑洁尼·贾丁的访问时，马特和特雷表示："如果我们违背自己的内心，那简直是太虚伪了。如果我们说：'我们别拿他们开玩笑了，因为他们可能会伤害我们。'……不，不……《南方公园》可是我们最在乎的事情，是我们的整个世界……《纽约时报》、喜剧中心、维亚康姆……它们根本没把《南方公园》当回事。"◆

《南方公园》始终秉承着很多优良品质，可不管从哪个方面来看，尊重都排在这些优良品质的最末位。囿于世俗纷扰、琐碎生活中的"尊重"，与其说真实存在，倒不如说虚无缥缈，其中的重要价值观如人类尊严和种族平等，不过是建立在联合国文件和历史演说之上的空中楼阁，这样的"尊重"，是《南方公园》幽默感的来源。

这是因为那些被认定为"尊重"的多半是废话和虚伪，只是膨胀的自我以及沾沾自喜的虔诚罢了，《南方公园》就是乐于揭穿这些人类的弱点。其实，喜剧世界就是建立在这种变味儿的甚至有点恐怖的尊重之上，就好像用沙子堆砌成的堡垒，等待优秀喜剧如海浪般将其摧毁。

《南方公园》口无遮拦、毫无保留，对于神明毫无敬畏，对讽刺的对象极尽挖苦之能事。在《南方公园》里，体无完肤、无处藏身就是这些被讽刺者的下场。若尊重在剧中出现，简直是罪无可恕。

《南方公园》的大受欢迎，证明了"不敬"的市场广阔。在"不敬"这一市场当中，我们有机会恣意嘲笑那些神圣的符号和名人，要知道，在其他场合之下，我们对这些符号和名人可是毕恭毕敬、俯首帖耳的。当我们能够对神明一笑置之，甚至嘲笑上帝的时候，我们多少能从上帝的他性中感到一丝快慰。曾经，有一位中东妇女也嘲笑过上帝，这一笑让她名垂青史，正是她孕育了一个国家——也许是所有文学作品和史书中最重要的国家（参见《创世记》18）。《南方公园》并不是第一个拿宗教信仰的神秘性开玩笑的作品。

但是，《南方公园》向观众展示的幽默类型和抨击程度，与古代的美德毫无关联。《南方公园》的"发表权利"建立在遵守契约的自由国家保护之上，尽管他们想表达的意见被大部分人厌恶，但是他们仍然享有绝对的言论自由，只要展示出邪恶得到了应有的重视——虽然一切并未发生改变，无论是好的方面还是坏的方面。这是一场修辞游戏，不仅是"尊重"本身，在自由国家里，不可剥夺的权利战胜了社会的风俗常规，更让"尊重"成为愚蠢的代名词。

在穆斯林的眼里，简直无法理解发端于启蒙运动时期的言论自由权，如果连起码的尊重都没有，那么理解这一权利更像是天方夜谭。在古代经典所定义的世界里，人类的生命由安拉创造。在世界上的任何地方，尊重都不能缺位，崇敬都不可丧失。"信仰群体"，有人这样称呼它，其身份认同、繁荣兴旺和未来大计都被无孔不入的尊重和崇拜紧紧包围着。信仰群体并不会紧紧盯着那些直接针对神圣之事的玩笑，拿神明或是宗教经典打趣，也不会被信仰群体抓住不放。嘲笑神圣，就意味着自动加入了"亵渎神明"

的阵营，也就无可挽回地背叛了信仰群体。基督教和犹太教在这方面是一致的。我们不妨用克利福德·格尔茨发明的术语"厚描"的方式来研究这些信仰群体，尊重在他们的美德中肯定位居前列。正是出于这个原因，"尊重"也成了《南方公园》屡试不爽的攻击对象。

在一个开明自由的社会，《南方公园》享受法律赋予的各种权利，可以尽情嘲笑人们的信仰及其心中的救世主。在这样的社会中，人们都相信公开言论可以涤荡种种虚伪，各类高见也能从功利主义的角度得到解释。在这样的社会里，《南方公园》有责任嘲笑神学及其神圣的主体。但是在社群主义主导的社会中，人们之间的关系被视为第一要务，即使尊重已经式微，但约束讽刺、遏制戏谑的规矩也是少不得的。通常，在这样的社会里，笃信社群主义的人们嘲笑其他信仰的瑕疵、神圣背后的矛盾，就连其他人一心向神时所遭遇的挫折，也会沦为他们的笑柄。挫折总是好笑的，而当事人也免不了先自嘲一番。

嘲笑邻里的虚伪，还需要承担更多的道德义务。比如说，邻里是非常真挚虔诚的。有时候，虔诚会带来些许麻烦；有时候，虔诚又显得荒唐可笑。但是，公开的嘲笑和讽刺还是被"尊重"所约束——我们得尊重邻居的尊严和信仰，还有他们的虔诚，哪怕其信仰的每一条戒律（对于持不同信仰者来说）都显得毫无意义或者遭人厌弃。而友谊则能理解种种差异，并且尊重这些差异，即使是以旁观者的身份。

在《南方公园》的世界里，启蒙运动始终如影随形。而相比对社群主义的关注，这部已经足够出类拔萃的剧集比《安迪·格里菲斯秀》更有深度。但是《南方公园》想开的是"尊重"的新手入门课。尽管只是篱笆之上的握手，其象征意义在于承认了一个世界中的多重信仰。人们对启蒙运动的笃信，支持着《南方公园》走过了近20年的辉煌历程；社群主义的题材尽管不能增加市场份额，但足以让剧集种类更加平衡，展现人文关怀和同情心。《南方公园》作为世界上首屈一指的喜剧剧集，承认"嘲笑他人并不是人类的最大成就"不会降低其地位。认识甚至赞赏某个社群的特定价值观和深层结构——社群严肃崇拜的内容——也许是卡曼和肯尼（《南方公园》中的角色）迈向卓越喜剧之路的正确选择。

案例

我为游戏狂

各大商业电视网发现，年轻的成年男性这一收视群体正在以惊人的速度流失。他们可是一群重要的对象。尼尔森公司的报告显示，这一收视群体正在以两位数的比例锐减，"把年轻男子们送到广告商跟前"这个令各大电视网头疼不已的问题，也触动了《纽约时报》诗意的神经（"遇到核打击、小型战争爆发、心烦意乱的一天全都赶在了一起"）。他们去了哪里呢？好吧，他们正在生死线上拼命，摧毁或者建立一座城池，展示自己比上帝还伟大的魄力与勇气——玩电子游戏。和单机游戏不同，这些玩家不是一个人在战斗。尼尔森公司的报告称："社交元素在电子游戏世界中越发重要。"大型多人在线角色扮演游戏也是迎合了这样的需要。合作是在游戏中获胜的关键（意味着可以生存，成为城堡之王等等）。

《军团要塞2》是一款分级别、多玩家参与的第一人称射击游戏。在这个以枪为基本武器的游戏中，你可以从你所扮演角色的视角来展开战斗。"分级别"是指不同级别有不同角色和武器。《军团要塞2》的卡通化和风格化的界面，使之看起来更像是《猫和老鼠》或者是《威利狼》那样的闹剧故事。游戏的地图各不相同，关卡各异，每一关都设有主题和目的。比如，在一张名为"汽轮机"的地图中，故事背景设定为20世纪50年代，发电站的外衣之下隐藏的是间谍的基地，红队和蓝队都想得到装满情报文件的手提箱。每个队伍都要保护好自己的箱子，同时竭尽全力偷窃对方的箱子。玩家可以选择自己的级别，级别在游戏进行中可以随时切换。每一级都有不同的角色。比如，"侦查员"被设定为反应灵敏快速，但是战斗力相对较弱。侦查员的角色是分散敌方注意力，不时地制造点小麻烦。他们可以快速接近目标。每个级别都由不同的玩家扮演，形象滑稽幽默。"侦查员"像是从南波士顿来的急性子，年少气盛，活力充沛，而"大块头"则是个俄罗斯彪形大汉，反应迟钝，头脑冷静，残酷无情。幽默感贯穿了《军团要塞2》的始终，比如，当玩家表现优异时，游戏的音响效果也会变得诡异起来。这也吸引了一群厌倦了常规军事格斗游戏的玩家投身其中。◆

但是，玩家中也有那些试图骚扰或激怒其他玩家的人。这样"捣蛋"的玩家创造出了游戏的新玩法——给那些认真玩游戏的玩家捣乱，破坏他们的游戏进程。他们把游戏搞得一团糟。起初，这些"捣蛋玩家"看似和普通玩家别无二致，他们能掌控游戏进程，并且创造出一些剧情活动，与游戏的宗旨和目的并行不悖。

为了促进这种开源游戏的发展，维尔福软件公司（《军团要塞2》的开发公司）向玩家们提供了修改游戏存档和修复游戏缺陷的工具。比如，《军团要塞2》的"火焰兵"级别，玩家使用压缩空气制成"鼓风弹"，可以将敌方的投射物和爆炸物的弹道扭转。而且，《军团要塞2》让游戏的自生性更加凸显，当首先投掷爆炸物的人发现自己的弹道被扭转时，他可以使用"火焰兵"猛击炸弹，再次反转弹道，这也是游戏开发者最核心的战略。在一场战役中，玩家们可以借此往复多个回合。很多玩家聚集在一起，根据"火焰兵"功能开发了一种新的游戏模式——"火焰兵躲避球"，游戏的全部意义就在于两个队伍使用"鼓风弹"躲避、反转对方投来的火箭。火焰兵每错过一次鼓风弹，玩家就要被敌方火箭击中，被迫退出游戏。尽管维尔福软件公司的初衷并非如此，但是玩家们从中发现了新乐趣，用维尔福软件公司的工具发掘了新玩法。这就是游戏的自生性。

捣蛋玩家们钟爱游戏的灵活性，但是却利用这一点让其他玩家扫兴不已。扫兴的方式多种多样：拒绝在战队中出力，导致战队无法实现目标；使用软件让音乐声盖过玩家的交谈声；利用游戏的瑕疵给自己的队友设下陷阱。当队友们沦为捣蛋玩家们的牺牲品，陷入混乱和痛苦时，幸灾乐祸的捣蛋玩家们就心满意足了。

但是，捣蛋玩家也是自生性游戏的产物，这都要归因于自生性游戏的弹性规则，以及它对于创新的热衷。允许玩家之间的互动后，有些玩家会变得破坏力十足，这也许也是一种游戏的策略。这样又能失去什么呢？其实什么也不会失去。反正是网络世界，而非现实。没有人会出现在你门前，让你对自己的所作所为给出解释；也没有人会在街上认出你。捣蛋玩家们是完全自由的，不必负任何责任。

荷兰的文化哲学家约翰·赫伊津哈将他的著作命名为《游戏的人》。有的人将人类写作 Homo faber（制作或生产的人），但是赫伊津哈在人类精神中看到了别样的东西，它比工作更高级，这就是游戏。人类为了寻找乐趣，创造了游戏。人类社会依靠游戏创造出了规则和角色。赫伊津哈认为，是游戏创造了绝对化、最高级的规则，如果没有游戏精神，文明就无从谈起。

为什么游戏在理解文化和构建文化中举足轻重？通过游戏，人们沟通感情和意愿，展望未来，构思宏大计划，实现公平和正义，并学习与他人交流的基本原则。我们通过游戏学习沟通，通过我们的所做、所言和游戏方式，实现身份认同。

公平是游戏的基础。社会学家詹姆斯·Q·威尔逊认为，公平是所有人类社会的四大习得美德之一，对于文化起到了至关重要的作用。他认为，儿童在学会说话前先学到了公平；不管在今后的人生中，他会学到怎样复杂的道德标准和要求，公平始终处在第一位，公平几乎是人类公平竞争的本能，指导着人一生的所有行为。亚里士多德可以从威尔逊的描述中发现自己"审慎"这一概念的影子。

在我们生活的时代，约翰·罗尔斯利用他的分步骤"游戏"达到正义，给出了"公平"的最完美解释。他的"无知之幕"本质上是一个游戏，但并不容易玩。其目的是让游戏参与者们从无知的原初状态出发，从最弱势的角度看问题，这样才能公平地厘清优先权和规则。当置身于这样的设定之中时，玩家们都竭尽全力争取公平。

捣蛋玩家们正是利用了电子游戏的规则，正如诈骗犯和庞氏骗局的策划者们利用了市场规律（以及人们的天真）来牟取暴利。捣蛋玩家们对于游戏的乐趣不屑一顾，他们从来没有想过，如果人人都像他们一样破坏游戏，游戏本身就会土崩瓦解。

游戏需要信任和团队合作。根据棒球的官方规则，如果有球员从本垒跑向三垒，再到二垒、一垒，裁判有权将这名队员驱逐出场，因为这样的行为破坏了比赛的连贯性。游戏和竞技总是充满了各种变数，每个人也都有自己的解读，但是所有游戏的核心规则——公平竞争——不容被乱用或曲解。如果非要这样，那么你的"被出局"也是在所难免。

第十六章

审 查

霍华德·斯特恩因令人震撼的节目主持风格而多次遭到美国联邦通信委员会的指控。这位广播界名人厌倦了这种斗争，于2006年加盟不受审查的天狼星卫星广播电台。

审查，是英语中最肮脏的字眼之一，也是民主信仰者所谴责的对象。审查提醒我们国家暴政、教会专制、行业苛政和公司强权的后果——任何组织利用强硬手段压制不同意见。从另一个方面看，自由能够激发起我们最珍视的情感，回应着人类内心最深处的渴望。也许，它是难以实现的目标，但是值得我们为每一次的进步而牺牲。

然而，我们的自由理想已经为民主理论设下了巨大的矛盾：自由从来不是绝对的，审查永远都会存在。为了确保人们能够生活在有序的社会里，自由需要各个层面的管制——言论、性、运动、健康、商业、宗教活动。我们最为赞扬的东西，也不是绝对自由的。

但是，17世纪英国星法院控制言论自由的严苛手段，与我们所认可的少数几种约束相去甚远。监禁甚至绞死作者的时代已经一去不返。尽管如此，在当代社会，还是有许多被称为"审查"的管制存在。我们最基本的问题之一，就是探究审查的底线何在。这是道德层面的问题。

第二次世界大战结束之际，报刊自由委员会（哈钦斯委员会）也在考虑着同样的问题。当时，委员会正在商议关于报刊自由的理论——将社会责任这一重要的新概念引入媒介研究的范畴。委员会的所有成员都是热情的民主论者，甚至有些人对民主的推崇几近盲目。历史上真正的自由主义者，都将"自由质询"当作最重要的权利，但他们还是遇到了"审查"这一问题。委员会内的首席哲学家，来自哈佛大学的威廉姆·厄内斯特·霍金颇有洞见地指出了其中的悖论，他在为委员会起草的一份计划书中这样写道：

> 是不是……所有的想法都应该得到同样的保护？是不是有些观点不适宜表达，比如那些疯癫的、猥琐的、破坏性的？是不是所有同类的假设，不管多么邪恶或是愚蠢，每一个都应该得到虚伪的尊重，只是因为得到了狗屁不通理论的支持？去审查化是不是真正可贵，以至于它能堂而皇之地谴责缺乏开明人性的审查制度？

作为世界上最受欢迎的娱乐明星之一，艾米纳姆的道德抉择是本章第一个案例所关注的焦点。虽然他辩称自己并非真有此意，但是艺术家能否随意攻击道德标准？第二个案例则通过法律和道德逻辑厘清了道德底线的所在，尽管它并不能让每个人都喜笑颜开。第三个案例探寻的是我们人类共通的感觉——强烈的破坏欲。自我调适会让这样的情绪得以排解，但是也迫使我们为保护自我而委曲求全，为了他人的舒适而改变个人想法，同时也宣扬了这样的价值观。第四个案例的道德结果由你来判定：在解决人类事务时，你认为流行艺术的作用有多大？

当你和我们一样，被这些民主难题所困扰时，正是我们所学到的知识促使我们思考。阅读本书，想想这些问题，至少证明我们已经踏上了寻求答案之路。在很多社会中，媒体能否存在都是由权倾朝野的精英决定的。但至少要保证：审查必须是合理的。在这些案例中，我们探寻现代的审查是否挡住了那些真正的洪水猛兽。

> **案例**

美国之音

蓝色眼睛、反戴帽子的白人饶舌歌手艾米纳姆已经售出了数百万张唱片，这位音乐天才还出演了多部电影，成功地经营着一家唱片公司。如果真像歌词中那样"什么都不在乎"，艾米纳姆就不会这样努力地工作。《滚石》杂志盛赞他的创作原则，称艾米纳姆为"美国之音"、"最纯粹的冈斯特说唱音乐（涉及犯罪和暴力的说唱）"、"傲然的说唱歌手"和"讨厌自己的死硬派"。

如果艾米纳姆真的是美国之音，我们可就生活在充斥着愤怒青年的国度中了，他们对一切都已绝望，对所有文化圈都持反对态度，即使这些东西看似值得尊敬。从家庭关系到国家总统，莫不如此。宗教存在的空间只限于"后反对"地带——在电视上也不复存在。同时，艾米纳姆无法被分类，他拒绝任何刻板的印象。歌曲中的他憎恨母亲，而现实中的他深爱女儿。他建构起"让你恨得如痴如醉"的形象，让自己常据流行之巅。尽管有着刻意的包装，但他依旧是千万美元生意的主宰。

美国的娱乐界总是对明星们的边角余料格外关心，不管是猫王的屁股还是乔治·卡林的"七个词的脏话"。但是炙手可热的艾米纳姆却创造了一种别样的新型偶像：年轻、刻薄、坐拥白金销量、富有。他的歌曲唱出了年轻人与传统社会价值的疏离，用无理由的愤怒（尽管他们想找到理由）对抗一切。

艾米纳姆代价高昂的"个人空间"也许将重新定义美国和西方社会。当这些听着他的饶舌歌曲的孩子们长大成人时，他们会信仰什么？他们会怎样生活？他们的目标是什么？◆

作为情绪的写照，饶舌歌曲传达的不仅是信息。饶舌歌手和他们的粉丝们将所谓的"音乐"当作变幻的外衣，表达着自己多样的感情。如果你相信那些饶舌歌曲的粉丝们在听完歌之后会乖乖听话写作业，那么歌曲中超负荷的愤怒、对女性的暴虐、对传统的反抗，也就不过是一套新装，或是一场文字游戏，其中的恶意也不过是玩笑而已。

亲社会的饶舌歌曲本身就是一个悖论。饶舌歌曲存在的意义就是揭穿文化的虚伪，长期被社会精英价值观所压制的少数群体的愤怒经此得以表达。如果饶舌歌曲变得亲社会化，便违背了其存在的初衷。这行得通吗？为什么不行？

每一项道德标准都有着共同的特点：做好事，得奖励。康德理念中的奖励是一致性——活出生命应有的样子，要理性、有序、积极地为"目的王国"做贡献。对罗尔斯来说，这种奖励是社会公平，所有的参与者都能享有公平。如果一致性是敌人的话，那么每个人都想参与的假设会变得无足轻重了（为什么其他人为了公平如此努力）：当紧急情况发生时，没有人会站出来。

人类的道德想象是一种群体智慧，它能分别出行为的优劣、态度的好坏、意图的善恶。在不同的文化中，这种区别有所变化，但总归还是会出现的。人性本善，而非向恶。而如果这种区别本身成为谴责和行动的对象，那么会怎么样？如果目的本身就是病态、丑恶、无聊、腐朽和可恶的，那么人类的灵魂该何去何从？

饶舌歌曲是批评和谴责社会的。良好的娱乐，不管是喜剧还是悲剧，都应该起到这样的作用，但是艾米纳姆却无法填补这块真空。他多次承认，粉丝们不应认真对待自己专辑中的歌词。这些歌词只是他生气或绝望时的另一个自己（可参考其歌曲 *Slim Shady*，可译作《纤细黑影》）所说出来的话。如果艾米纳姆的听众们确实因为听歌而被洗脑，变得异常，那"纤细黑影"并没有包含什么道德观点，只是单纯观察生活罢了。在艾米纳姆纷乱的世界里，问题少年们走投无路，连自己的内心都无法救赎。一个个孤独的听众接触饶舌歌曲——头戴式耳机所传达的信息——除此之外，他们无路可走，也没有更有意义的事情可做。对于美国的超龄"问题少年"来说，解决问题的方式不过是把音量调得大些，再大些。

虚无主义披上了节奏和艺术的外衣，最终将原本存在的意义变成一堆废话。孩子们变得离经叛道就不足为奇了。艾米纳姆拒绝了每一项"应该做的事"，所以也没有权力将任何现象称为问题或者向任何人发怒。不管怎么说，这样的做法——没有任何道德保证——其实是彻头彻尾的自恋，这也是每个艾米纳姆反对者最核心的理由。人类好比种子，如果自私地戴上耳机，沉浸在自己的世界中，那么只会让自己心胸狭隘而无法健康成长。矛盾无法浇灌生命，冲突无法带来营养，爱上愤怒，对爱发怒，都让生命之花日渐凋零。生活在饶舌歌手所描绘的情绪化世界中，意味着自取灭亡；而饶舌歌手正向下一张百万级销量的唱片迈进，他可没空给你这样的忠告。

娱乐媒体必须提供"值得存在下去"的东西。对此持反对意见的人无疑是在欺骗观众。即使是再精巧的骗局最终也会东窗事发。只靠肾上腺素的刺激，人类是难以为继的。逃避现实的媒体还不如尽快回归现实。

"迷惘"是绣在艾米纳姆反戴着的帽子上的宣言。这没什么不好，因为"迷惘"是解决方案的先驱和催化剂。对于美国最富有的饶舌歌手来说，是时候给出一个负责任的答案了。数百万的粉丝们也应该寻求一个答案。

案例

织起保护之网

录像出租行里，成人录像总是藏在货架的后方。书刊租赁店内，黄色杂志亦被小心遮掩。但是，网络上的成人内容却无所遁形。只需轻点鼠标，任何人都能浏览十万多个成人网站，或者阅读露骨的色情小说，这使得这个隐秘的产业蓬勃发展。

多年来，联邦的国会议员们绞尽脑汁：既要维护公共道德，又要履行"言论自由"这一极具历史意义的承诺。其中一项举措就是《儿童互联网保护法案》。这项法案由联邦财政拨款，为公共图书馆安装了过滤软件，避免未成年人接触不良信息。使用公共图书馆系统的成年人可以要求解除过滤。2000年，这项法案正式生效后，当年就发生了质疑此法案违宪的诉讼。

《儿童互联网保护法案》并不是限制网络色情的首个法案。1996年问世的《传播净化法案》涉及范围广、影响深远，而美国最高法院对这一法案的评价是"过于深远了"。随后出台的《儿童在线保护法案》解释了《传播净化法案》中存在疑问的部分条款，虽然只是部分，但足以符合最高法院的要求。最高法院秉持传统（从20世纪50年代开始），认为政府必须对公共传播内容表现出最大限度的关切，但同时只能使用宽松的手段实现这一关切。实际上，任何试图限制成人用户接触合法信息内容的计划都无法实现，亦即任何限制儿童获取信息的措施都不能限制成人。对于互联网来说，这个界线难以划清。

《儿童互联网保护法案》涉及的范围缩小了很多。它针对的只是公共图书馆。这项法案就像照明开关一样：对成人打开，对儿童关闭。其机制更像是模仿市场。似乎每个人都各取所需，除了儿童，他们无法得到自己想要的每一样东西，而且永远不会得到。◆

2003年6月，最高法院以6票赞成，3票反对的结果通过了这一法案。赞成派认为，保护儿童是应该的，在公共图书馆的计算机上使用过滤软件也是可以的。为了保全孩子们的纯真，避免他们贪婪地获取成人信息，这样的方法是干扰性最小的。在控制网络色情泛滥方面，这一法案是最新的，也是唯一成功的，"忠诚"是理解这一法案的关键要素。

忠于宪法第一修正案，当然是最高法院的第一要务。色情确实违法，但是向陪审团证明一个网站或一段视频是色情的，在现今是非常困难的，所以，极少有检察官愿意浪费自己的时间和政治资本应对这样的诉讼。根据1973年确立的"米勒标准"，在被判定为色情和执行处罚之前，作品必须被证明触犯了三项"天条"。这些"天条"当然难以触及，尤其是此后的30年中几乎没有作品中招，再加上检察官们的羞于启齿，如今更是难上加难了。

但是，最高法院也意识到了立法者对公众利益的责任，其中就包括培养健康儿童这一不甚明晰的利益。但是，如果对此项利益不予照顾，那么代价将十分高昂：少年法庭、监狱、特殊教育课程和暴力犯罪。国家展现其对儿童的保护并不困难：将某些内容置于藩篱之中，根据了解儿童发展的专业人士判断，这些内容会将孩子们引入歧途，或者明显地影响儿童正常成长，他们将无法履行职责，做出贡献，并且缺乏工作动力，拒绝法律约束。

对于最高法院的看法，有些人并不接受。对许多人来说，包括美国图书馆协会在内（本法案中的被告），《儿童互联网保护法案》将联邦意志强加于地方，而地方工作人员才是最合适的判断者。在一个特定的乡镇，什么人比当地的图书馆管理员更清楚哪些内容是有益的、适合孩子的？很多人坚持，应该由地方的专业人士做决定，而不是华盛顿的官僚们。只有让权力回归地方，才能让"漏洞"和过滤软件发挥真正作用，保护社区的完整性。

在忠诚冲突面前，约翰·罗尔斯的无知之幕是一计良策。他认为，在"原初状态"下，社会指标不复存在，每个人都不知道他在走出幕布后会扮演怎样的社会角色，这样作出的决定能使最弱势的角色得到最好的保护，也就越接近正义。至少结果是公平的，因为这样达成的决定忽略了达官显贵的特殊利益。在本案例中，罗尔斯赋予了儿童更多的权利，尽管儿童没有坐在谈判桌前。也许，最好的无知之幕就是问问那些成人，过滤掉不良内容的童年是不是会更好。认为自由获取色情内容能让童年更美好的人，肯定为数极少。对于儿童的阅读和浏览内容来说，《儿童互联网保护法案》只是设定了微小的限制而已。最高法院践行了文化信仰：比起开放那些不良内容所带来的风险，这样的限制要好得多。

案例

前线狙击

风暴前线网创立于1990年，起初，它只是大卫·杜克竞选时支持者们交流的网站，一个私人拨入型的布告栏。1995年，风暴前线网成为第一个专门发布仇恨言论的极端主义者站点。打开网站，首先映入眼帘的是凯尔特式十字架，哥特体书写的"白人荣耀，全球笑傲"和"风暴前线网"缠绕其间。唐·布莱克是网站的创始人，他把风暴前线网称为白人种族主义资源站，"提供给那些为保护白人西方文化而战的勇敢男女，捍卫言论、结社的自由和理想——为确保胜利而谋划战略和建立政治、社会群体的论坛"。

唐·布莱克在中学期间就成了白人种族主义者，他曾散发白人至上主义的印刷品。17岁那年，布莱克建立了白人青年联盟的分会，这个联盟是由大卫·杜克领导的。布莱克还加入了3K党，经过摸爬滚打，坐上了大巫师（国家级领导）的宝座。担任大巫师一年之后，布莱克和其他九名白人至上主义者被逮捕，因为他们准备入侵加勒比海地区的多米尼加，建立"白人国家"。布莱克在狱中度过了两年，期间他掌握了计算机技能。出狱时，他说："我将建立有史以来最大的白人种族主义者国度。"他退出了3K党，搬到佛罗里达州的西棕榈滩，开始用他的计算机知识推进他的白人至上计划。

布莱克利用互联网，在全世界推行自己的观点。他说："我们之前只能用散发小册子接触民众，寄送小报也只能联络到有限的人群，或者是寥寥几百人的小型集会。现在，我们可以触及潜在的数百万人了。"世界各地的人都在浏览风暴前线网，网站还有德语和西班牙语版块。"我们聘用了和我们意见一致的人，这样我们就接触到了更多的受众。像风暴前线网这样的网站，互动性强，被我们观点所吸引的人们可以互相交流，建立起虚拟的社区。"唐·布莱克在接受美国广播公司《新闻夜线》节目采访时这样表示。通过点击风暴前线网的"白人种族主义社区论坛"就可以进入这个虚拟社区。布莱克介绍，该论坛存在的意义在于"提供那些在被管制的新闻媒体上无法看到的信息，是为白人生存而奋斗的白人种族主义者们的家园"。论坛有1.7万多名注册会员，超过50万条信息。论坛设有不同的版块，如新闻与公告区，还有话题丰富的综合区，其中有白人种族主义的意识形态与哲学，文化与风俗，诗歌，科技，种族，隐私，自卫术，健康和健美，教育和家庭教育。激进主义版块的话题多与重大事件和战略有关；而在反对意见版块，反对者们可以对白人种族主义提出不同意见。在国际版，世界各地与白人利益有关的话题都出现在那里，涉及国家包括巴西、加拿大、澳大利亚、新西兰、法国、爱尔兰、意大利、西班牙、葡萄牙、拉美地区、荷兰、塞尔维亚、俄罗斯、南非、瑞典、挪威、丹麦和芬兰。虚拟社区还有"单身白人版块"，在这里你可以"邂逅其他的白人种族主义者，培养友谊或者发展恋情"。风暴前线网甚至还有专门的会员生日提醒区。

除了论坛，网站还登载各类关于白人种族主义的文章，涵盖各类话题，比如平权运动、移民、种族差异、纳粹主义、犹太复国主义、修正主义，以及意图掩盖屠杀犹太人的事实。在一篇名为《什么是种族主义？》的文章中，作者认为白人被教育成"以自己的种族为耻"，在《谁统治美国》一文中，作者对媒体控制社会的现象大张挞伐，并指出犹太人才是媒体的真正控制者，并号召白人种族主义者们竭尽所能打破犹太人的控制。网站上还能看到《罪行的颜色》这一研究报告，"证明"黑人比白人更加危险。风暴前线网还设有"常见问题解答"区，巧舌如簧地宣传他们的理念。第一个问题是"什么是白人种族主义"，答案是："白人为保护自己而建立独立国家的主张。"网站还有图库，专门展示那些种族主义的图片和标志。

风暴前线网还为女性和儿童设立了专门网页。女性专页"并不是一个女权主义网页，而是庆祝自己身为雅利安女子并感到荣耀"。詹尼斯是女性专页的管理员，在看过唐·布莱克的电视采访后对风暴前线网产生了极大兴趣。在浏览了网站之后，她觉得风暴前线网不是仇恨言论的集中地，而是白人荣耀的展示区。"有些人说这里都是仇恨言论，我很生气，因为根本不是这样。"詹尼斯说。她很不解，为什么其他的文化可以宣扬自己的种族，但是当欧裔美国人提起"白人荣耀"时，就被认为是仇恨言论。詹尼斯在风暴前线网的女性专页这样写道：

> 我们必须保持分裂，才能保护我们的过去、根基、我们是什么人以及我们从哪里来。我不想和其他文化混为一谈。我不想穿他们的衣服，听他们的音乐，或者接受他们的任何东西。我想保留自己的东西，我与生俱来的一切。我可以了解他们，也可以吃他们各种奇怪的食物，但是当我早上醒来时，我还是一个欧裔美国人。

在女性专页上，有一则"公共服务通知"，敦促女性抵制那些合乎犹太教教义的食品（带有犹太教徒可以食用的标志），以抵制犹太复国主义。网站上列出了表示"犹太教徒可以食用"的一些标志，詹尼斯还致信食品公司，要求它们去掉那些标志。她在网站上提供了其他反闪米特人的网站链接，包括"雅利安人国度"。风暴前线网的女性专页上，由女性撰写或者写给女性看的白人种族主义文章也比比皆是。

德雷克·布莱克是唐·布莱克的儿子。正值少年的他据说是风暴前线网儿童专页的管理员。打开这个页面，你会看到两个凯尔特十字架，以及"白人荣耀，全球笑傲"的大标题。德雷克这样问候其他登录此页的孩子们："我曾在公立学校上学，有这么多高贵的白人心灵浪费在学校系统中，真是丢人。"现在在家接受教育的德雷克表示自己已经不再受那些有色人种的欺侮，每天有大把的时间用来学习，而不是浪费在那些低能儿身上。他说，自己终于学会了为自己、家庭和种族而骄傲。

风暴前线网的儿童专页为孩子们准备了各类活动，包括万花筒打印游戏、视觉幻象迷宫，以及宣扬白人荣耀的音频资料。青少年可以了解白种人的历史，浏览欧洲旗帜，点击链接查看马丁·路德·金的"真实"史料。动态的美国国旗不断地变幻为同盟旗帜，孩子们还可以通过点击一个反犹太链接进入到女性专页。◆

风暴前线网长盛不衰,在全球范围,其发展势头非常强劲,正是因为它指向了人类一触即发的痛处即受害者心理——为了在自我施加的恐惧中求得一丝安全感,有些人不惜走向疯狂的极端。尤其是种族主义者,对于信任和共同价值,他们狭隘的假设决定了他们理解世界的方式。只有那些符合他们假设的人,才能进入这一群体。

在本书的导论部分,我们曾经探讨了许多种道德传统,但是没有一项道德传统能支持风暴前线网的种族歧视。康德的普遍责任理论是种族主义最旗帜鲜明的反对者。罗尔斯的正义论也不会宽恕这样的做法。"爱自己的邻居"却以恨的形式出现,根本是无稽之谈。只有那些最扭曲的实用主义逻辑会短暂支持风暴前线网这种种族主义构想,直到获得所有事实的真相,种族隔离的阴谋得逞。风暴前线网及其近亲在道德上早已破产。一个自由的、对道德敏感的人,怎么能容忍任何组织忠实于风暴前线网的目标,向受众传达种族主义信息,甚至希望改变其他人的立场?

一种文化要摆脱这种残留的思想,压制不失为一种手段。加入这类组织的社会成本提高,就可以抵消成为其一员所带来的好处,最终使种族主义运动边缘化或者消失。但是,功利主义的管束只能遏制,却永远不能彻底击溃这些错误且危险的想法。终有一天,仇恨的吸引力——其(尽管是歪曲的)正义感,其(尽管是虚假的)安全感——必将在伟大的观念面前缴械投降,这种观念就是生活和思考的正确方式。这样的转变不应发生在强迫和威权之下,而应在自由选择的宽松氛围中。

对于该网站的信息订阅者和具有种族优越感的追随者来说,风暴前线网提供了一种世界观,一种参考框架,以及一整套"道德体系"。风暴前线网将种族主义贯彻得非常深入。其可笑的政治意图更像是痴人说梦。但是,种族主义是不会转变成对邻居的关爱的,除非其追随者能得到更正面的言传身教。只要风暴前线网不再一意孤行,其创始人所炫耀的生活方式将在道德上贫瘠无比,在全世界都被孤立唾弃,那么其他的信息——公平和无条件的相互关爱——将会战胜仇恨。康德、罗尔斯、犹太教和基督教所共有的博爱精神都会给它创造足够空间。

案例

火线救援

电视剧《火线救援》于2004年开播,喜剧演员丹尼斯·利瑞在其中充分展示了自己的表演才华。《火线救援》对后"9·11"时代的纽约消防员充满了崇拜之情,尽管有些许偏颇。这部被FX有线电视网称为"戏剧化喜剧"的剧集,无疑是另一部艾美奖赢家《盾牌》的有力补充。《盾牌》讲述的是洛杉矶警察的故事,紧张刺激的情节背后,是美国"英雄们"不为人知的脆弱。

位于纽约这座不夜城的62号消防组,欲望战胜理智,冲突基本靠丛林式正义来解决:当然是大鱼吃小鱼。62号消防组的领头羊汤米·加文(丹尼斯·利瑞饰)是个充满争议的人物,让你又爱又恨:40多岁的爱尔兰裔消防员,自大又神经质,放浪不羁,时而低落漠然,时而重新振作,还是个酒鬼。加文与上帝和已死去的表弟的幻象对话,算是他一连串麻烦中最小的一个了。

"健康的雄性激素"偏高,政治智商又偏低,《火线救援》算得上是男性自尊的"柏拉图庄园夜总会"❶了,这里有斯派克有线电视台、熊熊烈焰、大大志向,还有鼓鼓的胸脯。在2006年6月20号播出的《火花》一集中,男性的性幻想一览无余——幻想女性被攻击者俘虏。

上一集《折磨》的剧情,为本集的性侵埋下了伏笔。即将与汤米·加文离婚的詹妮特和汤米的弟弟强尼·加文(在纽约市任职警探)睡在了一起。汤米撞破了这一幕,怒火中烧的他痛扁了行为不端的弟弟。在《火花》一集的尾声,汤米来到詹妮特的公寓,讨论陷入停滞的离婚手续,其中包括财产的分割。而随后的剧情发展让本剧的忠实粉丝和看遍电视剧集的评论家们都大吃一惊。

双方话不投机,恶语相向,汤米把詹妮特推倒在附近的沙发上,尽管詹妮特一再地说"不……不……",汤米仍不顾詹妮特的拒绝,强行与她发生了性关系,在很多观众和评论家看来,汤米是强暴了詹妮特。如此暴力、强迫性的行为已经让观众们足够震惊,更骇人听闻的是,詹妮特明显享受着其中的快感,尽管行为本身十分粗暴,但是詹妮特还是享受这一过程。当汤米一脸无辜地离开公寓时,观众们早已瞠目结舌。这部惊悚的电视剧还能更糟一些吗?FX有线电视网真的允许自己的非英雄主角变身为强奸犯吗?这是一部适合播放、负责任的电视剧吗?

《火线救援》在宣传时使用的口号是:"他们救了我们,但是谁来救他们?"这样的口号暗示了纽约消防队员们同样需要救世主。但是,在看完了《火花》这集之后,很多观众质疑:"谁能救救看过这一集的我们?"◆

❶ 柏拉图庄园夜总会是20世纪80年代纽约著名的夜总会。——作者注

2005年的电影《撞车》获得了奥斯卡提名,在影片开头,好莱坞演员唐·钱德尔谈起当下洛杉矶的异化和疏离,这一现象其实普遍存在。"这是一种接触之感。"他停顿了一下说,"我们总是在罐头、金属和玻璃的后面。我觉得,我们实在太需要接触了,所以我们撞在一起,这样我们才能感觉到一些东西。"《火线救援》就是互相撞击的典型。人们相互碰撞,人们冲向火场,最终人们撞上了自己,撞上真实的本性。《火花》一集就在不同层面上展示了这种撞击。

起初,关于《火花》的讨论集中在剧中情节构成犯罪还是只算婚内强迫(对方不愿意)性行为,以及各自的区别上。同意的底线何在?就特定场景下的困境和问题,心理学家和心理治疗师们永远无法给出答案。不过,剧集中决定性的因素是詹妮特,从起初身体上的拒绝到后来的迎合,让这一行为到底是"起先强迫,然后你情我愿"还是"强奸"变得模糊不清。不过从此番审视的角度来看,汤米的行为应算是强奸。而我们要提出的问题不是针对强奸这一行为,而是电视剧是否应该将强奸当作曲折难料、粗俗又撩人的关

系的一部分。

带有强奸内容的电视剧,适合有线电视的观众吗?

再想想观众。FX有线电视网只在有线电视平台上播出,观看行为只是"花钱买娱乐"的形式之一,和去戏院、下载CD,或是买书没什么分别。购买这项娱乐就意味着消费者对产品的认可和接受。简单说,《火线救援》的观众们不是被强迫收看这一集的。他们心甘情愿,自掏腰包,并且已经了解了产品的基调和风格。不仅如此,我们还应该注意到《火线救援》的播出时间是晚上10点(美国东部时间),这个时间段本身就意味着有些年龄群体不宜收看。

任何艺术适宜与否——与观众有直接关系——都取决于观众的理智。观众才是最终的把关人,通过自己每天的选择来过滤掉不适宜的内容。对于熟悉《火线救援》基调和主题的观众来说,虽然在任何场景下看到强奸画面都很震惊,但是他们清楚,这样的安排也是符合剧情发展的,不是为了蓄意破坏或是故意制造耸人听闻的事件。这又不是《寻欢大作战》或者《美女也疯狂》。《火花》一集虽有破坏性、暴力又复杂,但依旧是故事主线的逻辑延展。如果作者之一的彼得·托兰是用真名在网上发言的话,在本集播放后的第二天,他说:"对任何女性'享受'强奸的提法,都让人反感,我们所有人(以及电视网)表示极大的关切。不过话说回来,这些严重受伤的人无法表达自己的感情,所以通过暴力来表达也在情理之中。"

其他的娱乐产品,例如2005年由维果·莫特森主演的电影《暴力史》,也有类似的套路。在这部大受好评的影片中,莫特森的角色与妻子性交,只是为了发泄暴力,攀上尊严和激情的顶峰。在某些例子中,性暴力的桥段尽管让人不安,却是符合故事发展的。

有些人认为,暴力和色情乃一丘之貉,都被宪法第一修正案所保护;而有些人则坚决反对,认为第一修正案没有保护其中任何一种。最高法院模棱两可的态度让这场辩论趋于两极化,而且这场辩论在如今的庭审现场也极少有用武之地,因此对我们毫无用处。

艺术与现实的区别解放了观众,让他们可以痛恨具体行为,同时又接受该行为的艺术表现。但是,艺术并不意味着赞成。表现暴力并不意味着宣扬暴力。过度的轻描淡写以贴近现实之名而行。《火线救援》的观众和制作人一起塑造了一个非典型的英雄,对这种非主流的艺术很难下结论。在一次有所保留的精彩陈述中,托兰对《纽约时报》表示:"丹尼斯喜欢的剧情是……出人意料。"这也真是很多电视观众喜闻乐见的。即便人们可以选择看或不看(关闭按钮是可用的),或出于剧情连贯(出人意料,尽管有些争议)的需要,观众和制作人也许还是会陷入道德麻烦中。

娱乐产品道德问题的核心

在本书各个部分的最后，都会有相关主题"问题的核心"的讨论，这也是英国作家格雷厄姆·格林一部小说的名字。在这部小说中，亨利·斯考比是一名警察局专员，他和走私犯、骗子、一群废物同事以及一段不伦之恋纠缠不清。这些麻烦快将他榨干了。事业上的失败和脆弱的虚荣心构成了斯考比的生活。每件事都一团糟。一次，斯考比扪心自问："人是否该对星球都心存怜悯……如果他碰到了问题的核心？"

娱乐让我们提神解乏，给我们提供忠告，或者帮我们移情避世。一个好的故事、一个挑战性的游戏，或是一段令人兴奋的音乐，能让我们忘却自身的失败和恐惧。生活困难重重，剧中轻轻松松。娱乐为我们枯燥的生活平添色彩。

试着用这些词来代替娱乐或者娱乐产品：欢乐、魅力、愉悦、盛宴和聚会。这都是最好的时光，有朋友、有乐趣、有欢笑。我们真的需要思考其中的道德吗？为什么不能单纯地享受这些？

这才是娱乐产品道德"问题的核心"：

- 娱乐产品能够影响人生的计划和目标，这种影响有好有坏。你想成为一个慷慨又好交际的人吗？你所选择的娱乐可以帮助或是摧毁你的设想。还是你想成为奸诈狡猾，看到恶势力得逞就高兴的人？（我们并不建议这样，但是很多人似乎喜欢这样。）你会发现你所选择的娱乐支持并深化了你的那些动机。你将成为怎样的人，是你自己的选择。

- 起初看似个人化的选择，对你周围的人亦有影响。你所从事或选择的娱乐形式，肯定会宣扬某种道德，同时轻视其他道德。这些道德宣言有意无意地通过细微的区别表达出来。电影《好人寥寥》中，当汤姆·克鲁斯所饰演的角色丹尼尔·卡菲向证人席上的腐败海军上校杰克·尼克尔森发出了著名的咆哮，要求他证明自己的道德清白时，他得到的回应也同样有名："你控制不了真相。"尼克尔森标志性地冷笑着。谁在说谎，谁在隐瞒，谁在背后操作？你必须考虑法庭、军装、军人角色、面部表情和简单的字句所透露出的深度。道德清白非常吊诡，它公之于众，永远都不是私人问题。"个人的娱乐选择——是我的事情，与他人无关"是站不住脚的。你的选择对他人也有影响。

- 人类的话语体系包含了流行艺术。道德意识不是今天才发明出来的。我们对于道德对错已经思考良久。为什么不审视那些话语及其结论、错误和要求？在真实生活的道德中，我们相信让生命陷入危险是错误的，欺骗消费者是应该谴责的，种族灭绝是道德悲剧。在娱乐道德中，以上的所有行为都变得合理了，除非直到流行艺术（或是非艺术）变得自相矛盾。既然讨论已久，为什么在娱乐上不能应用这些思考呢？

提升文化素养是娱乐的终极目的。如果你选择的娱乐深化了你对于自己人生的理解，对于身边或是远方的生命有了更多感知，那么这对所有人来说都是一种回报。如果你选择的娱乐浪费了你的天赋和技能，摧毁了你的同情心，削弱了你的诚信，那么这对所有人来说都是莫大的损失。要明智地选择娱乐方式，选择那些能够拓展视野、丰盈生命、加深理解、增进领悟的娱乐形式，抛弃那些充斥着浪费时间的胡言乱语和让灵魂枯萎的废话的娱乐方式。道德智慧能发觉两者的差别。

Authorized translation from the English language edition, entitled Media Ethics: Cases and Moral Reasoning, 9th Edition, 9780205029044 by Clifford G. Christians, Mark Fackler, Kathy Brittain Richardson, Peggy J. Kreshel, Robert H. Woods, Jr., published by Pearson Education, Inc, publishing as Allyn & Bacon, Copyright © 2012, 2009, 2005 by Pearson Education, Inc.

All rights reserved. No part of this book may be reproduced or transmitted in any form or by any means, electronic or mechanical, including photocopying, recording or by any information storage retrieval system, without permission from Pearson Education, Inc.

CHINESE SIMPLIFIED language edition published by PEARSON EDUCATION ASIA LTD., and CHINA RENMIN UNIVERSITY PRESS Copyright © 2014.

本书中文简体字版由培生教育出版公司授权中国人民大学出版社合作出版,未经出版者书面许可,不得以任何形式复制或抄袭本书的任何部分。
本书封面贴有 Pearson Education(培生教育出版集团)激光防伪标签。无标签者不得销售。

图书在版编目（CIP）数据

媒体的良心／（美）克里斯琴斯等著；孙有中等译．—北京：中国人民大学出版社，2014.6
（明德书系·文化新知）
ISBN 978-7-300-19454-7

Ⅰ.①媒… Ⅱ.①克…②孙… Ⅲ.①传播媒介—研究 Ⅳ.①G206.2

中国版本图书馆 CIP 数据核字（2014）第 113170 号

明德书系·文化新知
媒体的良心
　　　　克利福德·G·克里斯琴斯
　　　　马克·法克勒
［美］凯西·布里坦·理查森　　著
　　　　佩吉·J·克里谢尔
　　　　小罗伯特·H·伍兹
孙有中　郭石磊　范雪竹　译
翟江虹　改编
Meiti de Liangxin

出版发行	中国人民大学出版社		
社　　址	北京中关村大街 31 号	邮政编码	100080
电　　话	010－62511242（总编室）		010－62511770（质管部）
	010－82501766（邮购部）		010－62514148（门市部）
	010－62515195（发行公司）		010－62515275（盗版举报）
网　　址	http://www.crup.com.cn		
	http://www.ttrnet.com（人大教研网）		
经　　销	新华书店		
印　　刷	涿州市星河印刷有限公司		
规　　格	190mm×260mm　16 开本	版　次	2014 年 6 月第 1 版
印　　张	18 插页 3	印　次	2014 年 6 月第 1 次印刷
字　　数	356 000	定　价	40.00 元

版权所有　侵权必究　　印装差错　负责调换